폴 스탠디시의 교육철학 읽기

폴 스탠디시 저
이상은, 이소진 공역

교육과학사

“이 저서는 국립안동대학교 기본연구지원사업에 의하여 연구되었음”

저자 서문

이상은 선생과 이소진 선생이 정성껏 모아 번역한 글에 대해 이렇게 서문을 쓰게 되어 기쁘게 생각한다.

이 책에 수록된 글은 20년에 걸쳐 쓰인 것으로, 이 기간 동안 나의 연구 범위를 잘 보여준다. 가장 초기 논문인 "평등에 앞선 윤리: 레비나스 이후의 도덕교육"(2001)에서는 아마도 2000년대 초 나의 사고에 가장 큰 영향을 미쳤고 오늘날까지도 여전히 중요하다고 생각하는 철학자 레비나스가 거론된다. 가장 최근 글인 "교육과 언어적 전회"(2021)는 메건 래버티(Megan Laverty)와 데이비드 한센(David Hansen)이 편집한 총 5권으로 이루어진 방대한 총서, 『서양 교육철학의 역사』(*A History of Western Philosophy of Education*)의 일환으로 집필되었다. "교육과 언어적 전회"는 어떤 점에서 좀 더 개괄적인 방식으로 쓰였으며, 나의 경력 전반에 걸친 연구의 틀을 보여준다. 1980년대에 나는 비트겐슈타인의 연구가 내가 그때까지 주로 접해왔던 (대부분 영미권) 교육철학과 어떤 연관성을 갖는지를 알아보기 위해 비트겐슈타인을 읽고 있었다. 당시 나는 영미 분석철학과 소위 "대륙"철학 사이의 균열을 이해하기 위해 고심하였다. 특히 비트겐슈타인과 하이데거의 사이에서 내가 경험한 울림이 당시 철학적 주류에서 경시되는 것처럼 보이는 이유를 이해할 수 없었다. 이와 동시에 하이데거의 저작에 뒤이어 글을 쓴 후기구조주의자들 대부분이 교육철학 내에서 침묵하는 상태를 이해할 수 없었다. 그렇게 10년 동안 쓴 박사학위 논문을 바탕으로 『자아를 넘어: 비트겐슈타인, 하이데거, 그리고 언어의 한계』(*Beyond the Self: Wittgenstein, Heidegger, and the Limits of Language*)(1992)라는 제목의 단행본을 출간하였다.

1990년대에 나이절 블레이크(Nigel Blake), 폴 스메이어스(Paul Smeyers), 그리고 리처드 스미스(Richard Smith)와 연이은 공동 작업을 하게 된 것은 한편으로는 박사 논문을 바탕으로 쓴 책에 심취해 있던 상황에서 비롯된 것이기도 했지만, 다른 한편으로는 우연의 일치이기도 했다. 우리는 모두 네 권의 책과 다양한 주제의 논문집을 공동 집필하였다. 이 저작들에서 눈에 띄는 점은 당시 포스트모더니즘의 유행에 대한 비평과 더불어 자크 데리다(Jacques Derrida), 미셸 푸코(Michel Foucault), 장프랑수아 리오타르(Jean-François Lyotard)로 대표되는 후기구조주의 사상가들에 대한 다소간의 찬사가 담겨 있다는 점이다. 데리다에 대한 나의 관심은 레비나스에게로 이어졌다. 데리다보다 한 세대를 앞선 레비나스는 당시에는 잘 알려지지 않았지만, 데리다의 연구에 분명 지대한 영향을 미친 철학자이다.

후기구조주의의 주제가 이 번역서에 수록된 글의 저변을 형성하고 있지만, "유럽, 대륙철학, 그리고 교육철학"(2004)을 제외하고는 특별히 표면적으로 드러나지 않는다. 그러나 1980년대 무렵 내 마음속에서 싹트고 있던 또 다른 주된 관심 주제가 표면 위로 나타난다. 그 당시 나는 스탠리 카벨(Stanley Cavell)의 작품을 열정적으로 읽기 시작했다. 비트겐슈타인과 하이데거에 대한 고심만으로도 벅차다는 것을 알고 있었기 때문에 카벨에 대해 직접적으로 쓰는 것은 박사 학위를 마칠 때까지 대부분 미루어졌지만, 당시 내가 추구하고자 했던 방향은 카벨이었다. 세기가 바뀌고 난 뒤에야 비로소 나는 카벨에 대해 좀 더 본격적으로 글을 쓰기 시작하였다. 이와 관련된 예는 이 책에 수록된 "그녀 자신의 목소리로: 전통, 전환, 준거"(2004)와 "회의주의, 인정, 그리고 학습의 소유"(2012)에서 찾아볼 수 있고, "교육의 본질과 목적"(2003)에서도 일부 카벨의 사상이 드러나 있다. 카벨은 비트겐슈타인으로부터 깊은 영향을 받았으며, 이 두 철학자에 대한 나의 관심은 결코 줄어든 적이 없다. 카벨과 비트겐슈타인은 오늘날 나의 연구의 핵심을 이룬다.

위에서 언급된 철학자들이 기여한 주제 중 하나는 주체-객체 관계의 본질, 즉 주관성과 객관성의 본질에 관한 것이다. 이러한 개념에 대한 철학적 설명은 교육 연구에 있어 매우 중요하다. 객관성에 대한 오해의 소지가 있고 불안정한 전제는 특히 교육 및 사회과학 연구에서 이데올로기적 힘을 발휘함으로써 냉철한 사고를 밀어낸다. 또한 다른 한편으로 이것은 주관성의 본질에 대한 혼란으로 이어지면서 연구자들에게 가장 중심이 되어야 하는 인간 존재의 살아온 경험을 보이지 않게 만들 위험이 있다. "데이터에 관한 이해: 객관성과 주관성, 사실과 가치"(2016)라는 제목의 글은 이 문제를 가장 명시적으로 다룬 논문이지만, 이 문제는 이 책 전체를 관통하는 주제이기도 하다.

이 논문들이 쓰인 수십 년 동안 내 생각을 발전시킨 또 다른 요소는 중국, 일본, 한국, 대만을 방문하며 동아시아에서 보냈던 시간이다. 나는 이 경험을 통해 문화적 차이와 특히 번역의 문제에 대해 더욱 확신을 가지고 집중할 수 있었다. 이 책에 수록된 "사회 정의의 번역: 주체성, 정체성, 그리고 서양주의"(2011)는 나의 연구의 이러한 측면을 가장 분명하게 보여주는 글이다. 이 글의 목적 중 하나는 교육 연구와 같은 학문 분야에서 영어의 지배로 야기된 식민지화의 효과를 더 잘 이해하는 데 있다. 특히 (영어를 모국어로 사용하는 사람들 사이에서) 두드러지게 나타나는 단일 언어주의가 사고를 한계 짓는 정도, 특히 인간의 교육을 주요 관심사로 다루는 학문 분야에서 이것이 얼마나 큰 타격을 주는지에 대한 성찰을 담고 있다. 더 나아가, 이 글은 번역을 단순히 의사소통의 측면에서 극복해야 할 문제로 파악하지 않고, 번역을 인간의 사고를 구성하는 측면으로 드러내기 위해 노력을 기울였다. 번역은 언어와 언어 사이뿐만 아니라 한 언어 자체의 내부에서도 작용하며, 이는 언어를 구성하는 것이 무엇인지에 대한 의문을 제기한다. 이러한 사고는 내가 언어적 전회의 중요성을 강조하는 것과 일맥상통한다.

이것은 아마도 나의 경력이 대략 두 갈래로 나뉜다는 점을 인정하는 것과 관련될 것이다. 대학교에서 가르치기 전에 나는 학교와 전문학교에서 20년 넘게 근무하면서 주로 영어를 가르쳤다. 초등학교와 고등학교, 특수교육과 직업교육, 평생교육 등 다양한 기관에서 쌓은 실천적 경험은 나에게 많은 도움이 되었다. 당시의 경험에 따르면, 실천적 종류의 문제나 질문에 직면했을 때 그러한 문제나 질문에 충분한 주의를 기울여 따라가다 보면, 근본적으로 철학적인 질문에 이르렀다. 즉, 그때의 경험은 나를 고대부터 여러 문화권에서 제기된 철학의 가장 핵심적인 질문으로 이끌었다. 그러한 질문은 지식의 성격 및 추구할 가치가 있는 지식의 유형에 관한 것, 좋은 삶과 좋은 사회의 성격에 관한 것, 그리고 우리 모두가 어떻게든 직면하게 되는 질문인 "어떻게 살아야 하는가"에 관한 것이다. 정반대로, 나의 연구는 이따금 난해한 철학 분야의 핵심 질문을 다루지만, 나는 "이것이 오늘날 학교(및 대학 등)에서 어떤 차이를 만들어 낼 것인가?"라는 실천적인 질문으로 끊임없이 되돌아간다. 나는 이에 대해 몇 가지 답변과 제안할 것이 있다.

이상은 선생과 이소진 선생이 나의 연구에 보여준 관심에 대해 진심 어린 감사와 감동을 표한다. 이 책은 두 선생의 아이디어에서 시작하였다. 나에게 자문을 구하긴 했지만, 책에 수록된 논문 선정은 전적으로 두 사람의 판단하에 이루어졌다. 나는 교육에 대해 철학적으로 글을 쓸 때, 체계적인 이론을 설정하는 것이나 편리한 구호처럼 사용될 소지가 있는 용어들에 의존하지 않았다. 그리고 이 때문에 내 글의 요점은 다른 저자들의 경우에 비해 즉각적으로 접근하기 어렵고, 아마도 더 파악하기 어려울 수도 있다는 점을 나는 알고 있다. 나는 인간 존재와 교육에 대한 가장 핵심적인 질문을 고찰할 때 수반되는 어려움에 맞설 필요가 있다고 생각하며, 나의 연구를 통해 독자들이 스스로 생각할 수 있는 계기가 되기를 희망한다.

이상은 선생과 이소진 선생이 그 점을 이해하고 번역의 어려움에도 불구하고 끈기 있게 이 책을 번역한 것에 대해 마음 깊이 감사한다. 이 논문들이 한국어로 출간되어 기쁘게 생각하며, 다시 한번 두 선생에게 고마운 마음을 전한다.

폴 스탠디시

옮긴이의 말

이 책은 영국 UCL IOE(Institute of Education)의 교육철학과 교수이자 현재 영국교육철학학회(Philosophy of Education Society of Great Britain) 학회장인 폴 스탠디시(Paul Standish) 교수님의 저작들을 모아서 번역한 책입니다.[1] 지금까지 한국 교육학계에 널리 알려진 영국의 교육철학 논의는 주로 피터스(R. S. Peters)와 허스트(P. H. Hirst)로 대표되는 분석철학의 전통에 토대를 둔 것이었습니다. 이에 반해 폴 스탠디시 교수님은 영국 교육철학계에서 대륙철학의 전통을 바탕으로 현대 교육 현상을 해석하는 데 관심이 있습니다. 이 점은 교육철학의 또 다른 지평을 보여줄 것입니다. 구체적으로 폴 스탠디시 교수님은 비트겐슈타인, 하이데거, 레비나스, 데리다, 그리고 카벨 사상에 관심이 많습니다. 다수의 저작들은 이러한 사상가들에 대한 해석을 바탕으로 오늘날 우리가 처한 교육 현실과 나아가야 할 방향을 예리한 시선으로 꿰뚫어 보고, 따뜻한 목소리로 그 대화에 참여하라고 초대합니다. 이분의 글은 교육철학의 논의가 특정 사상가의 이론과 개념을 설명하는 데 머물지 않고, 그것을 우리가 일상에서 경험하는 교육의 구체적인 실천과 연결 지어 이야기를 풀어간다는 점에서 인상적입니다. 독자들은 이 책에 담긴 글을 통해 대륙철학의 사유에 비추어 오늘날 우리가 당연하게 여기는 교육 현상이나 주류적인 교육개혁 흐름을 비판적으로 바라보고, 그것과 다른 가능성을 상상할 수 있을 것입니다.

1) 이 번역서는 저자인 폴 스탠디시로부터 번역 허락을 받아 출판되었음을 밝힙니다.

이 책은 크게 네 장으로 이루어져 있습니다. 그동안 폴 스탠디시 교수님이 쓴 여러 저작들을 네 개의 주제로 나누어 구성하였습니다. 1장은 교육철학에 대한 기본적인 이해와 관련된 내용입니다. 교육의 본질과 목적, 교육철학에서 대립되는 개념들, 대륙철학과 포스트구조주의의 교육철학적 함의, 그리고 과학주의가 만연한 시대에 객관성과 주관성, 사실과 가치에 관한 논의가 포함되어 있습니다. 2장은 교육과정과 교사에 관한 내용입니다. 교사의 가르침의 성격, 고등교육에서 교육과정 변화 동향에 대한 비판적 고찰, 그리고 가르치고 배우는 과정에서 개인의 고유한 목소리를 찾는다는 것의 의미 등에 관한 논의가 다루어집니다. 3장은 언어와 교육에 관한 내용입니다. 이 부분은 철학에서 대두된 언어적 전회의 의미를 바탕으로 교육을 이해하는 시각의 전환, 교육과 불가분의 관계를 맺는 말하기의 고유한 속성, 그리고 사회적 정의라는 주제를 중심으로 동양과 서양에서 언어를 번역하는 문제 등의 내용으로 구성되어 있습니다. 마지막 4장은 윤리와 교육에 관한 내용입니다. 도덕교육과 자유교육의 문제, 카벨의 사상을 바탕으로 한 소유적 학습관에 대한 비판, 그리고 레비나스 사상을 바탕으로 한 윤리교육의 의미에 관한 내용 등이 포함되어 있습니다. 이 내용들은 개별 저작들을 묶은 것이므로 순서에 관계없이 독자마다 관심 있는 주제에 관한 글을 선별하여 읽어도 좋을 것입니다.

저와 이소진 선생이 이 책의 번역을 결심하게 된 계기는 폴 스탠디시 교수님의 지도 학생으로서 오랜 시간 함께 배우는 과정에서 이분이 저희에게 말해 주고자 하는 바를 좀 더 잘 이해해 보고자 하는 의도에서 비롯되었습니다. 지난 3년간 틈틈이 읽고, 다시 읽고, 고치고, 다시 고치는 과정을 반복하며 책을 번역했습니다만, 여전히 미비한 점들이 있어 보입니다. 부족하지만, 폴 스탠디시 교수님의 사유를 만나고 좀 더 나은 교육의 모습을 상상하고 실천하는 데 작은 도움이라도 되기를 바라는 마음으로 책을 내어놓습니다. 이분의 글을 읽어보면 철학 사상뿐만 아니라 문학, 영화, 예술에 이르기까지 방대한 사유 속에서 간혹 헤맬 수도 있고, 교육 논의뿐만 아니라 인간의 본성, 세계의 존재, 타자와의 관계를 아우르는 근본적인 대화 속에서 다소 혼란스러울 수도 있을 것입니다. 그럼에도 불구하고, 저희는 폴 스탠디시 교수님과 함께 이야기를 나누고 배우면 배울수록 그분의 글과 말에 교육에 관한 아름다운 시선이 녹아있음을 체감합니다. 조금은 낯설고 어려운 방식의 글일 수도 있지만, 이 번역 책이 그 아름다운 시선을 공유하는 데 마중물이 되기를 바랍니다.

역자 대표 이 상 은

런던 IOE에서

차례

제1부 교육철학에 관한 기본 이해

제2부 교육과정과 교사

제3부 언어와 교육

제4부 윤리와 교육

제1부

교육철학에 관한 기본 이해

제 1 장

교육의 본질과 목적[1]

(The Nature and Purposes of Education)

교육의 목적(The Ends of Education)

로저 마플스(Roger Marples)의 문집, 『교육의 목적』(*The Aims of Education*, 1999)은 여러 기고가들이 교육 이론에서 목적의 문제를 다루는 다양한 방식을 개관하는 데 유용하다. 케빈 해리스(Kevin Harris)의 접근 방식은 시사하는 바가 크다. 그는 교육 연구에서 목적에 대한 질문의 중요성을 강조하면서 다음과 같이 설명한다. "나는 모든 강의를 시작하기에 앞서, '교육'이란 변화무쌍하고, 맥락적이며, 종종 매우 개인화되고, 역사적 · 정치적으로 구성된 개념임을 강조한다." 이를 설명하기 위해 해리스는 몇 가지 사전적 정의를 읽고, 피터스(R. S. Peters)가 "수준 높은 교육 방침"이라고 비난조로 언급한 "교육의 목적"의 예를 제시한다.

> 학생들이 다음의 내용을 들었을 때, 로런스(D. H. Lawrence)가 교육은 "각 남녀의 개별적인 본성을 진정한 충만함으로 이끄는 것을 목적으로 해야 한다"라고 주장한 것, 루소(J. Rousseau)에게 교육의 목적

1) 출처: Standish, P. (2003). The Nature and Purposes of Education. In Curren, R. (Eds.), *A Companion to the Philosophy of Education* (pp. 219-231). Malden, MA: Blackwell.

> 은 "자연의 가르침에 부합하는 것"이라는 것, 허친스(R. M. Hutchins)는 교육의 목적을 "지성의 배양"이라고 보았다는 것, 닐(A. S. Neill)은 교육의 목적을 "사람들을 더 행복하고 안정되게 하며, 덜 신경질적이고 편견을 지양하게 만드는 것"이라고 믿었다는 것, 그리고 존 로크(John Locke)는 "교육은 미덕을 목표로 하고, 인간에게 자신의 욕망, 성향, 식욕을 부정하고 이성이 지시하는 대로 따르도록 가르쳐야 한다"고 주장하였다는 것을 들었을 때, 언급한 바가 잘 이해되기를 바란다. 교황 비오 11세(Pope Pius XI)가 교육의 목적을 "참되고 완전한 그리스도인을 양성하는 데 신의 은총과 협력하는 것"이라고 공표했던 것과는 반대로, 샤포발렌코(Sergei Shapovalenko)는 교육이 "물질주의적 관점과 공산주의 사고방식을 함양하는 것"을 목적으로 삼아야 한다고 주장하였다. 보통 교육 목적에 대해 이 정도 설명이면 충분하다(Harris, 1999, p. 1).

해리스가 자극하는 불안감은 교육 개념의 논쟁적 성격뿐만 아니라 교육 목적에 관한 질문이 지나온 독특한 궤적(trajectory)을 드러내는 역할을 한다.

피터스는 수준 높은 교육 방침에 회의적이었으나, 사실상 목적에 논란의 여지가 없고 심지어 그것이 상식적이라는 가정하에 또 다른 비판이 등장하였다. 유럽연합 백서(White Paper), 「교육 및 학습: 학습하는 사회를 향하여」(Teaching and Learning: Towards the Learning Society)는 교육의 목적에 대한 논쟁이 이제 끝이 났음을 단언한다(European Commission, 1996). 즉, 교육은 경제에 대한 기여를 목적으로 한다는 것이다. 교육철학자들은 최악의 우려가 현실이 되는 이러한 사실에 격분할 것이며, 일부는 좌절 끝에 체념할지도 모른다. 그러나 연합 측의 노골적인 실리주의로 보이는 것이 일반적인 사회적 가정과 관련이 없는 것은 아니다. 우리는 다른 모든 것의 필수 조건인 건전한 경제를 필요로 하지 않는가? 우리는 그 어느 때보다도 이를 확보하는 방법이 교육을 통해서라는 것을 일상적으로 이야기한다. 따라서 교육의 목적은 이제 자명해졌다.

공교육의 확대는 막대한 지출을 요구하기 때문에 일정 수준의 경제적 번영을 필요로 한다. 그러한 번영은 현대 경제가 필요로 하는 기술을 학습자에게 갖추도록 준비시키는 것에 달려있다. 사회는 대체로 그 사회가 투자하는 것에 대해 일종의 수익을 기대할 권리가 있다. 민주주의 사회는 교육에 대한 보편적인 접근을 요구하는 것으로 보인다. 그러나 더 높은 수준의 교육 공급이 확대되는 경우, 특히 기회가 균등하지 않은 경우, 교육에 대한 경제적 수익이 더욱 절실하다. 최근 수십 년 동안 이러한 취지에 따른 교육의 확대는 교육 목적에 수반되는 변화(adjustment)를 정당화하였다.

마플스의 책에서 알 수 있듯이 교육의 목적을 정의하려는 시도는 무수히 많았다. 이 글에서는 그러한 시도를 열거하지는 않고자 한다. 우리 상황에 가장 적합한 목적을 세우기 위해 일종의 범주화를 통해 목적을 열거할 수도 있다는 생각은 문제를 왜곡할 수도 있다. 왜냐하면 이러한 생각은 목적이 먼저 결정되고 그 이후에 이를 실현하기 위해 채택되거나 개발되는 수단들과 결부되는 것이라는 인상을 주기 때문이다. 그러한 과정의 이점은 많은 사람들에게 확실하고 분명해 보일 것이다. 그러나 여기서 문제가 되는 것은 목적이 특정한 종류의 실천과 내부적으로 일부 관련되어 있음을 이해하지 못한다는 점이다.

교육을 일종의 대화(conversation)로 생각하는 마이클 오크쇼트의 유명한 개념이 이에 해당한다(Oakeshott, 1989, p. 96). 오크쇼트는 교육과 같은 삶의 중요한 측면에서 의도적이고 의미 있게 행동하는 것은 목표(goal)를 결정하고 그러한 목표를 실현하기 위해 어떻게 행동해야 하는지를 계산하는 것에 따라 결정된다고 가정하는 것은 오해라고 주장한다. 오크쇼트가 이해하는 목적은 특정한 방식으로 행동하는 법을 알고 그렇게 행동하려고 노력하는 것과 관련이 있다. 그러한 행동의 목표나 목적을 말하는 것은 이러한 지식과 행동에 관한 일종의 속기 표현(shorthand expression)일 것이다. 그것은 행동의 프로그램이나 프로그램의 기초가 될 수 없다. 교육 기관은 의도 진술에 의해 규정된 특정 기능을 수행하는 인공물이 아니다. 그러한 관점에서 교육 기관을 이해하는 것은 이미 가치 있는 어떤 것을 버리는 것과 같다. 만약 위에서 고찰한 방식으로 목적(aims)이 열거될 수 있다고 생각한다면, 오크쇼트가 이해하는 목적이 드러나는 것은 불가능하다. 그러한 열거는 이 글이 관심 갖는 주제를 다룰 수 있는 특정한 방식의 가능성을 배제한다. 오늘날 교육 실천의 실용주의적 경향은 오크쇼트와 같은 접근 방식이나 견해가 배제될 가능성을 더욱 높이는 것으로 이해된다.

목적을 명확하게 구분하는 것은 불가능하지만, 아래에서 나는 일반적으로 구분되는 두 가지를 설명할 것이다. 첫 번째는 자유교육(liberal education)과 직업 교육(vocational education)에 관한 것이다. 두 번째는 자유교육과 진보주의(progressivism) 사이의 관계에 관한 것이며, 이는 개념적 구분이 아니라 이론적인 구성에 관한 것이라는 점에서 약간 다른 순서를 취한다.

그러나 논의를 시작하기에 앞서 교육 목적에 관한 질문의 궤적과 관련하여 몇 가지 의견을 언급하고자 한다. 교육 목적에 관한 질문은 교육의 이론과 실천으로부터 발전되었다. 한때 교육철학 강좌의 주요 구성 요소였던 목적의 질문에 대한 직접적 고찰이 부분적으로 대체되었음은 의심의 여지가 없다. 제도적 수준에서 교육철학은 많은 교사 교육 프로그램에서 크게 부각되지 않는다. 광범위한 문화적 변화의 측면에서 볼 때, 위에서 언급된 기술주의(technicism)와 같은 형식의 발전은 목적에 관한 문제를 제기하는 것을 다소 방종한 탁상공론을 추구하는 것이며, 이로 인해 실질적 진보를 방해하는 것으로 간주한다. 교육의 목적과 같은 문제를 다룰 수 있는 언어를 찾는 것은 여전히 가능한 일인가? 아니면 이제 그 모든 것이 처리되고 분류되었으므로 그러한 언어를 떠올려 볼 수 있는가? 최근 몇 년간 그 질문을 직접적으로 다루는 학술 논문이 마플스의 저서와 같은 주목할 만한 예외를 제외하고 20년 혹은 30년 전보다 적다는 것은 놀라운 일이 아니다. 가장 유감스러운 일은 이러한 질문의 부재로 인해 여기서 제시된 피상적이고 반박할 수 없는 기술주의적 가정이 더욱 보편화되었다는 것이다.

간혹 이러한 질문은 교육철학의 *탁월성*(*par excellence*)의 문제로 간주되기도 한다. 이 관점에는 상당한 장점도 있으나 허영심이나 자만심에 빠질 수 있다는 위험도 있다. 목적에 대한 지나친 몰두는 실무자에게 실질적으로 도움을 줄 수 있는 바람직한 교육적 실천에 대한 인내심을 기르는 데 방해가 될 수 있다. 그것은 교육을 목적론적 형이상학으로 단정하는 경향이 있으며, 본질주의적 오류를 은폐한다. 또한 그것은 교육을 한 가지로 정의할 수 없다는 사실을 토대로 하는 교육의 다양성 문제에 관한 관심을 저해한다. 교육철학의 초점을 주로 학교 교육에 두었을 때 이것은 비록 유감스럽더라도 이해할 수 있었지만, 학령기 이후의 교육이 긴박한 문제가 되고 고등교육의 확대 및 평생학습에 대한 과대 선전이 이루어짐에도 불구하고 다양성에 대한 여전한 무관심은 납득하기 어려운 일이다. 더 나아가 이것은 형식적인 교육적 시도를 넘어 제도 밖에서 이루어지는 교육 방식에 대한 더욱 적극적인 인정을 필요로 한다. 요컨대 이 글이 시사하는 바는 목적에 관한 질문을 피해야 한다는 것이 아니라, 교육의 다양성에 대한 신중함과 민감성을 바탕으로 그러한 질문에 접근해야 한다는 의미이다.

자유교육과 직업교육(Liberal Education and Vocational Education)

현재 우리가 교육이라고 생각하는 것은 다양화된 초기 통합의 결과가 아니라 복합적 실천들이 융합되고 중첩된 결과이다. 현재 보편적으로 간주되는 학교, 대학 및 기타 기관들이 일컫는 범위의 타당성과 정당성 그리고 이에 따른 사회적, 문화적 영향력에 대해 많은 고민이 이루어졌다. 여기서 제시된 논의는 직업 교육과 자유교육에 대한 구분을 중심으로 한다. 그러나 이러한 구분은 생각보다 명확하지 않다.

그 구분은 너무 성급하게 내재적인 것과 외재적인 것 사이의 이분법으로 연결된다. 직업과 외재적 목적을 동일시하는 것은 표면적으로 타당하며, 일부 활동에서는 그것이 매우 합리적인 것으로 보인다. 워드 프로세서를 배우는 것은 그것의 유용함을 제외하면 큰 의미가 없는 것처럼 보인다. 그러나 이 예시에 의구심이 든다면, 워드 프로세서의 전신(前身)인 타이핑을 생각해 보라. 한 세대 이상의 소녀들이 타이핑을 훈련받았다. 아마도 어떤 사람들은 그러한 활동에서 만족감을 얻을 수 있을지도 모르나 유용함에 관계없이 그것으로부터 성취감을 얻는 것은 이상한 일일지도 모른다. 반면에 의학이나 공학과 같은 직업 분야는 탐구와 이해의 잠재 능력을 구체화하며, 그 자체로서 만족감과 끝없는 성장의 가능성을 지닌다. 의학과 생물학 연구는 서로 중첩되는 부분이 많기 때문에 각 분야에 종사하는 학생이나 연구원이 동일한 활동을 할 수 있다. 따라서 특정 활동의 궁극적 유용성이 그러한 활동의 내재적 가치를 떨어뜨린다는 것을 가정할 이유가 없다. 고대 그리스어나 라틴어와 같은 학문은 실용적 가치가 없는 것으로 보이지만, 그것은 다양한 분야에서 유용한 방식으로 정신(mind)을 도야시킬 수 있는 가능성을 감추고 있다.

애덤 스미스(Adam Smith)는 『국부론』(*The Wealth of Nations*)에서 교육 기관이 중요한 역할을 수행하고 이를 유용성 측면에서 정당화하는 효율적 시스템으로서의 사회상을 제시한다. 스미스는 경제 발전과 문명화된 사회 창조를 위해 분업의 필요성을 인식한다. 그러나 결과적으로 노동자들의 정신은 작업의 반복성과 협소한 업무 범위로 인해 원시 사회에서는 발생하지 않았던 방식으로 둔감해질 것이며, 이것은 도덕성 및 지성 쇠퇴의 토대가 된다. 따라서 문명화된 사회는 그것을 실현하기 위해 마련된 수단으로 인해 쇠퇴한다. 그러나 스미스가 그러한 사회에서 다수의 소외 상태에 대해 마련한 방책은 다시 교육이었으며, 취업을 위한 준비로 간주되었던 기하학이나 역학을 배우는 것은 이제 "숭고한"(sublime) 쓸모없는 일의 추구라는 서론이 덧붙여졌다. 퇴보가 효용의 체계에 내재되어 있기 때문에 우리는 효용성을 추구하도록 설계된 사회에서 유용한 것이 쓸모없어지는 역설을 경험한다. 이와 반대로 쓸모없는 숭고한 지식을 추구하는 것은 효용에 따른 최악의 결과를 개선하는 데 유용하기 때문에 결국 사회 유지에 도움이 된다. 유용함과 쓸모없음 사이의 대립이 무너지기 시작한 것이다(Young, 1992, p.121-2 참조).

내재적인 것과 외재적인 것의 이분법은 일반적으로 간주되는 것만큼

안정적이지 않다. 그러나 여기서 요지는 이러한 이분법이 그 자체로 수단-목적적 사고와 결부되어 교육에 대한 특정한 사고방식을 배제할 수 있다는 것으로서 보다 일반적이고 심오하다는 점이다. 분명한 것은 수단과 목적의 관계가 실천에 따라 달라진다는 점이다. 타이핑은 인쇄된 문자를 생산하기 위한 수단이며, 대체 프로세스 또한 똑같이 잘 작동할 수도 있을 것이다. 같은 맥락에서 공학은 없어서는 안 될 요소이다. 이 용어가 포괄하는 실천의 범위는 타이핑의 경우보다 무한히 넓으며, 계속해서 발전하게 될 기계의 설계와 숙련을 포함한다. 인간은 본질적으로 설계하고 생산하는 실천으로 인해 더욱 변화하는 세상에 살고 있기 때문에 타이핑은 쇠퇴할 수도 있지만 공학 그 자체는 쇠퇴할 리가 없다. 공학은 목적과 결과에 대한 더 높은 윤리 의식을 통합하는 기술 수단의 숙련을 요구한다. 교육 기관에서 추구되는 공학의 양상은 더욱 제한적이며 실제로 시대에 뒤떨어진 방식으로 실행될 수는 있으나, 이와 같은 폭넓은 고려 사항을 염두에 두지 않고 특정 기술만 훈련받은 사람은 타이핑 치는 사람이 하는 정도일 뿐 공학을 행하는 것이 아니다.

직업 교육의 실천이 변화함에 따라 교육과정에서도 이러한 폭넓은 윤리적 고려 사항이 인식되고 있다. "직업적"이라는 용어가 확고하고 실제적인 실용성을 보장했던 시기가 지나고 대다수의 직업 훈련이 불필요하다는 인식이 확대되면서 해당 분야 전반에 대한 재고가 이루어지고 있다. 그러나 이러한 경향은 윤리적 고려 사항을 부품의 나사와 같은 요인으로 취급한다. 일반적으로 윤리는 *문제*(*issues*)와 관련하여 무엇보다 먼저 그리고 가장 중요한 것으로 이해된다. 이로 인해 의료 윤리나 비즈니스 윤리와 같은 과목들이 급격히 증가하였다. 교육과정의 개별적 구성 요소로서 윤리를 분리하는 것은 결과적으로 직업이란 실제적 비즈니스로서 외면할 수 없는 객관성을 갖는 것이며, 여기에 윤리적 고려 사항은 추가로 첨부되는 것이라는 생각을 강화할 수 있다. 그러한 실천을 특징짓고 그것에 의미를 부여하는 선(the good)을 규정하는 방식에 대한 관심은 상대적으로 잘 드러나지 않는다. 현재 직업 교육에 대한 담론에는 직업이란 무엇인지에 대한 풍부한 의미가 거의 전적으로 결여되어 있다. *소명* 의식(sense of *calling*)의 상실이 이상주의를 현실적인 실용성으로 대체하지는 않는다. 직업이 개인의 삶 전체에 의미를 부여할 수 있다는 것은 직업을 매우 제한된 수준에서만 이해하는 것이다.

자유교육과 진보주의(Liberal Education and Progressivism)

자유교육과 직업교육을 분리하는 것은 일반적으로 가정하는 것만큼 분명하지 않지만, 자유교육과 진보주의 간의 연관성에 대해서는 의문을 제기할 필요가 있다. "자유교육"이라는 용어 자체는 논쟁의 소지가 있으며, 그 용어는 고대 그리스 사상과 현대 세계의 정치적 자유주의에서 기원한다. "자유적"(liberal)이라는 단어의 느슨함은 "자유교육"이라는 문구가 규정적으로 쓰일 때 그 뜻이 가장 명확하다는 것을 의미한다.

대략적으로 구분해 보자면 "자유교육"이라는 용어에 대한 미국식 이해와 다른 영어권 지역에서의 이해 사이에는 차이가 있다. 왜냐하면 전자의 맥락에서는 대개 자유교육과 진보주의가 동일한 것으로 간주되는 반면, 후자의 경우에는 이 둘이 중요한 측면에서 반대되는 개념으로 이해되는 것이 일반적이기 때문이다. 특히 듀이의 사상이 지배적인 경우, 둘을 동일한 개념으로 가정한다. 반대의 경우는 1960년대와 1970년대의 영국적 맥락에서 두드러진다. 당시 교육자들 및 정부 보고서(스코틀랜드 정부의 「플로우덴 리포트」(the Plowden Report) 및 「초등 각서」(Primary Memorandum)가 장려했던 아동-중심적 실천은 분석적 전통을 따르는 교육철학자들에 의해 의문이 제기되었다. 피터스(R. S. Peters), 허스트(Paul Hirst) 및 디어든(Robert Dearden)은 아동-중심의 진보주의적 실천으로 인해 자유교육이 퇴보하는 상황에서 자유교육의 주장을 재진술하는 일에 착수하였다. 그들은 놀이, 행복, 창의성, 통합, 탐구 학습에 대한 진보주의적 개념이 감상주의(sentimentalization)라고 간주한다. 피터스는 아동-중심적 교육이 교육의 *방법*(*manner*)에는 지나친 관심을 기울이는 반면, 교육의 *내용*(*matter*)에 대한 관심은 충분하지 않다는 견해를 표명한 것으로 유명하다. 아동-중심적 교육은 학습자에 대한 관심으로 인해 인류의 대화를 구성하는 지식의 형식 및 탐구 전통의 본질과 중요성에 대한 통찰력을 간과하는 경향성이 있었다. 이러한 사상가들은 교사 교육을 확대하는 중요한 시기에 일련의 아이디어를 발전시켜 전 세계적으로 관심을 끌었다. 어떤 의미에서도 이것은 영국만의 독특한 프로젝트는 아니었다. 같은 시기에 미국에서 이스라엘 셰플러(Israel Scheffler) 또한 비슷한 효과를 갖는 교육에 대한 분석적 접근 방식을 발전시켰다.

자유교육과 진보주의는 교육의 도구화에 반대한다는 점에서 일치하며, 자유 및 일종의 학습자의 해방에 대한 약속을 공유한다. 그러나 두 이론은 자유가 무엇으로 구성되어 있는지를 이해하는 것에서 가장 뚜렷한 차이를 보인다. 진보주의에서는 아동의 천부적 자유를 존중하고 그것이 저마다의 방식으로 발전될 수 있도록 허용되어야 하며, 안내를 받되 제한되어서는 안 된다고 가정하는 경향이 있다. 자유교육에서 자유란 추구해 나가야 할 상태이며, 이것은 오직 공적인 형태의 지식으로의 입문, 즉 정신이 실현되고 인간 본성이 그 자체로 발휘되는 과정을 통해서만 이루어질 수 있다. 근대의 정치적 자유주의가 자유교육에 미친 영향은 그것이 고전적 자유주의와 일부 특징을 달리한다는 점에 있다. 플라톤은 교육적 능력이 가장 뛰어난 사람들에 대해 관심을 두며 궁극적으로는 환상으로부터의 해방에 관심을 갖는다. 즉 그의 관심은 선을 향해 있다. 이것은 『대화』를 관통하는 주제이며, 특히 동굴의 비유에서 뚜렷하게 나타나는 주제이다. 근대 자유교육에서 사물을 진실되게 보는 것을 중요하게 생각하는 것에는 의문의 여지가 없으나, 합리적 자율성(rational autonomy)에 대한 이상(ideal)이 주요 관심사가 되는 한 존중받는 좋은 삶이란 행위주체성(agency)의 관점에서 이해된다. 이는 플라톤이 주목했던 선에 대한 관조의 수용성과 대조되며, 오크쇼트를 포함한 위의 사상가들이 분명하게 설명하고 있는 전통적 사고의 여러 측면들과 다소 상반된다.

현재 자유교육이나 진보주의가 대세를 이루고 있지 않다는 것은 분명 과소평가이다. 그에 반하는 추세가 예측 불가능한 경제의 수요 및 세계화로 인해 광란적인 "혁신"과 결합하고 있다. 효과 및 효율에 대한 개념이 대두되고, 산업적 실천으로부터 품질 관리를 도입하며, 기준과 수월성을 주문처럼 외면서 교육의 본질과 목적에 관한 진정한 논의가 억압되고 있다. 이러한 단어들이 은폐하고 있는 가치의 공백으로 일종의 허무주의가 나타나게 되었다(Blake *et al.*, 2000 참고).

정보 통신 기술(Information and Communications Technology)

1979년 장프랑수아 리오타르(Jean-François Lyotard)는 『포스트모던의

조건: 지식에 관한 보고서』(*The Postmodern Condition: A Report on Knowledge*)에서 이러한 변화가 가져올 교육에 대한 위협을 예견하는 통찰력을 보여주었으며, 이 변화를 "수행성"(performativity)이라는 용어로 적절하게 아울렀다. 현대 세계에 만연한 관리주의의 특성 중 하나인 수행성은 대부분 정보 통신 기술에 의해 만들어졌다. 컴퓨터는 즉시 사용 가능한 스프레드시트와 데이터베이스로 전례 없는 규모와 새로운 방식을 통해 회계를 가능하게 하여 관리적 실천과 사고방식을 지배한다. 또한 교육과정에서도 컴퓨터는 교수 학습에 대한 기술적 보조 도구 이상의 역할을 하게 되었다. 컴퓨터는 도구라기보다 바로 이러한 프로세스를 재구성하는 장(site)이다.

철학적 문헌에는 컴퓨터가 교육에 미치는 영향을 한탄하는 추세가 계속되고 있다. 그것의 영향은 지식을 정보로, 학습을 정보 접근 기술로 환원하고 교육과정을 프로그램화된 학습으로 재구성하며, 그 결과 교사의 역할을(대체하지는 않더라도) 탈전문화시킨다. 그것은 교사와 학습자, 그리고 동급생 간의 접촉을 줄이며 교사와 학습자 모두에게 교육이라는 개념 자체를 왜곡한다. 이러한 변화는 실질적인 위험요소이며, 관리주의적 배경을 감안할 때 이러한 변화의 흐름에 저항할 수 있다고 낙관하기는 어렵다.

그러나 인터넷이 주는 실질적인 혜택을 부정하는 것은 잘못이다. 이는 단순히 경제적 규모나 전 세계 빈곤 지역에 교육의 기회가 확대되는 등 소외된 사람들에게 교육 기회를 확대하는 문제에 그치지 않는다. 뿐만 아니라 이러한 혜택은 기술이 만들어 낸 새로운 종류의 상호 작용, 접근성 및 탐구에서도 나타난다. 예컨대 이메일은 편지나 전화와는 다른 한계와 가능성을 지닌 새로운 의사소통의 형태이다. 그것의 실천은 미리 결정지어진 것이 아니라 지속적으로 발전될 것이며, 교육 분야에서도 그것의 잠재력이 계속해서 탐구될 것이다. 마찬가지로 웹 검색이 더욱 정교화됨에 따라 전례 없이 풍부한 발견의 가능성이 있을 것이며, 프로그램 학습의 일차원적이고 폐쇄된 구조와는 상반된 탐구 형식의 계기가 될 것이다. 그러한 가능성을 상상력을 통해 바라보는 것이 중요하다(Blake and Standish, 2000 참조). 교육에서의 상업적 연계의 증가 및 교육이 정보 통신 기술 산업에 미치는 막대한 이해관계는 변화를 멈출 수 없게 하며, 교육이 적당히 프로그램화된 방식으로 촉진될 때 상업적 목적에 가장 잘 부합한다. 기술이 가진 다른 종류의 풍부한 가능성을 강조하는 것은 시급한 일이다.

프로그램화된 학습은 교육의 명확한 목표 설정 및 그것의 실현을 위한 효율적인 수단의 선택을 요구하는 원리의 극치(apotheosis)라고 볼 수 있다. 이것은 편의를 위해 틀에 짜인 교육이다. 듀이는 그러한 가정에 명백히 반대하면서 교육은 반드시 "자유로운 활동"(freeing activity)을 포함해야 한다고 주장하였다. 위와 같은 방식으로 미리 부과된 목적은 학습자의 지력(intelligence)을 자유롭지 못하게 하고, 위에서 주어진 목적을 받아들이는 것에만 제한되는 결과를 낳는다. 듀이가 우려했던 "권위적 감독자의 지시, 방법에 관한 교과서, 미리 처방된 학습 과정 등"은 컴퓨터 보조 학습의 특정한 양상으로 쉽게 강화된다. 이것들이 얼마나 사용자 친화적인 것처럼 보이는지를 떠나서 그러한 환경에서 "교사는 그의 마음(mind)을 학생의 마음과 교과에 가까이 둘 수 없다. 교사의 경험에 대한 이와 같은 불신은 학생들의 반응에 대한 자신감의 부족으로 나타난다(Dewey, 1916, p. 108-9)."

여기서 강조하는 것은 교육의 방법이 아니라 교사가 *교과에 대한 진정*

성 있는 참여를 통해 학생들의 *마음*에 가까워지는 것이다. 그러나 활동의 자유를 중요시하는 진보주의에서는 이러한 강조가 명확히 드러나지 않는다. 컴퓨터 스크린이 경험의 주요 수단이 될 경우 학습 내용에 대한 관심이 줄어들 가능성이 더욱 높아진다.

아이러니하게도 지난 20년 동안 아동-중심성(child-centeredness)이 사회 문제의 근본적 원인으로 꼽히며 정치가들로부터 비난을 받았으나, 의무 교육 이후 과정에서 학생-중심성(student-centeredness)이라는 비슷한 개념이 현대 수사학에서 다시 회자되고 있다. 그러나 여기서 학생-중심성은 상업적이고 관리주의적인 이상을 상품화한 쇼핑몰과 같은 교육 개념과 긴밀히 연관된다. 선택(choice), 촉진(facilitation), 소유(ownership) 및 권한 부여(empowerment)라는 학생 중심의 어휘는 자유와 소비주의를 혼동시키는 이중성으로 인해 진보주의 교육자들을 동조하게 하였으며, 업무의 퇴보적 변화를 의식하지 못하도록 유도하였다.

이처럼 유해한 관행을 통해 실행되는 끊임없는 목적론적 형이상학, 그들이 강박적으로 연출하는 축소된 수단-목적 형식의 시나리오는 듀이의 관심사인 활동의 흐름 및 지속적 갱신과 분명히 상충한다. 목적론적 사고는 인간과 정치를 원칙적으로 실현 가능한 목적이라는 관점에서 완전해질 수 있는(perfectible) 것으로 생각할 경우 기괴해진다. 간혹 자유교육 또한 목적론적이 되는 경우가 있으나 훨씬 더 긍정적인(benign) 방식으로 진행된다. 예컨대 "교육받은 사람"(the educated man)이라는 관점에서 그 목적을 구분 지어야 할 필요가 있는 경우가 이에 해당한다. 이하에서 나는 듀이와 마찬가지로 목적론에 저항하되, 그의 프래그머티즘과는 다른 방식을 취하고자 한다. 목적론적 완전성(perfectibility)과

완벽주의(perfectionism) 사이의 대조를 통해 교육에 대한 무한한 가능성을 지닌 또 다른 사고방식이 드러날 수 있다. 나는 스탠리 카벨(Stanley Cavell)이 발전시킨 에머슨의(Emersonian) 도덕적 완벽주의(moral perfectionism)를 통해 이를 탐구한다. 카벨은 미국 문화뿐만 아니라 니체와 그의 유산을 통해 어떤 방식으로든 길을 찾는 에머슨의 사고를 추적한다. 이것은 목적의 문제에 대한 새로운 방향을 설정하는 것을 시사한다.

완전성과 완벽주의(Perfectibility and Perfectionism)

카벨은 에머슨의 완벽주의를 일종의 문화적 전환(cultural conversion)과 관련하여 느슨한 특징을 보이는 것으로 이해한다. 산문에 나타난 종교적 음색으로 고조된 도덕적 긴박함의 어조는 도덕성이 우리 자신의(제한된) 일부임이 아니라 우리가 행하는 모든 것을 관통한다는 사실을 표현한다. 완벽주의의 가장 두드러진 특징은 우정과 교육을 통해 다음과 같은 방식으로 나타난다.

> 각각의 자아는 그 자아의 더 높은 상태로 올라가는 여정에 이끌린다. 더 높은 자아는 타고난 재능에 의해 결정되는 것이 아니라, 자신이 무엇으로 만들어졌는지 알기 위해 노력하는 것 그리고 자신이 하고자 뜻하는 것을 함양하는 것에 의해 결정된다. 가장 훌륭한 사람들에 의한 정치(aristocracy)와 같은 어떤 것으로의 사회 변형(transformation of society)을 상상할 때 … 그 표현을 찾는 것은 바로 자아의 변형(transformation of the self)이다. 사회에 무엇이 가장 최선인지는 개인의 영혼에 무엇이 가장 최선인지를 위한 모형이 되며, 이것을 모범으로 삼는다(Cavell, 1990, p. 7).

이것은 단순한 개인주의와는 전혀 다르며, 우리 자신의 최고의 자아를 향한 열망을 드러낸다. 열망의 대상은 전형적으로 좋은 도시나 좋은 사회, 즉 새로운 실재와 관련하여 이해된다. 그것은 우리 세계가 어떻게 구성되어야 하는지, 어떤 말로 그것을 표현할 수 있는지, 어떤 종류의 실천이 그것에 실체를 부여하는지, 그리고 어떤 기준이 그러한 세계를 유지할 수 있는지에 대한 고민과 관련된다. 카벨은 다음과 같이 말한다. 교육의 완벽함에 대한 사로잡힘은 "자기 자신이나 다른 사람이 길을 가도록 하는 것보다 오히려 자신만의 길을 찾는 데에 중점을 둔다(p. xxxii)." 진보주의가 가정하는 자유를 넘어 자유교육의 목적론적, 지적 활동에 대한 강조에 저항하면서, 자신의 길을 찾는 데에 무엇이 요구되는지에 대해 질문해야 할 필요가 있다.

에머슨의 완벽주의는 관습(convention)과 개인 사이의 섬세한 조율, 즉 목소리를 얻기 위해 내가 입문해야 하는 관습, 존재 방식 및 표현 형식에 대한 불가피한 순응과 나만의 목소리를 내는 것 간의 섬세한 조율을 요구한다. "내가 필요로 하는 것"에 대해 카벨은 다음과 같이 쓴다.

> 내가 추구하는 나의 말과 나의 삶으로 문화의 준거에 맞서기 위해, 동시에 내가 추구하는 나의 말과 삶을 내가 속한 문화의 언어가 나에게 상상하는 삶과 견주어 보기 위해, 내 문화의 준거를 소집하는 일이다. 즉, 문화가 내 안에서 만나는 선을 따라 문화 그 자체와 맞서는 것이다(Cavell, 1979, p.125).

인류 공동의 동기(motives)를 버린 채 개인 내부에 존재하는 것이 합리적 자율성의 *주권(sovereignty)*은 아니다. 즉, 사람의 인격을 비추는 빛은 권위보다는 종교와 관련된 것이라고 생각한다(Emerson, 1982, p. 194). 또한 이러한 빛의 에너지는 자신을 통해 전달될 때 줄어드는 것이 아니라 증폭되고 강화되며, 새로운 빛을 내는 파장과의 조율로부터 파생된다.

내가 나 자신에 대해 가지고 있는 모든 생각은 본질적으로 잠정적인 것에 지나지 않는다. 즉, 영혼은 "소유될 수 없으며, 소유할 수 없을 만큼 광대하다(Emerson, 1982, p. 208)." 경험과 기술을 조금씩 습득하면서 점차 자신을 구성해 나갈 수 있다고 생각하는 것은 이러한 실제를 보지 못하는 것이다. 즉, "우리의 삶은 모든 원의 주위에는 또 다른 원이 그려질 수 있고, 자연에는 끝이 없으나 모든 끝은 시작이며, 정오에는 항상 또 다른 새벽이 떠오르고, 깊은 곳 저마다 그 아래로 더 깊은 곳이 펼쳐진다는 진리에 대한 견습이다(Emerson, 1982, p. 225)." 실제로 그러한 깊은 곳에 직접 접근하려는 시도는 일종의 신성모독과 같다. 고정된 목적만을 변함없이 추구하는 것은 맹목적 숭배이다.

이러한 인식에 부응하는 삶은 내가 안주할 수 있는 정체성이나 업적에서 벗어나 안일함이나 자만심으로부터 나를 구원할 수 있으나, 그것은 극도로 힘든 일이다.

> 나는 나만의 확고한 주장과 완벽한 원을 가지고 있다. 그것은 의무라고 불리는 많은 직책에 의무의 이름을 부정한다. 그러나 내가 이러한 책무(debt)를 면제받을 수 있다면, 그것은 나를 대중적인 기준(popular code) 없이도 살 수 있게 할 것이다. 만약 누군가가 이 준칙을 허술한 것으로 여기거든 언젠가 그 계명을 지키도록 하라(Emerson, 1982, p. 193).

그러나 대중적 기준은 단순한 인습 타파 차원에서도 필수적이며, 대중적 기준 없이 일종의 자유가 *본래 처음부*터 주어지는 것도 아니다. 그것은 내가 자라온 세계를 구성하는 준거에 입문하는 힘에 의존하며 준거에 대한 입문을 통해서만 엄격한 체제의 요구에 대응할 수 있다.

이처럼 순응에 대한 반감(aversion)은 사회 존재에 대한 가능성을 드러내는 시도이다. 민주주의는 민주주의가 무엇인지에 관한 질문을 그 안에서 필요한 목소리를 통해 계속 살아있게 할 때만 그것의 진리를 지켜낼 수 있다. 민주주의의 도래를 향해 나아갈 수 있는 가능성을 제공하는 것은 정착(settlement)[또는 "포용"(inclusion)이라고 할 수 있음]이 아닌 반감이다.

이와 같은 정치의 전형은 타인, 친구 또는 도전적인 텍스트에 의해 도전받을 준비가 되어 있는 개인의 모습에서 볼 수 있다. 친구는 내 시야에 잠깐 스치고 지나가는 존재가 아니라, 나 자신의 또 다른 가능성을 더욱 선명하게 나에게 다시 보여줌으로써 제 역할을 한다. 에머슨은 자신의 텍스트가 우리 앞의 *타자(the other)*로서 우리가 조용히 묵상하고 반응할 수 있도록 친구와 같은 기능, 즉 우리 자신의 생각을 발견하고 도전하는 사고방식을 구성하는 것으로 본다. 『나의 사고』(*My thought*)에서 카벨은 다음과 같이 말한다.

> 말(words)과의 관계(내 삶과의 관계에 대한 비유로서)는 사고에 대한 도덕적 관계로부터 분리될 수 없다. 그리고 분리될 수 없는 도덕성과 사고는 특이한 긴장 상태에 있다. 도덕성은 결코 (사회에서 최대화될 수 있는 선의 개념을 토대로) 목적론적이거나 (권리에 대한 독립적인 개념을 토대로) 의무론적이지 않다. 또한 사고는 우리가 생각하는

> 이성적 추론(reasoning)으로부터 아직까지 알 수 없는 거리에 있다 (Cavell, 1990, p. 46).

레닌주의나 국가 사회주의 또는 스키너의 행동주의가 구상하는 (실현 가능한) 완전성 [『월든 2』(Walden Two)를 『월든』(Walden)과 대조해 보라] 또는 "역사의 종말"에 대한 헛된 욕망과는 달리, 에머슨의 완벽주의는 우리의 불완전한(partial) 본성, 본질적인 불완전함에 대한 인식을 포함하며, 이것은 우리 앞에 있는 무언가, 우리의 이해를 넘어서는 무언가, 형언할 수 없는 것이 아니라면 최소한 정돈된 문자적 형식에 도전하는 무언가에 의한 격심한 결핍(lack)과 고양(elevation)을 한꺼번에 불러일으킨다. 강조하건대 이것은 *본질적인(essential)* 불완전함이며, 결핍된 요소를 추가하여 우리 자신이 "완전한"(complete) 존재가 될 수 있다는 점에서 불완전함이 아니다. 그것은 아직 도래하지 않은 완결에 대한 메시아주의를 암시한다. 이러한 유토피아적 이상은 비현실적이지만 비전으로 기능하며, 실제 세계에 영향력을 행사하여 그것을 추구하는 기준을 높이고 이를 통해 더 충만한 삶이 실현되는 것을 가능하게 한다.

이것은 정치적 자유주의가 찬양하는 자유로운 개인과는 거리가 먼 세계이다. 물론 권리와 의무가 고려되지 않는 것은 아니다. 권리와 의무를 순응과 반감의 형식적 측면에서 이해하지 않으면 왜곡될 가능성이 있다는 것이다. 우리는 문화에 의해 주어지는 것(givens), 그리고 문화가 우리에게 요구하는 인정(acknowledgement) 및 준수(observance)와 더불어, 우리가 스스로를 발견하는 방식으로 형성된다. 이러한 주어진 실천과의 관련 속에서 우리는 우리의 목소리를 발견한다. 우리가 교육받은 문화 속에서, 특히 학문 과목의 풍요로운 전통 속에서, 우리는 순응에 대해 반감을 가능하게 하는 말을 발견한다. 그리고 이러한 반감은 (순응으로부터, 동굴 뒤쪽의 희미한 이미지로부터) 일종의 고개를 돌리는 것으로서 우리가 더 나은 삶을 살 수 있는 가능성, 즉 완벽을 향한 지향과 내부적으로 관련된다. 그것은 권위나 법이 아닌 도덕적 의무이며, 아직 도달하지 못한 최선의 자아에 대한 의무이다. 이러한 방식으로 우리의 목소리를 찾는 것이 세계에 대한 진정성 있는 참여이다.

학교교육의 종말(The End of Schooling)

친구 또는 도전적인 텍스트가 이러한 과정에 결정적인 역할을 하는 것은 정보 통신 기술에 따라 변화하는 교육적 실천에 새로운 질문을 제기하지만, 기술 개발의 최전선에 있는 사람들은 그러한 질문을 거의 이해하지 못한다. 반대로 이러한 관계가 기술에 의해 필연적으로 방해를 받는 것은 아니라는 점 또한 항상 인식되는 것은 아니다. 특히 그것들의 보호를 가장 염려하는 사람들의 경우에 더욱 그러하다. 그러한 관계의 중요성과 기술의 특정 가능성 사이의 조화를 이해한다면 정책과 실천에서 상상력을 발휘할 수 있는 발전의 길이 열릴 것이다.

그러나 이러한 낙관주의적인 전망에도 불구하고, 현실은 암담하다. 도구적 이성(reason)은 우리의 삶과 교육을 고찰하는 윤리적 언어를 쇠약하게 하며, 우리 경험의 공적 및 사적 영역을 왜곡한다. 수행성은 가장 심각한 위협이다. 수행성 그 자체는 부분적으로 새로운 기술의 결과물이며, 그것의 행위주체(agent)는 스스로가 그러한 기술의 빠른 발전을 촉진했다고 생각하지만, 그것은 기술의 잠재력을 저해시키는 사고의 전형이기도 하다.

큰 틀에서 보면 오늘날 우리가 알고 있는 학교와 대학은 비교적 최근의 국지적 현상이지만, 최근 세대들의 경험에서는 자연스러워졌을 수도 있다. 오늘날 이러한 제도는 다음과 같은 요인들로부터 영향을 받는다. 새로운 기술을 확대 도입하려는 시도, 정보 통신 기술을 상업적으로 공급하는 기업의 글로벌한 영향력과 성장 시장으로서의 교육에 대한 관심, 학교 운영에 대한 민간 기업의 참여와 학령기 이후 교육의 시장화, 학교 내 규율 부족(indiscipline)과 불신의 증가, 다문화주의와 종교적 갈등으로 인한 교육과정의 제약, 홈스쿨링의 증가, 그리고 교육에 대해 무엇인가를 하고 있는 것처럼 보이기를 희망하는 정부(또한 경제 규모의 잠재력에 대해 주의를 게을리하지 않는 정부) 등의 요인들은 교육 제도에 영향을 준다. 오늘날에는 중세 유럽에서 다섯 명 중 한 명이 교회에 종사했다는 사실을 믿기 어렵다. 마찬가지로 우리가 현재 속하는 제도의 종말 또한 유쾌하게 받아들이기 어렵다. 그러나 그들의 운명이 무엇이든 제도 밖에서는 위에서 언급했던 문제들이 계속해서 제기되어야 한다. 교육의 본질과 목적에 관한 질문은 궁극적으로 존재란 무엇인지에 관한 질문이며, 우리가 존재, 즉 인간이란 무엇인지를 이해하는 방식에 관한 질문이다.

제 2 장

교육철학의 대립적 개념[1]

(Rival Conceptions of the Philosophy of Education)

교육 전반을 이해하고자 하는 시도 및 이를 통해 교육의 실천적 질문을 제기하고자 하는 시도는 곧 철학적인 것이 되어야 한다. 또한 철학은 가장 결정적인 순간에 교수 및 학습에 관한 질문과 밀접한 관련성을 드러낸다.[2] 그러나 우리는 이러한 철학적 필연성을 간과하는 사람들과 직면하게 되면서 철학이란 무엇인지 그리고 교육에 미치는 철학의 영향력은 무엇인지에 관해 우리들 사이에 분열을 겪게 된다.

아래에서 나는 주로 영어권, 특히 영국적 관점에서 서술하고자 한다. 이에 대한 정당성은 두 가지이다. 먼저, 보편적인 추세와 지배적인 전통을 파악하고자 모든 것을 한꺼번에 글에 담는 것은 불가능하다. 그러므로 나는 내가 잘 알고 있는 맥락에 집중하고자 한다. 두 번째로, 세계화의 추세로 인한 영어의 헤게모니는 영어로 된 연구의 위상을 높이는 동시에 문화적 불균형을 초래한다. 이는 다른 사람들이 영어적 표현 형식을 통해 연구하도록 장려하기 때문에 그 전통의 영향을 받는 책이나 학술지의 출판 및 학회를 통한 활동 패턴으로 이어진다. 이러한 맥락에서 영국의

1) 출처: Standish, P. (2007). Rival Conceptions of Philosophy of Education. *Ethics and Education, 2*(2), 159-171.

2) 플라톤을 출발점으로 생각해 보라.

교육철학은 널리 영향력을 미치게 되었다. 특히 1960년대 영국이 상대적으로 번영하고, 북미권 주제에 대한 활동을 통해 북미지역과 다양한 방식으로 상호작용하였다. 특히 영국 교육철학은 다양한 측면에서 특유의 분별력 있는 연구를 이루어 냈고 그 이후로도 발전을 지속하였다. 영국 교육철학의 전통과 접근 방식의 발전은 다양한 방식으로 이루어졌으며, 그 영역은 더욱 확대되고 국제화되었다.

이 글은 크게 세 부분으로 구성되어 있다. 먼저 영국 철학의 정책적, 제도적 맥락에 대하여 설명하고, 그 과정에서 교육철학이란 무엇인지에 대한 몇 가지 논쟁을 살펴보는 것으로 글을 시작할 것이다. 이어서 영국에서 발전해 온 이러한 논쟁의 주제가 갖는 대조적인 개념들을 파악할 것이지만, 내가 구분하는 관점의 차이가 결코 특정한 국가적 맥락에만 국한된 것이 아니라는 점을 강조하고자 한다. 마지막으로 교육철학이 정책과 실천에 영향력을 불러올 수 있는 접근 방식에 주목하면서 내가 생각하는 시급한 문제가 무엇인지를 밝히고자 한다.

교육철학이란 무엇인가?(What is the Philosophy of Education?)

제2차 세계 대전 이후 수십 년 동안 영국 및 여러 영어권 국가에서 교육에 대한 학문적 연구는 분야별로 발전하였다. 즉, 교육정책 및 실천 연구는 역사, 철학, 심리학 및 사회학의 학문 분야로부터 나온 접근 방식과 관련되는 것으로 이해되었다. 이것은 학문적 연구로서의 교육은 그 자체로 하나의 연구 분야가 될 수 없다는 관점을 토대로 한다. 왜냐하면 교육은 자체적인 특징을 갖는 탐구 방식이나 고유한 논법이 없기 때문에 교육의 이론은 필연적으로 위의 네 가지 학문 중 반드시 하나에 의존하기 때문이다. 그러나 지난 20년 동안 교육 연구에서 이들 학문 분야의 우위가 약화되었다. 최소한 대학 내에서 그 분야들의 위상이 달라졌다. 이들 학문이 (교육 분야 내에서) 창출하는 일자리가 줄어들고, 이에 따라 그것을 기초로 하는 과목 또한 축소되었다. 예컨대 학교 효율성 및 개선, 교육과정(수학교육이나 시민교육과 같은)에 관한 세분화된 문제, 그리고 특정 교육 단계의 전문화(예컨대, 유아교육) 등과 관련된 새로운 영역들이 강조되면서 위의 학문들은 점차 밀려나게 되었다.

이러한 변화 및 학문적 접근 방식의 약화에 대한 나의 견해는 그것들이 학문의 형식으로서 교육(Education)의 학문적 신뢰성에 심각한 위협이 된다는 것이다. 이와 같은 변화는 교육 연구와 교사 양성 과정 및 교사의 계속적 전문성 개발과 관련해서도 일어나고 있다. 현재 교육 연구와 과정 모두에서 발견되는 문제는 *탐구의 전통(traditions of enquiry)이라는 자원을 갖추지 않고* 정책과 실천 문제를 해결하려는 시도이다. '탐구의 전통'이란 확립된 관점이나 정통성을 의미하는 것이 아니라, 오히려 특정한 일련의 문제에 대해 끊임없이 질문하는 실천을 일컫는다. 이는 점진적으로 정교화된 접근 방식, 익숙한 텍스트의 발전, 그리고 마이클 오크쇼트(Michael Oakeshott)가 말했듯이 특정한 종류의 대화(Oakeshott, 1962 참고)를 수반한다. 그러한 대화에 참여하기 위해서는 대화에 점진적으로 입문되어야 한다. 외부에서 그러한 대화 속으로 그냥 뛰어들 수는 없다는 것이다. 다소간 비슷한 이유로 물리학에 관한 대화에서 그 주제에 대한 배경적 지식이 없이 대화에 뛰어들 수 없다. 즉, 바로 '물리학을 할 수는'(do physics) 없다.

더욱이 이러한 의미에서 전통의 생명력에 매우 중요한 것은 대립과 논쟁, 패러다임의 변화 및 *전위적인(avant-garde)* 특징으로 인해 전통이 단일화되지 *않고* 나아가는 방식에 있다. 결국 그 이름에 걸맞은 전통이란 반드시 자체적인 비판까지도 수용해야 한다. 내가 비판하고자 하는 교육 연구는 '최신 연구 결과'가 가장 좋다고 가정하는 것으로 최근에 시작된 경향이다. 이러한 접근 방식에는 경험주의(empiricism)가 만연해 있다. 교육에서 경험적 문제에 대한 답을 찾는 것의 중요성은 의심의 여지가 없으므로 이것은 경험적 연구 전체에 대한 비판이 아님을 분명히 하고자 한다. 그러나 경험주의는 *오직* 증거나 데이터의 수집을 통해서만 이해에 접근할 수 있다는 생각과 관련된다. 실제로, 사실 증거 및 데이터로 간주되는 것은 이미 특정한 종류의 비경험적인(non-empirical) 고려 사항을 가정하며, 교육에 대한 가장 중요한 질문을 포함하여 이러한 방식으로는 해결될 수 없는 많은 질문들과 관련되어 있다. 예컨대 인식론적, 윤리적, 형이상학적 질문과 같은 것들이 이에 해당한다. 이와 같은 종류의 질문의 특징 중 하나는 그러한 질문에는 명확한 해답이 있을 수 없다는 것이다. 그러나 교육의 탐구에서 그러한 질문을 피할 수는 없다. 그 질문들에 접근해 나가면서 우리는 플라톤이나 공자가 우리에게 해 줄 중요한 말이 있다는 것을 깨닫게 될지도 모른다. 그렇다면 우리의 연구는 그러한 사상가들이 오래전에 시작했던 사고의 전통에 참여할 준비가 되어 있어야 한다.

이것은 이전의(학문적) 접근 방식 전체가 좋았다는 의미가 아니다. 특히 교사 양성 교육에서의 수업은 대개 학생들의 학업 발전 단계와 적극성을 고려하지 않은 채 건조하고 추상적이며 지나치게 이론적인 방식으로 이루어졌다. 약간의 명분이 있었지만 학생들은 그들에게 요구되는 과업의 일부가 교실에서 어떻게 대처해야 하는지에 관한 실제적인 관심과 무관하다는 것을 발견하였다. 즉, 학생들은 이러한 방식이 그들에게 교사로서의 삶을 준비하는 데 도움이 되지 않는다고 생각했다. 그러나 이와 같은 접근 방식에 대한 여러 학생들 및 다른 사람들이 표현했던 합리적인 불만은 교육의 규정과 교사의 태도가 국가의 요구사항에 순종적이기를 원하는 사람들에 의해 악용되었다. 영국에서는 마거릿 대처(Margaret Thatcher)가 이러한 변화에 가장 큰 영향력을 행사하였고, 다양한 직업군에 대한 그녀의 조직적이고 공격적인 접근 방식이 보였던 결과 중 하나로 가르침의 자율성(autonomy)과 지적 범위(intellectual scope)가 축소되었다. 이것은 특히 교사의 판단 범위가 제한되었다는 것을 의미한다. 즉, 오늘날 교사는 대부분 어느 정도 분명하게 명시된 강의 계획을 따르거나 보편적인 평가 체제를 토대로 강의계획서를 구성한다. 또한 교사가 제공하는 교육의 역할이나 교육의 요점에 관하여 더욱 깊은 질문에 대해 성찰하는 것은 이전보다 장려되지 않으며, 이전만큼 교사 연수가 교사들에게 판단의 실천 능력을 갖추게 하는 것도 아니다. 이것은 영국에서 특히나 그러하지만, 일반적으로 서구 세계에서 더 보편적인 경향이 있다.[3)] 내가 분명히 강조하였듯이 이것은 우리가 거부하기에는 어려운 측면이 있다.

그러므로 나는 학문별 접근 방식이 회복되고 강화되어야 하며, 철학 특유의 가치, 즉 근본적이고 피할 수 없는 인식론적, 윤리적, 형이상학적 질문이 갖는 철학적 중요성이 인정되어야 한다고 생각한다. 그 부분에서 교육철학은 신입 교사를 참여시키고, 그들이 직면하고 있는 실제적이고 실천적인 질문에 대하여 더욱 철학적으로 생각할 수 있도록 지속적

3) PISA의 연구와 볼로냐 프로세스(Bologna Process) 단체의 후원을 받는 개발은 이러한 추세에 편리한 예를 제공한다. 이와 같은 양상에 대한 통찰력 있는 비평을 찾으려면 본더럽돈(Bonderup-Dohn, 2007) 및 매슐라인과 시몬스(Masschelein and Simons, 2002)를 참고하라.

인 전문성 개발을 도울 수 있는 새로운 방식을 도모해야 한다. 이것은 특히 맥락에 대한 민감성을 높이고 복잡한 아이디어를 표현할 때 보다 다양한 사례를 제시하는 것을 필요로 한다. 이를 통해 교육철학은 교사를 인간으로서 확장하고 발전시킴으로써 그들의 직업적 삶에서 더 높은 성취를 이끌어낼 잠재력을 가지고 있다. 현재 교육철학은 과거의 추상적이고 건조한 형태에서 벗어나 이 역할에 부합하기 위해 활력을 되찾고 있다. 또한 그것은 이러한 문제의 중요성에 대하여 정책 결정자들의 관심을 이끌어낼 필요가 있다.

그러나 또 다른 질문이 제기된다. 교육철학은 그 자체로 하나의 학문인가? 제도적 측면에서 교육철학자는 철학과가 아닌 교육철학과에 자리 잡는 경향이 있고, 그 주제에 대한 '주류'(mainstream) 철학자들의 태도는 대체적으로 의심이 가득하다. 주류 철학자들은 아마도 교육철학이 충분히 엄격하지 않고 교육철학만의 독창적이고 획기적인 연구가 부족하다는 점에서 상대적으로 전문적이지 않다고 생각할 수도 있다. 그러한 가정은 결국 교육철학을 철학의 소수 분과나 철학이 '응용된'(applied) 형태 중 하나로 보는 것이다. 그러나 이러한 가정들 중 어느 것도 완전히 일관된 것은 아닌 것처럼 보인다. 교육철학은 그 자체로 철학의 한 *분과*(*branch*)가 아니다. 즉, 철학의 어떤 학문도 *교육철학과 관련되지 않기* 때문에 교육철학은 그 주제 내에서 한정된 분야가 아니다. 철학의 핵심인 윤리, 형이상학 및 인식론에 대한 탐구가 교육에서 중요하다는 것 이외에, 다른 분과인 과학철학에서도 그러한 탐구가 과학교육에 관한 질문과 관련되는 경우도 있다. 또한 교육철학이 *응용된* 형태라는 주장에도 문제가 있다. 이러한 주장은 이론과 실천 사이의 확실성 없는 구별을 강화하는 것 이외에도, 철학에 중심이 되는 탐구(윤리, 인식론 및 형이상학에 대한) 형태 자체가 필연적으로 교수 및 학습에 관한 질문을 포함한다는 사실을 놓치고 있다. 즉, 그러한 탐구의 형태는 선(개인과 사회를 위한)의 본질뿐만 아니라 *우리가 어떻게* 미덕을 쌓게 *되는지*에 대하여 질문하며, 지식의 본질 및 지식이 *어떻게 습득되는지*에 대해 질문한다. 요컨대 교수 및 학습에 대한 근본적인 교육적 질문은 철학이 적용되는 외부적 문제가 아니라 철학 자체의 내부에 존재한다.

교육철학의 특징은 일반적으로 교육 실천의 특수성과 관련되어 있어 여러 가지 철학적 문제가 복합적으로 다루어져야 한다는 점이다. 현재 주류 철학자들의 지나치게 전문화된 연구와 비교했을 때, 실천가들의 연구가 집중도가 떨어져 보인다거나 다소 아마추어적인 것처럼 보일 수 있다는 것은 놀라운 일이 아니다. 그러나 이것은 문제에 대한 진정한 참여와 더 많은 청중에게 다가가기 위해 치러야 할 노력의 대가(price)이다. 참여의 폭이 넓다는 것은 장점이 된다.

위에서 내가 생각하는 교육철학에 대한 초기적 특징을 설명하면서, 바라건대 그것이 왜 중요한지를 보여주었다면, 이제 나는 최근 몇 년 동안 주제가 발전해 온 특정한 양상을 살펴보도록 하겠다.

오늘날의 교육철학(Philosophy of Education Today)

영어권, 특히 영국적 맥락에서는 교육철학에 대한 두 가지 관점이 대조적으로 나타난다. 첫 번째 관점에 따르면 교육철학은 20세기 후반에 체계적인 연구 형태로 발전하였다. 이 발전의 초창기에 핵심적인 변화는 1962년 런던 대학교 교육 대학(University of London Institute of Education) 교육철학 학과장에 R. S. 피터스(R. S. Peters)가 임명되었던 것이다. 피터스는 이전에 철학과에 종사하였으나 이 새로운 분야에서 빠르게 명성을 쌓았다. 이 시기는 영국이 경제적으로 성장하고 있었고 교사 교육 또한 확대되고 있었다. 피터스와 그의 동료들, 특히 폴 허스트(Paul Hirst)와 로버트 디어든(Robert Dearden)은 교육 연구에 대한 접근 방식을 발전시키고자 함께 노력하였으며, 이는 영국 안팎에서 독자적이면서도 큰 영향력을 발휘하였다. 특히 그들의 접근 방식은 *분석*철학(*analytical* philosophy)의 가정, 연구 방법 및 접근법을 교육 연구에 적용했다는 점에서 특징적이었다. 당시 철학과에서 주된 주제였던 분석철학은 철학을 명확하고 뚜렷한 아이디어에 도달하기 위한 개념적 분석 과정과 관련된 것으로 이해한다. 즉, 당면한 문제의 근본적인 논리를 밝히는 것이 탐구의 핵심이다.[4] 따라서 교육에서는 교육을 특징짓는 교수, 학습, 권위, 지식, 이해, 창의성, 상상력 등의 개념을 다룰 필요가 있다고 가정한다. 이러한 개념 및 유사한 여러 개념의 분석을 통해 교육의 논리가 드러나고 정책과 실천의 견고한 토대가 마련된다는 것이다. 교육철학의 역할은 교육에 대한 *다른* 탐구 방식에 작용하는 개념, 예컨대 심리학의 지능 개념을 살펴보고, 이를 분명히 설명하여 심리학자의 경험적 연구를 더욱 견고한 개념적 기반에 근거할 수 있도록 하는 것을 포함한다.

이러한 접근 방식을 가장 순수한 형태로 보여주는 철학자는 아마도 존 윌슨(John Wilson)일 것이다. 그는 철학의 과제를 형식적 또는 절차적 용어를 통해 특징을 파악하는 것으로 간주한다. 즉, "철학이 할 수 있

4) 물론 분석철학은 대부분의 영어권 철학과에서 여전히 우세한 과목이지만, '대륙철학' 및 다른 철학 과목과의 관계는 전보다 적대적이지 않다. 또한 그 용어의 의미 폭도 더 넓어졌다. 이 두 가지 범주 중 하나를 통일된 철학의 전통으로 적절히 이름 짓는 것은 분명한 오류이다.

는 모든 것은 (만약 실제로 가능하다면) 가치 판단에 적용되는 이성의 준거(criteria)를 설명하여 이를 평가하는 방법을 알도록 하는 것이다(Wilson, 2003, p. 284)." 따라서 '가치 판단의 논리'(the logic of value judgement)란 도덕적 판단이 보편화될 수 있거나 보이지 않는 의무라고 이해하도록 하는 것이라고 가정할 수 있다. 이러한 접근 방식은 사회적, 역사적 맥락의 특정한 도덕적 신념의 본질과 거리를 둠으로써 그것의 기초가 되는 논리를 파악할 수 있다는 점에서 안전해 보일 수 있다는 장점이 있다. 더 나아가 이러한 입장은, 철학자들이 그러한 질문에 내재된 논리와 관련된 형식적인 문제를 다루는 것에 몰두하는 것과는 반대로, 그들이 교육 문제에 실질적으로 관여하는 경우 이를 가볍게 여기는 경향이 있다는 견해를 윌슨에게 갖도록 한다. 예컨대 플라톤(Plato), 루소(Rousseau) 및 로크(Locke)는 "교육은 마치 인정받을 만한 *철학적* 주제가 아니라 유토피아적 이론이나 개인적 편견을 위한 장소와 같다(2003, p. 280)"고 언급하였다. 그렇다면 "교육에 관한 진지한 사고는 무엇보다도 먼저 합리적인 논의를 위해 절차에 따른 엄격하고 신중한 *논리적* 학문이어야 한다"는 점이 분명히 드러난다(p. 280).[5)]

반대로 철학이 할 수 있는 전부가 이성의 준거를 설명하는 것이라고 주장하는 것, 즉 가치 주장을 정당화하려는 시도는 교육과 관련된 철학의 역할을 심각하게 제한한다. 그러나 교육에서 분석철학자들의 연구가 이를 극복했다는 것은 의심할 여지가 없으며, 어떤 점에서 그들의 가장 주목할 만한 업적 중 일부는 보통 그들이 연구 방법이라고 일컫는 개

5) 이 장에서 윌슨(Wilson)의 견해에 대한 비판은 스탠디시(Standish, 2006)를 참고하라. 교육을 포함한 여러 분야에서 절차주의에 대한 비판적 논의는 스탠디시(Standish, 2001a)를 참고하라.

념적 분석에서 시작되었다. 아마도 피터스와 그의 동료들의 가장 주목할 만한 연구는 영국의 정치 철학자인 마이클 오크쇼트로부터 영감을 받아 그것의 가장 큰 장점을 이끌어낸 자유교육의 개념을 일부 재진술하며, 좋은 교육이 무엇인지에 대한 실질적인 개념을 발전시켰다는 점이다. 더 나아가 여기서 언급된 이야기는 이러한 연구의 기원이 영국에서 비롯되었다고 보는 경향이 있으나, 같은 시기에 미국에서도 이와 비슷한 아이디어와 접근 방식의 발전이 있었음을 인정하는 것도 중요하다. 이스라엘 셰플러(Israel Scheffler)는 미국의 해당 분야에서 가장 영향력 있는 인물이었으며, 그의 영향력은 유사한 방식으로 북미 전역에 퍼졌다. 이것이 학문으로서 교육철학의 발전에 관한 첫 번째 입장이다.

두 번째 관점에 따르면, 위의 설명은 지나치게 논리적이며 제한적이다. 피터스와 런던학파가 큰 영향력을 행사하였고 중요했던 것은 사실이었다. 이러한 탐구의 전통을 따르는 연구는 인상적이었으며 큰 가치와 영향력을 지닌다. 그러나 이와 같은 관점으로 교육철학의 발전을 이해하는 것은 옳지 않다. 어떤 의미에서 교육철학은 위에서 언급했던 이유로 적어도 플라톤이나 공자만큼 오래되었다. 시대를 막론하고 철학자들은 때로는 간접적으로, 때로는 직접적으로 교육 문제에 대해 심도 있는 고민을 지속해왔다. 그중에서도 특히 로크나 루소를 떠올리기 쉽지만, 실제로는 이보다 훨씬 광범위한 관점에서 이해할 수 있다. 칸트(Kant)와 헤겔(Hegel)은 모두 교육에 관한 강의를 하도록 요구받았으며, 당시에도 독일어권 국가에서는 교육에 대한 굳건한 탐구 전통이 존재하였다. 뿐만 아니라 프랑크푸르트학파의 연구 및 그들의 후속 세대의 영향력 또한 영어권 세계에서 보다 충분히 인정받을 만한 가치가 있는 요소이므로 주의 깊게 살펴볼 필요가 있다. 더 나아가 미국 철학의 발전을 살펴보면, 교육의 특별한 중요성을 강조하는 탐구 방법인 실용주의(pragmatism)를 발전시켰을 뿐만 아니라 지난 세기 동안 교육에 큰 영향을 주었으며, 특히 리처드 로티(Richard Rorty)의 노력으로 일종의 부흥을 겪은 주류 철학의 중요 인물인 존 듀이(John Dewey)의 연구가 있다.

최근에는 마르크스주의에서 후기구조주의(post-structuralism)에 이르기까지 소위 대륙 전통(Continental tradition)의 범주 내에 있는 철학자들의 저술이 갖는 교육적 의미는 엄청난 교육적 반향을 일으키는 것으로 나타났다. 이렇게 광범위한 관점에서 보면 알라스데어 매킨타이어(Alasdair MacIntyre)와 같은 사상가는 한때 런던학파에서 비철학적이라는 이유로 소외받았으나, 윤리학 등 여러 분야에서 동시대 사상의 중요한 요소가 된 신아리스토텔레스주의(neo-Aristotelianism)의 주축이 되어 막대한 영향력을 갖게 되었다. 마지막 사례가 시사하듯, 두 번째 관점에 해당하는 철학자들은 주장의 명확성이나 정확성이 부족하다는 이유로 보다 배타적인 분석적 접근 방식을 취하는 사람들로부터 소외되거나 비난받는 경향이 있었다. 예컨대 하이데거(Heidegger)의 경우와 마찬가지로, 그러한 철학자들은 간혹 일관성이 없으며 연구할 가치가 없다고 간주되었다.

요컨대 첫 번째 관점은 일종의 배타성(exclusiveness)을 선호한다. 즉, 그것은 특정한 유형의 접근 방식에 대한 믿음을 바탕에 둔다. 두 번째 관점은 교육에 대한 철학적 탐구가 다양한 방식으로 이루어져 왔다는 점과 그것의 오랜 역사를 인정한다. 또한 철학적이라고 간주되는 것에 대한 개념이 보다 엄격하거나 제한적이지 않기 때문에 학문 간의 경계, 예컨대 철학과 정치학, 사회학이나 신학, 혹은 문학 간의 경계를 비교적 느슨하게 고정된 것으로 이해하는 경향이 있다. 이 관점에서 철학에 대한 이해가 포괄적이고 다원적이므로 교육 전통에서 분석철학 연구의 역할과 장점을 인정할 수 있다. 이미 분명히 드러났겠지만, 나의 견해와 일치하는 것은 바로 이 두 번째 관점이다. 그러나 이렇게 말한다고 해서 어떤 사상의 파벌이나 학파에 동의하는 것은 아니라는 점을 분명히 밝히고자 한다. 두 번째 관점의 요지는 교육철학이 진전될 수 있는 다양한 방법을 인정하고 분석적 접근을 포함한 여러 접근 방식의 가치를 인정하는 것이다.[6)]

이제 나는 이 광범위한 영역에 대한 연구가 유익할 수 있다고 생각하는 근거를 밝히며 논의를 진행할 것이다. 그 과정에서 나는 철학적 연구가 시급한 문제를 다루는 방식을 보여줌으로써 정책 및 실천에 대한 교육철학의 연관성을 분명히 드러내고자 한다.

철학과 실천의 관련성(The Relevance of Philosophy to Practice)

내가 철학에 대한 분석적 접근 방식에 계속 가치를 두어온 만큼, 나는 그러한 접근 방식이 현대 세계에서 지배적인 영향력을 갖는 일련의 형이상학적 가정을 강화시키는 다양한 방식이 놀라웠다. 이러한 가정들 중에서 특히 문제가 되는 것을 간략하지만 과장을 보태어 표현해 보자면, 그들은 인간 존재에 대한 개념을 개별적이고 아마도 고립된 주체로서 경험

6) 교육철학에 대한 포괄적인 개념을 바탕으로 하는 최근의 연구 자료집을 보려면 블레이크 등(Blake *et al.*, 2003)을 참고하라. 이 두 관점의 차이에 대한 일부 설명은 교육철학 저널(*Journal of Philosophy of Education*, 37(1), 169-173)에 게재된 존 화이트(John White), 윌프레드 카(Wilfred Carr), 리처드 스미스(Richard Smith), 테런스 매클로플린(Terence H. Mclaughlin), 그리고 폴 스탠디시(Paul Standish)의 심포지엄을 참고하라.

하는 대상에 대한 관찰과 인식의 관계 속에 있으며, 다른 인간 존재와 준계약적인(quasi-contractual) 종류의 관계를 맺는다고 본다. 나는 그러한 가정이 경험적으로 옳지 못하며 윤리적으로도 어긋난다고 생각한다. 반면에 나는 하이데거 및 후기 비트겐슈타인(Wittgenstein)의 연구에 기초한 교육철학으로부터 우리가 자아를 초월하여 세상의 사물과 다른 사람들에 대한 관계로 이어질 수 있는 방식에 매료되었다(Standish, 1992 참고).

교육에서 분석철학이 때때로 교육의 실천적인 문제를 다루는 방식, 즉 나의 관점에서 그러한 문제들이 갖는 함의나 시급성에 충분히 관여하지 못하고 있음을 강조하는 것은 중요한 일이다. 이와 관련하여 세 가지 사례를 살펴보도록 하자.

첫 번째 사례는 지난 20년 동안 많은 교육정책에서 '기능'(skills)과 '역량'(competencies)이 유행하기 시작하였으며, 지식의 습득(knowledge acquisition)이나 이해에 대한 언급은 점차 줄어들고 있다는 것이다. 내가 이 용어들을 인용 부호로 묶은 이유는 이와 같은 용어들이 그 자체로 특별한 힘을 갖는 것처럼 보이므로 교육의 실천적 측면에서 오랫동안 이 용어들을 비판적으로 보는 것이 매우 어려웠기 때문이다. 로빈 배로(Robin Barrow) 및 테리 하일랜드(Terry Hyland)와 같은 분석철학자들은 이러한 단어의 명확성이 부족한 것과 사용상의 혼란, 특히 모든 것이 갑자기 기능이나 역량으로 간주되는 경우를 폭로하는 데 큰 역할을 하였다(Barrow, 1987; Hyland, 1993 참고). 그러나 나는 여기에 그보다 더 큰 문제가 있다고 생각한다. 즉, 기능에 대한 모든 논의는 실제로 새로운 형태의 행동주의로 나타나며, 따라서 교육적 시도의 본질과 완전히 상충되어 보인다는 것이다. 행동주의와의 관련성 및 그것이 가정하는 형이상학의 종류의 성격을 드러내는 것은 중요한 일이다. 이를 위해서는 개념의 명확성, 그 이상의 무언가가 필요하며 위에서 언급했던 광범위한 전통의 자질은 이러한 측면에서 대단한 가치를 지닌다.[7)]

두 번째 사례와 세 번째 사례는 서로 연관되어 있으며, 여기서 나는 성인 교육(further education)에서 수업과 행정업무를 맡았던 경험을 적극적으로 활용하고자 한다.[8)] 1980년대에는 다양한 형태의 의무교육 이후의 교육(post-compulsory education) 및 직업 훈련이 실시되면서 새로운 형태의 관리(management) 방식이 급격히 증가하였다. 과거에는 학과장이 특정 주제 분야에 관심이 있는 교직원과 학생 그룹을 담당하고 그들과 유대감을 느꼈던 반면, 그 후의 학과장들은 대체로 '선임 경영진'으로 임명되어 돌아가면서 책임을 맡았다. 즉, 한 명의 관리자는 일 년 동안 건물 관리 및 음식 제공을 담당하고, 다음 해에는 교육과정을, 또 그 다음 해에는 학생 복지를 담당할 수 있으며, 이 모든 책임은 기관 전체에 적용된다. 따라서 학과장이 누렸던 특정 그룹에의 소속감과 이에 따른 협력 관계 및 신뢰는 점차 줄어들게 되었다. 그것은 경영상의 '팀'에 대한 충성심, 그리고 교육 기관 전체의 직원 및 학생들과의 거리두기로 대체되었다.

책임의 순환은 교육 기관의 어떤 측면에서도, 특히 *교육적* 측면에 대한 진정한 헌신이 따르지 않음을 의미하므로 관리자 본인의 경력에만 집

7) 예컨대 직업교육의 다양한 측면에서 하이데거 연구의 실천적 관련성을 보여주는 데 뛰어난 성공을 거둔 사례는 휴버트 드레이퍼스(Hubert Dreyfus)이다(예를 들어, Dreyfus, 2001; Spinosa *et al.*, 1997). 드레이퍼스에 대한 비판은 스탠디시(2002, 2007)를 참고하라.

8) 미국의 커뮤니티 칼리지 시스템에 해당하는 '성인 교육'(further education)은 대학보다 낮은 수준의 의무교육 이후에 받는 교육으로, 특히 직업 교육과 관련이 있으나 전적으로 직업 교육에만 해당하는 것은 아니다.

중하게 된다. 실제로 야망 있는 관리자는 빠르게 승진하기 위해 다른 기관으로 이직해야 한다는 것은 일반적 통념이 되었다. 그러한 자아실현적인 동기 부여가 부족한 사람은 결국 자기 자신뿐만 아니라 대학 전체를 홍보할 수 있는 사업성도 부족하다고 여겨지기 때문에 어느 정도는 요주의 인물로 보일 수밖에 없다. 이러한 전개는 교육 공동체의 중요한 특성을 파괴하는 요인이 되었으며, 이 문제에 대해서는 아래에서 다시 논의하도록 하겠다. 외부적 고려 사항, 그중에서도 시장 경제를 표방하는 것에 노출됨으로 인해 교육 제도의 성격 및 교육 시스템 운영 전반에서 학문적 우선순위를 대체하는 것이 더욱 용이해졌다.

1980년대에 영국 성인 교육에서 시작되어 1990년대에 등장한 신규 대학 및 지난 10년 동안 기존의 대학에 의해 무비판적으로 채택된 변화의 방식을 설명하기 위해 여기서 잠시 멈추어야 할 필요가 있다.[9] 또한 이와 같은 실천의 패턴이 전 세계적으로 얼마나 많이 확산되었는지도 주목할 가치가 있다.

이러한 관리주의의 등장은 정보 통신 기술(ICT, Information and Communication Technology)이 초래한 교육 기관의 일상적 변화와도 일치한다. 물론, 이 기간 동안 모든 사람들이 정보 통신 기술이 교육과 학습을 변화시키는 방식에 대해 생각하도록 권장되기는 하였으나[10] 실제로 일어났던 중요한 변화는 기록 관리 및 회계 시스템, 그리고 이를 바

9) '신규 대학'(new universities)은 형식적으로 전문대학 또는 고등교육으로 분류되며, 기존의 대학은 이러한 변화 이전에 설립된 대학을 일컫는다.

10) 초기에는 컴퓨터 프로그래밍 과목을 개설해야 한다고 가정하였으나 이것은 교육과정 전반에 걸친 IT에 대한 헌신으로 점차 대체되었다. 그러나 나는 실제로 이 두 가지 혁신 중 어느 것도 당시에 생각했던 것만큼 중요하지 않았다는 점을 주장할 것이다.

탕으로 하는 계획의 설계와 더욱 깊은 관련이 있다. 그러한 실천은 우리가 현재 '책무성'(accountability)의 문화 또는 '감사'(audit) 사회라고 일컫는 토대를 마련하였으며, 이때 신뢰 관계가 은밀하게 허물어졌고, 쉽게 설명할 수 없는 학습의 측면이 점차 부정당하게 되었다. 말할 필요도 없이 정보 통신 기술은 관리주의가 발전하는 데 주요 요소 중 하나였다.

이것은 동시에 학습 기능(또는 정보 접근 기능)과 학습 내용(컴퓨터에 정보화되어 저장될 수 있는)을 명확하게 구분하려고 하는 교수 및 학습 개념을 촉진하였다. 이러한 구분은 표면적으로 타당해 보이기 때문에 앞서 언급했던 많은 관리자들을(특히 그들이 도입한 혁신을 통해 자신을 드러내고자 하는 일에 지나치게 열심인 사람들을) 만족시키기에 충분하였고, 학습과 이해, 지식의 본질에 대한 철학적 질문에 관해 깊이 성찰해 보지 않았던 많은 교사들도 그것을 받아들이게 되었다. 이러한 타당성을 이해하기 위해서는 정보 통신 기술이 촉진하는 일종의 원자론적(atomism) 사고와 관리주의가 번창하는 사회 세계에 대한 체계적 이해(그리고 원자론적 이해와 유사한) 간의 깊은 연관성을 탐구할 필요가 있다. 반복하지만, 분석철학이 제공하는 분석은 이를 충족시키지 못하였다. 나의 관점에서 보다 가치 있는 것은 기술(technology)에 대한 하이데거의 저작, 그리고 포스트모던의 조건에 대한 리오타르(Lyotard)의 광범위한 성찰이며, 일반적으로 그보다 더 중요한 것은 후기 비트겐슈타인 및 그의 후속들, 그리고 후기구조주의의 다양한 양상이 제공한 언어의 의미에 대한 민감성이다. 나에게 교사 및 관리자의 일상적 경험의 일부가 되었던 상황을 이해하고 대처할 수 있는 가능성을 준 것은 후자의 자료이다.

이 중 어느 것도 정보 통신 기술 *그 자체*를 비난하는 것은 아니라는 것을 강조하고자 한다. 오히려 그것이 현재 가지고 있는 잠재력은 여러 측면에서 아직 개발되지 않은 상태로 남아있다. 대체적으로 기술적 사고, 특히 정보 통신 기술이 우리 삶과 업무의 다양한 측면을 통제하는 방식을 보다 분명히 이해할 필요가 있다. 또한 기술적 사고에 대한 제한적 개념이 정보 통신 기술 자체를 가장 제한적으로 적용하고 실천하는 방식을 강화할 수 있다는 점을 이해해야 한다. 정보 통신 기술이 어떻게 발전하느냐에 따라 많은 것이 달라진다(Standish, 1997, 2001b, 2002; Blake and Standish, 2000a, 2000b 참고). 다시 한번 말하지만, 분석철학은 이러한 문제에 많은 관심을 기울이지 않았고 문제의 이면을 볼 수 있는 방법을 제시하는 것은 더욱 아닌 것처럼 보였다.[11)]

하이데거 및 리오타르 등과 같은 학자들의 저서는 우리 시대 교육에 가장 심각한 위협이 되는 것이 무엇인지, 즉 수행성(performativity)의 지배력을 밝혔다는 점에서도 중요한 가치를 지닌다. '수행성'은 우리 삶의 많은 측면이 효율성과 능률의 원칙에 따라 정해지는 방식을 나타내기 위해 리오타르가 만든 단어로, 그것의 결정적인 기준은 시간을 절약하는 데 있다.[12)] 여기에서는 교육적 실천을 마치 원활히 작동하는 기계처

11) 예컨대 나는 『인터넷: 철학적 탐구』(*The Internet: a philosophical inquiry*, 1971)라는 제목의 책에서 고든 그레이엄(Gordon Graham)과 같은 유능한 철학자가 정치철학의 논의는 정교하게 펼치면서도 인터넷이 우리 삶에 미치는 특유의 방식에 대해서는 깊이 있게 다루지 못하였다는 사실에 놀랐다. 내 생각에는 현상학적인 접근 방식이 훨씬 더 나은 성과를 거두었다(Freenberg, 1999; Kolb, 2000; Andler, 2006 참고).

12) 리오타르(Lyotard)는 "시스템의 궁극적 목적, 그 자체가 마치 컴퓨터처럼 프로그램화된 이유는 입력과 출력 간의 글로벌 관계를 최적화하는 것, 즉 수행성"(Lyotard, 1984, p. 11)이라고 하였다. 리오타르 연구에서 더욱 광범위한 교육적 의의를 검토하고자 하는 시도는 딜런 및 스탠디시(Dhillon and Standish, 2006)를 참고하라.

럼 구체적으로 명시된 목적과 목표를 효율적인 방법으로 달성할 수 있는 과정에 대한 강박관념으로 지배하게 된 방식을 생각해 보는 것이 적절하다. 최종 결과(제품)에 대한 질문 및 학습자의 경험이 풍부하거나 가치 있는지에 대해 묻는 것은 시스템이 잘 작동하는지 여부를 묻는 질문에 포함된다. 즉, 학생들이 배웠다는 사실을 입증할 수 있고 그것이 구체적으로 명시되어 있다면 학생들이 무엇을 배우는지는 중요하지 않다. 요컨대 학교나 대학에서 일어나는 일이 공장에서 적용되고 있는 품질 관리 기준에 부합해야 한다는 것이다. 또한 이것은 교육에 심각한 두 가지 결과를 초래한다. 첫 번째로, 학습에는 시스템이 요구하는 종류의 시험으로 쉽게 평가되거나 기록될 수 없는 측면이 있다. 이는 그러한 측면이 전혀 평가될 수 없다는 것이 아니라 그러한 평가는 단순히 일상적 과정이나 체계적인 절차가 될 수 없다는 의미이다. 결국 그것은 *학습의 중심이 되는 실천의 내부에서* 민감하고 경험이 풍부한 교사를 필요로 하며, 실제로 훌륭한 교사는 수업을 진행하면서 학생들의 반응에 응답하고 끊임없이 판단한다. 따라서 수행성의 가장 부정적인 영향 중 하나는 학습 결과가 명확하게 측정할 수 있는 방식으로 입증되지 않는다면 어떤 것도 학습으로 인정되지 않는다는 것이다. 두 번째로, 수행성은 학습 목표를 실현하기 위한 수단으로서 수업 과정을 사전에 미리 명시되어 있는 것으로 제한한다. 이것은 바람직하지 않다. 왜냐하면 학생의 반응과 이해의 발달, 학생과 교사의 상호 작용, 학습 주제를 위한 준비 및 특정한 상황의 변화에 따라 학습을 새롭고 예측할 수 없는 방향으로 발전하도록 하는 것이 좋은 가르침의 일부이기 때문이다. 좋은 교육과정은 바로 이런 것을 필요로 한다.

여기에는 객관성이란 수량적 척도를 통해서만 얻어질 수 있다는 환상이 내재되어 있다.[13)] 이것은 이중적 오류에 근거한다. 이중적 오류는 학습과 역량은 개별적으로 구분할 수 있는 구성 요소로 환원될 수 있다는 것이며, 이는 위에서 비판했던 형이상학적 원자론을 반영한다. 또한 교사와 평가자의 판단이 온전히 주관적인 문제임에 틀림없다는 것은 객관성, 가치, 판단 사이의 관계를 완전히 왜곡한다. 예컨대 판단이 순간적 기분(whim)의 문제라면 그것은 단순히 주관적일 수 있다. 그러나 학문적 연구를 특징짓는 객관성은 바로 책임감 있는 판단력을 발휘하는 데 있다. 수량적 측정을 통한 보증(security)을 전제로 하여 규정된 척도에 의해 판단을 내릴 수 있다는 개념으로 되돌아가는 것은 해결책이 될 수 없다. 이미 정해진 척도는 그러한 판단을 만들어낸 이전의 결과물일 뿐이기 때문이다. 즉, 명확하게 측정 가능한 항목을 가장 단순하게 기록하는 것을 넘어 그러한 척도를 적용하려면 학생의 수행 능력에 대한 준거를 *해석(interpretation)*하는 것이 요구된다. 올바른 판단력을 발휘하는 것은 해당 주제에 입문하는 사람들이 그 주제를 특징으로 하는 대화에서 경험이 풍부한 사람들이 제공하는 여러 종류의 판단과 근거, 반론과 비판을 접하는 지속적인 실천에 전적으로 의존한다. 객관성은 그러한 탐구의 전통을 기반으로 한다.

그러나 이처럼 필수적인 실천의 지속성은 교사가 매우 지시적인 교육과정을 전달하거나 보편화된 평가 체제를 바탕으로 하는 강의 계획을 구성하는 학교 시스템으로 인해 충분히 뒷받침되지 않는다. 예컨대 도제(apprenticeship)의 개념이 복합적인 기술 집합의 개념으로 대체되는

13) 예컨대 컴퓨터로 채점하는 과제를 일컬어 '객관적 평가'(objective testing)라는 표현이 전문적으로 쓰이는 것은 심각한 오인을 불러일으킬 수 있다. 그것은 이러한 환상을 부추긴다.

성인 교육 시스템, 또는 자신의 연봉을 지급할 자금을 쫓는 교수들, 임시 계약직 강사, 그리고 조교 연구원들로 점철된 대학 교육 체제로 인해 교육과정은 쇼핑몰 패션처럼 상품화되었고, 세미나 지도는 대학원생에게 떠넘겨졌다. 즉, 수행성이 지닌 지나친 환원주의는 관리주의 및 정보 통신 기술에 대한 빈천한 이해와 연결되어 있으며, 이는 지금 많은 사람들이 그 조건을 벗어나 생각할 수 없는 상황을 보여준다. 물론 여기에는 앞서 언급했듯이 교육에서 매우 중요한 신뢰가 무너지고 실천의 공동체가 약화되는 문제가 따른다. 이들은 아마 세계화가 불러일으킨 공동체 전반이 위축되는 것에 대한 반응일 수도 있으나, 역설적이게도 세계화에 의한 변화를 가속화하는 요인일 수도 있다.

기능 담론, 관리주의, 그리고 정보 통신 기술의 확산은 학문적 공동체를 허무는 추상화, 절차주의 및 세계화 흐름의 표상이다. 그들이 구성하는 세 가지 사례는 교육철학이 여전히 중요하다는 것을 보여주지만 교육철학에 대한 첫 번째 관점에서 드러나듯 제한된 자기 개념에 스스로를 한정시키는 경우에는 실천과의 연관성이 떨어질 수 있다는 가능성을 시사한다. 나는 논문의 서두에서 내가 시급한 문제라고 생각하는 사안에 대해 주의를 환기하는 것으로 글을 마무리 짓겠다고 언급하였다. 따라서 내가 여기서 제시한 세 가지 사례는 일상적으로 교육을 실천하면서 무엇이 문제가 되는지를 보여주는 지표로 삼고자 한다. 교사나 관리자 등 교육정책 및 실천과 관련된 사람들이 이 문제를 이해하고 해결하고자 한다면 신입 교사 양성 교육 및 지속적인 전문성 개발에 대한 지원을 개선해야 한다는 점은 앞에서도 언급하였으며, 이는 세 가지 사례에도 해당한다. 또한 이러한 문제는 기술적인 수단만으로, 즉 새로운 기술이나 새로운 기법의 습득만으로 해결되지 않을 것이다. 무엇보다도 그것은 철학이 촉진하는 더욱 분명한 이해, 보다 광범위한 성찰, 그리고 실천적 지(知)를 뜻하는 *프로네시스(phronesis)*의 발달을 요구한다.

따라서 이러한 형태의 전문적인 교사 양성과 교육에서 철학의 역할을 재확인하는 것은 분명 어려운 일이다. 이것을 위한 접근 방식은 포괄적이면서도, 과거 학생들에게 거리감을 주었던 건조한 추상적 표현은 피해야 한다. 오늘날 더욱 창의적이고 생동감 넘치는 방식으로 철학의 역할을 재확인하는 다양한 사례가 있다. 나는 위에서 논의했던 '학문적'(disciplines) 접근 방식의 타당성을 주장하였으나, 나의 주된 관심은 결코 분파적이거나 배타적인 것이 아니다. 이 논의의 핵심은 교육 전반에 관한 연구와 실천에서 철학의 중요성에 있다.

제3장

유럽, 대륙철학, 그리고 교육철학[1]

(Europe, Continental Philosophy and the Philosophy of Education)

이 글은 무엇에 관한 것인가? 어디서 시작하는가? 유럽이 무엇인지에 대한 문제가 있음에도 불구하고, 이 글을 읽는 사람이면 누구든 교육철학과 관련하여 생각하게 될 법한 독특하고 결정적인 역할을 유럽이 하고 있다고 믿을만한 이유가 있다. 분명 전혀 다른 전통을 가진 세계의 다른 곳에서도 유사한 학문 형태가 있어 왔다. 그러나 만약 '교육철학'(philosophy of education)이 우리가 말하고 있는 것이라면, 우리는 그것의 기원에 관한 의미를 생각하지 않을 수 없으며, 우리가 어디서 시작하든지 가차 없이 유럽으로 돌아가게 될 것이다. 심지어 비유럽권 언어로 번역하기 어려운 '철학'이라는 단어는 우리를 다시 유럽으로 돌아가게 한다. 그래서 실제적인 문제는 유럽을 하나의 항으로 간주하는 *비교*(*comparative*) 설명이 어떻게 가능한지에 관한 것이다.

나는 다음과 같은 접근 방식을 제안한다. 이 글의 첫 번째 부분에서는 '유럽'이 이해되는 일련의 방식을 말하고자 한다. 유럽을 현대 정치 지형으로서, 하나의 유산으로서, 영국을 제외한 것(혹은 영국과 다른 것)으로서, 그리고 대륙철학과 분석철학의 차이와 관련하여 유럽에 관해 다

1) 출처: Standish, P. (2004). Europe, Continental Philosophy and the Philosophy of Education. *Journal of Comparative Education, 40*(4), 485-501.

룰 것이다. 두 번째 부분에서는 오늘날 '대륙'이라는 용어에 함의된 바를 상세히 설명하기에 앞서 현대 교육철학을 형성하는 주요 철학적 사고의 흐름을 간략하게 살펴볼 것이다. 세 번째는 이 글의 가장 중요한 부분으로, 두 가지 영향력 있는 사상적 측면에서 후기구조주의를 살펴보면서 포스트모더니티(postmodernity), 포스트모더니즘(postmodernism), 후기구조주의(poststructuralism)에 대한 이념을 명료화할 것이다. 마지막 부분에서는 세계에서의 해당 분야의 제도화에 대해 간략히 언급할 것이다. 이러한 접근 방식은 우회적인 것처럼 보일 수도 있지만, 의미 있는 비교를 위해서 필요하다고 볼 수 있다.

유럽이란?(Europe?)

그렇다면 유럽이란 무엇인가? 먼저, 우리는 현대의 정치적 지형의 측면에서 2004년 5월 1일 15개국에서 25개국으로 확대된 회원국을 생각해 볼 수도 있다. 그러나 '유럽'이라는 이름으로 지명되는 대륙은 그 용어가 공통적으로 적용되는 정치적 조직과 동일하지 않다. 유럽연합(European Union, EU)은, 우리가 웹사이트에서 알게 되는 바와 같이, 평화와 번영에 헌신하는 민주적 유럽 국가들의 연합으로서 독특한 정치적 관계를 이루고 있다.

> 그것은 기존의 국가들(states)을 대체하는 하나의 국가(a State)가 아니라, 여타의 국제기구 그 이상이다. 사실 EU는 독특하다. 회원국들은 공동 이익에 관한 특정 문제를 유럽 수준에서 민주적으로 결정하기 위해 주권의 일부를 위임한 공동 기구를 설립했다. 이와 같은 주권

통합을 '유럽 통합'(European integration)이라고도 한다(Europa, 2004).

따라서 유럽이라는 정치적 실체는 자체적 정의(self-definition)에 따라 매우 다양하므로, 그것에 관해 일반화하는 것이나 학문적 관행에 대해 의문을 제기할 여지가 많다. 연합은 제2차 세계대전 이후 그것의 첫 시작부터 최근의 포스트모더니티에 이르기까지 지속적으로 적응하며 그 자체가 계속 변화하는 맥락에서 발전해 가고 있다. 그러한 환경에서 정체성 및 주권에 관한 이념은 국제화의 힘에 의해 타협되어 간다. 그리고 국가적, 지역적 경계는 학문적 실천에서 점차 중요성이 줄어들고 관련성이 적어지고 있다. 또한 그것의 성격(일반성, '심층성', 포괄성, 보편성 등)에 의해 제기되는 철학적 질문들은, 마치 교육 연구의 일부 측면이 그러한 정도로, 지역 정치 및 실천과 밀접하게 관련되어 있지 않은 경향성을 띤다. 따라서 교육 연구가 설령 지역적 정책에 관한 구체적인 질문에서 시작한다고 하더라도, 그것은 신속하게 이러한 특수한 관심을 초월한다.

둘째, 유럽이 어떤 의미를 갖는가에 관한 질문은 우리가 현재의 정치적 구조를 떠나서 그것이 주는 유산의 측면에서 생각해 보도록 만든다. 다시 말해, 우리가 이 유산을 어떻게 정의하든지 간에, 그리고 그것의 장단점이 무엇이든지 간에, 지리적 경계를 초월하여 유럽적 사고 및 문명화의 배경이 서구 전통의 중추인 것으로 이해된다. 이와 같은 계보적 사고방식, 들뢰즈의 표현을 빌리자면 수목형 구조(arborescent structure)는 그 유산의 결과물이다.

셋째, 유럽의 정의를 복잡하게 하는 요인은 영국인의 자민족 중심주의의 특징과 관련된다. 이는 제국주의 시대의 타임지(*The Times*) 신문에 실린 악명 높은 기사 제목, '안개 낀 통로, 차단된 유럽'(Fog in Channel, Europe cut off)에서 잘 나타난다. 영국인의 고립주의는 완전히 사라진 것이 아니다! 따라서 유럽 교육철학에 관한 주제를 영국을 기반으로 한 저널에 투고하고자 준비하는 경우, 기본 가정은 영국에서 이루어지고 있는 연구의 범위는 그 주제를 포함하고 있지 않다는 것이다.

이러한 구분은 '대륙'(Continental) 철학과 '분석'(analytical) 철학의 문제로 이어지며, 이 방식은 그 자체로 매우 기이하다. 이 구분은 철학 분야를 나누는 기준이 되며, 교육철학 분야에서 일부 사람들이 '다른 편'을 불신과 실망의 자세로 바라보도록 만든다(이러한 실망은 주로 다른 쪽보다 한 방향으로 나타난다). 물론, '대륙'철학은 세계의 한 지역에 한정된 것이 아니며, 그것이 유럽철학에서 이루어지는 연구를 전부 포괄하지도 않는다. 비록 영어권에서 우세한 작업은 분석철학이지만, 이것은 일반적으로 현대 철학에(서구 전통에서) 적용되는 구별이다. 그러나 버나드 윌리엄스(Bernard Williams)가 언급한 바와 같이, 이와 같은 구분은 자동차를 '전륜 구동'과 '일본산'으로 구분하는 것보다 더 합리적이지 않으며, 이 구분을 경계해야 할 이유가 있다.

이러한 점은 유럽 교육철학을 설명하고자 할 때 마주하게 되는 난점이다. 그러나 이 난점은 다음과 같은 합리적 근거를 제시한다. 이에 비추어 나는 현대 교육철학을 형성한 철학적 사고의 흐름에 관해 대륙철학을 강조하면서 말해 보고자 한다. 이것은 부득이 포스트모더니즘과 포스트모더니티에 관한 언급을 포함할 것이다.

대륙철학의 철학적 유산(The Philosophical Inheritance of Continental Philosophy)

이 정도 분량의 논문에서 이 유산의 주요 흐름을 개괄적으로 설명하고자 하는 시도는 터무니없는 일에 가깝지만, 적어도 다음과 같은 주요 사상가에 대한 언급은 피할 수 없다. 따라서 플라톤과 아리스토텔레스로 '시작'하는 참고문헌을 포함하지 않는 것은 불가능해 보인다. 이들의 사상은 형이상학, 윤리학, 인식론 등 우리에게 전해 내려오는 철학적 사고 구조에 지대한 영향을 미쳤다. 우리는 근대 의식 형성에 있어 가장 중심축 역할을 한 데카르트를 강조하기 위해 아우구스티누스(Augustine)와 아퀴나스(Aquinas)와 같은 사상가들을 건너뛸 수 있을 것이다. (영국 해협 양편에서) 근대 의식 형성이란 곧 지난 400년 동안 윤리학과 인식론에 영향을 미치면서 개인을 이해하는 길을 마련한 것을 가리킨다. 우리는 루소(Rousseau)를 간과할 수 없다. 루소는 교육에 관심이 있는 사람이면 누구에게나 익숙한 철학자이지만, 근대적 사고방식 형성에 있어 그 중요성이 간과된 측면이 있다. 구체적으로, 루소의 사상은 아동, 자연 세계, 그리고 자유와 평등에 관한 근대적 정치 개념 등과 관련하여 우리의 사고에 많은 영향을 미쳤다. 찰스 테일러(Charles Taylor)의 말을 상기시켜 보면, 루소는 우리 자신을 내면의 깊이를 가진 존재로 이해하는 기반을 마련했다. 여기서 언급하는 내면적 깊이는 옳고 그름에 관한 평가와 세계 내에서 우리의 위치에 대한 감각에서 생겨나야 하는 것이다. 다시 말해 루소는 진정성(authenticity)의 근대적 가치의 토대를 제공한다는 점에서 그 특징을 갖는다. 루소로부터 큰 영향을 받은 칸트는 이후 대부분의 철학자들이 자신을 이렇게 혹은 저렇게 위치시키게 되는 영어권과 대륙의 두 철학 전통이 분기되는 데 있어 중심축이 된다. 그러나 그들이 칸트를 읽는 방식은 분명히 다르다. 그 이야기의 결과를 간략히 예상해 보면, 근대 분석적 교육철학에서 합리적 자율성 개념은 칸트로부터 상당 부분 빚지고 있으나, 리오타르(Lyotard)의 숭고함(sublime)에 대한 이해 또한 그러하다. 20세기 프랑스 혹은 독일 철학에 대한 이해는 비판 이론(Critical Theory) 및 프랑크푸르트학파(Frankfurt School) 연구와의 관련 속에서 마르크스(Marx)의 유산을 언급하지 않고는 온전할 수 없다. 뿐만 아니라 어떤 측면에서는 1950, 60년대 프랑스 사상의 풍토 속에서 사르트르(Sartre)의 실존주의 없이 온전하게 이해되기 어렵다. 그러나 오늘날 더욱 영향력 있는 학자는 니체(Nietzsche)이다. 후기구조주의는 부분적으로 소쉬르(Saussure)와 레비스트로스(Levi-Strauss)의 구조주의의 복잡성이나 해독(unravelling)으로 나타나지만, 그렇게 함에 있어서 상당 부분 니체로부터 영향을 받았다[니체는 에머슨(Emerson)과 소로(Thoreau)로부터 영향을 받았으며, 이들은 다시 아시아 사상으로부터 영향을 받았다].

이와 같은 다소 무모한 이름의 '나열'은 사상사를 정돈되고 선형적인 방식으로 제공하지 못한다. 그 이름들은 단지 유럽적 사고의 유산으로 불리는 것에 대한 한 가지 단서일 뿐이며, 그 수혜자는 전 세계에서 발견된다. 다시 한번 강조하자면, 지역적 경계는 비교의 근거로서 충분하지 않다. 따라서 교육철학에 의미 있는 비교를 하기 위해서 나는 후기구조주의 측면에 초점을 맞추고자 한다. 다소 자의적으로 보일지라도, 이와 같은 방식으로 논의를 축소하는 것은 오늘날 대개 후기구조주의가 대륙철학과 동일시된다는 점에서 정당화될 수 있다.

포스트모더니즘, 포스트모더니티, 후기구조주의 (Postmodernism, Postmodernity and Poststructualism)

그렇다면, 후기구조주의 사상가들(예컨대, 데리다, 푸코, 레비나스, 리오타르)로부터 나온 아이디어가 어떤 방식으로 교육정책 및 실천에 대한 이해와 관련되는가? '포스트모던'이라는 용어는 교육 연구에서 매우 흔해졌지만, 최소한 두 가지 측면에서 문제가 있다. 첫째, '포스트모더니즘'은 옹호자와 비방자 모두에게 정확성이 부족한 채 과도하게 사용되는 유행어가 되었다. 더군다나 이어지는 단락에서 좀 더 논의하겠지만, 포스트모더니즘이 의미하는 것에 관한 가정에 의해서 그 상황은 더욱 심각해졌다. 둘째, 포스트모더니즘이라는 용어는 정확하게 말해 느슨하고 다소 광범위한 분야에서 사용된다. 철학 자체뿐만 아니라 예술, 문학, 영화, 음악, 패션 디자인, 문화 연구 등에서 사용된다. 건축도 포스트모더니즘이 무엇인지에 대해 중요한 상징적인 사례를 제공한다. 그러나 포스트모더니즘에 영향을 미친 사유가 예술 등의 발전에서 볼 수 있는 방식으로 시대화되는 것은 아니라는 점에서 그 용어를 철학에 적용하는 경우 문제가 있다. 데리다, 푸코, 레비나스, 리오타르의 사유와 관련해서 말하자면, '후기구조주의'라는 표현이 좀 더 정확하고 적절하다. 동시에 포스트모더니티(정보통신기술, 시뮬레이션과 가상 세계, 분업과 대량화 등의 특징을 보이는 시기)와 포스트모더니즘(후기구조주의에 의해 영향을 받은 일련의 사유와 실천)을 구분하는 것도 가치 있는 일이다. 사실 교육 연구에서 '포스트모던 교육 이론'이라는 용어가 흔해졌음을 부인할 수는 없지만, 이러한 용법은 모호하고 오해의 소지가 있는 가정으로 이어지는 부담을 지고 있다는 점에서 유감스럽다.

오해의 소지가 있는 가정(Misleading Assumptions)

여기서는 먼저 문화적, 인식론적 상대주의, 개인의 정체성과 내러티브, 언어와 권력 등과 관련하여 몇 가지 가정들을 살펴보는 것으로 시작하고자 한다. 이것은 이러한 가정들이 후기구조주의자들의 이념과 얼마나 다른지를 살펴보기 위해서이다. 이러한 포스트모더니즘의 주제에 대한 통속적인 해석을 비판적 관점에서 그리고 흔히 그들과 연관되는 후기구조주의자들과 관련하여 살펴보는 것이 타당할 것이다.

첫 번째로 포스트모더니즘은 어찌 되었든 과거를 거부해야 한다고 가정한다. 과거는 신, 왕, 국가, 인간의 합리성, 진보 등 현재 의문시되는 것에 관해 잘못된 확실성을 부여하는 특징을 갖는다. 사실상 확실성과 진리의 가능성은 철저한 *회의주의(scepticism)*로 보이는 것에서 망상으로 드러났다(Standish, 1995 참고). 진리에 관한 회의주의는 인식론적 측면뿐만 아니라 윤리적 측면에서, 또한 개인뿐만 아니라 문화 형식에서 *상대주의(relativism)*로 이어진다. 그러한 관점에서 지식 주장과 전통은, 비록 은밀하거나 의식하지 않을 수도 있지만, 권력관계의 표현에 불과하다. 한 문화(혹은 한 사람)에서 '참'인 것이 다른 문화에서는 '참'이 아니다. '참'인 것은 '참으로 간주되는 것'이라는 의미와 동의어이다. 따라서 윤리적 준거 또한 문화마다 (혹은 개인마다) 상대적이며, 그래서 *우리*는 *그들*이 하는 행동에 대해 비판할 권리가 없다(마찬가지로 *당신*은 *내*가 지지하는 가치에 대해 판단할 권리가 없다). 따라서 흔히 다음과 같이 불평한다. "당신은 지금 판단하고 있는 것 아닌가?" "당신은 지금 가치를 끌어들이고 있는 것 아닌가?"

만약 확실성도 없고 가치에 대한 윤리적 객관성도 없다면 이와 같은 종류의 의심은 우리를 가치가 없는 세계에 살고 있다는 일련의 가정으로 끌고 가기도 한다. (이상하게도, 모든 것이 권력이라는 그 환원론적 주장 그 자체는 가치 판단이 없는 것으로 간주된다!) 그 결과는 *허무주의(nihilism)*의 만연함이다. 이러한 흐름에서 교육 연구는 주로 근대성의 가정과 주장들을 폭로하는 냉소주의적 특징을 보인다. 종종 이러한 가정들은 불공정(injustice)에 관한 우려와 접목된다. 종종 그 가정들은 언어와 사고의 '놀이'를 자유롭게 풀어주려는 노력, 아마도 해방(emancipation)을 제안하는 것과 더불어, 그러한 노력에 근거를 제공한다.

이러한 경향의 만연함은 잠재적으로 일관성 있는 교육 연구가 취할 수 있는 일부 과장된 형태에서 충분히 쉽게 찾아볼 수 있다. 따라서, 궁극적인 진리가 없으므로, '구성주의'는 학습을 아동이 자기 지식을 형성하는 문제라고 간주한다. 이와 유사하게, '내러티브 연구'는 종종 개인의 삶의 이야기를 만들어 내는 것과 관련된다고 이해된다. 왜냐하면 연구가 결코 연구자, 구조, 그리고 다소 나르시시즘적으로 연구자 자신의 삶의 이야기로부터 독립될 수 없다는 것을 우리는 알고 있기 때문이다. [여기서 허구와 비허구로서 '이야기'(story)의 모호함이 혼동을 야기한다.] 위에서 언급한 세 번째 예로, 일부 다문화주의자들의 주장은 '타인의 존중'과 '차이의 인정'이라는 명제에서 간혹 일관성을 잃기도 한다.

그러나 만약 이러한 오해의 소지가 있는 가정들이 후기구조주의자들의 사고를 잘못 독해한 것이라면, 어떻게 좀 더 정확한 이해로 나아갈 수 있을까? 후기구조주의의 특징은 무엇인가?

후기구조주의의 주요 관심사(Central Preoccupations of Poststructuralism)

후기구조주의는 언어와 사고의 관계에 관한 관심으로 널리 퍼졌으며, 이에 따라 소위 20세기 철학의 언어적 관심과 관련된다. 이것은 영어권 전통에서 철학적 관심의 전환이며, 오스틴(J. L. Austine)과 후기 비트겐슈타인(Wittgenstein)이 이에 속한다. 후기구조주의는 논리의 우선성에 관한 토대주의자들의 가정으로부터 벗어나서, 폭넓은 인간 실천에 걸쳐 나타나는 언어의 다양한 성격과 그것의 심층적인 영향력 및 확장된 함의에 관해 보다 섬세한 인식을 추구한다. 대륙 철학에서 그러한 감각은 이미 니체의 작품에서 잘 발달되었다. 니체는 에머슨(Emerson)과 소로(Thoreau)의 유사한 사상을 읽고 감명을 받았다. 하이데거도 『존재와 시간』*(Being and time)*(Heidegger, 1927)이라는 명저를 출판한 이후 수십 년간 우리 존재의 가장 근본적인 것으로서 언어를 강조하는 방향으로 옮겨갔다. 여기서 언어는 의사소통의 수단으로 이해되지 않는다. 언어를 의사소통의 수단으로 보는 관점은, 아리스토텔레스가 생각했던 바와 같이, 마치 사고가 추상적인 형태로 먼저 존재하고, 그 다음 우리가 그것을 타인에게 전달하기 위해서 그것을 언어로 기호화한다고 보는 것이다. 그러한 사고는 처음에 어떤 형태로 나타나는가? 그러한 사고는 어디서 나오는가? 하이데거가 도발적으로 설명한 바와 같이, 인간은 언어를 말하지 않는다. 오히려 언어가 인간을 말한다. 언어는 우리의 사고를 위한 원천이며, 인간으로서 우리 존재의 원천이기도 하다. 사고와 말의 관계에 대한 이와 같은 교란으로 철학과 문학 간의 구분이 허물어지는 길이 열린다.

후기구조주의적 사고는 실제로 지식과 권력 간의 관계에 관심이 있다. 다시 한번 말하자면, 니체의 저작은 이러한 길을 마련하였으며, 특히 푸코의 글에서 잘 나타난다. 그러나 권력–지식(power-knowledge) 연결의 요점은 특정 권력 이해관계가 소위 자연어(natural language)라고 가정되는 망토 아래에서 자신의 활동을 숨기는 방식과는 관련이 적다(분명 이러한 일이 발생함에도 불구하고). 자연어의 은폐 작용에 관심을 두는 것은 마치(아마도 은밀하게) 타자를 배제하는 것과 같이, 어떤 형태의 담론이 특정한 사고방식을 가능하도록 하는 것을 가리킨다. 그러나 권력은 필연적으로 나쁜 것은 아니며, 배제는 불가피한 것일 수도 있고, 반드시 유감스러워해야 할 것이 아닐 수도 있다. 이것은 우리의 언어와 사고가 불가피하게 편파적인 성격을 지닌다는 점을 드러낸다. 다시 말해 보편적이거나 총체적인 이해의 불가능성을 드러낸다. 특정 담론이 가능하게 만드는 가능성을 이해하면서 동시에 배제의 효과에 경각심을 가지고 보다 섬세하고 식별력이 있는 사고를 촉진해야 한다.

인간 삶에서 언어가 얼마나 널리 퍼져있고 필수적인 존재인지를 고려해 본다면, 그리고 언어 그 자체의 성격을 고려해 본다면(아래에서 좀 더 살펴볼 것임), 안정적인 정체성과 발달 개념이 불안정해진다. 따라서 교육 이론이 단선적 진보의 관점에서 이해되는 학습 이론과 더불어 발달심리학의 개념에 근거하고 있는 한, 그것은 재고될 필요가 있다. 그러나 이것은 자기–창조(self-creation)라는 지나치게 주관적인 용어를 정당화하는 것이 아니라, 언어가 우리를 창조해 가는 측면을 인식하고 겸손(humility)과 유사한 어떤 것으로 이어져야 한다. 또한 이것은 객관성으로부터의 도피가 아니라, 사물이 존재하는 방식에 대한 보다 엄격한 인식이 될 것이다. 진정한 의미에서 우리는 우리가 사용할 수 있는 말에 의해 형성되고, 이러한 말이 무엇인지는 우리가 받았던 교육에 의해 결정될 것이다. 이것은 문화적으로 상대적인 측면이 있는 것이 사실이다. 프랑스 교육과 일본 교육은 같을 수가 없으며(경험적으로 서로 전혀 영향을 받지 않음을 의미하는 것은 아니지만), 언어적으로 혹은 문화적으로 중립적인 교육은 있을 수 없다. 그러나 이것은 다시 인식론적 상대주의로 귀결되는 것이 아니라, 문화적 입문(cultural initiation)의 중요성, 즉 그러한 입문이 넓은 범위의 학습자들에게 주는 다양한 유형과 정도의 풍부한 의미가 배제 혹은 무시의 여러 형태를 보이기도 하는 것에 대해 더 높은 민감성으로 이어져야 한다.

후기구조주의적 사고가 반정초주의(antifoundationalism)의 영향을 받았다고 보는 것은 옳지만, 이로 인해 확실성이 상실되거나 혹은 진리가 사라진다고 가정해서는 안 된다(덧붙여 말하면, 이러한 관점을 취하기 위해서 명목상의 후기구조주의자가 되어서는 안 된다. 예를 들면 하버마스의 반정초주의는 이성에 대한 계몽주의적 믿음의 연장선상에 있다). 비트겐슈타인은 일련의 저술을 통해 한편으로는 확실성의 과장된 주장과 다른 한편으로는 그에 대한 반응으로 표현되는 회의주의를 둘러싼 혼란을 드러내는 데 공헌했다. 많은 사람들에게 칭송받는 '거대서사에 대한 의심'(suspicion towards metanarratives)(자세한 내용은 아래에서 설명)은 정초주의자를 포함한 전체화된 설명에 대해 반대하는 것과 같다. 이와 같은 유형의 사고는 예컨대 소쉬르(Saussure)의 언어학 혹은 레비스트로스(Levi-Strauss)의 인류학, 혹은 무어(G. E. Moore)의 형이상학 등에서 발견되는 포괄적인 패턴이나 조직화된 아이디어를 약화시킨다는 점에서 *후기구조주의*에 해당한다.

위의 내용은 비록 이러한 통찰력이 사회 변화로 인해 더욱 쉽게 접근

할 수 있게 되어 감에도 불구하고, 후기구조주의가 결코 포스트모더니티의 특정 조건(에 대한 비판)에 매여있지 않음을 보여준다. 그러나 후기구조주의와 관련된 두 가지 개념은 우리가 살고 있는 시대와 특히 관련이 있으며, 그것의 교육적 관련성을 고려할 때 여기서 시대적 관련성을 인정하는 것이 적절하다. 첫 번째는 보드리야르(Baudrillard)의 *시뮬라크르(simulacrum)* 개념이다. 상품화 및 포스트모더니티의 이미지 관리에서 실제와 시뮬레이션, 허구, 혹은 가상(imaginary)의 구분을 유지하기가 점차 어려워진다. 가상 현실(virtual reality)을 만들 수 있는 능력을 가진 새로운 기술에 의해 이러한 과정이 가속화된다(Baudrillard, 1983 참고). 두 번째는 현대 세계의 양상을 적절하게 포착하고, 이 개념의 도입 이후 25년 동안 행해진 교육정책 및 실천의 변화에 대한 선견지명을 보여준 것으로서 리오타르(Lyotard)의 *수행성(performativity)* 개념을 들 수 있다. 과도한 '질'(quality) 통제 및 책무성, '효율성과 효과'의 증거에 대한 강박, 그리고 정보 통신 기술(ICT)의 영향력 확대 등의 측면에서 리오타르의 수행성 개념에 대한 설명은 더욱 적합할 것이다. '시스템의 진정한 목표이며, 그 자체를 컴퓨터처럼 프로그램화하는 논리는 입력과 산출 간의 글로벌 관계를 최적화하는 것, 그것이 곧 수행성이다(Lyotard, 1984, p. 11).' 리오타르의 최고의 철학 책은 아님에도 불구하고, 그의 『포스트모던 조건: 지식에 관한 보고서』(*The postmodern Condition: A Report on Knowledge*)는 교육 연구자들 사이에서 널리 영향을 미쳤다. 그러나 그것을 읽은 많은 사람들이 그 책의 어둡고 냉소적인 어조에 반응하지 못한 점, 그 결과 그 책에서 폭로하거나 경고하고자 한 바로 그 아이디어를 표현하는 문구를 놓친 것은 유감스러운 일이다.

나는 앞에서 철학과 문학 간의 경계가 허물어짐을 언급했다. 이것은 수사학적 효과로부터 자유로운 완벽하게 철학적인 혹은 논리적인 산문은 없다는 인식을 수반한다. 독서를 할 때 그러한 것이 있다고 생각하도록 만드는 것은 아마도 학교교육의 몰이해일 수도 있다. 유사한 문제는 교육 연구자들 가운데 자신들이 과학적 연구 보고서를 쓰고 있으며 그들의 언어가 '중립적'이고 '객관적'이라고 상상하는 경우에도 나타난다. 여기서 파악한 바와 같이, 리오타르를 올바르게 읽지 못한 것은 아마도 독서의 일반적인 취약함을 보여주는 한 가지 증상일지도 모른다. 만약 '교육에서 후기구조주의의 많은 부분을 놓치게 된 이유가 무엇인가?' 혹은 '위에서 언급한 오해가 발전하게 된 이유가 무엇인가?'를 묻는다면, 그 대답은 독자들이 이러한 생각들을 성급하게 기존의 1970년대 지식사회학의 범주, 권력의 작용에 있어 신마르크스주의의 비판 혹은 차이의 정치학에 관한 다양한 버전 등에 꿰맞추려고 하는 데에 있다고 말할 수 있다.

만약 소위 '포스트모던' 교육 연구라고 불리는 것이 이러한 문제 중 일부를 잘못 이해했다면, 이를 어떻게 더 잘 이해할 수 있을까? 이를 위해 나는 두 가지 지배적인 사고의 흐름을 도출해 보고자 한다. 첫 번째는, 내가 '부정성의'(negative) 흐름을 주제화한 것으로서, 에마뉘엘 레비나스(Emmanuel Levinas)의 후기구조주의의 영향과 긴밀하게 관련된다. 두 번째는 니체(Nietzsche)로부터 유래된 '긍정성의'(affirmative) 흐름이다. 부정성과 긍정성에 관해 말하는 것이 극과 극을 의미하는 것은 아니다. 두 가지 사고방식 모두 교육에 중요한 가치가 있다.

타자성과 부정성(Alterity and Negativity)

다른 사람과의 관계 혹은 타자성은 교육 연구 및 실천에서 매우 막연하게 사용되어 왔다. 어떻게 하면 이 개념을 구체화하고 더 큰 의미를 부여할 수 있을까? 다시 한번 말하지만, 여기서 우리의 출발점은 언어 그 자체여야 한다.

데리다(Derrida)의 초기 작품은 특히 기호의 논리에 관한 소쉬르의 설명에 대한 비판으로 잘 알려져 있다. 데리다는 레비나스의 아이디어에서 많은 영향을 받아 어떤 발화와 기호든 산종(dissemination), 반복가능성(iterability), 그리고 흔적의 구조(structure of the trace)의 특징을 갖는다고 밝혔다. 산종은 단어의 특정 사용이 그것을 말하거나 쓰는 사람의 통제를 벗어난 환경에서 가능해야 한다는 사실을 의미한다. 단어들은 어떤 표현이든 논리적으로 반복이 가능하다는 점에서 반복가능성을 갖는다. 단어들은 세계에서 하나의 사물 혹은 하나의 사건이 독특하게 발생하는 방식으로 이루어질 수 없다. 단어의 반복성(repeatability)은 필수적인 요소이다. 소크라테스는 (파이드로스에서) 문자 형태로 남겨지는 말이 저자로부터 가혹하게 공격당하기 쉽고, 그래서 잘못된 손에 맡겨질 수 있다는 사실에 관해 우려했다. 반면 말이 구술로 언급될 때는 화자의 존재가 그 말을 통제할 수 있다. 그러나 데리다는 구술 언어(spoken words) 그 자체도 절대로 안정화되지 않는 방식으로 그것을 듣는 사람에 의한 해석과 반복을 피할 수 없고, 구술 언어가 열려 있는 만큼 여기서 가정되는 통제의 속성은 환상에 불과함을 보여준다. 그러나 사실 언어는 그렇지 않을 수도 있다. 아이러니하게도, 구술 언어는 소크라테스가 우려한 문자 언어의 특징을 갖는다. 그러나 이것은 통제 혹은 확실성의 부족에서 오는 절망이 아니다. 반대로, 우리 말의 이러한 본질적인 측면은 우리가 우리 자신을 넘어서는 의미의 일부일 뿐이라는 겸손한 인식을 요청한다. 즉 우리의 말은 우리가 말할 수 있는 것 그 이상을 의미하며, 우리가 의미할 수 있는 것 그 이상을 말한다. 이것이 사고의 조건이다. 우리에게 사고를 불러일으키는 말이, 즉 그 사고의 피할 수 없는 매개체인 말이, 우리가 알 수 없는 과거의 용법으로부터 우리에게 다가옴을 인식할 때 언어에의 의존성은 더욱 증가한다. 이것이 언어 존재의 조건이다. 따라서 말은 우리가 결코 되돌아갈 수는 없지만 이전에 *지나간 것들의 흔적들(traces)*이다. 우리의 사고와 우리의 정체성은 타인이 우리에게 자기-지식(self-knowledge)과 자기-습득(self-master)의 개념을 위태롭게 하고 복잡하게 하는 방식으로 귀결된다. 그러나 우리의 언어와 사고의 필연적인 한계를 인식하고 또한 우리 존재가 이러한 것들로 구성되어 있음을 인식함으로써 의미는 우리가 알 수 없는 것에 의해 강화된다는 점에서 이는 풍요로운(enriching) 부정성이다. 이러한 겸손함은 구성주의자와 내러티브 교육 연구의 자기중심적 가정과는 매우 대조적이다.

부정성의 또 다른 측면으로 넘어가 보자. 예를 들면 리오타르의 다양한 후기 저작들 중 『비인간: 시간에 관한 성찰』(*The Inhuman: Reflections on Time*)에서 리오타르(1991)는 한계를 무시하는 경향성이 초래하는 몇 가지 윤리적 결과에 대해 생각한다. 그가 제안하는 한 가지 문제는 현대 사회는 우리의 삶을 프로그램화하는 경향이 있다는 것이다. 오늘날 복잡화(complexification) 과정에 의해 나타나는 어려움은 광범위하게 프로그램화된 반응을 요구하는 것*처럼 보인다*는 것이다. 그러나 인간의 삶과 실천은 행동 프로그램이라기보다는 프로젝트로 이해해야 하며, 이때 프로젝트는 열린 결말(open-endedness)의 속성을 갖는다. 사고의 프로그램화 경향성은 '인간 프로젝트에 적합한 우발성(contingency)과 자유(freedom)에 의해 야기되는 예측할 수 없는 효과'(Lyotard, 1991, p. 69)를 중립화한다는 점에서 위험하다. 또한 이와 관련된 경향성은 현대 도덕성 및 정치학의 주된 개념적 특징에 해당하는 권리 논의에서도 만연하게 나타난다. 리오타르는 『포스트모던 우화』(*Postmodern Fables*)(Lyotard, 1997)에서 말할 권리, 즉 '자기 자신을 표현'해야 하는 의무가 과도하게 군림하고, 침묵과 중단의 형식을 억압하며, 말해질 수 없는 것에 대한 감각을 저해하는 처참한 결과와 함께 세계의 디스토피아적 전망을 제시한다. 이것은 권리의 가장 핵심에 해당하는 의미를 빼앗는 결과를 초래한다. 그것은 곧 '우리가 선언한 권리를 지배하는 분리(separation)로서의 인권이 침해된다'(Lyotard, 1997, p. 118)는 결과를 가리킨다. 그러한 사고방식이 사적인 영역에 은밀하고 환원적으로 침입하는 것은 경험 영역의 전반과 윤리학의 전반에 일종의 징발(commandeering)이다. 그것은 곧 모든 것이 일종의 '자명성(self-evidence), 즉 전체주의적 성향이 가질 수 있는 절대 확실한 속성'(p. 119)을 갖는다고 가정한다. 더욱이, 사적 영역의 훼손은 단순히 공적 영역의 확대가 아니라 그것의 왜곡이다. 왜냐하면 공적으로 표현되는 것은 밝혀지지 않은 것(what is withheld)과 관련하여 요점을 갖고 그것에 초점을 맞춰야 하기 때문이다.

설명한 바와 같이, 이러한 후기구조주의의 부정성의 흐름은 유대인 사상으로부터 깊은 영향을 받은 레비나스 철학에서 강력한 영감을 받았다. 레비나스의 작품에서 중요한 것은 타자(others)와 절대적 타자(Other)를 윤리적으로 구분하는 점이다. 후자는 주로 대문자로 표기되는데 이는 특수한 특징이나 이 사람과 저 사람을 차별화할 수 있는 요인과 무관하게 다른 사람과의 절대적 관계를 나타낸다. 물론, 그와 같은 차별화 요소와 관련된 윤리적 문제들이 있다. 사회적 정의(social justice)(인종, 장애, 사회 계층에 따른 부의 분배 등과 관련하여), 구체적인 역할이나 상황과 관련된 의무의 문제 등이 이에 해당한다. 그러나 이러한 문제들은 수평적 축으로 이해될 수 있는 것을 기반으로 작동한다. 그것들은 준계약적인(quasi-contractual) 성격을 갖는다. 사람은 일종의 닫힌 경제에서 자신의 의무를 다하거나, 필요를 충족시키며, 빚을 청산할 수 있다. 여기서 닫힌 경제는 전체화되거나 혹은 보편적으로 고려될 수 있는 경제를 가리킨다. 그러한 경제는 필연적으로 그리고 바람직하게 우리의 일상적인 삶의 일부이지만, 그것은 또한 삶을 잠식하고 왜곡된 형태를 취할 수 있다. 이런 일들은 얼마든지 가능하다. 좋은 학교에 등록금을 내고, 좋은 옷을 사 주며, 영양가 높은 음식을 제공하는 부모는 자신의 의무를 충분히 했다고 느낄지도 모른다. 또한 세금을 내고, 투표하며, 법을 어긴 적이 없는 시민은 자신이 책임감 있는 방식으로 잘 처신했다고 만족할지도 모른다. 그리고 자신의 학급에서 학습 목표를 달성한 교사는 자신의 업무를 매우 효과적이고 효율적으로 수행했다는 점에서 만족하며 집으로 돌아갈지도 모른다. 그러나 우리는 이러한 인물들이 각각의 경우 도덕적 그로테스크가 될지도 모른다는 사실을 상상해 볼 수 있다. 그들의 악의 특징은 아마도 자만심(hubris)일 것이다. 자신이 결코 충분하다고 느끼지 않으며, 타자와의 관계에서 무한한 가능성에 대한 이해를 갖춘 그런 부모(시민, 교사, 혹은 연인 등...)에 관한 미덕은 없을까? 이런 것을 보지 않는 사람은 *전체(the whole thing)*를 잘못 이해하고, 시민성, 부모다움, 사랑 혹은 교육의 핵심을 놓칠 위험이 있지 않은가? 자신이 충분히 다했다고 생각하는 부모에 관해 도덕적으로 불쾌한 점이 있지 않은가? 이러한 점들을 인정하는 것이 아마도 타자(Other)와의 절대적 관계에 관해 생각하는 방식을 열어준다.

마르틴 부버의 나－너(I-thou) 관계와의 두 가지 차이점은 레비나스의 절대적 타자를 좀 더 분명하게 이해하는 데 도움이 된다. 첫째, 레비나스에서 타자와의 관계는 대칭적이지 않다. 앞서 키르케고르와 비트겐슈타인이 모두 강조한 바와 같이 일인칭 화법이 윤리학에서는 매우 중요하다. 그래서 '나는 당신에게 책임이 있다'는 말은 당신, 그, 혹은 그녀의 편에서 동등한 책임감을 의미하는 것으로 이해되지 않는다. 그 관계는 나를 개별화하는 특별한 것이다. 타자(Other)에 대한 절대적 의무는 내가 지나칠 수 있는 것이 아니다. 타자는 무한하게 높지만, 또한 상처받기 쉽고 궁핍한 것으로 이해해야 하는 어떤 것이다. 그리고 그 관계는 모순적으로 내가 그 의무에 응답하면 할수록 더 깊어지는 의무에 나를 대면시킨다. 레비나스는 도스토옙스키(Dostoevsky)의 말을 인용한다. '모든 사람은 모든 사람 앞에 유죄이며, 나는 다른 사람보다 더욱 그러하다(Levinas, 1998, p. 146).' 이것은 만족의 경제(economy of satisfaction)로부터 분명 벗어나도록 한다. 둘째, 타자와의 관계는 인지(cognition)의 관계가 아니며, 따라서 인식(recognition)의 관계도 아니다. 타자(Other)는 내가 알 수 없는 깊이를 가지고 나에게 다가온다. 그리고 나는 폭력을 행사하지 않기 위해서 이 불가지성(unknowability)을 인정해야 한다. 이 부정성은 사물의 핵심이다. 그것이 바로 *탁월한* 윤리적 관계이다. 수평적 축의 전체성이나 혹은 닫힌 경제와 달리, 이 (수직적) 축은 무한성을 가리킨다. 레비나스에게서 특히 중요한 점은 이러한 절대적 타자(Other)와의 근본적인 관계가 무너진다면 수평적 평면에 있는 타자들

(others)과의 관계도 파괴된다는 점이다. 준계약적 의무 등은, 만약 그것들이 작동하는 경제가 궁극적으로 무한의 관계라는 다른 측면에 의해 의미가 주어지지 않는다면, 올바르게 이해될 수 없다. 그 결과 자기-만족적인(self-satisfied) 시민, 부모, 교사, 연인의 빈곤함이 초래될 것이다.

레비나스의 글은 존재론에 대한 윤리학의 우선성을 일관성 있게 보여주고자 하는 시도로 구성된다. 즉, 여러 시대에 걸쳐 철학자들(그리고 다른 사람들)은 *사실이 무엇인지(what is the case)*(이것은 탁자인가? 다른 마음이 있는가? 자연 상태에서 인간의 조건이 무엇인가?)를 진술하는 데 과도하게 집착한 결과 길을 잃어버리게 된 경향이 있다. 이러한 존재론적 접근이 형이상학적으로 불충분함을 드러내는 조건은 바로 타자(Other)와의 무한한 관계의 만연함이다. 이것은 실증주의적 사고, 즉 가치보다 사실을 우선하는 사고뿐만 아니라, 존재 그 자체에 대해 다른 방식의 윤리적 탐구를 수행한 하이데거에 대한 도전이다.

레비나스는 이러한 개념들을 추상적 논의와 매우 직접적이고 명확한 예시를 결합한 철학적 관용어구를 통해 표현한다. 그것은 과부, 고아, 이방인과 같이 성서 속의 인물과 유사한 방식으로 나타난다. 그의 사유는 확실하게 계속해서 부정 신학의 유형으로 비유되고 있다. 레비나스와 좀 더 직접적인 관계를 통해 구성된 1990년대 데리다의 작품은 분명 그 성격상 종교적이고 이와 같은 부정성(negativity)을 내포하고 있다. 예컨대, 그의 『이름에 관하여』(*On the Name*)(Derrida, 1995)에는 17세기 독일의 프로테스탄트 신비주의자인 안겔루스 질레지우스(Angelus Silesius)의 시, 알 수 없는 신(The unknowable God)이 포함되어 있으며, 이와 관련하여, 환대(hospitality), 선물(gift), 우정(friendship)의 주제에 대해 폭넓게 논의된다. 또한 1980년대 리오타르의 저작에는 관련된 부정성이 묻어진 기억(immemorial)에 관한 내용에서 분명하게 나타난다. 묻어진 기억이란, 첫째, 홀로코스트의 고통이나 불가피하게 축소하고 왜곡하게 되는 기억이며, 둘째, 성인에 의해 고통이 일종의 의인화(anthropomorphism)를 거쳐 회상되는 유년 시절 그 자체를 의미한다. 다시 한번 말하지만, 이 부정성을 무시하는 경향성, 즉 망각에 대한 망각은 우리의 윤리적 삶에 중대한 위협이 된다.

이와 같은 포스트모던 사고의 부정성 경향에 대한 설명은 3장 시작 부분에서 기술한 오해의 여지가 있는 가정들과는 거리가 있음을 보여줄 수 있어야 한다. 후기구조주의의 긍정적 경향성은 어떠한가? 우리는 여기서 다시 니체로 돌아가 볼 것이다.

긍정성(Affirmation)

앞서 포스트모던 교육 이론은 허무주의를 향하는 경향이 있다고 말했다. '신의 죽음'이라는 선언과 함께 니체를 허무주의로 이해하는 관점이 잘 알려져 있다. 이것은 니체를 거꾸로 보는 것이다.

들뢰즈(Deleuze, 1983)가 보여준 것과 같이, 허무주의에 대한 니체의 일관된 집착은 세 가지 유형으로 이해될 수 있다. *부정적 허무주의(negative nihilism)*는 (특정 형식의) 기독교에서 발견되는 이 세계에 대한 부정(denial)의 특징을 보인다. 그는 가끔 예수를 강력한 적으로 표현하지만, 이와 같은 삶의 부정을 인간의 정신(spirit)을 경멸할 정도로 약화시키는 것으로 간주한다. 두 번째 유형은 *반동적 허무주의(reactive nihilism)*로서 반역자의 입장으로 대표된다. 이것 또한 니체는 반역자가 반대하는 바로 그 대상에 지나치게 의존적이라는 점에서 비난한다. 마지막으로 *수동적 허무주의(passive nihilism)*는 전형적인 부르주아의 삶과 같이, 편안하게 살아가는 사람, 성공의 전통적인 증거들과 함께, 평온하고 안락하며 부유하여 위험 요소가 없는 삶을 선택하는 사람의 입장이다. 니체는 그러한 삶이 인간의 정신을 고갈시키는 마지막 단계를 나타낸다고 믿는다. 분명한 점은 니체가 허무주의에 대해 그가 격렬하게 반대하는 것이라고 말한다는 것이다. 그러나 니체에게는 이미 만들어진 가치란 있을 수 없다는 점 또한 분명하다. 이미 성립된 혹은 부여된 가치는 그들 자신의 가치를 평가절하한다. 진정 신은 '죽었다.' 왜냐하면 신은 신분이 높은 부르주아의 삶의 관습과 만족에 동화되어 자신을 평가절하했기 때문이다. 그것 대신 필요한 것은 자기 자신의 것으로 받아들이는 기준에 부합하도록 가치를 '변환'(transvaluation)하는 것이다. 전반적으로 니체의 작품은 이것이 어떻게 이루어질 수 있을지를 보여주는 데 전념한다.

그 과정에서 니체는 (지식의 한계에 대해 암묵적으로 인정했던) 이전 세대들이 유지해 온 신화들을 없애는 문화에서, 그리고 모든 것을 추상적인 이성(니체가 소크라테스의 사고 이미지에 가한 비판이기도 함)의 일환으로 종속시키는 문화에서, 교육 자체가 삶을 고갈시키는 방식에 대해 한탄한다.

> 신화의 이미지는 어디든지 존재하며 눈에 잘 띄지 않는 악마의 수호자임에 틀림없다. 이것은 젊은이의 마음의 성장을 보호하고, 인간의 삶과 투쟁에 관한 해석을 안내한다. 국가는 종교와의 연관성 및 신화적 표상으로부터의 성장을 보장하는 신화적 토대보다 더 강력한 불문율을 갖지 않는다. 비교의 방법을 통해 신화의 안내가 없는 추상적

> 인 인간을 상상해 보자. 추상적 교육, 추상적 도덕성, 추상적 정의, 추상적 국가가 이와 관련될 것이다. 예술적 상상력이 토착 신화에 의해 저지되지 않는 무법적 방황을 상상해 보자. 안전하고 신성한 원시 장소가 없는 문화를 상상해 보자. 그 문화는 모든 가능성을 고갈시키고 다른 모든 문화에 비참한 영향을 미친다고 선고받는다. 거기에는 신화의 파괴에 몰두한 소크라테스주의의 산물인 우리의 현시대가 있다(Nietzsche, 1993, p. 109-10).

그 밖에 니체는 이러한 한계를 그가 경멸적으로 묘사한 심리학적 설명의 토대주의적 오류와 관련시킨다.

> 미지의 것을 아는 것에 비추어 추적하는 것은 편안하게 하는 것이고, 마음을 진정시키는 것이며, 만족시키는 것이다. 나아가 그것은 권능감을 주기도 한다. 미지의 것에는 위험, 동요, 불안이 따른다. 이와 같은 괴로운 상태를 벗어나는 것이 첫 번째 본능이다. 첫 번째 원리는 어떤 설명이든 없는 것보다는 낫다는 것이다(Nietzsche, 1962, 'The Four Great Errors', p. 62, #5).

니체는 자신이 직면한 문화를 비판했지만, 그의 목적은 파괴적인 것이 아니다. 니체는 *르상티망(ressentiment)*에 반대하면서 그것은 영혼을 고갈시킬 수 있고, 충만한 삶을 손상시키며, 우리의 일상에 하찮은 비열함을 전가한다는 점을 경고한다. *르상티망*은 그리움이든 후회든 양심의 가책이든 되돌아보는 것에 대한 부정성을 가리킨다. 혹은 결코 도래하지 않을 미래에 대한 간절한 생각으로 현재가 사라져 버릴 만큼 집착적으로 앞을 내다보는 것에 대한 부정성을 가리킨다. 이것과는 대조적인 삶에 대한 긍정은 니체에게서는 종종 취한 상태나 혹은 춤추는 상태에 대한 언급과 함께 자세히 진술된다. 이것은 자기-의식적인 주장이 아니라, 오히려 부담스러운 자아의 짐을 벗어버리고 자신이 하고 있는 것에 완전히 몰입하여 자신을 잃어버리는 상태이다. 이러한 몰입이 오로지 취하는 형식만을 갖는 것은 아니다. 예술가의 작업, 엔지니어의 문제 해결 과정, 학생의 글쓰기 과정, 교사의 자신의 교과에의 몰입 등도 모두 이러한 강렬함의 예시가 될 수 있다. 더욱이 교사의 역할은 교과, 교사, 학생을 거쳐 흘러가는 전류와 같이 '강도의 전도사'(a conductor of intensity)라고 볼 수 있다. 그러한 몰입은 문화의 활력과 가치의 조건이며, 그것을 지탱하는 교육의 조건이기도 하다.

니체는 푸코의 작품에 큰 영향을 미쳤으나(예를 들어, Peters & Wain, 2003 참고), 여기서 간략히 살펴본 긍정의 주제는 들뢰즈의 작품과 리오타르의 중기 작품에 더욱 분명하게 나타난다. 특히 이 부분에서 우리는 교육 실천의 재활성화를 위한 지침을 찾을 수 있다. 이 부분이 바로 우리가 생기를 되찾은 교육 실천을 찾을 수 있는 지점이다(예를 들어, Bearn, 2000; Blake *et al.*, 2000, 7장; Williams, 2000 참고). 이제 이러한 논의를 좀 더 확장하여 후기구조주의의 부정성 및 긍정성의 흐름이 어떤 다른 발전을 지원하는지를 질문해 보자.

이러한 사고에 의해 교육은 어떻게 변화하는가?(How Might Education Be Changed by These Thoughts?)

먼저, 많은 국가의 교육 실천을 지배하는 억압적이고 전체화된 구조를 해체하는 것과 관련하여 해야 할 중요한 작업이 있다. 표면적으로, '억압적'(oppressive) 그리고 '전체화'(totalizing)라는 용어는 전통적으로 다소간 정치적 용어처럼 보인다. 여기서 중요한 것은 수행성(performativity)에 의한 사고의 식민지화(colonizing of thought) 문제이다. 이 식민지화의 결과는 우리가 점차 특정 방식으로 사고할 수 없게 된다는 것이다. 이 사고방식은 진리 그 자체를 추구한다는 점에서 교육에 매우 중요하다. 그러나 이러한 해체(dismantling)를 넘어서서, 어떤 심층적인 시사점을 발견할 수 있는가?

첫째, 교육과정과 평가에 관해 시사하는 바가 있다. 부정성의 흐름은 교육 내용과 관련하여 완전한 이해 범위를 제안하는 것을 피하고 무한한 가능성을 가리키는 방식으로 학생들에게 계획되고 제시될 필요가 있다. 따라서 기초 수학은 거래의 유용함뿐만 아니라 미적분학 전반에 열려 있다. 역사를 가르칠 때 평가 준거를 충족시키겠다는 관점만으로는 가르칠 수 없다. 역사는 내재적 매력을 느끼며 그 분야가 더 많이 추구될수록 열리는 방식을 보여줌으로써 가르칠 수 있다. 물론, 평가와 그 준거는 이것을 민감하게 반영하는 방식으로, 또한 수업의 과정에서 모든 것을 지배하지 않는 방식으로 설계될 수 있다. 그러나 객관성(objectivity), 엄격성(rigour), 책무성(accountability)이라는 잘못된 개념의 영향으로 인해 평가와 준거가 흔히 이것과는 반대로 나타나는 경향이 있다.

둘째, 학습의 주제 및 교재 선택은 일의적(univocal) 읽기에 저항하는 형태여야 한다. 다시 말해 학생들에게 제시되는 내용은 단순히 받아들이거나 반복하는 것 혹은 그들이 포괄적으로 이해한다고 상상하는 것이어서는 안 된다. 혹은 부수적인 것으로 간주하거나 단순히 기능 획득(skill-acquisition)의 수단이 되어서도 안 된다(설령 이것이 '비판적 역량'이라고 하더라도). 교육과정의 내용은 질문으로 이어지는 것일 필요가 있다. 이때의 질문은 종종 다루기 힘들거나 불온한 것이기도 하고, 교사도 (매혹과 당혹감을 느끼면서 아마도 고군분투하며) 참여하는 것으로 보이는 것이다. 분명 이와 같은 언급을 적용하는 것은 교육의 단계에 따라 다르다. 그러한 언급은 분명 유아 학교보다는 대학에 더 잘 적용될 것이다. 그러나 유아 학교의 경우에도 이러한 방식을 지향하는 접근을 채택하는 것이 가능하며, 어떤 경우든 이 단계에서 다루어지는 것은 전인 교육을 향한 더 큰 열망에 의해 하나로 묶어서 생각할 수 있어야 한다.

셋째, 후기구조주의의 윤리적 함의는 도덕교육이나 시민교육이 교육과정의 하나의 특정한 측면으로 자리매김하는 것을 멈추게 한다. 왜냐하면 사실상 모든 것이 이러한 측면에서 이해될 수 있기 때문이다. 모든 교육은 곧 도덕교육이고, 모든 교육은 곧 시민교육이라는 말이 지나치게 과장된 것은 아닐 것이다. 도덕성과 시민성을 충분히 진지하게 고려한다면, 그것들이 우리 삶의 전반에 걸쳐 확대되는 것으로 볼 수 있기 때문이다. 그렇다고 이것이 '범교과적 주제'(cross-curricular themes)를 정당화하는 것은 아니다. 전인 교육의 핵심은 이러한 주제들과 분리해서 이해될 수 없다.

또한 윤리적인 것의 광범위한 중요성은 교육 연구가 수행되고 이해되는 방식과 관련된다. 현재는 '교육 연구 윤리'(ethics of educational research)가 실천 양상을 다루는 문제의 측면에서 이해되는 경향이 있지만, 연구의 가장 핵심이 되어야 하는 것은 무엇을 가르치고 배울 것인가(그리고 그것을 어떻게 행할 것인가)에 관한 가치이다. 연구 실천에 만연한 경험주의는 더욱 부적절한 것으로 드러난다.

넷째, 이러한 후기구조주의 흐름이 촉구하는 좋은 실천의 비전을 좀 더 직접적으로 고려하도록 유도한다는 점이다. 기능에 대한 자신의 포트폴리오를 갖춘 교사의 이미지와는 달리, 좋은 교사는 자신을 교과에 봉사하는 사람으로 이해하거나 학습자를 이끌어 가고자 하는 방향에서 선(goods)에 봉사하는 사람으로 이해할 가능성이 높다. 교육과정은 타자와의 관계로 볼 수 있다. 다시 말하지만, *무엇*이 학습되어야 하는지가 단순히 우연이 아니라는 강한 인식이 있어야 한다. 물론, 교육과정에는 워드-프로세스 기능과 같이 도구적인 방식으로 볼 수 있는 측면이 있을지도 모르지만, 이러한 것들은 궁극적으로 좀 더 넓은 가치의 의미에 포함될 필요가 있다. 또한 촉진자(facilitator)로서의 교사라는 아이디어는 교사가 하는 일이 기껏해야 학생들에게 학습 방법에 대한 학습 능력을 제공하는 것이라고 보는 것이며, 이는 교사가 해야 할 일을 축소한 것이다.

만약 여기서 언급된 내용 중에 전통주의적인 제안이 있다면, 이것이 전적으로 거부될 필요는 없다. 그러나 가치 있는 이름의 학문적 전통은 그것의 절차와 선입견에 정착되어 있지 않다는 점을 기억할 필요가 있다. 비록 특정한 텍스트 읽기와 일련의 문제들을 다루는 것으로 이루어져 있더라도, 이러한 것들은 고정되어 있지 않을 것이다. 그것은 패러다임 간의 차이로 인해 경쟁적인 읽기와 비판적 논의에 열려 있는 특징을 가질 것이다. 전통 또한 자신의 *아방가르드(avant-garde)*를 가질 것이다. 이것이 바로 전통의 생명력이며, 이러한 전통은 학습이 진행됨에 따라 그 존재가 점차 더 분명해지면서 전인 교육과 관련될 것이다. 관점 사이의 마찰은 앞서 언급한 참여의 강도(intensity)를 촉진할 수 있다.

후기구조주의는 교사들이 단순하게 학습할 수 있는 우수 실천의 사소한 규칙들을 양산하지 않을 것이다. 강렬함의 전도사가 되기 위한 정해진 방안은 없다. 그러나 이것은 아무것도 행할 필요가 없음을 말하는 것은 아니다. 교사 교육은 효과적인 실천(effective practices)(간혹 '전문성'으로 지칭되는)이라는 유해한 아이디어로부터 벗어날 필요가 있다. 교사들은 여기서 언급한 것의 일부(학습되는 것의 잠재적 열림, 강렬한 몰입의 가치 등)에 대해 인식할 수 있으며, 그들은 스스로 이러한 점들을 경험하도록 자신을 이끌어갈 수 있다. 또한 그들은 좋은 실천의 사례로부터 영감을 받을 수 있으며, 주의 깊은 안내와 함께 가르침의 리듬과 관련된 감수성과 능력을 개발하도록 촉진될 수 있다. 마치 뛰어난 코미디언과 같이 타이밍의 중요성을 이해하는 것, 수업의 보조를 맞추거나 응답할 여지를 만드는 것 등이 이에 속한다. 교사는 언제 개입해야 할지, 언제 뒤로 물러나야 할지, 언제 직접적이어야 할지, 언제 간접적이어야 할지를 배울 수 있다. 여기서 교사 교육이 수정될 가능성이 상당히 높아질 것이다. 이는 교육 연구를 재고하는 것과도 상관관계가 있다.

이상 이 글의 세 번째 부분에서 후기구조주의적 흐름의 중요성에 관해 길게 설명하였고, 이어지는 마지막 부분에서는 다시 유럽 철학의 지형으로 되돌아가고자 한다. 거기에서 교육철학의 제도화 및 앞서 살펴본 사고 유형의 존재에 관해 말해 보고자 한다.

유럽의 현대 교육철학(Contemporary Philosophy of Education in Europe)

현대 유럽 교육철학의 제도화는 세 가지 주요 요인의 결과물이다. 정치적 요인(수행성의 압박으로부터 베를린 장벽의 붕괴에 이르기까지), 견고한 토착 전통, 그리고 영어의 헤게모니가 이 세 가지 요인에 해당한다. 불가피하게 대부분 학회에서 통용되는 *국제어(lingua franca)*는 영어이다. 물론 스페인어와 스칸디나비아 언어로 된 상당한 저작들이 있지만,

이러한 주류적 흐름에 맞서 독립적으로 유지해 온 것은 독일 전통뿐이다. 따라서 이 분야의 사람들은 대부분 필연적으로 이러한 출판 매체에 자신의 저작을 게재하게 되며, 물론 그 대부분은 영어로 되어 있다.

옳건 그르건 유럽에서 일반적으로 영미권 전통이라고 식별되는 영국의 분석적 교육철학은 지난 40년에 걸친 비교적 최근의 역사적 측면에서 자신을 설명하는 경향이 있다. 반면에 독일 전통은 저명하고 유구한 배경을 가지고 있다(칸트와 헤겔 모두 교육에 관한 강좌를 가르쳐야 했다). 최근 수십 년간 독일의 접근 방식은 당면한 주제를 고려하도록 이끄는 사고 유산에 대한 설명으로 시작하는 글들과 더불어 그 배경에 대해 지속적으로 경의를 표한다. 교육에 관한 독일 철학의 사유는 일본에 상당한 영향을 미친 한편, 유럽에서는 스칸디나비아 국가들에 영향을 미친 것이 분명하다. 스칸디나비아 국가들에서 토착적 전통이 강한 교육철학 탐구는 영국과 독일 모두의 발전에 매우 유익한 방식으로 상호작용했다. 물론 *빌둥(Bildung)*은 이러한 작업의 지속적인 주제이다(예를 들어, Loevlie *et al.*, 2002 참고). 영미권과 독일 전통은 서로 간에 스쳐 지나가는 경향이 있지만, 최근에는 학회나 출판물을 통해 이러한 갈라진 틈을 연결시키려는 새로운 의지가 나타나기도 한다. 유럽교육연구학회(European Educational Research Association)는 이러한 전통을 한자리에 모으고자 하는 시도가 분명히 드러나는 교육철학 네트워크(Philosophy of Education Network)를 가지고 있으며, 다른 학회도 이와 같은 시도를 촉진하고 있다. 또 다른 최근의 시도는 2차 세계대전 이후 수십 년 동안 민주주의와 교육에서 비평의 개념과 역할을 검토하기 위해 이러한 전통들을 함께 고려하는 것에서 나타난다(Heyting & Winch, 2004).

가다머(Gadamer)와 하버마스(Habermas)의 지대한 영향과 루만

(Luhmann)의 중요성이 증가하는 것은 독일 전통이 후기구조주의를 넘어서 더욱 확대되고 있는 방식을 잘 보여준다. 반대로, 후기구조주의의 발원지가 분명해 보이는 프랑스로 눈을 돌리면, 비록 최근에 관심이 증가하고 있다고 하더라도 교육철학이 부재한 것이 눈에 띈다. 이것의 주요한 이유는 프랑스 교육정책의 성격 및 교사 양성에 있다(물론 다른 나라에서도 이 분야의 많은 사람들이 정책적 요소에 의해 크게 영향을 받고 있다). 이것은 프랑스의 후기구조주의적 사유가 유럽 및 세계 전반의 교육철학에 광범위하게 영향을 미치는 것을 막지 못한다. 마치 다른 나라의 전통이 그러한 것처럼 말이다. 나는 이러한 아이디어를 가지고 연구하고 있는 사람들이 반드시 내가 앞서 제시한 측면에서 자신들이 하는 일을 인식할 것이라고 주장하는 것은 아니다.

간략하게 말해, 유럽을 출발점으로 삼는 비교 설명의 문제적 속성을 다시 한번 강조하고자 한다. 유럽은 어떤 의미에서 세계의 다른 지역에 '교육철학'을 수출하는 곳으로 이해되고 있는 것이 틀림없지만, 여기에는 일방적인 이야기(one-sided story)라는 것은 말할 필요도 없고, 일방적인 이야기가 전해지는 것 이상의 위험이 있다. 나는 이 단계에서 더 나은 설명으로 다루어야 할 연결과 분리, 다중 영향과 상호 교류에 관해서는 언급하지 않겠으며, 한 가지 명백하고 모순적인 억압, 즉 지금까지 지나가는 말로만 언급했던 북미의 영향을 표명하는 것 외에는 언급하지 않을 것이다. 분명 유럽 교육철학은 존 듀이(John Dewey)의 중요성 및 그의 사상적 배경이 된 프래그머티즘, 그리고 미국 사상의 다른 측면을 인정하지 않고는 설명할 수 없을 것이다. 그렇지만, 그것은 분명히 또 다른 연구를 필요로 하고, 어디서부터 시작해야 할지에 대한 더 많은 퍼즐을 풀어야 할 것이다.

제 4 장

데이터에 관한 이해: 객관성과 주관성, 사실과 가치[1]

(Making Sense of Data: Objectivity and Subjectivity, Fact and Value)

서문(Preamble)

이 글은 교육 연구에서 데이터의 역할에 관해 논의하면서 객관성과 주관성, 사실과 가치의 문제를 다루고자 한다. 이에 대한 논의가 이미 매우 많은 것처럼 보이며, 그래서 '어디서부터 시작할 것인가'라는 질문이 제기된다. 분명 필요한 것은 다양한 이론적 틀과 이용 가능한 인식론에 대한 명료한 제시와 분석이다. 그래서 누군가는 이 탐구에 활용할 수 있는 이론적 틀로서 실증주의, 해석주의, 상징적 상호작용, 현상학, 비판 이론, 페미니즘, 포스트모더니즘 등을 먼저 생각할 수도 있다. 이러한 이론들은 대표적인 인식론의 목록을 합당하게 보여준다(Crotty, 1998 참고). 비슷한 방식으로 사실과 가치에 관한 질문 역시 객관주의, 구성주의, 주관주의 등의 인식론에서 활용 가능한 다양한 관점을 직접적으로 다루어야 한다. 이상적으로 이것은 차세대 인지과학의 발달을 고려하는 것으로 확대할 수 있다(Lackoff and Johnson, 1980, 1999). 더욱이 이러한 모든 관점들은 변화를 인정하고, 그들 간의 차이를 명확하게 하는 것이 매

1) 출처: Standish, P. (2016). Making sense of data: Objectivity and subjectivity, fact and value. *Pedagogika, 66*(6), 622-637.

우 중요하다. 사실상, 이러한 서로 다른 관점에 대한 명확한 도표 작성은 난해한 이론 분야를 섭렵하고, 우리의 탐구를 좀 더 안전한 토대 위에 두는 데 도움이 될 수 있다. 이 모든 것은 우리가 수집하려고 하는 데이터에 관한 질문을 다루기 전에 필수 불가결한 것처럼 보인다. 그리고 사실상 이 마지막 의문은 최소한 두 개로 나누어진다. 왜냐하면 우리 연구에서 데이터로서 중요한 것이 무엇인지에 관한 선행 질문과 그 데이터의 수집 및 분석을 어떻게 다룰 것인지에 관한 후속 질문이 있기 때문이다. 이 질문들은 서로 연결된다. 대체로 보아 우리가 하려는 프로젝트에 착수하기에 앞서 많은 작업이 행해질 필요가 있는 것처럼 보인다.

현재 제한된 의미에서 이것은 옳다. 숙련된 연구자라면 누구나 알고 있는 것처럼, 데이터를 단순히 그냥 수행하고 수집한다는 생각은 이치에 맞지 않다. "데이터 수집" 혹은 "증거 확보"는 우리가 찾고자 하는 데이터 혹은 증거의 종류가 무엇인지를 알지 못한다면 아무 의미가 없다. 그리고 그것은 우리가 묻고자 하는 질문의 유형과 주제에 따라 달라진다. 이것은 논쟁의 여지가 없다. 그러나 문제를 이렇게 표현하는 것은 좋은 사고에 보다 근본적인 장벽을 놓치는 위험을 안고 있다. 대부분의 교육 연구와 관련된 우수 안내서에서 제안하는 바와 같이, 이론 및 인식론을 이와 같이 배열하고 분류하는 것은 외관상 합리적이고 과학적인 접근 방식으로 보이고, 또한 이것은 데이터로 간주되는 것과 그 데이터가 이해되는 방식을 정당화하는 것처럼 나타난다. 이것은 보다 심오한 문제들을 포함하며, 이러한 문제들은 덜 기술적인(technical) 용어로 다루어질 필요가 있다. 그렇다면 다시 논의를 이어가 보자.

데이터의 매력(Data Appeal)

만약 데이터가 정확하게 출발점이 *될 수 있다면*, 우리는 데이터로부터 출발한다.[2] 데이터는 그냥 주어진 것인가? 데이터는 연구의 토대이며, 교육 연구에서 필수불가결한 것처럼 보일 수 있다. 또한 그것은 데이터에 관한 언급에 수반되는 일종의 수사적 힘을 갖추고 있다. 일부 연구자들에게 데이터와 데이터를 다루는 일은 그들의 전문 분야의 어휘를 제공하고, 그들의 작업에 익숙한 자료를 제공하며, 자신들의 전문성과 지위를 구축하는 프로그램 및 과정에 유용한 것을 제공하기도 한다. 그 조건들을 벗어나는 것을 생각하기 어렵다. 그러나 이와 같은 방식으로 생각하는 것은 데이터의 출처에 관한 질문이나 애초에 무언가가 어떻게 데이터로 나오게 되었는지에 대한 질문과 관련하여 문제가 될 수 있다. 그리고 대부분의 연구자들은 데이터가 나올 때 이것으로 무엇을 할지에 관한 질문에 직면한다. 이것은 자연과학보다는 사회과학에서 더욱 그러하다. 실험의 결과가 그 다음에 무엇을 해야 하는지를 결과적으로 보여주는 일이 거의 없고, 이 측면에서 해석이 전면으로 드러난다.

연구 방법 수업에서는 서로 다른 유형의 데이터에 관해, 데이터가 어떻게 수집되는지에 관해, 그리고 서로 다른 연구 목적에 대한 적합성에 관해 명료하게 설명하기 위해 많은 노력을 기울인다. 데이터 수집은 일반적으로 교육 실천에 관한 탐구의 필수 기초로 제시된다. 더욱이, 누군가는 데이터가 없는 연구는 합당하지 않다고 단순하게 주장할 것이다.

먼저 양적 데이터와 질적 데이터 간의 완벽하게 합리적인 구별이 이루

---

2) 윌프레드 셀러(Wilfred Sellar)의 "주어진 것의 신화"(myth of the given) 아이디어에 대한 논의 및 이 주제에 대한 폭넓은 발전에 대한 논의는 스탠디시(Standish, 2001)를 참고하기 바란다.

어지고, 초보 연구자는 명시적으로든 혹은 다소 암묵적인 수준에서든 그중 한 가지 방법에 동조하도록 권장된다. 연구자의 정체성에 결부된 중요성으로 인해 이와 같은 작업의 구분은 빠르게 이데올로기가 된다 (Stone, 2006b). 이데올로기는 다양한 요소에 의해 조장된다. 첫째, 외견상으로 자연과학에 적용되는 양적 연구와의 근접성에 의해 조장되며, 이러한 영향 아래 사회과학도 종종 그 자체를 그렇게 이해한다. 객관성, 타당성, 그리고 엄밀성에 관한 개념이 성립되는 것도 이러한 측면에서이다. 둘째, 판단력 행사 및 가치 문제를 직접 고려하는 것에 대해 경계심이 있다. 셋째, 연구 지원금을 확보하는 데 있어 현실적인 이점과 명성이 있으며, 이와 관련하여 양적 연구가 보다 대규모로 이루어지고, 그 결과 시선을 사로잡는 엄청난 돈을 지원받는 경향이 있다. 이러한 요인들의 측면에서 "의료 모델"(medical model)이 주류가 되고 있다는 것은 사고가 아니라 심각한 실수이다.

그러한 관점은 종종 상식적 원리(common-sense principles)로 보이는 것에 기초한다. 자료 수집이 교육 연구에 필수적이라는 생각은 어떤 탐구의 형태든 어떤 주장이든 토대에 기초해야 한다는 관점에 기반한다. 출발점이자 구축의 단단한 지반이 있어야 한다는 것이다. 토대주의적 사고(foundational thinking)라고 여겨지는 것은 명료한 사고에 필수적이며, 이것은 발달주의적 용어(developmental terms)로 보일 수도 있다. 우리는 보다 복잡한 산술을 배우기 전에 2+2=4를 배우지 않는가? 이것을 배우기 전에 우리는 숫자 세기를 배우지 않는가? 그리고 다른 것이 성립되기 전에 우선되는 단계가 있어야 한다는 사고방식은 모두 옳지 않은가? 그래서 여기에 내재된 일부 가정들을 반박하기 위한 방법은 보다 간접적일 필요가 있다. 객관성과 주관성 그리고 사실과 가치의 문제에 조금 더 의미 있게 접근할 수 있는 방식이 무엇인가? 이것은 어디로 이어지는가?

정신(mind)은 신체(body)와 다소 분리되어 있다는 생각, 그리고 많은 측면에서 가치의 영역과 사실의 영역이 분리되어 있다는 생각은 최소한 사회과학에서 객관성과 주관성에 관한 현대적 관념에 깔려 있었다. 그러나 두 가지 모두 지금은 널리 불신되고 있다. 이 논의는 그 결과를 재평가할 것을 요구하며, 그것의 성격을 규명하고자 한다. 진행되는 논의는 교육 방향 재설정의 필요성을 밝히는 데 도움이 될 것이다. 연구, 정책, 실천의 측면에서 판단력 행사의 역할과 중요성이 보다 잘 이해될 것이다. 또한 여기서 연구 방법의 훈련 및 교육에 관한 책임 있는 탐구를 촉구하는 재정 지원에 대한 시사점을 찾을 수 있다.

정신은 신체와 다소 분리되어 있다는 생각, 그리고 이것을 장려하는 "과학적인" 혹은 추상적인 정신의 이해는 상당 부분 데카르트(Descartes)의 혁신적 사고에 신세를 지고 있다. 가치의 영역과 분리된 사실의 영역이 있다는 생각은 데이비드 흄(David Hume)과 무어(G. E. Moore) 철학에 의해 강하게 촉진된다. 두 가지 생각 모두 특히 사회과학에서 객관성과 주관성의 현대적 관념에 깔려 있지만, 둘 다 지금은 널리 불신된다.[3)] 이 논의는 그에 따라 요구되는 재평가의 성격을 설명한다.[4)]

3) 철학적 아이디어에 관해 완고하게 끈질긴 무엇인가가 있을 수 있다. 그 아이디어들은 철학자의 연구에서 시작하지만, 유명한 양심의 추적 효과와 함께, 다른 분야로도 확대하는 중요성을 갖는다. 데카르트의 유산은 그의 이름을 들어본 적이 없는 사람들의 사고 속에 데카르트주의(Cartesianism)로 일부 남아 있다(Standish, 2012 참고).

4) 여기서 파악되는 문제들이 교육 연구에서만 제기되는 것이 아님은 말할 필요도 없다! 그러한 문제들은 무엇보다 사회과학에서 두드러지게 나타나지만, 자연과학의 발전에서도 일반적으로 상상하는 것보다 선형적이지 않고 문제가 되어 왔다고 볼 수 있다. 예컨대, 분류학의 문제는 데이터의 수집으로 해결되는 것이 아니라,

토대의 문제(Problems with Foundations)

그러나 토대의 문제는 그것을 찾는 데에 있으며, 이것은 오랜 세월 동안 과학자들, 역사학자들, 철학자들, 신학자들, 그리고 종교적 신봉자들에게 혼란의 근원이었다. "알고 있다고 주장하는 근거가 무엇인가?" 이 질문은 매우 합리적인 것처럼 보인다. 하지만 우리가 이 질문에 대답할 수 없다면 어떨까? 지식 주장의 토대가 없을 수도 있다는 우려는 회의주의의 문제로 확고해졌다. 어떤 의미에서 회의주의의 질문은 인류만큼이나 오래되었지만, 그리고 그 질문들은 철학의 초기부터 분명히 있었지만, 르네 데카르트(Rene Descartes)의 업적에서 매우 새롭고 강렬하게 표현된다. 회의주의의 질문은 근대 시기에 인식론의 지속적인 관심사가 되었고, 내용뿐만 아니라 방법론을 형성하였다. 데카르트의 혁신은 방법의 적용 부분에 있었다. 즉 체계적인 의심의 방법(method of systemic doubt)이 그것이다. 이 방법은 의심될 수 있는 명제를 거부하는 것으로 진행되었다. 나는 내 앞에 테이블이 있다는 것을 어떻게 아는가? 나는 내 감각들로부터 증거를 가질 수 있다. 물론 그럴 수도 있지만, 이것이 내가 꿈꾸고 있는 것일 수도 있다. 그렇다면, 나는 내가 꿈꾸고 있지 않다는 것을 어떻게 알 수 있는가? 나는 어떻게 다른 사람이 있는 것을 아는가?

"병합과 분기"(lumpers and splitters)의 이분법으로 설명되는 일종의 논쟁과 관련된다(Standish, 2017 참고). 패러다임의 전환은 종종 사실/가치 이분법의 교란이나 존재론적 상대성의 문제와 관련된다. 이로 인해 자연과학과 사회과학 간의 경계가 어떤 측면에서는 생각했던 것보다 흐려지게 된다. 이것은 예컨대 피터 윈치(Peter Winch)가 『사회과학의 이념』(*The Idea of a Social Science*, 1985)에서 파악한 현격한 차이를 부정하는 것은 아니다. 이 책에 따르면, 자연과학 연구는 과학자의 규율에 관한 언어로 조건 지어지는 반면, 사회과학 연구는 연구 주체들 스스로의 자기-해석적 언어와 관련된 사회과학자들의 규율에 관한 언어와 연관된다는 것이다. 여기서는 그 복잡성을 제쳐두고자 한다.

물론 나는 그들을 보고, 그들과 말을 한다. 물론 그럴 수 있지만, 이것 역시 내가 꿈꾸고 있는 것일 수도 있다. 그러나 이제는 데카르트 업적의 힘과 영향력으로 매우 익숙한 것이지만, 나는 내가 의심하고 있다는 것을 의심할 수는 없다. 다시 말해 내가 생각하고 있다는 것을 나는 의심할 수 없다. 곧 *나는 생각한다 고로 나는 존재한다*(*Cogito ergo sum*). 물론 많은 측면에서 도전을 받았지만, 어떤 면에서 데카르트 결론의 중요성은, 그 내용에 있다기보다는 오히려 두 가지 심층적인 요소에 있다. 하나는 정신과 신체의 분리에 관한 암묵적 승인이다. 이것은 이후 서구 사상의 특징을 이루는 이분법적 과학의 탄생과 맞물리게 되며, 이것은 분명 많은 방식으로 해를 끼치기도 한다. 또 다른 하나는 토대주의(foundationalism), 즉 사고의 토대가 반드시 있어야 한다는 믿음에 대한 승인이다.

이어지는 세기 동안 데카르트주의와 과학의 등장은 한 가지 측면에서 매우 놀라운 것이지만, 관찰자의 입장(spectatorial stance)[5]이라고 생각할 수 있는 측면에서 더 쉽게 이해할 수 있다. 첫째, 관찰자의 입장은 근본적으로 우리가 외부 세계와 우연적 관계(contingent relation)에 있는 정신을 갖는다는 아이디어에 의해 촉진된다. 둘째, 관찰자의 입장은 현미경 혹은 망원경과 같이 명료하게 볼 수 있는 렌즈를 통해 세계를 탐색하는 실천을 통해 촉진된다. 그러한 도구들은 과학적 관찰에서 인간 존재가 세계로부터 거리를 두는 방식을 잘 보여준다. 그러한 거리두기

5) 물론 이 이야기는 여기서 제시된 것보다 훨씬 복잡하다. 특히, 프랜시스 베이컨(Francis Bacon)과 관련된 과학의 이해는 급속히 발전한 실험에 대한 접근의 길을 열어준 것으로 볼 수 있다(Smith, 2006 참고). 더욱이 지난 한 세기 동안 과학 발달은 "관찰자"의 분리(detachment) 혹은 중립성(neutrality)에 관한 순진한 가정에 도전해 온 것이 사실이다. 그러나 이것이 사회과학에서 간혹 대두되는 주관적 상대주의를 뒷받침하는 수단으로 받아들여져서는 안 된다.

에서 시각적 감각은 다른 감각에 비해 우위를 갖는다. 따라서 세계 속에서 우리의 존재를 조건 짓는 촉각, 후각, 청각과 같은 감각들은 대개 억압된다. 이러한 감각들은 세계와의 관계에서 우리가 영향을 받는 방식으로 특징지어지는 반면, 시각은 우리가 세계에 의도적으로 개입하는 것이 보다 자연스러운 성격을 갖는다. 우리는 고개를 돌려서, 눈을 맞추고, 우리의 시선을 고정시킨다. 우리는 귀를 닫거나 우리가 있는 방의 온도에 영향을 받지 않을 수 없지만, 눈을 감을 수는 있다.

주체(성)과 객체(성)(Subject(ivity)/ Object(ivity))

시각이 차지하는 새로운 우위 및 정신과 신체의 분리 등과 함께 기술된 일종의 생리학적 변화는 사회 구조 및 다른 유형의 정치적 관계의 변화도 수반하였다. 그 결과 점차 인간 존재를 자유로운 행위주체(free agent)로 이해하는 것이 가능해졌다. 개인은 더 이상 봉건 사회에서와 같이 사회적 지위에 고정되지 않았다. 또한 신성한 왕권은 민주적 조직 형태의 등장과 함께 점차 그 영향력을 잃어갔다. 그리고 교회의 권위는 인간의 이성에 대한 새로운 자신감으로 대체되었다. 찰스 테일러(Charles Taylor)는 18세기를 내적 깊이를 가진 존재로서 인간의 감각을 발달시킨 것과 관련하여 중요한 시기이므로 선(the good)을 결정할 때 참고해야 하는 시기라고 규정한다(Taylor, 1989, 1991). 만약 이것의 중점이 장자크 루소(Jean-Jacques Rousseau)의 작품에 있다면, 이마누엘 칸트(Immanuel Kant)의 철학에는 충분한 정교함이 있다. 칸트의 "내적 도덕 법칙"(moral law within)에 대한 강조는 자기 규율(self-rule)의 개념, 즉 자율성의 이상화에 자극을 주었다. 그리고 자율성은 정치적 영역

(국가의 자율성)으로부터 개인적 영역으로 전이되었다. 따라서 인간과 세계에 대한 관계에 대해 우연성의 감각이 더욱 강화되었다.

테일러는 자신의 기념비적 저작인 『자아의 원천』(*Source of the Self*, 1989)에 제시한 핵심 논쟁을 후기 작품인 『진정성의 윤리』(*The Ethics of Authenticity*, 1991)에서 보다 간결한 형태의 핵심 이념으로 제시하기 위해 부활시켰다. 이 책을 참조하면 여기서 말하고자 하는 바가 좀 더 명확해질 것이다. 그는 문제가 되는 사고방식을 근대 문화(modern culture)에서는 상대적으로 새롭고 특이한 것으로 규정한다. 그것은 데카르트와 관련된 분리된 합리성(disengaged rationality)의 개인주의와 개인이 사회적 의무보다 우선시된다고 보는 로크의 스스로에 대한 책임(responsibility for oneself) 개념이 결합된 것이다. 이 그림은, 요한 고트프리트 헤르더(Johann Gottfried Herder)의 작품에서 나타나는 바와 같이, 공동체의 유대감을 한층 강조하는 형태의 낭만주의의 새로운 유산에 의해 복잡해진다. 이것이 "자신에게 진실하기"(being true to oneself), "자기-실현"(self-fulfilment) 등과 같이 표현되는 현대적 아이디어의 길을 열었지만, 이러한 자유의 근대적 개념에는 대가가 따랐다. 인간이 자리를 잡았던 초기의 의미 질서는 미몽에서 깨어남(disenchantment)의 과정에서 침식되었고, 그 혜택과 비용은 계속해서 논쟁거리가 되어오고 있다.[6] 테일러가 언급한 질서는 "세계 및 사회생활 활동에 의미를 부여하였다. 우리를 둘러싸고 있는 사물들은 인간들의 프로젝트에 단지 잠재적인 원재료 혹은 수단일 뿐만 아니라, 존재의 사슬에서 자신들의 위치에 의해 의미가 부여된다. 독수리는 또 다른 새가 아니라, 동물들의

6) 교육과 밀접하게 관련되는 미몽에서 깨어남에 관한 논의는 스탠디시(Standish, 2016)를 참고하기 바란다.

생활 영역 전체에서 왕의 위치에 있다. 같은 이유로, 사회의 의식 및 규준도 단지 도구적 의미 그 이상을 갖는다. 이와 함께 사물들은 그들의 마법의 일부를 잃는다(Taylor, 1991, p. 14).”

그러나 우리 외부의 것을 중립화하는 것으로 인한 부정적 영향은 여러 방식으로 대개 내향적 전환(inward turn)과 긍정적 상관관계를 갖는다. 테일러는 다음과 같이 이어간다. “이것은 근대 문화의 엄청난 주관적 전환(subjective turn)이자 새로운 형태의 내향성(inwardness)의 일부이다. 이를 통해 우리는 우리 자신을 내적 깊이를 갖는 존재로 이해하게 된다(p. 37).”

누군가는 이러한 요소들이 형이상학적이고 존재론적인 변화를 촉진하는 것으로 생각할 수도 있다. 형이상학적 측면에서는, 예컨대 *사물(things)*이 *대상(objects)*이 되는 방식을 고려하는 것이 중요하다. 사물이라는 전자의 용어는 일상에서 물체들과의 상호작용을 의미하는 반면, 대상이라는 후자는 라틴어와 관련된 다소 기술적 용어(technical term)로서 분리된 주체에 의해 무엇인가를 추상적으로 관조하는 것 혹은 수단화하는 것을 제시한다. 나는 이 점을 지적함에 있어서 이러한 종류의 차이가 종종 어원과 관련되는 영어를 참고한다. 라틴어와 그리스어로부터 유래된 언어들은 종종 더욱 기술적 용어가 되고, 북유럽의 뿌리로부터 유래된 언어들은 더욱 국내적이고 일상적인 것이 된다. 예컨대 “다루다”(handle)와 “조작하다”(manipulate)라는 두 단어의 관계를 고려해 보자. 문자 그대로 혹은 은유적으로 두 단어 모두 손으로 통제한다는 것을 가리킨다. 그러나 누군가에게 그녀는 사람들을 다루는 데 능숙하다는 말과 그녀는 그들을 조작하는 데 능숙하다는 말은 분명 다르다. 어휘에서 그러한 차이는 다른 언어로 정확하게 대체될 수 없을 뿐만 아니라,

그러한 차이에서 "사물"(thing)과 "대상"(object) 간의 차이를 발견할 수 있다. 그렇다면 이것으로부터 무엇을 말할 수 있는가?

한때 세계는 신의 피조물이라고 여겨졌으나, 현재 세계는 중립적인(neutralized) 혹은 미몽에서 깨어난(disenchanted) 것이 되었다. 말하자면 고대 그리스 시대에 세계(혹은 어떤 의미에서 "자연")는 역동적이며, 인간의 삶 및 의미와 뒤섞인 것으로 이해되었다. 그렇지만 오늘날 세계는 "원료"이자 "천연자원"의 원천이 되었고, 이것은 인간의 착취적인 삶의 방식의 요구에 부합하면서 지구를 필요에 예속시키는 결과를 가져왔다. 따라서 보다 존재론적인 측면에서 인간은 자연 세계로부터 분리된(detached) 존재가 되었다. 즉 세계 위에서 행동하고, 세계를 조작하고 통제하면서 점차 세계와의 조화로부터 이탈하게 되었다. 이와 같이 존재의 다른 방식에 대해 판단을 내리기 위해 세계와 역사를 벗어날 방법은 없지만, 일종의 오류에 해당하는 경향성에 주목하는 것은 합리적이다. 왜냐하면 그러한 변화들은 인간의 행위가 초래한 결과를 보지 못하게 만들었기 때문이다. 인간이 자신을 이해하는 방식, 인간과 환경과의 관계를 이해하는 방식, 그리고 종종 비인간적인 효과를 수반하지만 자신과 타자의 관계를 이해하는 방식에 있어 변화가 있었다. 우리는 환경 파괴의 결과뿐만 아니라 유의미한 가치를 손상시키거나 훼손하는 것을 이해하기 위해서 역사로부터 벗어날 필요는 없다. 찰스 테일러(Charles Taylor)(1989)는 중세 유럽의 세계를 기호학적 세계(semiological world)라고 말한다. 다시 말해 중세 유럽에서 의미는 이미 쓰여 있고, 그래서 그것의 가치에 대한 질문이 제기될 수 없었다.

중요한 것은 근대 세계에서 이와 같은 변화와 함께 내재된 의미에 관한 감각은 사라지고 세계는 중립적이며 무기력한 것처럼 보이게 된다는 점이다. "미몽에서 깨어남"(disenchantment)이라는 용어가 적합한 이유는 바로 이 때문이다. 이에 대한 반응으로 사실상 과학의 업적을 부정하기 위해 르네상스 시대 이전의 사고방식으로 되돌아가고자 하는 것은 터무니없는 것일 수 있다. 계몽주의는 가능하고, 과학은 계몽주의의 성과 가운데 주요한 요소이다. 그러나 위에서 언급한 맥락에서 근대적 세계관이 점차 위축되고 있는 추세임을 인식할 수 있다.

사실과 가치(Facts and Values)

그러한 (근대적 세계관의) 위축을 보여주는 한 가지 양상은 가치의 성격 및 세계 내에서 가치의 위상과 관련된다. 위에서 설명한 바와 같은 거리두기(distancing) 및 지구를 천연자원으로 중립화시키기(neutralizing)는 가치를 빼내고 세계를 분리시키는 효과를 갖는다. 이러한 변화와 함께 사실과 가치의 분리도 수반된다. 사실은 저 밖에 존재한다. 사실은 우리 감각의 일상적인 해방에서 발견된다. 또한 그것은 과학의 실험적 절차를 통해 더욱 복잡하게 드러난다. 반면, 가치는 어디에도 증거가 없다. 즉 가치는 인간 주체성으로부터 추가되는 것이 없다면, 즉 무기력하고 무의미한 세계의 사물에 가치를 부여하는 것이 없다면, 어디에도 없다. 이 측면에서 가치는 주로 "정신"(mind)에 있는 것으로 간주된다. 가치는 사실의 세계와는 대조적이며, 사실들은 "저 밖에"(out there) 있다. 이것은 최소한 근대 시기에 만연한 가정이었다. 우리가 간략하게 살펴본 바와 같이, 이것은 어떤 방법을 통해 계속 퍼져 나갔다. 그러나 먼저 우리는 이러한 관점이 굳어지게 된 방식을 추적해 보자.

우선, 철학자 데카르트(Descartes)는 이성의 근거를 정신 속에 있다고 생각했지만, 과학의 등장에 힘입어 우리의 모든 관념은 직접적으로든 혹은 간접적으로든 우리의 감각 작용으로부터 나온다는 관점의 전환이 있었음을 인정하는 것이 중요하다. 특히 토머스 홉스(Thomas Hobbes, 1588-1679)와 존 로크(John Locke, 1632-1704)의 작품에서 발견되는 관점이 이에 해당한다. 인식론자들에게 전자의 사고방식은 "합리주의"(rationalism)를, 후자는 "경험주의"(empiricism)를 가리킨다. 데카르트는 사실상 몸과 정신의 분리 및 안과 밖의 이분화 개념을 견고하게 한 반면, 홉스와 로크는 보다 경험적으로 밖으로부터 들어오는 증거에 관심을 돌렸다.

이러한 사고의 연장선상에서 사실과 가치 간의 관계에 관한 고전적 표현 중 하나는 스코틀랜드 철학자 데이비드 흄(David Hume)의 『인성론』(*Treatise of Human Nature*)에서 발견된다. 흄은 사실과 가치가 혼란스러울 때 그가 보는 것을 추론에서 익숙한 문제로 보여주기 위해 노력한다. 먼저, 흄의 설명은 어느 정도 타당성을 갖는다. 당신은 자신이 무엇인가에 대해 객관적인 말로 논의하고 있다고 생각하고, 상대방이 분명히 가치판단(value judgements)에 해당하는 것을 가져와서 그 결과 이것이 상황에 관한 합리적인 평가를 방해하는 것처럼 볼 수 있다. 흄의 입장은 우리가 가치의 문제를 언급해서는 안 된다는 것이 아니다. 오히려 그는 가치의 문제를 언급하는 데 많은 시간을 할애한다. 오히려 그는 가치를 필요로 하는 사고 유형은 예컨대 사물의 물리적 속성을 논의할 때 요구되는 것과는 서로 다른 방식의 질서를 갖는다고 본다. 흄의 관점과 연관되는 간명한 슬로건은 다음과 같다. "당신은 '존재'(is)로부터 '당위'(ought)를 가져올 수 없다." 이것은 여러 방식으로 해석될 수 있지만, 대개의 경우 순수하게 사실적 전제들로부터 가치적 결론을 이끌어낼 수 없음을 의미하는 것으로 이해된다. 즉 사실 그 자체는 당신에게 당신이 무엇을 해야 하는지를 말해주지 않는다. 이러한 입장에 대한 좀 더 최근의 표현은 20세기 초 케임브리지 철학자 무어(G. E. Moore)에게서 발견된다. 무어는 『윤리학 원리』(*Principia Ethica*)에서 누군가가 "선"(good)을 그것이 무엇이든 자연적인 사물과 혼동한다면, 그것을 "자연주의적 오류"(naturalistic fallacy)라고 부를 만한 이유가 있다고 본다. 여기서 "자연적인"(natural) 것은 앞서 언급한 사물의 물리적 속성을 포함하고, 일반적으로 인간 행위와 관련 없이 지속되는 세계의 양상에 적용된다. 물론 인간의 개입은 사물들의 존재방식을 급격하게 변화시킬 지도 모른다. 우리 주변에서 볼 수 있는 모든 것이 그러한 것처럼 말이다. 그러나 그렇게 만들어진 변화는 예컨대 물리 혹은 화학의 법칙에 의존적이며, 인간이 어떤 일을 벌이는지에 의해 영향을 받지 않는 상태로 지속된다. 따라서 자연주의적 오류는, 우리가 본 것과 같이, "존재"로부터 "당위"를 추론하는 것과 같은 오류를 의미한다고 말할 수 있다.

이미 인정한 바와 같이, 이것은 피상적인 타당성을 갖는다. 사람들은 종종 자신이 선호하는 판단을 마치 사물이 존재하는 방식의 사실적 기술인 것처럼 넘겨 버린다는 사실은 우리를 예민하게 만든다. 여기에는 다른 가능성이 여전히 있지만, 분명 이것에는 이중성이 있다. 다시 말해, 화자는 속이는 일에 착수할 수도 있고 혹은 그들 스스로 속게 되는 특정한 관점에 사로잡힐 수도 있다. "이데올로기"(ideology)의 고전적 활용은 부분적으로 이 두 번째 의미를 암시하기 위한 것이다. 즉 우리가 다소 행복하게 묵인하는 자기기만인 셈이다. 그래서 여기서의 위험도 충분히 현실적이다. 그러나 우리는 흄과 무어가 표현한 대로 문제를 내버려 둘 수는 없다. 비록 이러한 사고방식이 근대 시기의 주류적인 철학적 사고를 지배했다고 하더라도, 그리고 이러한 사고방식이 다른 분야에도 확대되어 사람들이 상식으로 생각하는 것으로 퍼지게 되더라도, 많은 측면에서 그것에 의문을 제기할 이유가 있다.

자연주의적 오류의 가정이 무엇인지 좀 더 자세히 살펴보자. 교과서의 사례는 다음과 같다.

> 고양이를 고문하는 것은 고양이에게 불필요한 고통을 유발한다. (사실적 혹은 "존재" 진술)
> 따라서 너는 고양이를 고문해서는 안 된다. (가치 혹은 "당위" 진술)

자연주의적 오류에 따르면, 이것은 타당한 추론이 *아니다*. 타당성을 높이기 위해서는 추가 전제가 필요하다. (아래에 이탤릭체로 표기됨)

> 고양이를 고문하는 것은 고양이에게 불필요한 고통을 유발한다. (사실적 혹은 "존재" 진술)
> *너는 불필요한 고통을 유발해서는 안 된다.* (일반적 가치 혹은 "당위" 진술)
> 따라서 너는 고양이를 고문해서는 안 된다. (특수한 가치 혹은 "당위" 진술)

그래서 자연주의적 오류는 *사실/가치를 이분화*하는 가정에 기초한다. 사실/가치의 이분화란 사실은 세계 내 그곳에 존재하는 반면 가치는 이것에 부가되어 있다는 것이다. 이것은 객관성(사실의 영역)과 주관성(가치의 영역)에 관한 특정 관념을 촉진한다. 그러나 고양이 학대에 관한 사례와 오류에 대한 설명을 다시 보라.

> 고양이를 고문하는 것은 고양이에게 불필요한 고통을 유발한다. 따라서 너는 고양이를 고문해서는 안 된다.

이것에 반대하여 말할 수 있는 것이 있는가? 사고의 명료성에 대한 열망은 우리로 하여금 명료한 구분을 하도록 종용한다. 사실과 가치 진술 간의 구분이 유효한가? 첫 번째 진술의 경우 주요 핵심 단어들을 살펴보면 금방 나타나는 것처럼 일부 독자들의 마음속에 이미 의심을 불러일으키는 것도 무리는 아니다. 고문은 탈가치적(value-free)인 것으로 간주될 수 있는가? 학대는 대개의 경우 나쁜 것으로 간주되며, 따라서 가치와 관련된 것으로 이해된다. 물론 특정한 상황에서 고문의 정당화를 주장하려고 하는 논쟁이 이루어질 수 있고, 그 결과 고문이 본질적으로 나쁘다는 생각이 반박될 수 있는 것도 사실이다. 그러나 반박될 수 없는 것은 고문이라는 개념이 필연적으로 가치의 문제와 관련된다는 점이다. 우리가 그 개념을 도구적인 방식으로 보더라도, 즉 고문하는 사람의 동기(motivation)와 관련하여 보더라도, 그들의 행동을 가치의 측면을 고려하지 않고 이해하는 것은 불가능하다. 예컨대, 그들은 고문이 적을 물리치거나 혹은 보물을 발견하게 해 주거나 혹은 지구를 구할 수 있는 힘을 갖게 해 줄 것이므로 희생자에게 특정 비밀을 강요하려고 고문을 시도할 수도 있다. 이 모든 것은 분명히 가치의 문제이다. 그러나 이 경우의 가치가 반박될 수 없다거나 혹은 그러한 가치가 고문을 여러 가지 실현을 위한 수단으로서 합법화한다는 것을 의미하지 않는다. 사실상 우리가 여기서 고문의 개념에서 발견하는 피할 수 없는 가치의 측면은 그 진술의 다른 용어로까지 확대된다. 우리는 고통의 의미를 불쾌함이라는 개념 없이 만들 수 있는가? "불필요한"이라는 말은 이미 부정적인 의미를 함축하고 있으며, 부정적인 단어("고통")와 결부될 때 바람직하지 않은 것을 의미한다. 사실상, 그 문장은 의문시되는 개념들이 고문이라는 개념으로부터 만들어진다는 점에서 동의어 반복과 같다. 고문은 고통의 형벌이다. 필요성의 결여는 종종 치과의사의 손에서 경험하는 것과 대조적이다.

여기서 요점은 우리가 고양이 자체에 대해 생각할 때 훨씬 설득력 있는 방식으로 나타난다. 고양이는 무엇인가? 물론 어떤 사람은 일상의 삶으로부터 벗어나서 동물학이 제공하는 일종의 정의(definition)를 제시할 수도 있다. 그러나 동물에 대한 접근은 전형적으로 고양이에 관한 일상적 경험이나 혹은 관계 그리고 동물의 삶에 대한 일상적 이해로부터 나온다. 그리고 필연적으로 그러한 이해로부터 나와야 한다. 우리는 고양이를 애완동물로 다루고, 그들의 털을 쓰다듬으며, 그들이 우유를 마시는 등의 문화 속에서 자란 것이 사실이다. 다른 문화에서는 고양이를 해로운 동물로 취급하고 내쫓거나 혹은 죽일지도 모른다. 그러나 이러한 모든 것은 가치의 문제이다. 실제로 가치가 없다면, 고양이와 우리의 관계는 마치 우리와 쥐와의 관계가 그러하듯이 상상 불가능한 것일 수도 있다. 누군가 인간의 삶에서 그다지 눈에 띄지 않는 모습의 동물을 가져온다 하더라도, 그것을 동물로서, 지각이 있는 존재로 이해하고 이미 그것을 가치의 영역에 위치시키는 것이 사실이다.

이러한 측면은 사실과 가치가 서로 다른 영역에 속하는 것과는 거리가 있으며, 가치는 "언제나 내려와 앉는 듯"(all the way down) 보인다. 최소한 이것은 일반적인 방식이 되었으며, 지난 세기에 걸쳐 점차 널리 받아들여지고 있는 관점이다.[7)]

그러나 우리는 누군가가 다음과 같은 논조에서 반대하는 사람을 상상할 수 있다. 그들은 아마도 이렇게 말할 것이다. "분명 가치와 무관한(value free) 사실적 진술이 일부 있다. 예컨대, 오크 나무는 초록색 잎을 가지고 있다. 철은 금속이다 등등. 이러한 진술은 순수하게 사실적이며 가치와 무관한 판단이다." 얼핏 보기에 이러한 반대는 타당한 것처럼 보인다. 분명 이러한 진술들은 사실의 문제이다. 그러나 그러한 사실들은 만약 그것이 인간의 목적(분명 이는 가치의 문제임)과 관련되지 않는다면 파악될 수 없을 정도로 가치와 관련되며 가치를 일부 포함하고 있다. 결국 나무가 무엇인가? 고양이와 마찬가지로 나무도 생물학의 측면에서 순수하게 과학적 용어로 탐구될 수 있다. 그러나 다시 한번 말하지만, 이것은 나무에 관한 일상적 삶의 배경을 전제하고 있다. 그러한 배경을 상상하는 것은 어렵지 않다. 왜냐하면 인간은 아주 어릴 때부터 나무를 접하고, 인간의 삶에서 다양하고 의미 있는 방식으로 나무의 모습을 만나기 때문이다. 처음에는 인간의 몸에 비해 그 크기가 커서 쉽게 알아볼 수 있다. 우리는 나무에 오를 수도 있고, 그 밑에서 보호받기도 하며, 목재를 구하거나 혹은 열매를 먹을 수도 있다. 따라서 나무를 인간의 목적에 의해 이미 구조화된 방식으로 접하게 된다.

---

7) 여기서 말하는 이야기는 매우 광범위하며, 문학을 통한 다른 계보를 선택할 수도 있을 것이다. 초기 근대에는 분명히 (그 전과) 다른 형이상학의 문을 연 스피노자로부터 나온 사상적 계보가 있다. 사실상 스피노자의 사상은 여기서 정의된 바와 같이 합리주의와 경험주의 둘 다를 반대한다. 그리고 그의 작품은 인식론에서 분명하게 대립되는 이러한 두 입장이 어느 정도 비슷한 형이상학으로 빠져든다는 사실에 대한 초기 통찰력을 이어간다. 미국 철학 및 실용주의의 태동, 그리고 동양적 사고방식의 인정은 이러한 입장을 약화시키는 데 일조한다. 이러한 이야기 속에서 존 듀이(John Dewey)는 강력하면서도 미묘한 비판을 하고, 이것은 교육에서 매우 중요성을 갖게 된다. 에머슨(Emerson)과 소로(Thoreau)의 초기 사상은 유럽의 문화유산으로부터 벗어나 한 세기 이후의 하이데거와 후기구조주의자들의 통찰력을 예견한다.

그러나 분명 우리의 대화 상대자는 나무가 인간보다 훨씬 오랫동안 존재해 왔으므로 나무는 이런 방식으로 인간의 목적에 의존할 리가 없다고 주장할 수도 있다. 이러한 반대의 첫 부분은 분명히 맞는 말이지만, 두 번째 부분은 우리가 잠깐 멈춰서 생각할 시간을 줘야 한다. 여기서 중요한 점은 이것이 일종의 교착상태를 가져온다는 점이다. 우리는 인간이 있기 전에도 나무가 존재했다는 충분한 증거를 가지고 있지만, 그러한 증거는 우리의 세계 내 삶의 일상적 실천으로부터 나오는 탐구 형식으로부터 제시된다. 심지어 그 말, 즉 "나무는 인간보다 훨씬 오랫동안 존재해 왔다"는 말조차 이러한 일상의 경험으로부터 나오고, 일상의 경험에 의존한다. 우리의 좀 더 추상적인 탐구 형식은 이와 같이 세계의 일상적인 경험에 기반한다. 일상의 현상적 세계는 탐구 형식으로부터 삭제될 수 없다. 어떠한 인간의 삶이 있기 전의 세계를 상상할 때는 일종의 의인화가 있다. 우리는 그것을 불가피하게 인간의 감각 기관과 사물의 행동 유도성(affordance) 사이의 특성에 맞게 구현된 인간 조건의 관점에서 그려볼 수밖에 없기 때문이다. 다시 말해 나무는 우리에게 매우 크고(인간의 키와 관련시켜 볼 때), 튼튼하며(우리가 올라타거나 목재로 물건을 만들 수 있으므로), 녹색 잎을 가진(녹색은 부분적으로 인간 눈의 생리학에 의존함) 것으로 보인다. 만약 우리의 감각이 다르다면, 세계는 동일한 모습으로 나타나지 않을 것이다. 만약 우리가 감각이 없다면, 세계는 전혀 밝혀지지 않을 것이다. 만약 우리가 신처럼 모든 것을 볼 수 있다면, (물론 이것은 상상할 수 없는 일이지만) 세계가 ~처럼 보인다고 말하는 것은 아무 의미가 없다. 왜냐하면 무엇이 어떻게 보이는지의 개념은 인간의 일상적이고 편파적인 지각에 이미 의존하고 있기 때문이다. 우리의 일상적인 보기에 힘입어 우리는 세계가 거미에게 어떻게 보일지를 상상하려고 노력할 수 있고, 독창적으로 제작된 렌즈가 이와 같은 것의 시각적 경험을 우리에게 제공할 수 있지만, "모든 것"(everything)을 본다는 것은 상상할 수 없다. 사실상 일반적이고 기본적인 의미에서의 세계조차 이미 이러한 인간의 관점에서 특징지어지는 경향이 있다. 다시 말하자면, 우리는 좀 더 과학적인 용어로 세계의 한 측면을 보기 위해 이러한 경험으로부터 추상화할 수 있고, 이러한 유형의 탐구는 매우 중요하고 가치가 있다. 그러나 과학의 용어라고 하더라도 사물을 더 잘 이해하고자 하는 과학의 목적은 "더 잘"이라는 단어가 지적하는 것처럼, 그것이 다소간 바람직한 것임을 받아들이지 않는다면 의미가 없다. 그래서, 다시 한번 말하지만, 우리는 우리의 사고를 객관적이고 매우 중립적으로 개선한다고 하더라도, 거기에는 가치의 차원(valuational dimension)이 여전히 있다고 볼 수 있다. 객관성의 *가치(value)*는 또 무엇인가?

준거, 그리고 가치의 회피(Criteria and the Evasion of Value)

이와 같은 논의에서 볼 때, 객관성은 사실의 영역과 관련되고 주관성은 가치의 영역과 관련된다는 생각이 전적으로 신뢰를 잃게 된다. 사실상 그러한 생각은 매우 위험하다. 20세기 전반에 부분적으로 빈학파(Vienna Circle)의 업적을 통해 논리적 실증주의(logical positivism)가 철학 분야를 지배하게 되었고 그 방식이 타 학문 분야 및 일상적 담론으로 확산되었다. 힐러리 퍼트넘(Hilary Putnam)은 20세기 중반 그것이 경제학에 미친 영향을 라이어널 로빈스(Lionel Robbins)를 언급하면서 설명한다(Putnam, 2012). 로빈스는 경제학을 "인간의 행동을 주어진 목표와 대체 용도를 가진 희소한 수단 간의 관계로 연구하는 과학(Robbins, 1932,

p. 16)"이라고 정의했다. 그는 "실증적인"(positive) 문제와 "규범적인"(normative) 문제를 분명하게 구별하였고, 경제학자는 실증적인 문제를 연구해야 한다고 주장한다. 다시 말해 마땅히 그러해야 하는 것(당위적인 것)이 아니라 존재하는 것(사실적인 것)에 대해 연구해야 한다는 것이다. 그리고 그는 경제학을 제1원칙으로부터의 논리적 연역이라고 보았다. 로빈스는 공황기에 정부에 권고했고, 그 결과 그의 관점이 수백만 명의 삶에 영향을 미쳤다. 그러나 만약 경제 원칙이 분명히 가치의 문제인 인간에게 좋은 것과 이미 결부되어 있지 않다면, 그것은 무엇일 수 있는가? 로빈스와 그를 따르는 많은 다른 경제학자들, 특히 그와 친했던 오스트리아의 경제학자 프리드리히 하이에크(Friedrich Hayek)의 사상은 20세기 말 자유 시장 경제를 강조하는 것으로 큰 영향력을 발휘하였으며, 이들은 가치에 대한 질문을 쉽게 제쳐두었다.[8)]

이와 같이 가치 문제를 제쳐두는 사례들은 교육 연구에서 충분히 많으며, 오늘날 그것의 특징적인 표현은 "가장 효과적인 것은 무엇인가?"라는 매우 익숙한 문장에서 볼 수 있다. 아동에게 읽기를 가르치는 데 있어 가장 효과적인 것은 무엇인가? 수학을 배우는 데 있어 가장 효과적인 것은 무엇인가? 그러나 가장 효과적으로 작동하는 것에 대한 사고는 만약 무엇을 하려는지가 분명하지 않다면 의미가 없다. 정확하게 읽는다는 것은 무엇인가? 읽기의 어떤 측면이 가장 중요한가? 이러한 질문들은 정곡을 찌르는 가치의 문제이며, 신중하게 주의를 기울일 필요가 있다. 비교 연구에서 시험 점수를 참고하는 것은 "객관적" 데이터를 제공하는 것

8) 물론 신자유주의적 교육정책 및 실천에 대한 비판이 발전할 수 있고 발전해 온 것도 이러한 맥락에서이다. 예컨대 블레이크 등(Blake *et al.*, 1998a, 1998b, 2000)의 사례를 살펴보라. 신자유주의 시기의 교육 연구에 관한 비판은 스탠디시(Standish, 1995, 2014)를 참고하라.

처럼 보일 수 있는 방법이지만, 사실상 수학을 배운다는 것의 핵심이 무엇인지에 대한 고려가 누락되어 있다(일반적인 측면에서뿐만 아니라 이 시기의 이 학생들과 관련해서도 그러하다). 이것은 무슨 일이 일어나고 있는지에 대한 명백한 망상이 아니라면 명확성의 부족으로 이어질 가능성이 높다.

더욱이 여기서 더 나은 실천은 마치 단순히 목적을 결정하고 난 후 가장 효과적인 수단을 찾는 것과 같은 것이 아니다. 그러한 접근 방식은 교육과정 계획 시 목적의 명확한 세분화, 이로부터 이끌어낸 목표 진술, 그리고 이러한 목표 달성을 평가하기 위한 학습 성과를 기술하고자 하는 시도에서 찾을 수 있다. 이와 같은 사고방식의 분명한 매력은 정돈됨(tidiness)이고, 우리의 많은 삶의 방식에서 충분히 합리적일 수 있다. 누군가는 이런 방식으로 공장을 효과적으로 운영할 수 있을지도 모른다. 그러나 여기서 목적, 목표, 성과 등에 관해 과도하게 세분화하여 기술하고자 시도할 때, 그 위험은 교육에 매우 치명적이다. 이것은 프로세스의 각 단계를 효과적으로 모니터링하고 성과를 정확하게 측정할 수 있는 효율적인 회계 수단을 제공한다. 그러나 여기서 설명된 것은 무엇이 중요한가에 관해서는 아무런 것도 보장해 주지 못한다. 중요한 것을 이해하기 위해서는 주제에 내재된 역동성에 대한 인식뿐만 아니라 가르치고 배우는 것의 역동성에 관해 좀 더 엄격한 민감성이 요구된다. 전자가 후자에 내재되어 있는 방식에 대한 인식도 요구된다. "준거"(criteria)라는 용어는 정책, 교육과정 계획, 교수 실천, 평가 등에서 기술적인(technical) 용어가 되어 버렸으므로 따옴표를 넣는 것이 타당하다. "준거"는 숫자 매겨진 체크리스트에 다소간 행동주의적 기술(descriptors)을 의미하는 것으로 이해하게 되었다. 그러한 리스트가 없으면 준거도 없다! 그러나 이것은 모든 실천 속에 표준(standard)이 내재하는 방식에 위배된다. 표준은 사물을 좋거나 나쁜 것으로 혹은 적절하거나 부적절한 것으로 판단하는 데 따른 기준이다. 그리고 이것은 실천이라는 아이디어 속에, 그리고 인간이 하는 일들에 내재한다. 준거는 종종 명확해질 필요도 있지만, 대부분의 경우 그렇지 않다. 의자에 앉기에 관한 준거가 있다. 이것은 우리가 자연스럽게 하는 것은 아니지만, 학습하는 것이고, 다양한 점에서 사회적 문화적 환경에 따라 우리의 행동이 수정된다. 누군가 이것을 자세하게 설명할 필요 없이 많은 부분이 (자연스럽게) 학습된다. 동일한 방식이 교과의 학습에도 적용된다. 역사 혹은 수학을 학습하는 것은 상세한 준거 리스트에 의존하는 것이 아니라, 오히려 절차, 접근 방식, 목적, 주장, 태도 등에 관한 특정 규준(norms)에 의존할 것이다. 그리고 이러한 것들은 명시하지 않더라도 좋은 가르침을 통해 전수될 것이다. 그야말로 이것을 모두 가시화할 수 있다는 생각은 매우 타당성이 낮으며, 완전히 혼란스러운 것이다. 이는 특정 준거를 가시화하는 것을 부정하는 것은 아니며, 그것이 분명 학생을 평가할 때나 등급 수준을 결정할 때 유용할 수 있다. 그러나 대부분의 경우에 그러한 준거는 지나치게 행동주의적 접근을 취하는 것으로부터 벗어난다면, 교사와 평가자의 해석(interpretation)을 필요로 하게 될 것이다. 여기서의 해석은 교사가 자신의 기분에 따라 판단을 행사하는 문제가 아니라, 자신의 판단에 대한 이유를 제시하고, 다른 실천자들의 판단과 비교하고 정련하며, 시간이 흐름에 따라 표준의 일관성을 발전시키는 것이다.

판단, 그리고 인문학의 역할(Judgement and the Role of the Humanities)

이 마지막 부분은 특히 중요하다. 왜냐하면 훌륭한 교사들이 위태로운 상황에서 하는 판단의 실제적인 사례들을 제시하고, 이러한 종류의 판단은 결코 "단지 주관적"이거나 혹은 "개인적"인 것이 아님을 강조하기 때문이다. 교사들은 이 학생의 과제가 왜 저 학생의 것보다 더 나은지에 관해 자신의 판단을 제공하고 근거를 제시하고자 한다. 그 교사의 판단은 다른 교사들의 판단에 비추어 비교해 보게 된다. 그리고 추가적인 판단을 하게 된다. 판단은 평균화될 뿐만 아니라 주장에 비추어 정제되는 방식으로 개선된다. 토론을 통해 최종 판단이 이루어지며, 이상적으로 이 모든 것은 비슷한 과정을 경험한 적이 있고 동일한 표준을 획득해야 하는 외부자에 의해 중재된다. 실제로 교과 과목의 유지도 여러 제도와 긴 시간에 걸쳐 이와 같은 실천의 연속성을 통해서 이루어진다. 이와 대조적으로, 실천가와 연구자들은 데이터에 의존하는 것에 지나치게 사로잡혀 있으며, 그 결과 그들이 무엇을 연구하고자 하는가에 대한 의미는 그림에서 빠지게 된다. 대신에 유지되어야 하는 가치를 폄하하고, 좋은 판단으로 이어질 수 있는 객관성을 훼손하는 사이비 개념의 객관성 및 엄격성과 함께하게 된다.

내가 보여주고자 하는 바는 교육적 실천과 연구는 객관성 및 주관성에 대한 보다 정확한 의미로부터 혜택을 받을 수 있다는 점이다. 결정적으로 이것은 교육에서 판단의 중요성을 부각시킬 것이다. 교사들은 그들의 판단을 행사할 필요성을 실현해야 하는 방식에 준비할 필요가 있으며, 또한 그들의 판단에 대한 자신감을 향상시키는 것도 준비할 필요가 있다. 그러한 판단은 결코 "단순히 주관적인" 것이 아닐 것이다. 그것은 타자의 관점에 노출되고 응답하는 형태임이 틀림없으며, 최소한 근거를 가지고 유지되는 것이 적합할 것이다. 교사는 이것을 마치 누군가 길이를 자로 재는 것처럼 학습자를 미리 결정된 척도에 따라 평가하는 것과 같이 하나의 기술적 적용으로 이해하지 않는 것이 중요하다. 교사가 이것에 주관적으로 관여하는 것은 바람직하고 심지어 필요하다. 다시 말해, 문제를 바로잡기 위해 실천과 관련성을 갖는 것은 중요하다. 이것은 감시 체제(inspection regime)의 압력 때문이 아니라 교사가 전수하고자 하는 교육에 내재된 선(goods) 때문에 중요하다.

교육 연구는 데이터에만 의존할 수는 없다. 연구의 가장 중요한 임무 중 일부는 증거 수집이 아니라, 오히려 가치와 정당화의 문제를 직접적으로 고려하는 것과 관련된다. 사실상 연구되는 문제에서 가치에 관한 선행된 개념이 없다면 "증거"(evidence)가 무엇을 의미할 수 있겠는가? 연구 프로젝트 또한 하고 있는 것의 목적에 관해 선행된 의미가 없다면, 즉 이 연구가 왜 중요하며 충분히 잘 생각해 보았는지 등에 관한 고려가 없다면, 어떻게 그것을 적절하게 시작할 수 있겠는가? 여기서 연구 방법 훈련[9]뿐만 아니라 연구 내용 및 책임감 있는 교육 연구[10]를 촉구하는 재정 지원에 관한 시사점을 끌어낼 수 있다.

이 글의 주장은 연구 방법을 이해하는 방식을 재평가할 필요가 있음

9) 교육 연구 훈련에 대한 비판과 관련하여서는 스톤(Stone, 2006a, 2000b)과 호지슨과 스탠디시(Hodgson & Standish, 2008)를 참고하라.

10) 이 글의 주장은 교육 연구에 대한 질문과 직접적으로 관련되지만, 그 영향은 보다 폭넓게 사회과학 및 일반 연구 영역으로 확대된다. 심지어 인문학 연구조차도 일종의 기술화(technicization) 혹은 과학주의(scientism)의 경향성을 보이며, 이것은 그 *본질(ratio essendi)*을 망칠 위험을 갖는다. 인문학과 관련하여서는 곽덕주와 스탠디시(Kwak & Standish, 2014)를 참고하라.

을 지적한다. 이것은 교육정책 및 실천에 관한 연구에서 인문학의 중요성에 대한 새로운 인식이 필요함을 의미한다. 교육 연구의 개념 이해에 있어 과학적 방법의 우위는 그 자체로 과학주의(scientism)의 침해를 반영한다. 과학과 인문학이 경쟁 관계에 있는 것은 아니다. 따라서 이러한 주장은 근본적으로 영역 논쟁을 하자는 것이 아니며, 어떤 질문을 철학자의 배타적인 전유물로 주장하는 것도 아니다. 그것은 탐구 논리에 질문을 제기하는 것이다. 그러나 무엇보다 인문학이 제공하는 것은 교육의 가치와 목적에 대한 탐구 수단이다. 여기에는 과학 그 자체의 가치에 대한 질문도 포함된다. 그러한 가치에 관한 질문들은 과학적 방법의 개선으로 해결되어서는 안 된다.

제2부

교육과정과 교사

제 5 장

노출로서의 가르침: 부정의 교육[1)]

(Teaching Exposed: Education in Denial)

대부분의 교사는 시험을 위한 가르침이 나쁜 것이라는 데 동의할 것이다. 그러나 어떤 형태로든 시험을 위해 가르치는 것은 오늘날 널리 퍼져 있고, 아마도 그 어느 때보다 더 널리 퍼져있는 것으로 보인다. 외부에서는 이것을 비교적 사소한 문제로 생각할 수도 있을 것이다. 분명 평가는 학생들이 알아야 할 내용을 알고 있는지와 교사가 적절하게 가르치고 있는지를 확인하는 수단에 불과하기 때문이다. 내부에서는 교실에서 가르치는 실제 상황은 계획이나 프로그램에서 벗어나는 경우가 항상 생길 수 있다는 사실을 알기 때문에 외부와는 다른 이야기를 할 수도 있다. 많은 이들은 이러한 경우들이 비판적 사고의 가능성을 제시할 수 있고 자발성과 독창성의 순간을 촉진할 수도 있으므로 꼭 차단해야만 할 일은 아니라는 견해를 가질 것이다.

다음에서 나는 그러한 경우에 대해 훨씬 더 많은 이야기를 하겠지만, 이 논의의 출발점인 평가(assessment)의 문제를 너무 쉽게 지나쳐 버리는 것은 잘못된 일이다. 다양한 측면에서 평가는 학교에서, 그리고 다른 교육적 맥락에서 실제로 일어나는 일들의 중요한 결정적 요소이다. 평

---

1) 출처: Standish, P. (2016). Teaching Exposed: Education in Denial, *Revista De Education, 373*, 109-129.

가의 본질은 필연적으로 좋은 교사의 개념에 영향을 미치고 교사들이 훈련받는 방식을 결정한다. 분명히 하자면, 내가 이런 말로 시작함으로써 목표하는 대상은 평가 그 자체가 아니라 '시험을 위한 가르침'(teaching-to-the-test)을 권장하는 평가의 형태라는 점이다. 이 표현은 수많은 견해나 기대를 압축하기 때문에 추가 설명이 필요하다. 이는 시험이 상당히 명시적인 행동 수행을 기반으로 구성될 것을 의미하며, 좋은 교사는 그러한 수행을 통해 학생들을 연습시킬 것이고 좋은 평가자는 성공을 위한 준거(criteria)를 다소 엄격한 방식으로 적용할 것이다. 즉, 이는 판단(judgement)이라고 할 만한 것을 그다지 행할 필요가 없음을 의미한다. 후자는 환원적으로 세분화된 기준의 성격으로 인해 가능하다. 추정컨대, 이는 평가가 '객관적'(objective)인 반면, 교사가 판단을 내리는 것은 '주관적'(subjective)이라고 확신할 것이다.

그러나 여기서 '준거'가 정확히 무엇을 의미하는지 숙고해 볼 이유가 있다. 물론, 어떤 의미에서 교사는 어떤 형태의 평가든, 학생들이 총괄평가(summative tests)를 준비하는 데 지나치게 초점을 맞출 수도 있다. 과거에는 이것이 시험에 나올법한 문제들을 추측하는 차원의 일이었으나, 이제는 학생들이 평가받게 될 기준의 체크리스트에 집중하는 것과 관련될 가능성이 더 높다. 그들이 가르치는 것과 마찬가지로 교사들의 용어에서 '준거'라는 단어는 기술적으로 이해되고 있다. 즉 준거가 정확히는 필수 행동 수행을 열거하는 체크리스트의 항목이라는 측면에서 이해되며, 다소 환원적인 용어들로 정의되고 있다는 것이 중요하다. 이러한 용법(usage)이 기술적(technical)이라는 것은 그 용어의 일반적이고 고유한 사용법과는 전혀 다르기 때문이다. 그것의 기술적 의미가 숨기고 있는 사실은 '준거'라는 말이 전혀 일상적인 말이 아닌데도 불구하고, 의자에 앉아 있는 것에서부터 말하는 행위에 이르기까지 인간의 모든 실천 속에 내재되어 있다는 사실이다. 이에 대해서는 아래 글에서 더 논의할 것이다. 이러한 사실을 은폐하는 것은 가르침 자체가 다르게 이해되는 결과를 초래한다. 가르침은 인간의 상호작용과 발화에 대한 일반적 수요 및 역동성으로부터 어느 정도 분리된 준기술적(quasi-technical) 형태의 의사소통을 포함해야 한다는 생각이 권장되는 것이다. 수행(performance) 및 전달(delivery), 기능(skills), 역량(competencies), 목표 설정(setting of objectives)과 같은 어휘는 가르침이라는 행위에 명백한 직업적 정당성을 제공한다. 그러나 사실 이것은 가르침과 배움에 내재된 인간의 풍요로움, 때로는 교사-학습자-학습 내용의 신성한 삼각형이라고 불리는 것에서 발견되는 풍요로움을 억누른다. 이는 평가를 환원적으로 상상하는 곳에서는 실현될 수 없는 풍요로움이다.

그러나 교육과정에 대한 그러한 환원적 개념이 지닌 매력 중 하나는 분명히 그것이 불상사를 예방할 수 있는 방법이라는 점이다. 그것은 위험관리 담론 및 회계감사(audit) 문화에 영향을 미친다. 역설적이게도 그것은 자신이 하고 있는 일에 대해 안심하고 싶어 하는 교사들에게 안도감의 원천을 제공하는 것과 동시에, 남몰래 아마도 기관들 사이에 구축된 경쟁력을 통해 징벌적인, 혹은 '공개 망신'(naming and shaming) 형태의 감찰을 통해 불안의 근원을 조성하기도 한다. 또한 역설적이게도 그것은 인위적이고 굴욕적인 성과-모니터링의 압박에 교사들을 노출시키는 동시에, 이것이 가장 활동적일 때 가르침과 배움에 내재된 노출에 대해 교사들을 무력화시킨다. 이 중 어느 것도 평가에 반대하는 것은 아니다. 우리는 더 나은 형태의 평가가 필요하고 아마도 이에 힘입어 가르침과 학습이 무엇인지에 대한 더 나은 이해가 필요하다. 그것은 준거를 이렇게 환원적 방식으로 이해하고 객관성(objectivity)에 대해 혼란스러운 생각들이 지배적일 때, 그리고 그런 때에 넘쳐나는 오류들에 주의를 기울이는 것이다.

그런데 왜 여기서 '노출'이라는 단어를 강조하는가? 이 단어를 채택하는 데 무엇이 문제가 되는가? 아마도 이것에 대한 방법은 가르치는 법을 배우며 겪는 일반적 경험을 성찰함으로써 찾을 수 있을 것이다. 물론 이것은 매우 맥락적이다. 엘리트 대학의 교사가 직면한 도전과제는 빈곤한 도시 학교의 고등학교 교사가 직면한 도전과제와는 다르고, 이는 농촌 환경에서 초등학교 교사들이 대처해야 하는 것들과도 또 다르다. 긍정적인 면을 잠시 강조해 보자면 이러한 도전과제들은 흥미진진해 보일 수 있으며, 학습자에게 영감을 주고 싶은 (교사의) 욕구를 자극할 수도 있다. 어쩌면 그런 때조차도 교사에게 가장 필요한 것은 학생이 무엇을 하고 있는지를 저자세로, 인내심 있게 살펴보는 일이다. 보다 부정적인 어조로 말하자면, 그러한 과제들은 당혹스럽고 때로는 고통스러운 순간들, 즉 이야기의 맥락을 놓치거나 어색한 정적을 견디는 것에서부터 조금 더 분명히 스트레스가 많은 종류의 대립까지를 포함한다. 특히 젊은 교사들 사이에서 두려움, 당혹감, 심지어 굴욕을 겪는 것은 드문 일이 아니다. 종종 이것은 사소해 보이는 문제들과 관련이 있지만 때로는 그렇지 않을 수도 있다. 어떤 경우에든 이런 종류의 부정적 경험은 해당 상황을 보다 적절히 관리함으로써 피하거나 극복해야 하는 것으로 여겨지는 특징이 있다. 이러한 반응은 이해가 가지만 너무 섣부른 반응이라고 말하고 싶다. 부정적 경험은 가르치는 상황에서 무엇이 위태로운 상태에 있는지를 알려주는 지표가 된다. 나는 이것을 일종의 노출이라고 부른다. 이것은 많은 신입 교사들이 수업에 직면했을 때 느끼는 것을 설명하는 방식과 일치하고, 부정적 경험을 하는 바로 그 지점에서 교사들은 일이 잘못될 수 있고 실제로 잘못되고 있음을 알게 된다는 데에 부분적인 이유가 있다.

심지어 당혹스러울 일이 전혀 없는 경우에도 가르치는 일이 당신을 어떻게 자극하는지를 생각해 보라. 영화 제작자들은 틀림없이 이것을 인식하고 있었던 것처럼 보인다. 누군가가 〈언제나 마음은 태양〉(To Sir, With Love)의 시드니 포이티어(Sydney Poitier), 〈죽은 시인의 사회〉(Dead Poets' Society)의 로빈 윌리엄스(Robin Williams), 그리고 보다 최근작인 〈프리덤 라이터스〉(Freedom Writers)의 힐러리 스왱크(Hilary Swank)처럼 흥행이 보장된 스타들에게 주어진 역할을 생각한다고 가정해 보자. 세 영화는 모두 일종의 속기(short-hand) 표현으로 교실을 묘사하고 진부한 표현들과 흔한 이미지, 즉 교실, 반항적인 학생들, 따분한 전통주의자로서의 교사들을 보여주는 것에 크게 의존하다가도 영웅 같은 교사, 구원하는 교사를 보여준다. 어떤 것도 가르침에 입문하려는 사람에게 좋은 길잡이는 아니다. 그러나 이 영화들의 흥행 성공은 교사들이 실제로 마주하는 열망 및 정서적 갈등을 영화가 어떤 방식으로 불러내는지와 관계가 있다. 아무리 감상적으로 다루거나 미화하거나 왜곡하더라도 결국 그 영화들은 교실에 대한 관객의 공통된 경험이 어느 순간 드러나게 될 반응, 즉 그 반응의 신경을 건드리고 있는 것이다. 이런 이야기들이 다소 할리우드적 가치를 띠고 있다면, 흥행에 성공했지만 보다 별난 영화인 앨런 베넷(Alan Bennett)의 〈히스토리 보이스〉(The History Boys)나 다르덴(Dardenne) 형제의 〈아들〉(Le Fils)처럼 별로 유명하지 않은 영화들로 눈을 돌려볼 수도 있다. 이 영화들 속 교실 묘사는 조금 더 진지하다. 수습 교사로서, 그리고 어쩌면 노련한 교사로서 당신이 하고 있는 일을 통해 어떻게 하면 깊이 있게, 포괄적으로 의문을 품을 수 있을지 생각해 보라. 당신은 그저 당신의 직업적 전문성과 관련하여 테스트를 받거나 거의 기술적인 용어로 이해되는 것이 아니라 한 개인으로서 시험대에 오르는 것이다.

여하튼 할리우드는 그러한 특징을 인식하였으며 플라톤 역시 그것을 깨닫고 있었다. 플라톤이 소크라테스를 교사로 묘사했다는 것은 누구나 아는 사실이나 우리에게 전해져 내려온 일반적인 이미지는 추론의 대가 소크라테스, 문답법의 고수 소크라테스이다. 연이은 대화에서 우리는 젊은이와 대화를 나누는 소크라테스가 정의나 선함의 본질을 숙고하고, 진리를 향해 토론을 이끄는 것을 보게 된다. 그러나 여기서 소크라테스는 순전히 자기주장만을 밀어붙이는 것이 아니라, 배우는 사람이 자신의 대답을 통해 스스로 진리를 찾게 되는 식으로 질문을 던지는 모습을 보여준다. 이것이 바로 현재 일부 지역에서 의식 있는 교육학적 실천으로 채택된 '소크라테스식 기법'이다. 대중의 높은 관심을 받은 또 다른 영화, 〈하버드 대학의 공부 벌레들〉(The Paper Chase)은, 하버드 로스쿨의 카리스마 넘치는 교수에 관한 이야기로 부분적으로 이 기법을 다룬다. 하지만 이런 실천들을 미화하고 마케팅하는 일은 소크라테스의 제한적인 이미지 및 플라톤은 어떠했는가를 엄청나게 단순화하는 방식에 기대고 있다. 즉, 의심의 여지 없이 앞서 말한 영화 중 일부에서 그런 것처럼, 좋은 교육학적 실천들에 대한 안내서에서도 그러한 이미지와 단순화에 의존한다. 요컨대 그 과정에서 잃어버린 것은 소크라테스가 보다 복합적인 인물로서 등장하고 인간의 상호작용에 있어서 교육이 더 널리 존재하는 것으로 여겨지는, 가르침과 배움의 장면들에 대한 묘사이다. 그 대화들이 항상 논리적인 결론을 거침없이 이끌어내는 것은 아니며, 철학 분야에서 플라톤의 저작들에 대한 전통적인 평판이 그래왔듯, 그 대화들이 논쟁에서 벗어나는 지점을 플라톤의 결함이라고 생각해서는 안 된다. 철학을 공부하는 학생들이 때로 그렇게 하도록 권유받듯이 논쟁의 핵심을 드러내기 위해 극적인 사건을 최소한으로 줄여서 장면을 설정하는 것, 즉 유머나 다름없는 말, 시시덕거림, 당혹감, 가끔 술에 취하는 것과 같은 장면을 제거한다고 하더라도, 그 대화들의 진면목을 보여줄 수 있다고 생각하는 것은 잘못된 판단이다. 더 나아가 소크라테스의 탁월한 교육학적 능력에도 불구하고, 그가 언제나 학습자를 논쟁의 성공적 해결 쪽으로 이끌 것이라고 생각하는 것 또한 잘못된 판단이다. 때로는 소크라테스도 길을 잃는다. 대화의 철학적 힘은 부분적으로 대화 참여자들의 인간적 나약함에 의존하고, 여기에 관련된 개개인의 매력은 이 나약함에 대한 감각 없이는 이해될 수 없다. 소크라테스와 제자들과의 관계를 논쟁의 전문가이자 토론의 달인인 소피스트들과 그 제자들의 관계와 대조해 보라. 그들은 목적이 무엇이든 필요하기만 하다면 자신들의 기술을 쓰고 팔 것이다. 그리고 대화가 어떻게 우리의 관심을 명백한 '논쟁의 핵심'에서 자주 벗어나게 하는지, 대화 주인공들의 이해관계, 애착 및 경쟁 쪽으로, 그들이 지적으로 개인적으로 도전받고 노출되는 방식 쪽으로 어떻게 관심을 돌려놓는지를 기억하라.

그러나 여기서 잠깐 주제에서 벗어나 보겠다. 위에서 언급된 소크라테스 및 할리우드 영웅들 이미지가 갖는 힘의 일부는 카리스마이다. 내가 우려하고 있는 것이 바로 이것이라는 생각을 떨쳐버리고 싶다. 내가 기억해 내고 싶은 한 가지 사례는 자신에게 대수학을 가르쳤던 사람에 대한 이스라엘 셰플러(Israel Scheffler)의 회상이다. 이 교사는 이스라엘이 무엇을 하고 있는지에 별다른 관심을 보이지 않는 듯했고 그의 비교적 무덤덤한 접근법은 학생들을 격려하거나 강화하는 식으로는 거의 이루어지지 않았으나 어떻게든 학생들 모두를 열중하게 하는 데 성공했다. 매주 그는 학생들에게 문제를 내고 그들이 문제를 푸는 동안 거의 수업에 신경을 쓰지 않았다. 학생들이 답안을 제출하면 또 다른 세트의 문제가 출제되었다. 피드백이나 강화도 없이 정확한 과제 설정, 학생들의 흥미를 끄는 것들에 대한 조율, 일련의 단계 및 이러한 단계들을 통해 어떻게 학습자를 인도하는지에 대한 예리한 감각만 있을 뿐이었다. 이것은 카리스마가 아니라 일종의 훌륭한 가르침이며, 우리는 좋은 가르침이 다양한 유형으로 나타난다는 것을 잊기 쉽다. 게다가 변혁적이고 카리스마 있는 교사를 묘사할 때 우리는 전형적으로 매일, 매주의 단조로움 및 판에 박힌 일상이 아니라 학생이 변화하는 순간의 갈등과 위기를 본다. 따라서 대부분의 교사에게 필요한 인내심과 조용한 끈기, 이 대수학 교사가 자신의 방식으로 보여주었던 바로 그런 자질들은 영화 속 장면에서 자주 등장하지 않는다.

우리는 어떤 교사들을 존경하는가? 탁월한 업무 계획이나 꼼꼼하게 세부 사항을 정리한 수업계획으로 기억되는 교사들에 대한 이야기는 보통 들어본 적이 없다. 다시 한번 학습자의 관점에서 보자면, 어떤 것은 그에게 더 문제가 되는 듯 보이고 어떤 것은 그의 마음(heart)에 더 가까운 것처럼 보인다. 여기서 자동차 정비 견습생과 강사, 음악가와 그 교사, 또는 운동선수와 코치의 관계를 생각해 보라. 이 관계들은 카리스마가 아닌 다른 요소들에 좌우될 수 있다.

그렇다면 우리가 교육정책 및 실천에서(교사 교육을 포함하여) 행하는 많은 부분이 우리가 지금껏 깊이 생각해 온 '노출'의 위험을 막거나 관리하도록 설계되었다는 것이 역설적이지 않은가? 그렇게 설계되지 않았다면 이는 그러한 요소들이 다른 방식으로 나타났을 경우보다 더 부정적인 관점으로 드러나는 효과를 갖게 되며, 그것은 가르치는 경험에 있어서 이러한 측면을 부정하도록 조장한다. 나의 의견은 그러한 설계 방식이 가르침에 대해 생각할 때 현실적으로 생각하지 못하도록 방해한다는 것이다. 나는 지금부터 그 이유를 말해 보고자 한다.

노출에는 물리적인 측면이 있다. 교사가 아무런 이유 없이 학생들 앞에서 전시되고 있다는 느낌을 받는 것은 아니다. 어쩌면, 교실에 들어가기 전에 옷매무새를 가다듬는 교사를 생각해 보자. 신발 끈이 느슨한가, 옷깃이 삐뚤어져 있나, 지퍼가 열렸나...? 어떤 이는 의식하지 못했던 버릇을, 때로는 가지고 있는 줄도 몰랐던 기이한 점을 알아차리게 되고 그가 몰랐다면 학생들이 분명히 찾게 해줄 것이다! 학급 학생들이 이용하려 드는 경우들이 이런 것이다. 〈프리덤 라이터스〉(Freedom Writers)에서 가르치는 현장을 효과적으로 보여주면서도 살짝 웃기는 장면은 교사 에린 그레웰(Erin Grewell)의 수업 첫날을 묘사하는 장면이다. 다가올 수업을 초조하게 준비하면서, 그녀는 칠판에 이름을 썼다가 번지게 하고 손으로 문질러 어색하게 지운다. 그러고 나서는 손에 묻은 분필을 엉덩이에 문질러 닦는다. 이는 물론 나중에 그녀가 칠판에 글씨를 쓰려고 돌아설 때 모든 학생이 보게 된다. 스왱크가 빈틈없이 차려입은 모습을 보면 이 모든 것이 꽤나 믿기 어려우나 그것은 명백하게 실제로 그레웰이 했던 일이다. 에린이 맡은 반은 14살 문제아들로 구성된 반이었지만 나는 노출의 물리적 측면을 대학교의 한 세미나 그룹의 에피소드와 연결시켜 보겠다. 나는 오늘과 비슷한 주제로 발표했던 내 논문에 대한 응답으로, 던디대학교(University of Dundee) 철학과의 한 동료가 건넨 말에 말문이 턱 막힌 적이 있었다. 그는 약간 살집이 있고 머리가 벗겨지기 시작한 남자로 당시 50대 중반 정도로 보였다. 그는 수업에서 한 학생이 난데없이 자기에게 어떻게 말했는지를 설명했다. "교수님은 파티 같은 곳은 안 가실 것 같은 분으로 보여요." 상황에 전혀 어울리지 않는 데다 섬세하게 판단된 무례함을 담은 그 말에는 아주 많은 것이 함축되어 있다. 즉, 그 말은 가르침의 '노출'에 대한 무언가를 보여준다. 교실에서 교사의 몸은 그 자리에 있고 어떤 의미에서는 전시되고 있으며 노출되어 있다. 동료가 내게 이것을 이야기했을 때, 그가 말하려던 요점은 그가 가르침에 있어서 중요하다고 여기는 많은 것들을 얻기 위해 필요한 노출, 바로 그 노출이 일어나는 공간과 똑같은 곳에서 이런 불쾌한 발언이 나왔다는 것이었다. 그는 그 말에 상처를 받기보다는 초연한 상태였다.

그러나 이 일화가 이미 보여주듯이 노출이란 신체뿐만이 아니라 더 많은 것과 관련이 있다. 그것은 말 자체의 본질과 관련이 있는 것이다. 그리고 몇몇의 경우를 제외하고 말이란 늘 일시적이기에, 가르침의 중심이 된다. '언어'(language)가 아닌 '말'(speech)이라는 단어를 쓰는 것과 진술이 아닌 문장에 대해 생각하는 것은 나중에 살펴보겠지만 상당히 중요하다. 당혹스러운 순간이 있는 것은 말의 일시성 때문이며, 그 순간들에 나는 곤혹스럽고 어제 일어난 사건 후에 오늘의 수업을 마주하기가 두렵고, 때로는 말문이 막히고 더듬거리며 어쩔 줄 모른다... 오늘날 가르침에 대한 개념들은 수업 계획과 업무 계획의 측면에서 가르침의 일시성을 바라보는 경향성이 있다. 나는 우리를 다른 방향으로 확장시켜 주는 생각들을 불러일으키고 싶다. 우리는 가르침에 내재된 위험을 받아들일 필요가 있다. 그러한 종류의 위험은 배우와 스탠드업 코미디언도(그리고 아마 상담자와 신부님도) 직면하는 것이다. 물론 우리가 계획해서 안 되는 것은 아니지만, 계획과 자발성(spontaneity) 사이에 놓인 긴장을 인식할 필요가 있고 우리는 교사들이 이러한 긴장 속에서 살아가는 데 더 많은 자신감을 갖도록 북돋아 줄 필요가 있다.

교육학적 맥락에서 말이 다양한 형태를 취한다는 것은 말할 필요 없다. 말은 완성된 텍스트를 연속으로 읽는 것에서부터 애드리브까지, 뚜렷하게 목표지향적인 질의응답부터 보다 탐색적으로 대화를 시작하는 것까지의 다양한 형태를 지닌다. 그리고 언어에서 일종의 순수성(purity), 즉 명확히 기술적인 목적으로 말을 주고받는 것과 언어유희를 억제하지 않는 보다 열린 형태의 발언을 구별할 수 있다. 전자는 아마도 일상적이거나 기술적인 언어능력을 습득할 때, 후자는 보다 담론적인 종류의 학습에서 발견된다. 양쪽 모두 각자의 역할이 있다. 그러나 이러한 종류의 순수성이 이끄는 힘, 특히 성과를 모니터링하고 관리하는 데 가장 관심이 많은 사람들의 관점에서 그 힘에 주목하는 것이 중요하다. 그러한 언어는 그것이 적합한 자리에서 충분히 적절할 수 있는 반면, 그러한 언어에는 학습의 다른 측면, 보다 광범위한 측면에 부과될 수도 있는 위험이 있다. 언어의 억압(suppression)은 곧바로 일종의 탄압(repression)이 되어 논의 중인 활동을 왜곡하고 말과 의사소통에 대한 잘못된 개념을 조장할 수 있다. 그리고 나는 그렇게 억압된 것들이 결국에는 다시 돌아오리라고 생각하는 편이다.

언어에 대한 이런 편협한 개념은 심지어 일부 커뮤니케이션 강의와 교과서에서 정당화되고 있으며, 말이라는 것은 아마도 다른 대인관계 기술들과 통합된, 즉 하나의 기능(skill)으로서 홍보된다. 다음의 공식을 곰곰이 생각해 보라. A는 B와 소통하고 싶다는 생각을 가지고 있다. 그녀는 그 생각을 단어들로 암호화하고 그 단어들을 말한다(쓰기는 암호화의 더 높은 단계에서 개입될 것이다). B가 이 암호를 해독한 다음, B는 이상적으로 A와 같은 생각을 갖게 된다. 이제 이러한 상식적 타당성, 아리스토텔레스도 설득했다는 그 타당성이 무엇이든 이것은 확실히 틀렸다. 이것은 우리가 가지고 있는 사고가 일정 정도 기호(signs)의 공적 순환에서 생겨남을 놓치고 있다. 지금 이 순간 당신의 머릿속에 있는 생각들은 이미 언어 속에 있다. 사실, 생각들은 '언어' 속에만 있는 것이 아니라 *하나의* 언어(영어나 독일어, 그리스어, 중국어 등) 속에도 존재한다. 따라서 이런 식으로 말을 일종의 기능으로 생각하는 것은 언어와 말의 중요성을 극도로 과소평가하는 것이다.

내용(content)의 중요성을 남모르게 축소시키는 오늘날의 전형적이고 허무주의적인 움직임과 위와 같은 오류를 연결해 보면 도움이 될 수 있다. 말은 아무 의미도 없는 것에 대해 하는 것이 결코 아니다. 심지어 의례적으로 쓰는 교감의 말("안녕하세요? 날이 좋네요, 그렇지 않나요?" 등)에도 내용이 있다. 교육 분야에서 이에 상응하는 것은 내용이 결여된 일련의 기술(학급관리 등)이라는 관점으로 가르침을 생각하는 것이다. 그러나 이렇게 함으로써 교사-학습자-학습 내용이라는 신성한 삼각형의 한 점을 제거해버리는 것이다.

말의 중심부에는 할 말(something to say)이 있다. 가르침의 중심부에는 가르칠 내용이 있다. 우리는 할 말이나 가르칠 내용의 빈곤한 형태들을 생각해 볼 수 있다. 빈 그릇에 사실들을 쏟아 넣는 것, 정보를 교환하는 것… 빈곤하지 않은 형태들은 학습 내용이 *눈여겨볼 만한 가치가 있는* 것일 때 발견된다. 그러한 상황에서 말을 한다는 것은 누군가의 주의를 끌기 위해 그 사람 앞에 무언가를 내어놓는 것이다. 누군가의 주의를 끌기 위해 그 사람 앞에 무언가를 내어놓는 것은 그 사람이 관심을 줄 수 있다는 가정에서 출발한다. 즉, 반응을 얻을 수 있다는 것이다. 그리고 그들 앞에 그렇게 놓인 것은, 다른 설명이 필요 없는 사실의 문제가 아니라, 반응이 있어야만 그 중요성을 알 수 있는 어떤 것이다. 물론 많은 경우가 이와 같지는 않을 것이다. 예상된 반응이 미리 설정되어 있는 경우가 너무 많기 때문이다. 그러나 이렇게 말을 하고 반응을 보이는 행위들은 분명히 배움에 있어서 우리에게 전해져 내려오는[마이클 오크쇼트(Michael Oakeshott)가 "인류의 대화"(conversation of mankind)라고 표현하였듯] 최고의 전통들이 지닌 특징이다. 더 나아가 그러한 행위들은 인간이 된다는 것, 그리고 누군가를 인간으로 대하는 것이 무엇인지와 밀접하게 연결되어 있다.

이것이 옳은 한, 그것은 시험을 위한 가르침이 인간의 가능성을 좌절시키고, 심지어는 인간에 대한 부정(denial)과도 관련이 있음을 시사한다. 이와 대조적으로 어떤 사람 앞에 무언가를 내어놓고, 이것에 대해 그들과 이야기하고, 그들에게 말을 건네고(addressing), 그들의 말을 듣는 것은 배운다는 것이 반응을 위한 공간을 허락하는 일이라는 것, 그리고 학습자는 반응할 수 있는 사람이라는 것을 모두 인정한다(acknowledge). 위에서 보았듯이 반응의 공간은 일이 잘못될 수도 있는 공간이라는 점이 중요하다. 이러한 위험을 차단하기 위해 그런 식의 전략을 쓰는 것은 다른 사람, 즉 학습자의 반응을 억압하거나 부정하는 행위로 이어지며, 이러한 행위는 모두 인간을 부정하도록 규정하고 그것을 모델화한다.

다시 한번 묻겠다. 우리는 왜 이것을 '노출'이라고 하는가? (신입)교사가 느끼는 당혹감은 제자리를 벗어난 데서 느끼는 당혹감이다. 겉으로 보기에 이것은 분명 잘못된 것처럼 보인다[요컨대 나는 집으로 돌아가야 한다고, 안전한 토대이자 나에게 맞는 자리(*in* position)로 돌아가야 한다고 혼잣말을 하는 것이다]. 그것을 잘못됐다고 보는 것은 안주하고 싶은 마음과 관련이 있다. 나의 존재는 내가 있는 곳에서 완전히 편안해야 한다는, 즉 도전받지 않고, 나의 말을 위험에 빠뜨릴 필요도 없고, 자신을 취약하게 만들 필요도 없어야 한다고 생각하는 안주의 마음 말이다. 이런 식으로 스스로를 제자리에서 벗어날 수 있게 해 주는 자극은 우리가 아는 한, 두 가지 출처에서 나온다. 즉, 말해진 것(말함으로써 공개될 수밖에 없는) 그리고 학습자(반응할 수 있는 인간으로서)로부터 나온다. 그러나 잠깐, 어쩌면 나는 세 번째 출처를 추가해야 한다. 그것은 내가 될 수 있는 것보다 부족한 내가 아닌, 나 자신이 될 수 있는 바로 그 가능성에서 나오는 것이다.

이것이 옳다면, 교직은 의료직이나 법률직과 같은 다른 직업과는 비교적 다르고, 여기에 관련된 말은 일반적으로 더 분명하게 계약상에 규정되어 있으며, 더 업무적이고, 더 기술적이다. 이 특별함을 분명히 설명하는 한 가지 방법은 교직에는 성직자의 본성에 가까운 어떤 것이 있다고 말하는 것이다. 이는 로런스(D. H. Lawrence)가 종교의 타락을 포함하여 시대의 허무주의에 맹렬히 반대하면서 교사－학습자－학습 내용의 삼각형을 가리켜 “신성한 바탕”(the holy ground)이라고 말하는 부분적인 이유이다. 교사로서 로런스 자신의 실천과 성공은 그가 분명히 인간관계에서 나타나는 의지 투쟁의 추함을 기꺼이 보려 했다는 점과 관련해서 이해되어야 한다. 또한 학교 안팎에서 겪는 경험의 이와 같은 측면들에 대한 그의 강렬한 설명은 이러한 이미지의 신뢰성을 높이고 이상주의와 감상주의로부터 그것을 구해낸다. 교육과 종교의 복잡한 역사적 뒤얽힘 속에서 신성한 바탕이라는 아이디어가 문제가 없는 것은 아니다. 우리가 다른 직업과 관련지어 교직의 자격을 묻는 것을 떠나 그것의 내부를 살핀다면, 즉 ‘직업’이 무엇을 의미하는지를 어원적으로 살펴본다면, 아마 약간의 진전을 이룰 수도 있을 것이다.

교사, 교수는 어떤 점에서 고백하는가? 믿음을 고백한다고들 하는데, 그렇다면 교사의 믿음은 어디에 놓여 있는가? 학생들이 배우는 내용의 많은 부분은 교사의 증언(testimony)에 달려 있다. 그러나 '증언'은 무거운 말이며, 그렇기 때문에 분명히 한껏 과장된 것처럼 보일 수도 있다. 흔히 교사는 교과서의 페이지에 따라 학생들을 이끌어 나가고, 미리 정해진 대로 교과 과정을 따르며, 시험을 위해 알아야 할 것을 학생들에게 말한다... 이런 것을 어떻게 증언이라고 말할 수 있는가? 그러나 학생들의 학습 내용이 교사의 존재와 행동에 의해 보증되는 단계가 있으며, 이것은 심지어 교사라는 역할의 전제조건이기도 하다. 더 희망적으로 묘사해 보자면, 분명히 이것은 바로 좋은 교사가 자신이 하는 일을 이해하는 방식이다. 1990년대, 텍사스 휴스턴에 있는 학교에서 내가 학부모의 밤에 참석했던 일이 생각난다. 그때 체육 교사가 전도하듯이 자신의 과목에 대해 말하는 것을 들었다. 그는 그 과목이 어떻게 변화해 왔는지, 더 이상 농구, 경쟁, 그리고 시합의 결과에 관한 것이 아니라 그것이 얼마나 건강, 행복, 그리고 웰빙과 닿아있는 과목인지에 대해 말하였다. 내가 그날 저녁에 들었던 다른 사람들처럼 그는 믿음을 지키는 사람이었다. 혹자는 이것을 쉽게 확대하고 일반화할 수 있다. 자신의 과목을 사랑하는 교사는 자기가 전수하는 지식의 가치를, 그리고 그 가치에 적합한 사고 및 행동 방식을 증명하고 있다고 말이다. 보통 이것은 학부모의 밤에서 체육 교사가 복음을 전도하던 수준보다는 더 낮은 수준에서 진행된다. 그것은 교사가 일상적으로 하는 일을 포함한다. 교사는 자신이 하는 말(words) 속에 존재한다. 교사는 자신의 말 뒤에 서 있다. 이렇게 말하는 것은 결코 교사가 쓰는 특정한 교육학적 기술을 확인하거나 특정 행동을 정의하려는 것이 아니다. 왜냐하면 이러한 자질들은 다양한 방식으로 나타날 수 있기 때문이다. 즉, 이는 교사가 자신이 아는 것과 그것을 말할 때 자신이 기울이는 헌신과 관련하여 무언가를 인정하는 것이다. 예컨대 자신이 하고 있는 일에 대한 진지함과 같은 것들에 대한 인정이다. 그렇지만 이것이 교사가 웃을 수 없다는 뜻은 아니다! 이러한 관련성 및 헌신이 없는 채로 교육학적 기능을 갖추고 지식을 전수하는 것은 일종의 사기나 다름없을 것이다. 아마도 이런 경우가 그렇게 드물지는 않으며, 어느 정도는 불가피하다는 것을 나도 인정한다(concede). 교사들은 대체적으로 취향에 맞지 않는 주제들도 다루어야 할 것이다. 게다가 우리가 여기서 깊이 생각해 보고 있는 믿음을 보증해 주지 못하는 어떤 학습(키보드 치는 기술과 같은)이 분명히 있겠지만 이런 것들은 더 광범위한 교육적 시도에서 보면 크게 중요하지는 않을 것이다.

그렇다면 증언의 종교적 의미는 이러한 교사, 즉 믿음을 지키는 이러한 교사를 그들이 가르치는 것이 무엇인지 *증언하는* 사람들로 본다면, 증언의 종교적 의미가 보다 확대될 수 있다. 요컨대 교사가 관심 있는 주제의 가치, 흥미, 중요성, 그리고 수업 중 활동의 가치, 이러한 선(善)을 드러내는 탐구의 실천에 대해 *증언함*을 이해할 때 그 의미는 더욱 확장될 수 있다. 교사 자신의 열정과 헌신은 여기서 일종의 본보기가 될 것이다. 이것은 이론상이 아닌, 교사가 타인에게 말을 하는 역동적인 상황에서 발생한다. 여기에는 일종의 노출이 포함되어 있으며, 이 사실을 부정하는 것은 교육을 부정하는 것이다.

어떤 의미에서는 이것이 내가 오늘 말하고 싶던 것의 핵심이고, 어떤 의미에서는 이 글을 그대로 끝맺을 수도 있었다. 그러나 끝마치기 전에 추가적인 고려 사항 세 가지를 설명하면서 나의 견해를 밝히고자 한다.

이것이 내가 오늘 말하려 했던 내용을 정교하게 다듬고 본질에 더 가깝게 이끌어 줄 것이라고 믿는다.

첫 번째로, 교육철학에서 말의 장소와 중요성에 대해 주의를 끌었던 여러 시도보다 돋보이는 것으로 생각되는 몇 가지 논문을 알리고자 한다. 나는 특히 낸시 밴실리엄(Nancy Vansieleghem)과 얀 매슐라인(Jan Masschelein)의 글, 「이야기에 초대하는 교육: 말하지 않는 교사들에 대하여」(Education as Invitation to Speak: on the teacher who does not speak, 2012)에 주목한다. 이 글은 내가 앞서 언급했던 다르덴 형제의 영화, 〈아들〉(Le Fils)에 응답하는 더 큰 프로젝트의 일부이다. 그들의 글의 주제에 대한 접근 방식은 마르틴 부버(Martin Burber)의 *나와 너*(*I-Thou*) 관계의 노출과 관련된다. 특히 교육 기관 안팎으로 가르침에서 말의 중요성에 대한 부버의 생각을 참조하고 있다. 영화의 중심인물은 젊은 범죄자들을 위한 재활 센터에서 근무하는 목공 교사이다. 그리고 영화는 이 교사와 그의 반에 막 들어온 16살 소년의 만남에 관한 것이다. 교사와 소년이 천성적으로 무뚝뚝하고, 영화에서의 대화가 상당히 제한적이라는 점이 중요하다. 이것은 효율적인 지도나 의사소통의 상황은 아니다. 말을 할 때 그들은 침묵을 깨는 것처럼 보이기도 하고, 가끔은 어색하기도 하며, 별다른 효과가 없는 것처럼 보인다. 그러나 때로는 아직은 어색하지만, 곤경에 맞서고, 개척하고, 새로운 무언가를 향해 나아간다.

나는 영화나 밴실리엄과 매슐라인의 글이 주는 이따금씩의 감동적인 해설에 대한 추가적인 설명으로 현재의 담화에 부담을 주지는 않을 것이나 오히려 그들이 반대하고 싶은 것이 무엇이며, 대신에 독자를 어디로 데려가고자 하는가에 주의를 기울일 것이다.

물론 그들은 가르침에서 대화의 중요성을 강조했던 광범위한 연구에 대하여 잘 알고 있으며, 이에 함축된 다양한 의미를 개관한다. 이는 갈등 관리 및 감정 관리의 문학 연구부터, 더 구체적으로는 교육학적 문헌을 통해 하버마스(Habermas), 듀이(Dewey), 그리고 프레이리(Freire)의 해방문학에까지 이른다. 반대로 그들이 주장하는 것은 상황에 대한 통제, 직책 협상 혹은 단체 협정을 체결하는 것과는 별 관련이 없다. 〈아들〉(Le Fils)에서의 말은 무엇인가 다른 것처럼 보인다. 요컨대 말은 자기 자신과 새로운 관계의 가능성을 열어주고 이것은 자신이 "바깥으로 – 놓인 상태"(ex-position), 즉 노출에 대한 준비, 자신을 자신의 위치에서 벗어나게 하는 준비를 통해 이루어진다. 부버의 표현을 빌리자면, 그러한 말은 다음의 것들을 가르치기 위해 필요하다.

> 무엇이 있는지, 그리고 무엇이 있어야 하는지가 아니라, 삶이 어떻게 정신(spirit) 속에서 당신(Thou)을 마주하고 살아가는지 가르치기 위해 필요하다. 즉, 그러한 말은 매 순간 당신이 되어갈(become) 수 있는 준비가 되어 있고 당신의 세계를 열어줄 준비가 되어 있는 것이다. 아니다, 말은 준비된 것이 아니라 끊임없이 그들에게 다가와 닿는다(Buber, 1984, p. 42).

부버는 여기서 자신의 표현에 주저하는 것처럼 보이며, 이것이 바로 이 글의 핵심이다. 그러한 헌신이 어떻게 해석될 수 있는지에 대해 자세히 설명하면서, 밴실리엄과 매슐라인은 영감(inspiration)의 개념과 말(words)에서 이러한 측면과의 근접성을 보여주려고 노력한다. 여기서의 문법은 중요한 것을 보여주는 데 도움을 준다. 영감을 주는 것은 이상하게도 영감을 받는 것일 수도 있다. 이러한 통찰력은 환원 불가능한 능동・수동 분열에 대한 어떠한 고착화된 개념일지라도 단번에 완화시킨다. 외부로부터 정신적인 어떤 것을 받아들이는 것[안에서−뚜렷이 드러나는 것(in-spired), 영감을 받는 것]은 그 자체로 바깥으로−놓인 상태(ex-position), 노출의 일종이다. 그러한 사고는 타인과 이해관계를 토대로 하는 의사소통에서 활발한 주권을 갖는 자아, 권리와 책임의 자주적 수행자로서의 주어, 즉 자기 만족적인 주어 개념을 해체하거나 대체한다. 영감을 받는다는 것은 말을 받아들이는 것으로써 더 잘 이해되며, 이는 개인에게 특정한 개방성(openness)을 요구한다. 이러한 개방성은 학교가 종종 우리에게 부정하도록 가르치는 것이다.

나의 관점에서 볼 때, 부버, 레비나스, 그리고 데리다 등과 같은 철학적 사고를 받아들이는 익숙한 방식 중 일부는 그러한 사고를 대인관계에 관한 설명과 인정의 정치(the politics of recognition)에 접붙이는 실수를 저질렀다. 내가 옳다면, 여기서 또 다른 무언가가 위험에 처한다. 내가 비판하는 설명은 마치 삼각형의 한쪽 면, 즉 교사와 학생의 관계를 지나치게 강조하면서 학습 내용의 중요성을 경시하는 것처럼 보인다. 밴실리엄과 매슐라인의 설명에서는 교사와 소년이 목재를 함께 다루며 상호작용이 일어나므로 내용을 소홀히 하는 것을 분명히 피한다.

> 목재를 잡고, 보고, 만지고, 도표를 확인하고, 비교하고 생각하는 행동의 특정한 리듬에서 교사와 소년 사이에 상호작용이 일어난다…이러한 반복적인 행동은 시선을 집중시킨다. 즉, 관심이 목재 그 자체, 그것의 조직, 질감, 저항력에 집중된다. 기술과 훈육은 일반화된 의미 부여의 에너지를 고갈시키며, 사물과 말에 자신을 노출시킬 때 현재에 존재할 수 있는 가능성을 열어준다(Vansieleghem and Masschelein, 2012, p. 96).

이는 영감을 주고받는 것을 가능하게 하는 특질(ethos)을 만들어 낸다. 이와 같은 영감의 개념은 지금쯤 분명해졌을 것이다. 이 개념은 앞에서 언급된 로빈 윌리엄스나 힐러리 스왱크와 같은 등장인물이 보여주는 것과는 다른 것이며, 열린 교육의 가능성은 그런 영화들이 묘사하는 구원의 이야기와도 또 다르다.

그럼에도 불구하고, 내가 여기서 말한 것에서 어느 정도 확실하지 않은 부분이 있다고 생각한다. 언어는 때때로 기억에 남을 수 있는 말들의 반복(cadences)으로, 단어 자체의 의미를 뛰어넘을 것이 요구된다. 반복과 단어 자체의 뜻을 능가하는 것은 언어가 강력한 뜻을 지니는 데에 도움을 주지만, 보다 명료한 설명을 필요로 한다. 나는 이 글에 나오는 "노출"을 계속 반복하는 것에 대해서도 비슷한 의구심이 든다. 그러나 그렇게 하지 않고서 어떻게 글을 진행할 수 있는가? 내 생각에, 우리는 일종의 '*부정의 방법*(the *via negativa*)을 통해서 약간의 진전을 이룰 수 있으며, 이것은 이 글이 말하고자 하는 것을 방해하는 것이 무엇인지를 고찰해 보는 것과 관련될 것이다.

주류 철학에서는 언어적 전회(linguistic turn)가 있었다고 말하지 않는가? 이것은 확실히 우리의 요구에 응답할 것이다. 그러나 언어적 전회의 초기 경향성은 계속해서 엄청난 영향력을 지니고 있으며, 이는 언어를 명제적 관점에서 프레게적으로 감각과 참조의 문제에 비추어 생각해 보게 하였다. 이로부터의 획기적인 발전은 1950년대 오스틴(J. L. Austin)의 연구와 관련이 있다. 그의 연구는 서술적 발화(constative utterance)와 수행적 발화(performative utterance)의 대조에 관한 것이며, 이는 우리가 말에 관한 *것들을 어떻게 행하는지*를 보여준다. 이것은 후기 비트겐슈타인의 연구 시점과 일치하면서 상당한 영향력을 행사하였다. 비트겐슈타인의 후기 연구는 우리가 언어로 행하는 다양한 것, 즉 언어 게임(language games)의 다양성은 시시한 의미로 받아들여질 것이 아니라 인간 실천의 다양성에 비추어 이해되어야 한다고 강조하였다. 위에서 언급된 영향력에 대한 유대교적 관점은 타인과의 만남에서 말에 중점을 두며, 언어를 추상적인 어떤 것(즉, 명제)이 아니라 인간 존재 사이에서 언제나 한시적 관계에 있는 물질 및 실체로서의 언어로 주의를 이끌었다. 이러한 언어는 부분적으로 세계를 구성한다. 미국 사상에서도 에머슨과 소로의 철학에서 이러한 선례를 찾아볼 수 있다. 그들의 통찰력은 여러 측면에서 20세기 사상보다 앞서갔다. 우리는 말 속에서 우리 자신을 설명하고, 우리의 신념 또한 말 속에 있다. 혹은 소로가 그러하듯, 우리는 말로써 선고받는다(sentenced). 이러한 모든 사고방식에 있어서, 말하기에서 개인의 참여를 강조하는 것은 명제에 대한 집착으로부터 주의를 환기한다. 다시 말해, 이러한 통찰력은 많은 (전통) 철학자들이 몰두했던 일과 반대되는 것이다. 이 점에서 '*부정의 방법*은 전통에서 언어가 무엇인지에 대한 맹목성을 저지하는 것, 그리고 이를 표명하는 것을 포함한다. 특히 교육에서 우리는 이 문제를 고민해야 한다. 또한 밴실리엄과 매슐라인의 논문과 같은 시도들이 몇몇 사람들의 철학적 감성에 타격을 주는 관용구로 여겨진다고 해도 놀라울 일이 아니다.

두 번째는, 이에 대해 비트겐슈타인을 인정했음에도 불구하고 나는 비트겐슈타인의 제자이자 친구였던 러시 리스(Rush Rhees)가 했던 말을 고찰해 보고자 한다. 리스는 선생님의 생각에 깊게 동의하였으나, 무언가 놓친 것이 있다고 믿었다. 비트겐슈타인은 언어 게임의 다양성뿐만 아니라 규칙을 따르는 것의 중요성, 그리고 아이가 언어 게임과 규칙 준수에 입문하는 것의 특성에 대하여 매우 섬세한 관심을 보였다. 그러나 리스의 생각에는 이 모든 것들이 여전히 우리가 말로 하는 일에 대한 근본적인 어떤 것을 잘 다루지 못한다고 생각했다. 언어 학습자와 말하는(speak) 것을 배우는 것이 무엇인지를 생각하면서, 그는 다음과 같이 썼다.

> 아이가 말할 수 있을 때, 우리는 기뻐할 것이다. 왜냐하면 "아이는 단지 반복하는 것이 아니라 그 스스로 말을 할 수 있기" 때문이다. 그러나 중요한 것은 그가 새로운 문장을 만들 수 있다는 것뿐만이 아니라, 마치 연습했을 때처럼 *말*을 할 수 있다는 것이다. 만약 그의 어휘를 테스트하고 싶다면 연습 과제를 줄 수도 있다. 그러나 이것이 아이가 말할(speak) 수 있는지 없는지를 알아내는 방법은 아니다.
>
> 아이에게 연습을 시켜서 외국어에 대한 지식을 테스트해 볼 수도 있다. 그리고 또 그가 특정 표기법을 익혔는지, 혹은 산수를 할 수 있는지 알고 싶다면, 똑같이 해보면 될 것이다. 비트겐슈타인은 아이에게 곱셈을 가르치는 것에 대하여 말하곤 했다. 아이에게 곱셈의 예시를 보여주고, 이를 풀어보게 하고, 그의 실수를 바로잡아 주는 동안에 다른 연습 문제를 풀게 하고, 그리고 "이제 혼자서 해보라"고 한다. 그러나 만약 당신이 아이에게 말을 가르칠 때 이런 말을 했다면(이는 아주 똑똑한 앵무새를 훈련시키는 것과 같다), 가장 중요한 것을 놓쳤을 것이다. 요컨대 아이가 말을 할 수 있다면, 그는 당신에게 말할 것이 있거나 물어볼 것이 있다는 것이다. 산수는 이와 다르다. 아이가 곱셈을 배울 때에는 "당신에게 무엇인가를 말하는 것"이 성취의 일부가 아니지만, 말하는 것을 배우는 데 있어서는 그 자체가 아이의 중요한 성취이다(Rhees, 2006, p. 159).

할 말이 있다는 것, 누군가가 할 말이 있음을 아는 것, 그리고 이것이 우리 인간이 함께 행하는 어떤 것임을 아는 것은 아이의 성장에 있어서 주목할 만한 순간이다. 이 표현이 괜찮다면, 세계를 표상하는 사물에 관해 우리가 말할 수 있다는 것은 세계(단순한 환경이나 서식지에 반대되는 것으로서의 세계)의 존재에 대한 조건이다. 즉, 이는 부분적으로 세계를 구성한다. 따라서 말하기는 아이가 배워나갈 사람들 사이의 역동적인 상호작용의 한 부분이다.

세 번째, 그리고 마지막으로 나는 비트겐슈타인의 사상이 이따금씩 해석되는 공통적인 방식을 문제 삼고자 한다. 그는 배우는 것보다 가르치는 방식을 훨씬 더 강조한다. 어떤 점에서 이것이 분명한 사실이라고 하더라도, 가르치는 것을 배우는 것보다 우선순위로 두는 것으로 이해해서는 안 된다. 이는 결코 에밀의 교육에 대한 소설에 신뢰를 주는 데 사용될 수 없다. 나는 루소의 우려가 다른 데에 있다고 확신하지만, 교사교육에 익숙한 루소 사상의 검열된 판본은 학습자가 교사로부터 배우는 것이 아니라 경험으로부터 배운다는 생각을 뒷받침한다. 마치 자연이 필요한 전부인 것처럼 말이다. 그러나 이는 비트겐슈타인의 언어 게임의 의미, 새로운 입문자가 처음으로 접하게 될 실천의 의미와 상충된다. 그 까닭은 어떻게 시작하는지를 아는 '어른들'(elders)이 있어야 한다는 것에 있다. 그리고 아이들은 어른들의 안내를 통해 배운다. 이것이 단지 모국어 학습에만 국한되는 것이 아니라는 것은 틀림이 없다. 즉, 아이들은 누가 가르쳐주든 상관없이 배우며, 그들은 언어의 노출을 통해 배운다. 그러나 이 노출은 정확히 무엇인가? 아이들은 단순히 바라만 보는 것이 아니다. 단순히 "바라보게" 방치된다면, 아이들은 살아남을 수도 없을 것이다. 아이들은 반드시 처음부터 상호작용을 한다. 어른들은 아이들에게 어떤 식으로든 반응하고, 음식을 주고, 그들을 들어 올리고, 옷을 입히며, 이 모든 것들은 반드시 공유된 실천 내에서 일어난다. 어른들이 의도적으로 가르쳐야 할 필요가 있다는 것이 아니다. 오히려 내가 하고자 하는 말은 가르침이란 이미 사람과 사이의 관계 속에, 모든 실천 속에 내재되어 있다는 것이다. 실제로, 그것이 달리 행해질 수 있는가? 그렇다면 레비나스의 "타자가 나를 가르친다"는 표현은 과장되었다고 볼 수 없다. 그리고 만약 이 표현이 억압된 것일지라도, 이것은 특히 말(speech)의 노출을 통해 실현되는 것이다. 따라서 가르침이란 인간에게 고유한 것으로 간주된다. 타자는 나를 나의 위치 밖으로 끌어낸다(안정감, 어떤 역할, 그리고 단순한 어떤 위치로부터). 우리는 학교 교육을 포함한 대부분의 삶을 어떻게 이를 인정하지 *않는지를* 배우는 데에 보낸다. 그리고 그것은 훨씬 쉬운 길이다.

그러나 나는 결론을 내려야 한다. 제목으로 인해 이 강의가 스캔들, 즉 교사의 부정행위, 교육 기관의 은폐, 교내 부패 등에 관한 이야기가 될 것이라는 기대는 지금쯤 어긋나 있을 것이다. 그럼에도 불구하고, 나는 여기서 한 가지 스캔들에 대해 말하고자 한다. 우리는 부의 불평등이나 에볼라 바이러스의 확산에 대한 정부의 대응 실패로 인한 스캔들을 예로 들 수 있으며, 그러한 반응에는 타당한 근거가 있을 것이다. 그러나 내가 여기서 목적으로 언급하고 있는 스캔들의 의미는 행동 방식과 주어진 생각을 바꾸는 것으로 보통 타당성에 어긋나는 느낌을 준다는 특징이 있다. 삼십여 년 전, 오늘 내가 했던 이야기와 크게 다르지 않은 주제를 언급하며 나는 겸손함(humility)에 관한 글을 쓰고 있었다. 그리고 나는 그 당시 교육철학 학술지의 편집장이었던 엘리엇(R. K. Elliott)의 논평에 감명을 받았다. 그는 나에게 내 생각이 일부 독자들에게 불러일으킨 스캔들의 억눌린 의미를 이끌어내는 것이 중요하다고 알려주었다. 즉, 이것은 나에 대한 비평가들의 관점에서 특정한 철학적 타당성과 관련이 있다. 타당성(propriety)에 관한 질문은 소유(property)의 문제와 유사하며, 이것은 아마도 이런 식으로 스캔들에 휘말린 사람들의 방어적인 대응을 더 자세히 설명해 줄 것이다. 오늘 우리가 생각해 본 것들 중 일부에 의해 일어난, 특히 밴실리엄과 매슐라인에 의해 야기되는 불편함은 일종의 경계를 넘나드는 느낌을 줄 수도 있다. 이는 지배적인 사고방식을 위협하고, 용납될 수 없는 방식으로 행해진다. 그들이 몰두하고 있는 말의 환기(evocation)는 효과적인 의사소통의 기준을 벗어나고, 그들이 말하고 있는 것에 대한 정확성의 결여는 "명백하고 뚜렷한 생각"을 향한 데카르트의 철학적 타당성을 위태롭게 한다. 나 자신도 이런 불안함에 영향을 받지 않는 것은 아니지만, 억압과 부정을 가릴 수도 있는 철학적 타당성의 의미에 주의를 기울여야 함을 굳게 믿는다. 그러한 의미는 궁극적으로 세계가 어떻게 존재하는지를 이해하는 것에 대한 실패이자 거부이다. 우리가 필요로 하는 것은 바로 그러한 노출이며, 이는 좋은 가르침과 배움에 내재되어 있다.

제6장

투명성, 책무성, 그리고 고등교육의 공적 역할[1]

(Transparency, Accountability, and the Public Role of Higher Education)

수행성의 한계(Regretting Performativity)

1979년 장프랑수아 리오타르(Jean-François Lyotard)는 고등교육의 성격에 관해 작성한 퀘벡 정부 보고서에서 포스트모던 조건에서 대학의 특징이라고 진단한 것들을 포착하기 위해 "수행성"(performativity)이라는 용어를 도입하였고, 이 문구는 그의 보고서 제목을 매우 유명하게 만들었다. 리오타르의 구절이 의미하는 바는 그 보고서의 다음 글귀에 매우 잘 표현되어 있다. "그 시스템의 궁극적 목적, 그 자체가 마치 컴퓨터처럼 프로그램화된 이유는 입력과 출력 간의 글로벌 관계의 최적화, 즉 수행성이다(Lyotard, 1984, p. 11)." 이후로 이 용어는 수행의 효율성 측정이 전 세계적으로 고등교육 기관을 장악하게 된 여러 방식을 쉽게 파악할 수 있는 표현이 되었다. 그 측정은 소위 우리가 책무성의 문화(culture of accountability)라고 부르게 된 것에 중요한 역할을 한다. 고등교육에 관한 연구를 얼핏 살펴보아도 수행성에 반대하는 불만이 얼마나 만연하고 있는지 분명하게 나타나며, 내가 말하고 싶은 것은 그러한

1) 출처: Standish, P. (2012). Transparency, accountability, and the public role of higher education. *Educational futures, 5*(1), 3-14.

불만을 문제 삼고자 하는 것이 아니다. 나는 고등교육이 수행성으로 인해 피폐해지고 있다고 확신한다. 그러나 그러한 불만 사항들은 이제 지루할 정도로 익숙해졌으며, 지금은 어떻게든 앞으로 나아가야 할 때이다. 공정하게 말하자면, 리오타르에게 "수행성"은 그가 교육에 대해 말하고자 했던 최종적인 메시지가 아니며, 그의 입장이 여러 측면에서 미묘하다는 점을 인식하는 것 또한 중요하다. 그러나 여기서 주목할 점은 수행성이 특정 종류의 증거를 우위에 두는 방식이다. 증거에 관한 문제는 우리가 다시 짚어보아야 할 문제이다.

리오타르가 이러한 생각들을 발전시킨 시점으로부터 머지않아 대학의 존재 자체를 공적인 측면에서 정당화하라는 요구가 빈번해지자, 알라스데어 매킨타이어(Alasdair MacIntyre)는 다음과 같이 응답했다.

> "대학이 무엇을 위해서 존재하는가?" 혹은 "대학은 어떤 특수한 재화를 제공하는가?" 등과 같이 외부 비판자들에 의해 제기되는 질문에 대한 가치 있는 대답의 시작은 "대학이 자신의 고유한 소명에 충실할 때, 'x는 무엇을 위해 존재하는가?' 그리고 'y는 어떤 특수한 재화를 제공하는가?' 등과 같은 형태의 질문을 구성하고 이에 대해 가장 합리적으로 방어할 수 있는 방법으로 대답하는 기관이다"라는 답변이 되어야 한다. 다시 말해, 대학 공동체가 자신의 특수한 혹은 본질적인 기능이 무엇인지를 상세화함으로써 대학 존재 자체를 정당화하라는 요구를 받을 때, 그 기능은 대학이 존재하지 않는다면 다른 어떤 기관도 수행할 수 없는 기능으로서 대학 공동체의 대답은 대학만이 합리적 정당화의 개념 및 기준이 정교화되는 곳, 탐구의 세부적 실천이 수행되는 곳, 스스로를 합리적으로 평가하는 곳이 되어야 한다. 그래서 사회는 오직 대학으로부터만, 실천적이든 이론적이든 간에, 자체적으로 토론을 합리적으로 방어할 수 있는 방식으로 수행해 가는 방법을 배울 수 있다(MacIntyre, 1990, p. 222).

나는 이 말의 취지에 일부 공감하지만, "대학 공동체"와 "외부 비판자들" 간의 대조를 강조하는 것과 그 어조에 대해 의심이 든다. 이하의 내용에서 나는 수행성에 반대하는 불만을 넘어서, 그리고 매킨타이어 특유의 거만한 방식을 피하는 방식으로, 대학의 공적 역할 및 책무성과 투명성에 관한 질문을 시작해 보려고 한다.

정확하게 무엇이 문제인가? 어떤 의미에서 우리가 그래야 한다고 확신하는 것처럼, 대학이 스스로를 설명해야 하는 것을 우려한다면, 상황이 어떠한지에 대한 증거를 수집하여 대학이 무엇인지를 단순하게 설명할 수 없는 이유는 무엇인가? 대학의 실천에서 더욱 친숙한 특징이 된 회계 시스템은 (분명 일부 국가는 다른 국가보다 더욱 심할 것임) 이를 더욱 정확하게 수행하려고 시도한다. 여기서 괄호에 삽입한 설명은 국가마다 존재하는 고등교육의 구조뿐만 아니라 영어권 국가에서 더욱 전형적으로 나타나는 회계사들의 역할 등에서 보이는 차이에 대한 인정이다. 그러나 무엇을 회계 보고하는가?

회계 검증(Verifying Accounts)

회계 보고의 아이디어는 이 단계에서만 표현할 수 있는 복잡성을 가진다. 지금까지 이해된 회계는 일반적으로 부기(book-keeping)의 문제이며, 그와 같이 특정한 의미 개념을 반복한다고 말하는 것만으로도 충분할 수 있다. 확고하게 구축된 증거 수집 절차에 따르면, 의미는 진술을 사건과 매칭할 때 발견된다. 이러한 의미 개념의 철학적 토대는 1920년대와 30년대 논리적 실증주의자들에 의해 개발된 *검증주의(verificationism)* 이론에서 발견된다. 검증주의는 진술의 의미가 검증 방법과 관련하여 이해된다고 주장한다. 따라서 패러다임의 사례를 구성하는 물리학에서의 의미는 진술의 진실성을 검증하는 합의된 방법이 있는지 여부에 달려있다. 즉 그것은 매우 규격화되고 보편적으로 수용되는 실험 방법에 달려 있다. 이 주장의 악명 높은 부작용은 진술에 대해 명확하게 성립된 검증 방식이 없다면, 그 진술은 그야말로 의미 없는 것이 된다는 점이다. 윤리학과 미학에서의 가치 문제와 관련된 진술들은 진실성에 관한 그러한 검증이 부족하고, 따라서 궁극적으로 주관적인 선호에 대한 표현에 지나지 않는 것이 되어 버린다. 이러한 윤리학의 개념은 종종 "야유와 감탄"(boo-harrah) 이론으로 일컬어지는 정서주의(emotivism) 이론에서 잘 나타나며, 이는 스티븐슨(C. L. Stevenson)의 글과 밀접하게 관련된다.

철학에서 검증주의는 오래전에 신임을 잃었지만, 이것이 대중의 인식 속에서 계속적으로 영향을 미치는 것을 막지는 못했다. 예컨대, 사실-가치 구분의 강화는 친숙한 비난을 통해 오늘날에도 반향을 일으키고 있다. "당신은 그것에 가치를 부여하고 있지 않는가?"라는 언급이 이에 해당한다. 또한 이와 유사하게 주체-객체 간의 이분법 강화는 객관성에 대한 설명을 협소하게 만들며, 여기서의 객관성은 수치적 측정과 동의어인 것처럼 간주된다. 이것은 매킨타이어가 파악한 "대학은 무엇을 위해 존재하는가?"와 같은 질문이 어째서 경제적 생산성의 가정을 궁극적이며 유일한 정당화의 수단으로 삼게 되는지를 설명하는 데 도움을 준다. 결국 이러한 환원주의는 가치에 관한 질문을 피하는 것, 일종의 허무주의에서 나타나는 자신감의 부족을 암시한다. 그것은 또한 오늘날 매우 익숙한 교육적 신념, 즉 무엇인가가 검증되지 않으면 그것을 배울 수 없다는 신념을 조건 짓는다.

이러한 사고방식은 일종의 투명성(transparency)의 중요성을 강조하며, 확실히 다른 조건이 동일하다면, 투명성은 정당한 이유에서 매우 가치 있는 것이 된다. 그러나 그러한 사고방식은 또한 실재하는 것(what is real)의 특수한 개념, 현재 증거로서 나타날 수 있는 것, 즉 여기, 나, 현재 등을 강조한다. 그것은 종종 현존의 형이상학이라고 일컬어지는 실재에 대한 궁극적 인정으로 보이기도 한다. 이에 따르면, 모든 것은 시간적・공간적으로 현존하는 것으로부터 파생된다는 것이다. 이러한 관점은 개인적 수준(나는 나의 진짜 모습을 개방적이고 솔직하게 볼 수 있도록 준비되어 있어야 함)뿐만 아니라 더 넓은 사회적 차원(우리는 우리 사회 기관들이 투명해지기를 바람)에서도 가치 있게 여겨진다. 이것은 개인 및 제도적 정체성의 토대이며, 이러한 것들이 무엇이어야 하는지를 보장한다.

어떤 측면에서 이러한 모든 것들은 충분히 타당해 보인다. 결국, 의미가 사실 진술(예컨대, "그 병이 책상 위에 있다")과의 관계에 달려있다고 보는 생각보다 더 쉽고 기본적인 것이 있을 수 있는가? 현대의 회계, 데이터베이스와 스프레드시트에서 지배적인 진술 형태는 표면적으로 정확성과 엄격성을 띠고 있지만, 그것이 기술하고자 하는 제도적 실천의 보다 복잡하고 어지러운 현실과 관련하여 부정적 상관관계를 가지고 있다는 것을 우리는 알고 있지 않는가? 이것을 좀 더 잘 이해하기 위해서 수행성(performativity)이라는 아이디어로 되돌아가는 것이 중요하다. 리오타르가 이 용어를 채택했을 때, 그것은 그가 포스트모던적 부기(book-keeping)가 저절로 사라지는 방식에 주의를 환기하고 싶었기 때문이다. 덧붙이자면, 우리가 그것이 저절로 사라지는 것을 보면 볼수록, 현대의 제도적 삶의 감정적 측면, 즉 정치적 "회전"(political "spin")이 성명서, 선언문, 마케팅 등에서 더욱 부가된다. 더욱이 누군가는 데이터베이스와 스프레드시트도 이러한 회전과 함께 저절로 수사적 형식이 되는 것은 아닌지 의구심을 갖는다.

그러나 이러한 문제에 접근할 때 리오타르의 용법을 넘어서서 피에르 부르디외(Pierre Bourdieu)(1991)가 "제도의 수행적 마법"(performative magic of institutions)이라고 부른 것에 관한 심층적인 의미를 살펴보는 것이 도움이 된다. 이것이 의미하는 바가 정확하게 무엇이며, 그것은 우리가 고려하고 있는 의미의 검증주의적 설명과 어떻게 관련되는가? 수행적인 것에 관한 아이디어는 어디서 나왔는가?

수행의 마법(The Magic of the Performative)

수행의 마법에 대해 말하는 것은 적어도 투명성을 따르지 않는 제도적 삶이 있을 수 있음을 암시한다. 여기서 우리는 그 의미를 살펴보기 위해 1950년대 옥스퍼드 대학의 철학자 오스틴(J. L. Austin)이 수행성 이념을 독창적으로 소개한 것으로 거슬러 올라갈 필요가 있다. 오스틴은 진술(statements)에 대한 집착이 의미와 언어에 대한 철학적 설명을 지배하는 방식과 그러한 진술이 사물의 상태(*사실적* 발화, *constative* utterances)와 기술적으로 상관되는 방식에 충격을 받았다. 그는 사실적 발화를 유사한 명제 형식의 발화와 대조하지만, 그 진술은 *수행하는(perform)* 것만큼 행동을 잘 기술하지 못한다. 그는 마음속에 다음과 같은 진술들을 생각하고 있었다. "오늘 저녁에 너에게 전화할 것을 약속할게", "나는 이 배를 '마리벨'이라고 이름 붙인다", "(결혼식에서) 네, 그러겠습니다" 등이 이에 해당한다. 오스틴은 이러한 표현들을 *수행적* 발화(*performative* utterances)라고 언급한다. 이러한 진술들은 모두 우리 언어에서 중요한 부분이 사물의 상태("물병이 책상 위에 있다")와의 상관성에 의존하지 않지만, 오히려 그들이 무엇을 하는지(what they do)로 인해 의미를 갖는다는 점을 보여주는 데 도움이 된다. 이는 우리가 말(words)로 무엇을 *하는지(do)*를 보여준다.

이것은 확실히 중요한 포인트이며, 오스틴이 이러한 아이디어를 발전시켰을 당시 영미권 철학에 거대한 영향을 미쳤던 논리적 실증주의의 핵심 교리를 관통하는 것이기도 하다. 그러나 더욱 흥미로운 점은 오스틴이 그 둘 간을 구별하려고 하면 할수록, 그것이 얼마나 명료한 것인지에 대한 자신감이 낮아진다는 점이다. 왜냐하면 수행적 요소가 사실적 요소 속에 스며드는 것처럼 보이기 때문이다. 이것에 관한 단순한 예는 변화가 심한 기후 환경에 사는 사람들 간에 매우 일상적으로 이루어지는 날씨에 관한 짧은 대화에서 찾아볼 수 있다. "날씨가 참 좋네요"라는 말의 의미는 그 진술과 햇빛 간의 상관관계의 측면에서뿐만 아니라 그러한 표현이 불러일으키는 쾌활한 기분의 측면에서도 이해될 필요가 있다. 우리가 인정하는 것보다 언어의 많은 부분이 이와 같다. 놀랍게도 오스틴은 자신의 구분이 무너지는 방식에 대해 일종의 기쁨을 표현한다.

수행 개념은 이후의 많은 사상가들에 의해 (리오타르보다 훨씬 더 풍부한 방식으로) 채택되었다. 예컨대, 주디스 버틀러(Judith Butler)(1997)는 젠더를 생물학의 문제가 아니라 사회 제도의 문제로 생각하는 것이 적절하다는 점에서 젠더의 수행적 성격을 효과적으로 설명한 바 있다. 광범위한 사회 제도(성별, 가족, 종교)에 해당하는 것은 또한 보다 구체적인 제도인 고등교육 기관에도 해당한다. 물론 그러한 기관의 특수한 사례에도 (예를 들어, ○○ 대학교) 해당한다. 따라서 고등교육 제도는 입학식, 학위 수여, 개강 등과 같은 수행적 행위를 통해 가장 명확하게 구성된다. 반면 고등교육 제도는 교수학습 실천 및 학문 그 자체의 재구조화 등을 통한 학문적 업적을 유지시키는 복잡한 규범(complex codes)에서는 덜 명확하게 나타난다. "복잡한 규범"이라고 말한 것은 이러한 것들이 단지 임의적이라거나 혹은 예외적인 기능에 해당함을 의미하지 않는다. 복잡한 규범에 해당하는 것들은 그러한 실천들이 생겨나고 스스로를 유지하는 방법들이며, 수행적 마법의 일부분이다.

오늘날 오스틴은 자신이 파악한 언어적 차이의 특징을 심층적으로 설명할 때 서술적 *힘*(constative *force*)과 수행적 *힘*(performative *force*)을 언급한다. 이것의 의미를 이해하기 위해서 우리는 언어가 어떻게 작동하는지 그 역동성을 좀 더 자세히 살펴볼 필요가 있다.

투명성과 변혁(Transparency and Transformation)

자크 데리다(Jacques Derrida)는 논리적 실증주의에 의해 발전된 것과는 매우 상반된 방식으로 언어와 의미에 대한 설명을 제공한다. 이것을 살펴보는 일은 현재 맥락에서 매우 유익하다. 이것은 두 단계로 설명될 수 있다. 첫째, 소쉬르(Saussure)에 이어 데리다는 단어가 단순히 사물과의 상관관계를 ("빨강"이 빨간색의 헝겊과 갖는 관계) 통해서가 아니라 차이의 시스템을 (초록, 노랑, 핑크 등과는 대조되는 빨강) 통해서 의미를 갖는다는 방식에 주의를 기울인다. 사실상 (이것은 매우 중요한 부분인데) 그러한 차이는 언어가 만들어내는 차이를 통해 우리에게 나타난다. 둘째, 그러나 소쉬르의 구조주의에서 벗어나서 데리다는 우리가 쓰는 단어에서 의미의 차이가 스스로 변화하는 방식에 주의를 기울인다. 사실상 우리의 말은 (그리고 우리가 의미하는 것, 우리가 생각하는 것!) 항상 우리의 전적인 통제를 넘어서는(벗어나는) 방식으로 작동한다. 이것은 두 가지 측면에서 그러하다. 하나는 우리의 말(words)이 우리가 알 수 있는 것 너머로 확장되는 활용의 역사를 가진 채 우리에게 다가온다는 점이다. 다른 하나는 우리가 쓰는 말은 어떤 것이든 반드시 우리가 예측할 수 없는 방식으로 해석되고 반복될 수 있다는 점이다. 이러한 부정성(negativity), 이러한 숨겨짐(hiddenness), 가능성으로의 열림(openness to possibility)은 의미의 핵심이고, 그것은 역동적이며 변혁적이다. 최소한 그것은 개인적 수준과 더 큰 사회적 수준 모두에서 우리의 투명성에 대한 기대를 개선해야 한다. 그것은 또한 지식, 학습, 진리의 추구 등이 수반하는 것에 대한 우리의 생각을 수정하고 더 심화시켜야 한다.

위의 설명과 같이, *너/그들/그것* 등과 *나*를 구분하고, *저기*로부터 *여기(이곳)*를, 그리고 *나중 혹은 이전*으로부터 지금을 구분하는 시스템이 없다면, 현재의 순간, 즉 나, 여기, 지금은 내가 생각하는 현재의 순간으로 존재하지 않는다. 현재를 일종의 안정된 지점으로 구별하고 인식하는 것보다 오히려 현존(presence)은 존재하지 않는 것(여기, 지금이 아닌 것)에 의존한다. 따라서 의미에 대한 검증주의(verificationism)의 설명이 옳지 않을 수 있다.

데리다(2004)는 "이성의 원리: 학생들의 시선에서 본 대학"(The Principle of Reason: the University in the Eyes of its Pupils)이라는 글에서 아리스토텔레스를 참고하여 이러한 부정성의 작동 방식을 시각의 성격과 연결시켜 또 다른 방식으로 밝혔다. [우리의 시각은 이해와 가장 직접적으로 연결되는 감각이다. 예컨대 "당신이 의미하는 것을 이해합니다(I see what you mean)"라는 표현에 이것이 잘 드러난다. 뿐만 아니라 시각은 은밀한 감시와 연결되기도 한다.] 그는 악어와 같이 "딱딱한 눈"(hard eyes)(경화성 안구)을 가진 동물과 인간과 같은 "부드러운 눈"(soft eyes)(연화성 안구)을 가진 존재를 대조한다. 부드러운 눈의 경우 눈꺼풀이 감기는 방식으로 자주 방해받을 때에만 시야가 확보된다. 만약 눈꺼풀이 없으면 눈은 건조해지고 기능을 멈춘다. 끊임없는 투명성은 불가능하다. 데리다는 이렇게 이야기한다. "인간은 피막을 내리고, 횡격막을 조정하고, 시야를 좁힐 수 있어서 더 잘 듣고, 기억하며, 배울 수 있다. 대학의 횡격막은 무엇인가? 대학은 경화성 안구를 가진 동물이어서는 안 될 것이다(Derrida, 2004, p. 132)."

그러나 우리는 이러한 설명이 여전히 논쟁거리로 남아있는 주장을 옹호하기 위한 멋진 비유나 혹은 수사적 표현 그 이상이 될 수 있는지 의문이 들 수도 있다. 이러한 의심에 대한 응답으로 데리다가 앞서 살펴본 바와 같이 언어와 의미를 근본적으로 설명함에 있어서 부정성, 숨겨짐, 가능성으로의 열림 등을 강조하는 지점으로 확대했다는 점, 그리고 그 주장을 정교화하고 자신의 글에서 광범위하게 그것을 입증했다는 점을 논의할 필요가 있다. 뿐만 아니라 실증주의자들의 *증거(evidence)* 그 자체에 대한 요구는 시각에 대한 특정한 은유, 즉 파충류의 은유에 의존했다는 점이 이제 명백하게 드러난다.

이와 같은 언어의 설명에 따르면, 세계는 언어와 분리될 수 없다. 언어는 그 자체로 세계의 일부이며, 그것은 부분적으로 세계를 구성한다. [하이데거는 언어를 통한 인간과 세계의 상호 점유(mutual appropriation)에 관해 말한다.] 언어가 역동적이고 항상 새로운 가능성에 열려 있다는 점을 고려할 때, 세계 그 자체도 우리가 세계를 말하는 방식에 따라 항상 되어가는(becoming) 존재이다. 태초에 말(words)이 있었다. 이 모든 것들은 의미가 단순히 진술과 상황 간의 상관관계 모형에 의존하여 이해될 수 없다는 사실을 명백하게 보여준다. 그러한 상관관계 또한 단지 세계를 말하는(wording the world) 더 큰 작업 속에 존재한다.

위에서 우리는 언어가 우리의 완전한 통제를 넘어서는 방식으로 작동함을 보았다. 또한 중요한 점은 데리다의 글에서 이러한 인식은 유감스러움의 표현이 아니라는 것이다. 그러나 언어의 미지의 역동성과 자의성은 (말에서, 특히 글에서 더욱 두드러짐) 종종 위험으로 보일 수도 있다. 예컨대 플라톤의 파이드로스(Phaedrus)에서 그것은 좋게 혹은 나쁘게 작용할 수 있는 약, 즉 *파르마콘(pharmakon)*으로 그려졌다. 또한 그것을 억압하려는 다양한 시도가 있었다. 소크라테스는 글쓰기가 부모의 보살핌과 보호, 직접적인 통제가 없는 고아와 같다고 의심한다. 이와 유사하게 통제를 향한 현대의 염려스러운 욕망은, 언어 및 학문적 탐구의 *전제조건(fortiori)*을 사회의 요구에 종속된 기술적 기능으로 환원시키고자 하는 데에서 발견된다. 이러한 경화성 시각의 기대(hard-eyes expectation)는 대학의 사고 능력을 박탈하는 것과 같고, 이러한 사고방식이 확산되는 만큼, 사회의 사고 능력도 박탈당한다. 파충류적 퇴행은 대학과 사회의 진화를 멈추게 하기에 충분하다.

여기서 문제가 되는 것을 파악하기 위해 나는 고등교육에 작동하는 두 가지 "추동력"(drives)을 간략하게 살펴보고, 이를 이 글의 주요 관심사와 연결시켜 보고자 한다. 그러나 먼저 지금까지 살펴본 핵심을 다시 정리해 보자.

- 언어는 단순히 세계를 기술하는 것이 아니다. 뿐만 아니라 행위의 영역이기도 하고, 세계를 만드는 일이기도 하다.

- 언어는 전적으로 우리가 통제할 수 있는 의사소통 수단이 아니다. 오히려 그것은 필연적으로 우리의 완전한 통제를 넘어서며, 새로운 되기(becoming)의 가능성에 열려 있다.
- 세계가 존재하는 방식, 그것이 되어가는 방식은 우리가 그것을 말로 표현하는 방식에 부분적으로 의존한다.
- 우리의 제도는 수행적으로 구성되고, 유지되며, 우리가 쓰는 언어에 의존한다.
- 언어를 우리가 미리 명확하게 구체화할 수 있는 목적과 투명하게 연결되는 의사소통 수단이라고 상상하는 것은 좋은 사회가 (정체된 사회와 반대되는 의미에서) 의존하는 되기의 가능성을 미리 차단시키는 것이다.
- 고등교육은 언어의 이러한 가능성을 펼칠 수 있도록 허용되어야 하는 *탁월함(par excellence)*의 영역이다.

기능적인 것과 변혁적인 것(The Functional and the Transformative)

위에서 언급한 것들을 바탕으로, 나는 고등교육의 성격과 목적에 관한 다양한 개념들을 관통하는 두 가지 *추동력*을 구분해 보고자 한다. 이 구분은 가르침과 배움의 실천을 통해 사람들에게 반향을 일으킬 것이다. 두 가지 모두 필수적이지만, 왜곡될 가능성이 있다. *기능적 추동력(functional drive)*은 대학이 사회의 요구에 봉사하는 기관이 되도록 한다. 따라서 대학은 공적인 책임이 있고, 그 역할은 공적으로 투명하게 이득을 가져오는 것이다. 예컨대 경제 발전, 국가 경쟁력 강화, 기회 증진, 계층 이동 등이 공적으로 투명한 이득에 해당한다. 그것은 우리의 공유된 그리고 개별화된 프로젝트의 실현을 위한 협상이자 협력의 영역이다. 반면 *변혁적 추동력(transformative drive)*은 대학을 사회와 인간의 삶을 위한 새로운 가능성을 추구하는 한 가지 방법으로 삼는다. 그것은 우리의 공유된 그리고 개별화된 프로젝트가 무엇이고, 무엇이 될 수 있는지를 발견하게 되는 *대화(conversation)*의 영역이다.

이와 같은 두 가지 추동력은 가장 기초적인 수준—학습 내용, 수업, 평가—에서 살펴볼 수 있다. 기능적 접근이 우세한 곳에서는 정확한 학습 결과의 구체화, 평가 준거의 명료화 등을 통해 투명성과 객관성이 성취된다고 가정된다. 수업과 학습의 촉진은 그러한 결과에 도달하기 위해 효율성을 극대화하는 방식으로 고안된다. 내용(교과)은 이러한 방식의 평가를 따르는 형태로 선택된다. 변혁적 접근이 우세한 곳에서는 주의와 노력의 초점이 부분적으로 대조적인 방식을 취할지도 모른다. 그것은 칼 로저스(Carl Rogers)나 맬컴 놀스(Malcolm Knowles)에 의해 영감을 받은 방식으로 학생 중심적(student-centred) 접근일 수 있다. 또한 마이클 오크쇼트(Michael Oakeshott), 앨런 블룸(Allan Bloom), 리오타르(Lyotard), 데리다(Derrida) 혹은 리딩스(Readings)가 말한 것과 밀접한 방식으로 주체 중심적(subject-centred) 접근일 수 있다. 그것은 궁극적으로 학생 성장의 최선의 가능성을 제시하는 것이라고 말할 수도 있다. 여기서 다양한 가능성이 무엇이든지 간에 그것들은 기능적 추동력이 지배하는 현상(status quo)에 대한 굴복, 사회의 복제와는 다르다. 그것들은 어떤 식으로든 새로운 가능성에 열려 있을 것이다.

추동력의 변질(Corrupted Drives)

그러나 이 두 가지 접근 방식 모두 변질될 수 있다. 기능적 추동력에 대한 과도한 강조는 원래 목적을 잃어버릴 가능성이 있다. 예컨대, 사회적 포용의 수단으로 고등교육 참여를 확대한 영국의 시도는 이상하게도 비생산적이었고, 증가된 대학의 자리는 중산층의 젊은이들에 의해 채워졌으며, 사회적 이동이 감소되는 결과를 가져왔다(Toynbee & Walker, 2008, p. 119-120 참고). 그러나 좀 더 깊은 수준에서 살펴볼 때, 누군가 오로지 사회의 요구에 부응하는 것만을 목표로 한다면, 그러한 요구가 고정된 용어로 표현되어 사회가 의존하는 성장의 가능성을 배제하게 되는 모순이 나타날 가능성이 높다. 이것은 우리의 언어, 즉 우리가 세계를 만들어 가는 데 나타나는 필연적인 성장과 변화를 무의미하게 만들거나 절단한다. 혹은, 달리 말해서, 지금까지의 언어에 관한 설명과 의미가 옳다면, *변혁적 추동력*은 결코 억압될 수 없다. 왜냐하면 언어에는 본능적인 에너지가 내재되어 있고, 이 에너지는 어떤 식으로든 빠져나갈 길을 찾을 것이기 때문이다. 여기서 최근 이 에너지가 "변질된" 형태로 나타나는 네 가지 징후가 있다. 첫째, 우리가 살펴본 바와 같이, 포스트모던적 부기(book-keeping)가 저절로 사라지게 되는 수행성에서 찾아볼 수 있다. 둘째, 우리가 보상적 치료(compensatory-therapeutic)라고 생각할 수 있는 것들에게서 나타난다. 예컨대, 스트레스 관리 과정, 자기주장 기술 개발, 일과 삶의 균형 개념, 자기 관리 훈련 등이 이에 해당한다. 셋째, 마치 결핍된 것이 일종의 부가적인 윤리에 의해 보상되는 것처럼 교육과정에 다양한 가치들이 덧붙여지는 형태에서 찾아볼 수 있다. 마지막으로, "활동식 학습"(active learning)에 대한 새로운 열망에서 나타난다. 예컨대, 학습하는 방법에 관한 학습, 자신의 학습 스타일에 관한 이해, 학습 스킬, 전이 가능한 능력, 기업가 능력, 의사소통능력 등이 이에 해당한다. [이와 같은 "변질"의 자세한 설명은 Smeyers, Smith, and Standish (2006)를 참고하라.]

나는 이 밖에 다른 글에서도 고등교육의 교수 및 학습과 관련하여 이러한 구분을 너 깊이 고려한 바 있다(Standish, 2005). 그러나 여기서는 이러한 아이디어가 교수의 역할에 대해 함축하는 바를 생각해 보는 것으로 마무리하고자 한다.

성직자 계급(The Priestly Caste)

교수가 된다는 것은 무엇인가? 우리는 교수의 역할을 어떻게 설명해야 하는가? 나의 질문은 근본적으로 고등교육에서 가르치는 것이 무엇인가이다. 아마도 우리는 고백(professing)의 아이디어를 진지하게 검토하는 것으로부터 시작할 필요가 있다. "교수직 혹은 무조건적인 대학의 미래"(The future of the profession or the unconditional university)에서 (인문학 덕분에 미래에 *어떤 일이 일어날 것인가*) 데리다가 주장하는 것은 "논문이나 가설이라기보다는 선언적 참여 혹은 신념의 고백(profession of faith) 형태로 호소하는 것"이라고 제시한다. 즉 "대학에 대한 신념, 대학 내에서는 인문학의 미래에 관한 신념"이라고 주장한다(Derrida, nd: p. 1). (신념의) 고백이 교수가 바람직하게 참여해야 하는 일을 어느 정도로 특징짓는가? 데리다는 고백이라는 개념이 서약에 버금가는 것, 즉 진실을 공언하기 위해 자유롭게 용인되는 책임과 같은 것을 요구하는 방식을 탐색한다. 교수는 자신의 일에서 이러한 수행을 끊임없이 실천한다. 교수가 말한 것은 진실에 관한 증언(testimony to the truth)이다. 왜냐하면 그 *작업(work)*은 반드시 다가올 것(a to-come)을 지향하는 일[영어 단어 "미래(future)"에 숨겨진 도래의 종교적 함의와 유사함]이기 때문이다. 고백하기의 학문적 과업은 사물이 어떠한지에 관한 (전적으로 사실적인) 진술 그 이상의 어떤 것이어야 한다. [자세한 설명은 Standish(2001)를 참고하라.]

특히 인문학에서(그러나 사회과학의 차원으로 일반화해 보자) 교수의 역할이 사물의 기술(description)에만 한정된다면 제대로 실행되지 못할 것이다. 수행성(the performative)의 강조는 가정법(subjunctivity)이라고 생각될 수 있는 방향으로 양상이 바뀌는 것을 수반한다. 만약 세계에 대한 기술이 그것의 *존재 방식(it is)*과 관련된다면, 교수의 과업은 항상 *만약 ~ 한다면(as if...)의* 방식으로 보기를 시도하는 것이다. 구체적으로 고등교육에서 교수가 하는 일은 사물의 존재 방식에 대한 정확한 기술을 제공하는 것이 아니라, 세계에 어떤 식으로든 새로운 생각을 불러일으키는 무언가를 제공하는 것이다. 이것은 자신의 능력을 충분히 발휘하는 비판을 넘어 위험에 대한 준비 및 사건에 대한 개방성으로 확장된다. 사건에 대한 개방성은 미리 정해진 준거나 혹은 전적으로 자율적인 통제(효율적인 수행성)의 범위를 넘어서는 무엇인가를 요구하며, 이것은 고백을 필요로 하는 상상력의 성장과 발휘에 필수적이다.

*기능적 추동력*의 측면에서 성공한 교수는 가장 우수한 저널에 논문을 싣고, 자신의 일을 효과적으로 관리하며, 적절한 위원회의 자리를 점하고, 질 평가시스템에서 충분히 스타가 된 사람이라고 상상해 볼 수 있다. 반면, *변형적 추동력*의 측면에서, 우리가 존경하는 교수는 데리다가 제안하고자 한 방식으로 고백을 감행할 것이다. 관점을 위태롭게 하고, 생

각을 계속 움직이게 하며, 신념을 고백하고, 설명을 제공하는 일을 할 것이다. 부르디외의 표현을 빌리면, 이것은 제도가 의존하는 수행의 마법에서 성직자의 기능(priestly function)에 상응한다. 궁극적으로 이것은 공적 책임이며, 완전한 투명성을 요구하는 경화된 조건 속에서는 이루어질 수 없다.

제 7 장

그녀 자신의 목소리로: 전통, 전환, 준거[1]

(In her Own Voice: Convention, Conversion, Criteria)

지식은 결국 인정에 기반한다.

– 비트겐슈타인, 「확실성에 관하여」(1969), p. 378

교육에서의 목소리(Voice in Education)

최근 목소리에 관한 주제가 교육 이론 및 실천 분야에서 두드러지게 나타나고 있다. 학교의 실천 장면에서 목소리에 대한 관심은 동아리 시간, 정서적 리터러시 및 정서 지능, 동료 카운슬링, 사교활동, 학교운영위원회의 부활 등에서 발견된다. 한편 계속교육과 성인교육의 장면에서는 파울루 프레이리(Paulo Freire)와 칼 로저스(Carl Rogers)의 연구에서 유사한 아이디어의 기원은 소유(ownership)와 권한(empowerment)을 강조하는 현대적 의미로 점차 바뀌어 간다. 시민교육의 일부 양상들도 이 주제를 뒷받침한다.

마이클 필딩(Michael Fielding)은 '학생 목소리의 수사를 넘어: 21세기 학교의 새로운 출발인가 혹은 새로운 제약인가?'(Beyond the Rhetoric

---

1) 출처: Standish, P. (2004). In her own voice: Convention, conversion, criteria. *Educational Philosophy and Theory, 36*(1), 91-106.

of Student Voice: New departure or new constrains in the transformation of 21st century school?)라는 논문에서 최근 연구들이 취하고 있는 주요 방향에 관해 의미 있는 지적을 한다. 이 연구의 많은 부분은 학생들과 교수학습에 관한 문제를 상담한 것과 관련되지만, 그 의도는 분명히 보다 폭넓은 것을 다루고 있다. 이에 따르면, 학생의 목소리는 '공적 쇄신 과정의 중요한 부분이고, 점차 그렇게 되어가고 있다(Fielding, nd, p. 1).' 이 논문은 누가 말할 수 있도록 허락되는가, 누구에게, 무엇을, 어떤 언어로 허용되는가 등의 질문을 다룬다. 또한 이 문제들이 청자에게 주는 시사점에 대해서도 숙고한다. 공유된 의미 만들기를 강조하는 데에는 권력(power), 소속(belonging), 중요성(significance) 등의 쟁점이 분명하게 나타난다. 일부 연구자들은 '언어의 중요성 및 학생들의 개념적 어휘 획득의 필요성을 자신들의 관점을 명확하게 말하기 위해서뿐만 아니라 그것들을 인식할 수 있도록 하기 위해서'라고 주장한다. 또한 그들은 '교사들도 스스로 그러한 어휘를 가지고, 그것을 학생들에게 접근하기 쉬운 것으로 만들 필요가 있다'[2)]고 주장한다. 인용된 많은 연구에서 분명하게 나타나는 점은 특정 유형의 인간관계가 교육의 중심이라는 것이다.

필딩은 여기서 무엇인가 잘못된 것이 있을 수도 있음을 인정한다. 목소리의 강조는 학교에서 쇼처럼 보여주기식 행사와 같은 것이 될 수도 있다. 예컨대, 말하기 발표 행사 혹은 방문객이 방문할 때 행해지는 쇼와 같은 식으로 이루어질 수 있다. 그것은 학교운영위원회와 관련하여 상

2) 최근 영국 경제 · 사회 연구위원회(ESRC) 프로젝트의 존 맥베스(John MacBeath), 케이트 마이어스(Kate Myers), 그리고 헬렌 디미트리우(Helen Dimitriou) 등이 이에 해당한다(Fielding, nd, p. 4).

투적인 불만을 나타내는 징표가 될 수도 있다. 또한 그것은 수행성(performativity)을 위한 또 다른 항목으로 도구화될 수도 있다. 수행성은 교사들이 제대로 경청할 수 없도록 만드는 책무 중의 하나이며, 이때 학생들의 목소리는 수요자의 반응을 나타내는 지표로 퇴행한다. 그것은 '사적 소유의 빈곤함에 대한 활발한 공적 자원의 부유함', 혹은 자기소개서에 국한된 유용한 기능으로 축소될지도 모른다(p. 9). 만약 원래 의도와 현실 간의 이러한 간극이 극복된다면, 학생의 목소리는 '(부장) 교사의 필요와 판단에 따라 제거될 수 있는 장식품이라기보다는 학교생활의 구조 속에 짜여 있어야 한다(p. 12).'

요컨대, 이러한 발전 양상에 관한 두 가지 유형의 읽기가 있다. 첫 번째는 학생의 목소리를 총체적 질 관리(total quality management)의 구성주의적 버전으로 이해하는 것이다. 소비자의 목소리는 '정부 명령 및 시장 반응성이라는 미리 정해진 규정에 따라 역량'(competences)을 불완전하게 내면화하여 전달하는 방식을 통해 교사를 길들인다(discipline)(p. 15). 두 번째는 정부와 시장에 의해 규정된 어젠다의 범위를 피하여 학생과 교사 간의 다른 유형의 파트너십의 가능성을 보여주는 실천을 예시하는 것이다. 이소벨 우르콰트(Isobel Urquart)의 말로 표현하자면, "현대 학교교육의 많은 부분을 '속박하는' 성인 중심의 관료주의와 관련하여 교사와 다른 사람들에게 창의적이고 실용적인 대안을 제공하는 회복된 대화(revitalized dialogue)"가 이에 해당한다(p. 16). 그러한 풍토에서 교사들은 자신들의 목소리를 발견하게 될 것이다. 필딩은 '현재 소멸 직전 상태인 학교 효율성의 틀'을 버려야 하며, 인간 중심 교육(person-centred education)을 보다 폭넓게 이해할 필요가 있음을 호소하며 글을 마무리한다(p. 17).

잠시 멈추고 여러 가지 사항에 주목할 필요가 있다. 첫째, 필딩의 마지막 언급에서 분명하게 나타나는 것과 같이, 이러한 아이디어는 그 형식에 있어 진보주의의 핵심과 매우 닮아있다는 점이 놀랍다. 지난 20여 년간 진보주의는 영국 정부와 정책입안자들로부터 통상적으로 비난받아왔다. 심지어 계속교육과 성인교육에서는 시장주의 용어로 이해된 일종의 학습자-중심성(student-centredness)을 환호하였지만, 진보주의는 여전히 비판받아 왔다. 따라서 필딩이 여기서 미성년자 혹은 아동 대신 학생이라는 용어를 선호하는 것은 이러한 말들이 구성하는 (진보주의를 향한) 반발을 다소 약하게 한다. 둘째, '학생의 목소리'('그의 목소리', '나의 목소리', '그들의 목소리' 등과 다르게)라는 표어에 다소간의 문법적 어폐가 있다. 이는 마치 '자신'(self) 혹은 바로 '자기 자신'(the self)이라는 철학적 말하기에 나타난 어색함과 유사하다('그 자신', '나 자신' 등과 다르게). 여기서 '목소리'라는 용어는 언어적으로 덜 정제되고 보다 일반적인 것을 일컫는 환유어(metonym)인 것처럼 보인다. 그래서 그것은 아마도 진정성(authenticity)과 유사한 이름처럼 보인다. 목소리를 찬양하는 것은 전형적으로 자기-표현(self-expression), 자기 자신의 발견(finding of oneself), 인식(recognition), 그리고 인정(acknowledgement) 등과 관련된다. 그러나 이 용어에는 불안정성이 있고, 이 용어가 함축하는 감정적 표현으로 옹호되는 내용에 관해 주의해야 할 이유가 있다. 그럼에도 불구하고, 교육에서 확산되고 있는 표준화 경향성에 직면하여 중요한 무엇인가가 위기 상황에 놓여 있다고 생각하는 것은 어렵지 않다. 이 장은 이것이 무엇인지를 밝히고, 그것이 왜 중요한지에 대해 다음 페이지에서 논의할 것이다.

이와 관련하여 좀 더 폭넓은 질문이 제기될 수 있음을 인정하고, 이와 같이 다소 어색한 용어의 사용이 확대되는 현상에서부터 시작해 보고자 한다. 이것은 개인의 사회와의 관계 및 자신을 발견하는 문화에 관한 질문이다. 그 질문은 한편으로는 진정성(authenticity)과 자립(self-reliance) 간의 관계로 초대하고, 다른 한편으로는 문화적 적응(acculturation)과 순응(conformity)으로 초대한다. 요컨대 그 질문은 우리의 행동과 삶, 그리고 교육에 의미를 부여하는 준거의 성격에 관해 주의를 기울일 것을 요구한다.

철학에서의 목소리(Voice in Philosophy)

'학생 목소리'(student voice)라는 표현의 어색한 느낌은 만약 우리가 일상 용법을 넘어서 언어 분석을 고려한다면 다소 줄어든다. 그때의 목소리는 시제와 분위기에 따른 동사의 문법적 형태를 가리킨다. 따라서 목소리 아이디어에 관한 초기 생각은 말과 글 사이의 대조와 관련하여 이루어졌을지 모르지만, 좀 더 깊이 있는 이해는 능동과 수동의 형태, 특히 1인칭, 2인칭, 3인칭 간의 구분, 그리고 단수와 복수의 사용에 주목함으로써 성취될 수 있다. 현대 철학은 눈에 띄는 예외가 있지만, 일반적으로 그러한 구별의 중요성을 간파하는 데 빠르지 못했다. 키르케고르(Kierkegaard)는 1인칭 시점의 중요성을 강조한다. 비트겐슈타인에게서도 이러한 신념이 『윤리학 강의』(*Lecture on Ethics*)(Wittgenstein, 1965)에 잘 표현되어 있다. 일상 언어 철학을 특징짓는 언어의 감수성에 있어서 가장 중요한 점은 일인칭 복수형이다('우리가 ~라고 말할 때, 우리는 ~를 의미한다'). 목소리라는 주제에 관해 가장 직접적으로 탐색한 현대 철학자는 스탠리 카벨(Stanley Cavell)이다. 카벨은 일상의 목소리와 형이상학적 목소리가 마주하는 장면에 관심을 가졌다. 이것은 인간의 목소리와 비인간의 목소리의 만남이라고 말할 수도 있다(Cavell, 1995, p. 42). 카벨이 '목소리'에 매료된 것, 심지어 집착으로 보이기도 하는 것의 성격이 무엇인가? 이 문제에 대한 그의 사고를 살펴보자.

『오페라와 목소리의 차용』(*Opera and the Lease of Voice*)이라는 글의 도입부에서 카벨은 철학과 영화를 관련시키는 방식에 관해 말한다. 여기서 그는 자기 자신을 '책 읽기보다는 영화 보기에 의해 교육받은 사람'으로 묘사한다(Cavell, 1994). 카벨은 영화가 자신의 성장과 밀접한 관련을 갖는 매개체인 것과는 별개로, 영화가 현대의 관심사가 되고 자신의 작품에서 주요한 주제와 관련을 맺는 방식을 숙고한다. 그는 오페라와 마찬가지로 영화를 표현력을 극대화한 수단으로, 특히 인간 신체의 표현력을 극대화한 것으로 생각한다. 오페라에서 이것은 여성의 목소리를 통해 가장 잘 드러난다. 한편 영화에서는 여성의 신체에 대한 카메라의 주의를 통해 잘 드러나며, 특히 상징적 형태라고 여겨지는 스타들의 얼굴을 통해 잘 드러난다. 영화는 카벨의 작품에서 두 가지 주요 관심사와 관련된다. 첫째는 회의주의와 일상 언어 철학의 관계에 관한 것으로 이는 비트겐슈타인과 오스틴의 작품을 발전시킨 것이다. 둘째는 자립(self-reliance)에 관한 것으로 이는 에머슨의 글에서 이해되는 것이다. 이 두 가지 관심사의 핵심은 준거(criteria)의 성격에 관한 것이다. 먼저 이 중 첫 번째, 즉 카벨이 영화를 그것과 관련시키는 방식에 관해 이야기해 보고자 한다. 이어서 두 번째에 관해서는 이 글의 후반부에서 이야기할 것이다.

회의주의와 그것이 취하는 여러 형태, 현대 사상의 결정적인 특징은 카벨의 저작에서 반복되는 주제이다. 이것은 데카르트의 의심으로부터 오셀로의 부인에 대한 불신과 관련하여 '가시적인 증거'를 집착적으로 요구하는 것에 이르기까지 확장된다. 이것은 또한 비트겐슈타인에 대한 카벨의 읽기 과정 전반에 걸쳐 흐르는 경향성이기도 하다. 카벨은 『철학적 탐구』(*Philosophical Investigations*)가 회의주의자들이 제기한 질문들을 의심의 여지 없이 해결하거나 혹은 해명하는 것만을 목적으로 들추는 것이라고 보는 시각에 반대한다. 왜냐하면 이 책에는 그러한 질문들이 오로지 다시 시작되도록 하기 위해 사라지는 것처럼 보이는 독특한 리듬이 있기 때문이다. 불확실성과 평온 사이의 진동, 때로 서로 다른 목소리들의 불안정한 입장, 발화자와 응답자 목소리의 불안정함 등은 명제의 참과 거짓을 넘어선 것을 표현하며, 실존적 의심에 좀 더 가깝다. 비트겐슈타인은 언어가 한계를 뛰어넘는 경향성에 주의를 기울이고, 언어가 이러한 경향성을 나타낼 때 만들어지는 오류를 노출시킨다. 그러나 이러한 경향성은 그가 깊이 존경하는 측면이다.[3] 카벨은 이 문제와 관련하여 우리가 가장 밑바닥에 도달했을 때 삽을 되돌리는 좌절감으로 '이것이 우리가 한 것이다'라는 반응과 함께 보이는 *실망감(disappointment)*의 측면에서 실존적 차원을 포착한다.

준거(criteria)에 대한 실망의 실존적 경향은 의미가 증발할 수도 있다는 감각과 관련된다. 준거는 그 이상의 것을 보증해야 한다. 카벨은 회의주의의 확실성에 대한 다급한 요구와 관련하여 멜로드라마에서 과장된 무엇인가를 발견한다. 그리고 그는 그것의 목소리를 비트겐슈타인의 『철학적 탐구』("나에게 끔찍한 고통이 지속되는 동안 내가 돌로 변하는

3) '하이데거의 존재와 죽음에 관하여'라는 제목으로 출판된 프리드리히 와이즈만(Friedrich Waismann)과 비트겐슈타인의 대담에서 비트겐슈타인의 언급은 머리(Murray, 1978, p. 80-81)의 책에서 논의된다.

것을 상상할 수 없을까?", Wittgenstein, 1968, 283 문단)에서 찾아내기도 한다. 마찬가지로 사적 언어(private language)의 가능성을 향한 열망은 내가 타인과 관계없이 권위적이고 직접적으로 스스로를 표현할 수 있기를 바라는 열망이다. 곧 이것은 타인과는 독립적인 나의 경험을 참되게 표현하는 언어를 가질 수 있기를 바라는 열망이기도 하다. 이러한 토대 위에 회의주의의 멜로드라마는 일상적인 것에 대한 위협으로 이해된다. 비트겐슈타인은 계속해서 우리에게 일상적인 것에 대한 위협을 상기시킨다. 그러나 이것은 회의주의에 대한 *반박(refutation)*과는 거리가 멀다. 오히려 이것은 회의주의 *내* 진실(truth *in* scepticism) 그리고 회의주의와 일상적인 것과의 내면적 관계에 대한 폭로이다. 따라서 그것은 우리의 실존적 조건에 대한 생생한 실현이다.

카벨의 일상 언어 철학에 대한 이해를 헤아릴 수 없이 깊게 만드는 것은 이러한 사고이다. 무엇이 사실인지를 진술하거나 질문하는 현대 철학의 비인격적이고 형이상학적인 목소리와는 달리, 일상 언어 철학은 우리가 본 것처럼 "우리가 ~을 말할 때, 우리는 ~을 의미한다"라는 형식의 표현으로 전개된다는 특징을 갖는다. 여기서 동사의 형태는 판단의 권위를 인정한다는 점에서 1인칭이며, 화자와 공동체를 연결한다는 점에서 복수형이다. 그리고 이러한 진술은 경험적 일반화의 유형으로 만들어지는 것이 아니다. 예컨대 어법에 대해 조사하는 것은 논점에서 벗어나는 것이다. 오히려 그것은 화자의 진정성(그것이 *자신*에게 보이는 방식)과 그 화자가 타자들과의 연대 혹은 공동체를 확인하는 것(자신이 *그들과 함께* 이 판단을 공유하고 있고, 그들에게 말할 수 있다는 믿음)에 따라 승인(assent)의 약속 혹은 표현에 더욱 가까워진다. 이 점에서 카벨은 규칙을 따르는 실천의 중요성을 야단법석인 삶의 형식 및 판단의 동의에 의존하는 결속력에 연결시킴으로써 규칙을 '승상'(subliming)하는 경향성을 완화시킨다. 더욱이 그러한 동의는 투사적인(projective) 속성이 있다. 왜냐하면 언어의 규칙을 따르는 것은 미래의 사용을 최종적으로 결정하는 것이 아니라 항상 새로운 가능성에 열려 있기 때문이다. 여기서 승인은 규칙에의 복종뿐만 아니라, *폴리스*의 회원자격이나 판단을 공유하는 공통 세계 같은 것과 연결된다. 그럼으로써 우리는 (함께) 같은 점을 발견하고, (함께) 사물들을 투사시킨다. 이것은 인식론과 정치학 간을 연결하는 것으로 일종의 정치적 형평성을 의미한다. 그러한 판단을 함에 있어서, 화자는 일종의 책임을 진다. 그 책임은 다름이 아니라 자신과 타인을 위해서 말한다는 것이며, 이때 자신의 모든 판단에는 도덕성이 결부되어 있다. 물론, 그녀는 오직 자신이 속한 공동체적 실천으로의 반복된 가르침(inculcation)을 통해 자신의 위치로 들어오게 되지만, 그녀가 스스로 사물들을 발견하는 방식의 정도 내에서는 그녀의 순응은 곧 자신만의 법칙에 순응하는 것이다. '그 경우 시민성은 나의 자율성과 동일하며, 폴리스는 나의 개인적 정체성을 발현하는 장이다. 그래서 시민성은 (정치적) 자유의 창조이다(Cavell, 1979, p. 23).' 판단의 동의가 정치적 공동체 및 시민성과 근접하다는 것을 인식할 때 우리의 도시는 곧 언어의 도시라는 의미가 보다 분명해진다.

그렇다고 한다면, 준거는 잠재적 화자에게 가르쳐지는 무엇일 뿐만 아니라, 궁극적으로 그 지속성을 위해 개인에게 의존하는 무엇이라고 이해된다. 준거는 자신의 판단의 원인이 아니라 결과이다. 준거는 그 유지를 위해 개인에게 의존한다. 준거의 유지는 한 문화의 구성원들에 의해 지속적인 동의를 요구한다. 또한 이것은 창의적인 방식과 소멸적인 방식으로 행해질 수 있다. 목소리를 억압하는 것이 후자의 방식이며, 회의주의도 그러한 방식 중 하나이다. 일상 언어 철학은 비인격적이고 형이상학적인 철학의 목소리에 의해 억압되거나 부정되는 일상적인 것의 목소리를 재발견하는 데 기여한다.

오셀로는 데스데모나를 베개로 질식시켜 끝내 목숨을 앗아가는 것으로 끝난다. 카벨은 이러한 유형의 억압과 할리우드 멜로드라마 장르 간의 연관성을 발견한다. 전형적으로 이러한 것들은 여성의 목소리를 일종의 교육과 관련시킨다. '재혼 코미디'(comedies of remarriage)[4]에서 결혼의 토대로 간주되는 것은 존 밀턴(John Milton)의 표현을 빌리자면, '편리하고 행복한 대화'이다. '남녀의 전투'는 행복한 결말로 나아간다. '이러한 코미디에서' 카벨은 다음과 같이 설명한다.

> 여성의 창조는—여성의 새로운 창조, 새로운 여성의 창조, 인간의 새로운 창조—남성에 의한 여성의 교육이라는 형태를 취한다. 따라서 이 영화에서 말하고 다시 말하는 중요한 대목은 이 여성이 그녀의 욕망, 즉 그녀의 욕망을 승인하기 위해 선택하기에 적합한 남성의 특징이 무엇인지를 분별하는 것이다. 이것은 평등한 분위기 속에서 여전히 남성에게 특권을 부여하고 있음을 시사한다. 이 장르는 이러한 분위기 속에서도 남성이 최선을 다해 자신의 악행적 특징을 유지하겠다고 선언하는 방식을 유심히 살펴본다(Cavell, 1996, p. 5).

'알 수 없는 여성의 멜로드라마'(melodrama of the unknown woman)[5]

4) 카벨은 다음에 제시한 1930년대와 1940년대의 영화들을 가져온다. 이 영화에서 재혼은 결혼의 재탄생을 의미한다. 이에 속하는 영화는 다음과 같다. *It Happened One Night(1934), The Awful Truth(1937), Bringing Up Baby(1938), His Girl Friday(1940), The Philadelphia Story(1940), The Lady Eve(1941), 그리고 Adam's Rib(1941)* 등이다.

5) 카벨은 이 장르의 대표적인 것으로 다음의 영화를 가져온다. *Letter from an*

라는 장르에서 결혼은 그 자체로 부정된다. 재혼 코미디에서는 결혼이 다시 이해되고 새롭게 시작되지만, 멜로드라마에서 결혼은 새롭고 근원적인 통합의 창조로 나아가는 통로로 초월된다. 이것은 남성과의 대화 외부에서 일어나야 하는 변화이다. 왜냐하면 남자는 여자의 목소리를 들을 수 없거나 혹은 듣지 않기 때문이다. 즉, 여자의 목소리를 억누르는 것은 남자이다. 남자는 여자의 다름에 의해 이끌리거나 매력을 느끼지만, 자신의 인식 수단에 보다 적합한 방식으로 여자의 다름을 변환시키고자 하는 관점을 가지고 있다(p. 13-14). 여자의 목소리를 통제함에 있어서, 그는 그녀가 자신의 목소리를 말하고자 하는 경향성을 부정한다. 이러한 억압은 여자의 입장에서 자신의 지성이 타인에게 환영받지 못함을 인식함에 따라 고독을 선택하도록 이끈다(p. 12). 알 수 없는 여성의 얼굴에서 남자는 그녀의 비밀을 공유하거나, 그녀에 의해 인정받거나, 그녀로부터 벗어나거나 혹은 그녀를 파멸시키기를 원한다. 남자는 여자를 차지하거나 붙잡을 수 없고, 그 결과 반발하거나 잔인한 요구를 하기도 한다. 남성의 투쟁은 인정을 향한 투쟁인 반면, 여성의 투쟁은 '남자에 의한 인정이 왜 이루어지지 않는지 혹은 부정되는지 혹은 부적절한지를 이해하는 것이다. 따라서 그것은 자신의 젠더에 대한 투쟁 혹은 논쟁이라고 간주될 수 있다(p. 30).' 이러한 장르의 영화들은 때로 '여성 영화'라는 비난을 받기도 하지만, 부정(denial)의 차원을 잘 보여준다.

잠시 생각해 보면, 카벨은 목소리의 부정, 오셀로의 가시적인 증거에 대한 열망과 오만한 요구, 그리고 우리 삶의 의미에 대한 일상적 준거로 해결되지 않는 회의주의 사이의 연관성을 보여주는 역할을 할 것이다.

---

*Unknown Woman(1948), Gaslight(1944), Now Voyager(1942), 그리고 Stella Dallas(1937)*가 이에 해당한다.

이는 아마도 실망 속에서, 알 수 없는 얼굴의 미스터리 속에서 어떤 설명이든 끝을 맺어야 한다. 목소리의 부정은 남성적 부정이며, 회의주의의 질문과 젠더의 질문 사이에서 나타난다. 이것 또한 카벨이 말하는 서구 철학의 두 가지 주요 관습적 형식에서 분명하게 드러나는 부정이다. 여기서의 두 가지 철학적 흐름은 회의주의와 정신분석을 가리킨다(p. 199).

카벨의 일반적인 설명에 대한 개요에서 알 수 없는 여성의 멜로드라마의 사례로 넘어가 보고자 한다. 이와 관련하여, 〈스텔라 달라스〉(Stella Dallas)는 1937년에 킹 비더(King Vidor) 감독에 의해 만들어진 영화로서 사회적 계층 이동에 관한 스토리를 다룬다. 여기서 결혼과 교육은 계층 이동을 가능하게 하는 두 가지 가능성으로 나온다. 이 영화에서 무슨 일이 일어나는가?

〈스텔라 달라스〉(Stella Dallas)

스텔라 마틴(Stella Martin)은 자신이 자란 단조로운 제재소 마을보다 좀 더 나은 무엇인가를 갈망하는 젊은 여성이다. 못살게 구는 아버지, 억압받는 어머니, 그리고 쉽게 흥분하고, 신경이 날카로우며, 심지어 근친상간 성향을 지닌 오빠로 둘러싸인 상황에서 그녀는 일종의 교육을 추구한다. 그녀는 경영학 코스를 공부하고 있고, 연애 시(詩)도 읽는다. 시작부터 그녀의 기질은 날렵한 재치, 자신이 얻은 것만큼 좋은 것을 줄 수 있는 능력, 단순히 그녀의 부모에게 복종하는 것을 거부하는 것 등에서 잘 나타난다.

그녀는 아버지와 오빠가 일하는 공장의 주인인 스테판 달라스에 관한 신문 기사의 사회 칼럼 이야기에 매료된다. 그녀는 공장에 있는 오빠에게 도시락을 가져다준다는 것을 핑계 삼아 스테판의 사무실을 찾아간다. 그는 그녀의 자발적인 따뜻함과 발랄함에 빠져들고, 그녀가 놀랄 만큼 빨리 그들은 함께 영화를 보러 가게 된다('나는 당신이 모든 귀족들과 밖으로 나갈 수 있을 때에도 나를 보고 싶어 한다는 것을 믿을 수가 없어요'). 스테판과의 초창기 관계에서 스텔라는 그에게 교육에 관한 언어를 반복해서 이야기한다. 그녀는 스테판처럼 교육받기를 원하고, 그가 그녀를 가르쳐 주기를 원한다고 말한다. 그녀는 교육을 통해서 발견할 수 있을지 모르는 무엇인가에 대한 감각을 가지고 있다. 그것은 그녀가 지금은 알 수 없는 것이지만, 의심하지 않는 가치를 지닌 것이다. 그녀는 어느 날 밤 집으로 돌아오지 못하게 되었고, 이는 아버지의 화를 불러일으켰다. 다음 날 아침 멋진 집에서 행복이 넘쳐흐르는 상황 속에서 스테판과 그녀가 이미 결혼식을 올렸음을 보여주는 종소리가 울려 퍼지는 장면으로 이어진다.

첫째 딸 로렐(Laurel)이 태어났을 때에도 그녀의 생기는 전혀 줄어들지 않았고, 병원에서 돌아온 첫날 리버 클럽에서의 저녁 식사 초대에 응하고자 하여 스테판을 놀라게 하였다. 거기서 그녀는 에드 문(Ed Munn)이라는 친절하고 유쾌한 달변가를 만나서 춤을 춘다. 그는 경주의 승자를 알고 있다는 것에 대해, 그리고 무도장을 알고 있다는 것에 대해 스스로 자부심을 가지고 있었다. 스테판은 이러한 만남을 인정하지 않음이 분명했고, 점차 결혼생활에서 긴장감이 감돌았다. 스텔라의 태도와 취향이 스테판의 뜻에 따라 개선되지 않는 것에 대해 스테판은 거의 강압적인 분노를 보이며 스텔라로부터 다음과 같은 반응을 불러일으켰다. '이번에 내가 무엇을 했나요? 알겠어요. 정규 수업을 들을게요.'

뉴욕에서 사업을 할 기회가 스테판에게 주어졌을 때, 스텔라의 즉각적인 반응은 그녀는 떠나고 싶은 마음이 전혀 없다는 것이었다. 단지 '알맞은 사람들과 함께할 때'가 아니라 그럴 마음이 전혀 없다는 것이었다. 이는 곧 스테판이 떠나고 나면 그녀와 로렐만 남게 되는 상황을 받아들인다는 뜻이기도 했다. 이러한 점진적인 이별은 스텔라와 그녀의 딸 로렐 사이의 관계를 돈독하게 만들었다('친한 친구'처럼). 로렐이 자랄수록 그 관계는 더욱 친밀해지고, 때로는 스텔라를 위로하고 '엄마처럼 보살폈다.' 여전히 스테판과 스텔라 사이에 애정이 살아나는 순간이 있었다. 한 통렬한 장면에서 스테판이 로렐을 부르러 왔을 때, 스테판이 늦은 기차를 타고 가며 함께 식사를 할 수도 있다는 사실에 스텔라가 기뻐하는 모습이 분명하게 나타난다. 그러나 점점 재산을 탕진하던 에드 문이 아파트에 숨어 있다가 술 취한 모습으로 어슬렁거리자 그 희망과 애정은 사라진다. 스테판의 최악의 의심은 확신이 되고, (사실 스텔라와 에드 문은 들키지 않은 것일 뿐이라고 보고) 스테판은 자신과 로렐은 떠나야 한다고 차갑게 말한다. 스텔라는 닫힌 문을 바라보며 혼자 남겨진다.

이별은 또한 스테판과 모리슨 부인이 좋은 관계로 발전할 가능성을 열어준다. 로렐은 모리슨 부인과 그녀의 가족에게 소개되고, 멋진 집, 행복한 가정, 그리고 그녀가 받는 후한 환대에 매료된다.

이혼을 제안받았을 때, 스텔라는 스테판이 딸에게 주고 있는 모든 좋은 것과 동일하게 해 줄 것이라고 스테판의 변호사에게 고함을 쳤다. 그녀는 로렐을 전용 리조트 호텔로 데려갔고, 10대였던 로렐은 들판을 가로지르며 자전거 타기, 아이스크림 음료수 마시기, 테니스 치기, 그리고 테니스 코치와 사랑에 빠지기 등과 같은 자신의 환경에 재빨리 스며들었다. 호텔에서 스텔라는 가끔 침대로 몸을 움츠리기도 했지만, 어떤 때에는 자신을 밖으로 드러내 보이기도 했다. 그녀는 다른 투숙객들의 멋진 옷과 어울리지 않는 과장된 옷으로 자신을 돋보이려 했다(누군가는 그녀를 '크리스마스트리'라고 불렀다). 로렐은 다른 젊은 사람들이 그곳을 휘젓고 돌아다니는 이상한 여인을 비웃는 소리를 들었고, 그것이 다름 아닌 자신의 엄마임을 알아차렸다. 그리고 엄마와 함께 돌아가는 야간열차에서, 한 나이 든 여인이 엄마의 모습을 비웃는 것을 듣고 다시 한번 굴욕감을 느꼈다(스텔라도 들었지만 잠든 척했다).

스테판과 헬렌 모리슨의 결혼이 확실해지고, 그 집에서 그녀의 딸이 얼마나 행복한지를 알게 되었을 때, 스텔라는 모리슨 부인에게 가서 로렐이 그들과 함께 살 수 있을지 물었다('나는 그녀를 위해 해 줄 수 있는 모든 것을 다 했어요'). 모리슨 부인은 처음에는 스텔라의 예상치 못한 방문에 매우 조심스러워했으나, 곧 이렇게 대단한 이타심을 본 것에 압도되었다. 모리슨 부인이 로렐에게 스텔라가 부탁한 것을 설명했을 때, 로렐은 즉시 야간열차에서 여자들이 스텔라를 비웃었을 때 그녀도 듣고 있었다는 생각이 스쳤다. 자신의 엄마에 대한 가여움과 사랑을 극복하기 위해서 로렐은 자신의 엄마에게 가야만 한다고 말했다('나의 가엾은 엄마! 나의 위대한 엄마! 엄마는 그들이 말한 것을 모두 들었어! 나는 엄마한테 가야 해...... 내가 살아있는 동안 내 집은 엄마와 함께하는 곳일 거야').

모리슨 부인은 스텔라에게 전보를 통해 어떤 일이 벌어졌는지를 설명하고 로렐이 다시 되돌아가고 있다는 사실을 알렸다. 스텔라는 딸을 쫓아내기로 결심하고, 허름한 숙소에 기거하고 있는 에드 문에게 갔다. 그녀는 술에 취해 인사불성이 된 그를 다시 깨우진 못했지만, 그 방에서 그와 사진을 찍고 이것을 자신의 아파트 벽로 선반에 있는 꽃 옆에 두었다.

로렐이 돌아왔을 때, 스텔라는 담배를 피우고 재즈를 들으며 싸구려 잡지의 사랑 이야기를 읽고 있었다. 그녀는 '여자에게는 엄마 이외에 다른 무엇인가가 필요하다'고 말하는 듯 딸에게 다소 무관심한 척했다. 그리고 그녀로부터 꽃으로 관심을 돌렸다. 스텔라는 에드 문이 남아메리카에서 좋은 직업을 구했으며, 그녀는 곧 그와 함께 떠날 것이라고 설명했다. 로렐은 심란해하며 모리슨 부인에게로 돌아갔다. 모리슨 부인은 스테판과 함께 스텔라가 보낸 편지를 읽으면서 ('당신이 이 편지를 읽을 때쯤 나는 에드 문과 함께 있을 것이오....') 로렐이 그들과 함께 살게 될 것이라고 짐작했다. 모리슨 부인은 '누가 이런 일을 하겠어요?'라고 물었다. '그 가엾은 행간의 의미를 당신은 읽을 수 없나요?'

로렐이 결혼할 때, 예식은 우아한 모리슨의 집에서 이루어졌고, 바깥에는 비가 오는 가운데 많은 사람들이 참석했다. 모리슨 부인은 스텔라가 오지 않았음을 알아차리고, 로렐에게 말한다. '만약 스텔라가 여기에 있었다면, 그 어떤 것도 그녀를 막지 못했을 거라고 생각하지 않니?' 우리는 바깥의 어둠과 빗속에서 군중들 사이에 있는 스텔라를 본다. 스텔라는 밝게 빛나는 창문 밖의 난간에서 웃으며 그 결혼식을 지켜본다. 이 영화가 끝날 때, 그녀는 그 집을 뒤로한 채 돌아서서, 카메라를 향해 밝게 웃으며 걸어 나간다.

〈스텔라 달라스〉 읽기(Reading Stella Dallas)

우리는 행간 사이의 의미를 읽으라는 지시를 받은 것 같다. 카벨의 '스텔라의 취향: 스텔라 달라스 읽기'(Stella's Taste: Reading Stella Dallas) 논의에서 매우 강조하는 이 영화의 특징 중 하나는 의복, 특히 여자들의 옷에 대한 지대한 관심이다. 스토리 자체는 매우 압축적이며 거의 속기식으로 전개되지만, 옷이 입혀지거나 맞춰지거나 조정되거나 이야기되는 장면은 매우 다른 속도로 화면을 채운다. 부분적으로 줄거리는 여기서 작동하는 스텔라의 암호 읽기로 전환된다. 그 가엾은 여인은 마치 어떻게 옷을 입는 것인지 모르는 것과 같은 반응을 보이는 것 같다. 그러나 이러한 일이 연달아 일어나는 가운데 영화의 리듬이 지적하는 바와 같이, 예를 들면 스텔라의 옷에 대한 관심은 매우 감각적이며, 그 준비 과정 또한 매우 신중하게 고려된다. 스텔라는 옷에서 장식품을 떼야 할 때를 알며, 모리슨 부인은 로렐에게 그녀의 취향을 칭찬한다. 스텔라는 옷을 잘 입는 요령으로 로렐을 기쁘게 한다. 그녀는 때로는 단순한 검은색 옷을 입고 나타나기도 한다. 따라서 리조트 호텔에서 그녀의 행동은 무지와 감각의 부족을 나타내는 기호로 단순하게 이해될 수는 없다. 반대로, 마치 무언가를 말하는 것처럼, 그러한 행동은 명백하게 계산된 것이었다. 여기서 아무리 기준이 바람직해 보이더라도, 그리고 그녀의 딸이 그 기준 내에서 잘 자란다고 하더라도, 그 기준들에는 딸에게 정의롭지 못한 무언가가 있음을 혹은 딸이 자연스럽게 열망하는 대로 느낄 수 없도록 만드는 무엇인가가 있음을 말해 주려는 듯 보인다. 그녀가 자신의 옷차림의 결과를 보지 못하는 것이 아님을 분명히 해야 한다. 그녀는 치렁치렁한 보석을 걸치고, 목에는 여우털 목도리를 이중으로 감고, 경기가 진행되는 동안 골프장의 잔디를 뽐내며 걷는다. 이것은 의도적이고 심술궂은 행동임에 틀림없다. 스테판이 그녀의 문법을 고치려고 할지도 모르지만, 그녀는 옷 입는 방식에 길들여지지 않을 것임을 이미 열정적으로 말하고 있었다. 스텔라와 같은 여자들이 아이를 양육하는 데 적합하지 않다는 것이 스테판의 두려움이자 영화 속에서 말하는 또 다른 사건이다. 그래서 스텔라는 그 역할에 걸맞게 스캔들을 일으키기 시작한다. 이것은 그녀의 차이에 대한 감각, 즉 사람들에게 읽히거나 이해될 수 없다는 사실을 과장해서 표현한다. 그녀의 연극성, 부자연스러움, 과시는 그녀 앞에 직면한 준거에 압력을 가하는 것이다.

아이러니하게도 의복의 과시가 유발하는 인식의 미흡함은 스텔라가 자신이 아는 남자들에게서 직면하는 미흡함과 유사하다는 것을 암시한다. 의도적으로 친절하고, 천박하며, 무용한 에드 문 그리고 완벽하게 점잖고, 정확하며, 무감각한 스테판이 그 남자들이다. 카벨은 스테판이 엄격한 자기-연민 혹은 실망으로 자신의 영양분을 빼앗는 존재라고 말한다(p. 201)('중요한 것은 당신의 가짜 보석이 아니오……'). 요컨대 스테판의 실패는 인식(recognition)의 실패이다. 스테판은 그의 것이 된 특권적 삶을 파악하고, 스텔라를 그 삶으로 인도하고자 기대했다. 이것이 그의 욕망이었다. 그러나 그녀를 적절하게 인식하기 위해서 그는 그가 이해하지 못하는 무엇인가를 인정할 필요가 있었다. 아마도 그는 처음에 그녀의 다름에 끌렸을 것이다. 그 다름은 사회 계층의 차이 그리고 (그로부터) 일종의 교육을 향한 젊은 열정이었을 것이다. 그러나 여기서 문제가 되는 것은 사회 계층의 문제가 아니며, 또한 성별의 문제도 아니라는 것이 앞으로 살펴볼 핵심이다. 이 문제가 주로 남자들이 여자들을 이해하지 못하는 일반적 문제가 아닌 이유는 그녀에게 가장 잘 반응하는 사람들에게로 주의를 돌려보면 알 수 있다. 재혼 코미디에서는 결국 남자와 여자 사이의 선물의 상호관계에 의존하고 있지만, 여기서 남자는 쓸모없고 무의미하다. 알 수 없는 여성이라는 멜로드라마에서 벌어지는 이와 같은 인식은 여자들 간의 관계에 의존한다.

스텔라가 모리슨 부인에게 로렐이 그들과 함께 살아야 한다고 제안하는 장면에서 모리슨 부인은 스텔라의 이타심에 분명 감동을 받는다. 그러나 모리슨 부인은 이것을 완전히 이해할 수 없었을 뿐만 아니라, 스텔라가 딸을 돌려보내기 위한 에드 문과의 거짓된 관계에 대해서도 이해할 수 없었다. 결혼식 날 모리슨 부인이 로렐에게 한 말, 만약 스텔라가 저기에 있다면 어느 누구도 그녀를 쫓아낼 수 없다는 말은 준비 과정에서 사소한 부분처럼 보이는 것과 연관된다. 모리슨 부인은 집사에게 결혼식이 열릴 때 큰 창문의 커튼을 걷으라고 이른다. 이것이 스텔라가 지켜보게 될 창문이다. 모리슨 부인의 직관은 스텔라에게는 자신이 이해할 수 없는 무엇인가가 있음을 인식(recognition)하는 것이며, 여기서 모리슨 부인의 행동은 일종의 인정(acknowledgement)으로 읽힌다.

카벨은 스텔라의 어깨 너머로 보이는 것처럼 어둠에 의해 둘러싸인 채 밝게 빛나는 창문과 그것이 추구하는 해피엔딩을 영화 자체의 경험에 대한 우화(allegory)로 보지 않는 것이 어렵다고 말한다. 그때 감성적인 할리우드식 끝맺음은 반박되고, 프레임 속에 있던 이미지를 벗어나 카메라를 향해 돌아서는 스텔라의 모습으로 대체된다. 관객이 곧 그 스크린으로부터 떠나야 하는 사실을 예상하듯 스텔라는 멀리 걸어간다. (마치 플라톤의 죄수들이 동굴 뒷벽의 깜빡거리는 이미지로부터 머리를 돌려야 하는 것처럼) 스텔라가 고개를 돌린 것은 부분적으로 착각인 것처럼 보이기도 한다. 너무나 틀이 잘 잡혀 있고, 깔끔하며, 명료하여서 우리는 테니스 코치와의 결혼이라는 상투적인 장면에서 로렐의 감상적인 특징으로 묘사된 착각의 앎이자 행복이라고 생각하는 경향이 있을 수 있다. 그때 스텔라는 돌아서면서 일종의 자립(self-reliance)을 향해 걸어간다.

카벨은 초기의 열중한 마음(infatuation)으로부터 변형된 이 마음의 상태를 그녀의 교육의 완성이라고 본다. '그녀는 스크린의 세계, 처음에 열망하며 그녀를 울게 만들었던 그 고상한 세계의 교육은 그녀의 것이 아님을 배웠다(p. 211).' 그러나 카벨은 '그녀의 것이 아니다'라는 말이 모호하다고 주장한다. 그가 보기에 '수용적 관점'은 그 세계로부터 그녀가 제외되었음을 수용하지만, 여전히 그 세계를 동경하고, 그것을 오직 그녀의 딸을 통해 대리 경험을 할 수 있다고 보는 것이다. 한편 그가 보기에 '스텔라는 로렐이 분명히 열망하는 세계, 즉 법, 교회, 배타성, 소유 등의 특징을 보이는 세계는 자신의 취향에 맞지 않음'이라는 의미를 갖는다(p. 212).[6] 이 마지막 말, 카벨의 에세이 제목이기도 한 그 말의 의미가 축소되는 것에 반대하여, 카벨은 그녀가 어디를 향해 걷고 있는지를 묻고, 이것이 니체(Nietzsche)가 말한 개인화(individuation)의 고통 같은 것이 될 수 있는 가능성을 생각한다.

그러나 카벨은 그러한 자기-창조(self-creation)가 포함하는 일종의 사회 정의를 염두에 두고, 이것으로부터 다른 사유로 전환한다. 이 다른 사유는 다시 여성에 대한 표상에 의존한다.

> 이민자들과 달리, 여성의 문제는 소속되지 못함의 문제가 아니라 잘못된 방식으로 소속됨의 문제이다. 추방과 달리, 여성은 두 개의 다른 문화 사이에 있는 것이 아니라 자신이 태어난 문화와 불화하며 존재하지 않는 문화로 형상을 바꾸어 간다. 이것은 여전히 제한적이다(p. 213).

6) 전자의 관점에서, 스텔라는 자신의 딸이 삶에서 좋은 것들과 근사한 집 등을 갖도록 하기 위해 자신을 희생한다. 후자의 관점에서, 스텔라가 딸을 대하는 방식은 일부 로렐이 처음에 표현한 의도와 달리 딸들도 엄마로부터 독립해야 한다는 것, 그리고 로렐 역시 언젠가 떠나갈 자신만의 길을 찾아야 한다는 것을 인정하는 것으로 볼 수 있지 않을까?

앞서 언급한 바와 같이, 여성들과 그들의 신체적 표상 간의 관계가 이 영화의 핵심이다. 비록 고전 할리우드 영화가 대체로 대화에 의존하고 있지만, 우리가 본 것과 같이, 그 표현은 인간 신체의 표상, 특히 얼굴에 의존한다. 여성의 옷에 대한 강조는 신체적 친밀함에 영향을 미치는 장면과 연결된다. 예컨대, 로렐이 엄마를 꼭 껴안고 위로하는 장면, 스텔라의 이타심에 감동한 모리슨 부인이 스텔라에게서 손을 떼지 않는 장면이 이에 해당한다고 카벨은 말한다. 카메라는 스텔라의 신체와 얼굴에 오래 머무른다. 스테판이 저녁 식사를 거절하고 로렐을 데리고 가는 장면에서 우리는 그녀의 검은 드레스의 뒷모습을 보며, 그 화면은 예상보다 다소 길게 잡힌다. 엄마와 딸의 역할이 모호해지면서 이별의 길이 열리지만, 스텔라와 모리슨 부인은 서로에게서 상호 간의 인정을 배운다. 모리슨 부인은 스텔라의 이상한 행동을 통해 이해할 수 없지만 인정해야 하는 것이 있음을 배우고, 스텔라는 이러한 인정을 받고 있음을 알아차린다. 이처럼 친구 같은 관계가 그 두 사람을 교육시킨다.

알 수 없는 여성이라는 장르에 관한 카벨의 읽기의 힘은 이러한 영화들에서 나타나는 여자들의 운명을 여성들의 목소리에 대한 우화로 받아들이는 것에서 나온다. 그 목소리는 우리 모두의 내부에 있는 어떤 것이지만, 상당히 부정되는 것이다. 그것은 순응에 대한 압박 때문에 들릴 수 없는 것 그리고 확실성에 대한 권위적 요구를 통해 억압되는 것과 관련된다. 이것은 종종 필연적으로 말보다는 침묵으로 표현된다. 여자의 얼굴을 클로즈업하여 보여주는 카메라의 능력은 최고의 표현력을 만들어 낸다. 동시에 타인의 알 수 없음과 이에 대한 책임을 드러내기도 한다. '그녀의 눈빛과 그것의 변화가 우리를 향해 어렴풋이 보인다. 마치 스크린이 어렴풋하여 그 눈빛은 *단지* 외면하고 항상 무엇인가를 찾는 것처럼 보인다(p. 216).' 이것은 어두워진 카메라로 인해 수동성의 상태로 놓인 청중의 경험을 통해 강조된다. 거기에 고립의 형이상학적 의미가 있고, 이것이 우리에게 요구하는 것은 인정(acknowledgement)이다. 그것은 분명 우리가 개입할 수 없는 것이다. '그들에게서 일어나고 있는 일로부터 알 수 있는 것은 바로 나의 분리(separateness)이다. 즉 나는 나라는 것, 그리고 나는 여기에 있다는 것이다. 내가 그들을 현존하게 하는 것은 바로 그들이 나로부터 분리되어 있음을 이해하는 때이다. 그것은 내가 그들을 *타인*으로 만들고, 그들과 직면하는 것이다(Cavell, 1976, p. 338).' 청중의 경험은 우리의 일상생활에 포함된, 특히 우리의 순응적인 삶에 포함된 숨겨진 것을 명료하게 만든다.

물론 스텔라는 스타이며, 우리는 그 과정을 지켜보았고 그녀는 지금도 자신의 길을 걷고 있는 스타이다. 스텔라 역을 맡은 바버라 스탠윅(Barbara Stanwyck)은 자신이 속한 세계와 잘 어울리지 못하는 여성을 다룬 다른 영화에도 출연했다. 그녀의 인기는 그녀의 얼굴을 친숙하게 만들고, 그것을 의미하는 아이콘이 될 것이다. 그럼에도 불구하고, 스타덤이 상징하는 경이로운 여정은 카벨이 이러한 영화에 관해 관심을 가지고 쓰고자 했던 미세한 완벽주의(perfectionism)의 품격을 떨어뜨린다. 그러한 완벽주의는 어떤 여정을 의미하는가? 카벨은 다음과 같이 설명한다. '내가 쓴 영화에 대한 에머슨주의는'

> 인간을 일종의 여정(journey)에 있는 존재로 묘사한다. 여기서 에머슨의 용어는 과도하게 잘못 해석됨에 따라 과도하게 친숙한 것으로 이해된다. 여정은 순응을 의미하는 것으로부터 자립을 의미하는 것으로의 이동을 뜻한다. *인형의 집(A Doll's House)*의 마지막 대목에

> 서 노라(Nora)가 그러했듯, 혼자 힘으로 생각하고, 세계를 판단하고, 세계에 대한 자신만의 고유한 경험을 얻는 것이 바로 자립(self-reliance)이다.

이 인용문을 통해 우리는 좀 더 직접적인 설명과 이것이 함의하는 교육적 비전을 개략적으로 살펴볼 수 있다.

자립의 목소리(The Voice of Self-Reliance)

에머슨의 자립(self-reliance) 개념을 이해하는 것은 '자신을 주장하라, 결코 모방하지 말라'(Insist on yourself; never imitate)(Emerson, 1982, p. 199)라는 글에 함의된 독립성(independence)과 우리 자신을 무엇을 통해 어떻게 *찾아야* 하는가에 관한 질문 사이의 긴장을 미묘하게 읽어내는 것에 달려 있다. 카벨은 말(words)을 찾는다는 것은 일상 언어 철학에 동의하는 언어와 세계의 친밀성을 반영한다고 주장한다(Cavell, 1989, p. 79-83). 그리고 이와 관련하여 카벨의 생각은 에머슨의 '구축으로서의 찾기'(finding as founding)라는 주제로 전환하여 에머슨이 *조건(condition)*이라는 아이디어에 천착한 것을 검토하기 위한 방법을 강구한다. 에머슨이 소개한 이러한 점을 압축한 용어는 순응(*con*formity)과 받아쓰기(*dict*ation)이다. 내가 유산으로 물려받아야만 하는 말, 표현의 수단이 되는 말은 나로 하여금 순응하도록 강요한다. 이것은 내가 속한 문화의 준거와 관련된 문제이다. 이 준거는 자립해야 하는 혹은 그것에 반하는 것과 관련된 조건을 제공한다. 대안적인 것은 순응을 약하게 만든다. 자립은 '언어의 관용(tolerance)과 비관용(intolerance)의 동시성'

과 관련된다(Cavell, 1979, p. 186).

『이성의 주장』(*The Claim of Reason*)에서 카벨은 다음과 같이 설명한다.

> 내가 추구하는 대로, 내가 상상할 수 있는 대로 내 말과 삶으로 문화의 준거(criteria)에 맞서기 위해, 또한 내가 속한 문화의 언어가 나에게 상상할 수 있는 삶의 방식대로 따라가는 나의 언어와 삶에 맞서기 위해, 그리고 문화가 내 안에서 만나는 방식을 따라 문화 그 자체에 맞서기 위해, 나에게 필요한 것은 내가 속한 문화의 준거를 소집하는 것이다 ...... 진지한 의사소통을 통한 가르침의 욕망은 내가 스스로 교육을 요구한다는 것이다. 그리고 성인들에게 이것은 자연스러운 성장이 아니라 변화(change)이다. 전환(conversion)은 자연스러운 반응으로부터의 돌아섬이다. 그래서 그것은 다시 태어남(rebirth)을 상징한다(p. 125).

카벨은 에머슨의 완벽주의(perfectionism)를 일종의 문화적 전환(cultural conversion)과 관련된 특징으로 이해한다. 산문(prose)의 종교적 음색에 의해 고양되는 도덕적 절박함의 논조는 도덕성이 우리 자신의 (제한된) 일부가 아니라, 우리가 하는 모든 것을 관통하는 어떤 것에 더 가깝다는 사실을 표현한다. 완벽주의의 가장 두드러진 특징은 우정과 교육을 통한 형태로 나타난다.

> 각각의 자아는 그 자아의 더 높은 상태로 올라가는 여정에 이끌린다. 더 높은 자아는 타고난 재능에 의해 결정되는 것이 아니라, 자신이 무엇으로 만들어졌는지 알기 위해 노력하는 것 그리고 자신이 하고자 뜻하는 것을 함양하는 것에 의해 결정된다. 가장 훌륭한 사람들에 의

> 한 정치(aristocracy)와 같은 어떤 것으로 사회의 변형(transformation of society)을 상상할 때 ...... 그 표현을 찾는 것은 바로 개인의 변형(transformation of the self)이다. 사회에 무엇이 가장 최선인지는 개인의 영혼에 무엇이 가장 최선인지를 위한 모형이 되며, 이것을 모범으로 삼는다(Cavell, 1990, p. 7).

조잡한 개인주의(individualism)와 달리, 이러한 생각은 최상의 상태에 있는 우리 자신에 대한 열망을 암시한다. 열망하는 것은 전형적으로 좋은 도시, 좋은 사회와 같이 새로운 실재와 관련하여 이해된다. 그것은 우리 세계가 어떻게 구성되어야 하는지, 그것을 위해 우리가 어떤 말을 찾을 수 있는지, 어떤 실천이 그것에 내용을 제공하는지, 어떤 기준이 그러한 세계를 지속해 갈 수 있는지 등에 관해 생각하는 것과 관련된다. 카벨은 '교육에서 완벽함에 대한 집착은 자신이나 타인이 길을 가도록 만드는 것보다 오히려 자신만의 길을 찾는 데 그 초점이 있음을 표현한다(p. xxxii).' 여기서 주요 아이디어는 주권(sovereignty)이 아니다. 오히려 제안되는 것은 보다 종교적인 것으로서 사실상 그 사람의 인격을 비추는 빛을 의미하는 *스텔라(stellar)*와 비슷한 것이라고 말할 수 있다(Emerson, 1982, p. 194). 그러한 빛은 자신을 통한 전달에서 결코 줄어드는 것이 아니라 확대되고 증폭되며 새로운 빛을 내는 에너지의 파장을 암시한다.[7)]

이렇게 사는 것, 즉 우리가 정착하게 되는 정체성 혹은 성취를 박탈하고 안락함 혹은 자만심으로부터 우리를 구하는 방식으로 사는 것은 극도로 어렵다.

---

7) 에머슨은 자립의 모범인 시인에 대해 '전기가 흐르는 강 전체의 지휘자'(the conductor of the whole river of electricity)라고 표현하였다.

> 나는 나 자신만의 확고한 주장과 완벽한 원을 가지고 있다. 그것은 의무라고 불리는 많은 직책에 의무의 이름을 부정한다. 그러나 내가 이러한 책무로부터 면제받을 수 있다면, 그것은 나에게 대중적인 기준(code) 없이도 살 수 있게 만들 것이다. 만약 누군가가 이 규율을 허술한 것으로 여기거든, 언젠가 그 계명을 지키도록 하라(p. 193).

그러나 대중적인 기준은 단순한 인습 타파 차원에서 없어서는 안 되는 것이지만, 대중적 기준 없이는 자유가 *본래 처음부터* 주어지는 것도 아니다. 그것은 내가 자라온 세계를 구성하는 준거로 입문하는 힘에 의존하며, 준거로의 입문을 통해서만 엄격한 체제의 요구에 대응할 수 있다.

이 과정에서 친구는 내 시야에서 단순히 깜빡거리고 스쳐 지나가는 것이 아니라, 나 자신의 가능성을 보다 정확하게 나에게 다시 보여주는 역할을 한다. 에머슨은 자신의 글이 우리 앞에서 다른 것, 즉 우리가 우리 자신의 생각을 찾아가는 방식의 사고에 대해 조용히 숙고하고 반응하도록 만드는 친구의 방식으로 기능할 수 있기를 희망한다. 그것이 곧 위대한 업적(great works)에 관한 그의 개념이고, 위대한 업적이 제공하고 시험하는 일종의 준거(criteria)이다.

> 모든 천재성을 띠는 작품에서 우리는 거부된 생각들을 발견한다. 그 작품들은 일종의 이질적인 위엄으로 우리에게 돌아온다. 위대한 예술 작품에 이보다 더 영향력 있는 교훈은 없다. 그것은 모든 목소리가 저 반대편에서 외치고 있을 때에도, 쾌활한 강직함으로 우리 자신의 인상을 지켜가도록 가르친다(p. 176).

여기서 괴리는 개인의 판단과 공적 준거 사이에 있는 것이 아니다. 그것은 자립적인 개인들의 목소리에 의해 유지되는 공적 준거와 다양한 유형의 부정의 목소리에 있다. 『나의 사고』(*My thought*)에서 카벨은 다음과 같이 쓴다.

> 말(words)과의 관계는(내 삶과의 관계에 대한 비유로서) 사고에 대한 도덕적 관계(moral-like relation to thinking)와 분리될 수 없다. 그리고 분리될 수 없는 도덕성과 사고는 특이한 긴장 상태에 있다. 도덕성은 결코 목적론적이지 않으며(사회에서 최대화될 수 있는 선의 개념을 토대로), 의무론적이지도 않다(권리에 대한 독립적인 개념을 토대로). 또한 사고는 우리가 이성적 추론(reasoning)이라고 여기는 것으로부터 아직까지 알 수 없는 거리에 있다(Cavell, 1990, p. 46).

그러한 사고를 가리키는 하나의 이름이 인정(acknowledge)이다. 이것은 부정(denial)과는 반대된다. 알 수 없는 여성의 멜로드라마에 대한 카벨의 읽기에서 이러한 점이 분명히 나타난다.

카벨로부터 돌아서기(Turning from Cavell)

에머슨에 관한 카벨의 여러 글에서 교육은 때로는 전환(conversion)으로, 때로는 반감(aversion)으로 묘사된다. 우리가 살펴본 에세이와 영화가 함의하는 바는 이것으로부터 혹은 다른 텍스트로부터 우리가 돌아서는 지점이 온다는 것이다. 이러한 생각이 마이클 필딩(Michael Fielding)의 글이나 권력 및 소유의 문제와 어떻게 관련되는지, 그리고 그것이 목소리의 아이디어와 연결되는 의미에 대해서 물어볼 시점이다. 이것이 어디로 나아가는지 간략하게 제시해 보고자 한다.

필딩의 글이 잘 보여주는 바와 같이, 수행성(performativity)은 학습되는 내용과 학습되는 방식을 제한함으로써 학습의 가능성을 부정하는 하나의 수단이다. 그러나 만약 그것의 해로운 영향에 대한 주된 관심이 개별성(individuality)의 성장 측면에만 주어진다면, 그 불평은 오해이다. 중요한 점은 실천 속에 내재된 공적 영역과 준거가 개인이 가진 목소리에 의존하는 방식이다. 따라서 여기에서의 강조점은 정치적 대표성 및 사회적 정의에 있는 것이 아니라, 보다 폭넓은 수준에서, 정치의 *가능성*에 관한 무엇, 그리고 좀 더 구체적인 교육 수준에서, 교육과정의 내용과 학문적 교과 그 자체의 내용에 관한 무엇이다. 수행성이 억압하는 것은 학습자의 목소리뿐만 아니라 교사의 목소리이기도 하다는 사실은 교사가 전해주고자 헌신하는 교과가 학습자에 의해 경험되는 방식을 위태롭게 한다. 완벽주의 교육에서 교사의 역할과 관련하여, 이것은 더욱 해를 입힌다. 교사-학습자-내용의 '신성한 삼각관계'(sacred triangle)에서 교사와 내용 간의 연결은 두 항 모두에 해가 될 정도로 약화되며, 그 결과 학습자와의 연결도 왜곡된다.

목소리의 부재를 다루도록 강구된 방법들 또한 핵심을 잃어버릴 수 있다. 방법들은 곧 극복하고자 했던 수행성에 의해 지배될 수 있다는 점이다. 목소리 개념의 난해함과 그것의 행동적 암시는 기능 및 역량과 관련하여 재기술(re-description)하게 만드는 경향이 있다. 활동식 수업에서 모두가 말해야 하는 식이나 일종의 표현을 위한 명목성 시책으로서 집단 정치에서 모두의 관점이 들려야 하는 것(공론화되어야 하는 것) 등이 이에 속한다. 반면 목소리를 좀 더 설득력 있게 만들 수 있다면, 수다스러움 혹은 게으른 말하기를 무시하는 것 그리고 침묵을 인정하는 것이 그러한 방법이라고 이해해야 한다. 이 점에서, 어쩌면 모순적이게도, 강의에서 다소간의 침묵이 학생의 목소리에 보다 정의로운 것이라고 볼 수 있다. 모두가 말해야 하는 '잘 운영되는' 세미나에서 공평하게 분배된 기회보다 더욱 그러하다. (물론, 나쁜 강의가 부족함이 없으므로 이것이 반드시, 심지어 일반적으로, 그렇다고 주장하는 것은 아니다.) 이 문제들 중 일부는 필딩이 인용한 연구에서 인정되었지만, 교육에 만연한 실천은 여기서 확인된 재기술에 몰두하도록 만든다.

목소리에 대한 익숙한 해석을 통해 개인 중심 교육(person-centred education)에 헌신하기도 하지만, 이것은 충분히 검토되지 않은 것이다. 개인 중심 교육은 무엇을 구성하는가? 혹은 무엇과 관련되는가? 앞에서 언급한 바와 같이, 순응의 위험은 개인에게 의존하는 방식으로는 잘 저항되지 않을 것이다. 개인은 입문의 과정을 통해 자립(self-reliance)에 도달하지 않는다면, 그리고 말의 관용 및 비관용을 통해 문화적 실천에 반감을 갖지 *않는다면*, 순응의 위험을 거부하기 어려울 것이다. 개인은 스스로를 찾아야 한다. 한번에 모든 것이 아니어도, 좋은 교육과정이 제공하는 대면(confrontation)의 가능성과 어휘들을 통해 그렇게 해야 한다. 내부로부터의 발현 혹은 경험을 통한 비매개적 발견이라는 진보주의의 꿈과는 반대로, 여기서의 논의는 이 과정의 문자적 성격(textual nature)에 주목한다는 점이다. 그러한 반감과 전환 속에서 자신을 찾는 것, 자기-의존성을 만들어 가는 것에는 항상 이차적인 것이 있고, 그것은 *수신되는(to be received)* 텍스트를 통해 가능하다. 관습(convention)은 전환(conversion)을 가능하게 하는 준거(criteria)를 제공한다.

받아들임(reception)의 중요성은, 실로 그것의 불가피성은 문자 그대로든 은유적 의미에서든, 여기서 고려되는 완벽주의 교육에 수반될 수 있음을 함의한다. 가르쳐지는 것, 그리고 그것에 대한 진보적 해석의 요구는 관습과 전환의 과정을 제안하지만, 이 과정은 일방향이 아니다. 학습자는 텍스트가 *자신에게 말 걸어오는* 방식으로 *점차 자기 자신을 찾아간다.* 그 텍스트 속에서 나타나는 어휘와 삶의 가능성과 같은 것들을 접하면서 자기 자신을 찾아간다. 개인이 텍스트를 해석하지만, 텍스트는 교사로 확대되고 교사로부터 다시 반영되는 관계를 통해 개인에게 감명을 주거나 각인시킨다. 교사와 텍스트는 둘 다 비슷하게 개인이 열망하게 될 다음 단계의 자신의 표본을 제시하고 몇몇 가능성을 보여준다는 점에서 학습자에게 친구와 비슷한 관계를 갖는다.[8] 친구, 교사, 우리가 읽은 책, 우리가 본 영화는 이런 방식으로 최선의 역할을 다할 것이다. 좋은 교사 혹은 좋은 친구는 학습자를 성장의 열린 과정(open-ended process of growth) 가운데 있는 것으로, 그리고 일종의 상호 불가지성(reciprocal unknowability)의 측면에서 이해해야 한다. 만약 이와 같은 인정(acknowledgement)이 목소리를 가능하게 한다면, 그 강조점을 미묘하게 바꿀 것이다. 즉 어떤 교과 혹은 기능을 통달하기 위해 분투하는 것으로부터 학습되는 것의 무한한 요구에 민감해지는 것으로 그 강조점이 옮겨갈 것이다. 개인은 교과에 적합하게 사고하고 말하는 방식을 인식하고 적용하게 된다. 그리고 이것을 행함에 있어서 시야의 폭이 확대된다.

그렇다면, 교육과정에서 인정(acknowledgement)을 어디서 찾을 수 있고, 어떻게 모형화할 수 있는가? 학습자가 학교 운영회 등에서 자신의 관점을 표현할 기회를 주는 것이라고 생각할 수도 있지만, 그것은 가장

8) 필딩은 존 맥머리(John MacMurray)의 글과 관련하여 조금 다른 강조점을 가지고 교육에서 친구와 같은 관계(friend-like relations)의 중요성 및 공적인 것과 사적인 것 간 관계의 재개념화에 관해 서술한다.

중요한 것을 지나치는 것이다. 다시 한번 말하자면, 목소리의 활성화로부터 받아들임(reception)으로, 즉 학습되는 내용과 학습되는 방법으로 주의를 기울일 필요가 있다. 이 글에서는 예술 작품에 대한 사고에서 발견되는 인정을 묘사한 영화를 한참 다루었다. 예술은 특수한 것에 대해 주의를 기울일 것을 요구한다. 예술 작품은 본질상 친숙지(knowledge by acquaintance)를 요구한다. 이는 만약 어떤 사람이 영화를 보지 않았다면 그 영화를 알 수 없다는 단순한 진리에 기초한다. 친숙지는 결코 명제적 지식의 차원에서 기술될 수 없다. 여기서 의미하는 무궁무진함(inexhaustibility) 혹은 미지성(unknownness)은 인정(acknowledgement)과 관련하여 실현된다. 특히 예술과 인문학에서 특수한 것에의 관심은 부정(denial)을 향한 경향성 그리고 종종 완전 정복 혹은 통제라는 가정에서 나타나는 경향성을 극복하게 하는 인정의 전형을 보여준다. 앞에서 설명한 것이 의미하는 바와 같이, 부정을 떨쳐버리는 것과 자신의 목소리를 찾는 것 사이에는 내부적 관계가 있다. 이것은 예술과 인문학의 특별한 중요성을 제안하고, 그것이 어떻게 가르쳐져야 하는지에 관한 함의를 전달한다.

카벨의 작품이 놀라울 정도로 그 범위가 넓음에도 불구하고, 우리가 살펴본 바와 같이, 회의주의, 에머슨의 자립에 천착한다는 점에서 연속성이 있다. 또한 이와 관련하여 카벨이 예술 작품에 대한 글을 쓰고자 하는 열망을 가졌던 이유도 좀 더 분명해져야 한다. 이 글은 이러한 주제에 대한 그의 독특한 접근이 목소리에 대해 좀 더 정교한 생각을 만드는 방식에 대해 살펴보았다. 이러한 설명은 그의 지속된 비트겐슈타인 읽기의 연속성과 일상 언어에 대한 관심이 간과된다면, 잘못 이해될 수도 있다는 것이다. 카벨의 사유는 보다 익숙한 목소리의 정치학이 가진 한계를 뛰어넘어 교육에 대해 한층 심오한 이해 방식을 보여준다.

할리우드식 결말에 대한 반감은 자신을 고정된 것으로 보는 아이디어에 대한 반감을 나타낸다. 인간의 삶은 내러티브로 잘 이해되지 않는 방식이 있다는 것, 그리고 만약 그런 식으로 상상한다면 어떻게 잘못된 언어가 되는지를 보여주는 것과 관련하여 읽기의 복잡한 패턴과 인정이 도움이 된다. 내러티브에 관해 너무 생생한 어떤 것, 목소리 개념에 너무 쉽게 영향을 미치는 어떤 것이 있지는 않은가? '내 삶은 구경거리가 아니라 삶 자체를 위한 것이다.' ...... '모든 동그라미 주위에는 또 다른 동그라미가 그려질 수 있다 ...... 본질상 끝이 없다 ......(Emerson, 1982, p. 180). 여기서 에머슨의 말은 고정됨(fixity) 그리고 정착됨(settlement)에 반대한다. 고정됨과 정착됨은 윤리적, 형이상학적 오류에 해당한다. 나는 내 삶을 하나의 내러티브라고 보고, '나 자신을 표현하고', 내가 제3자가 된다. 이와 같은 사고방식은 교육을 잃는다는 것이고, 역설적으로 목소리를 잃는다는 것 아닐까?[9)]

9) 이 글의 초안은 옥스퍼드에서 개최된 영국교육철학회의 연차 학술대회에서 발표되었다. 이 글에 대해 의견을 제시한 분들께 감사드린다. 나는 얼마 전 크리스틴 도딩턴(Christine Doddington)과의 대화 및 그녀의 출간 예정인 책을 읽음으로써 목소리라는 개념에 대해 생각해 보게 되었다. 이 점에 대해서 그녀에게 감사를 표한다. 또한 마이클 필딩(Micheal Fielding)의 최근 연구를 통해 이 분야에 관한 동향을 파악할 수 있게 된 점에 대해 그에게 감사를 전한다.

제3부

언어와 교육

제 8 장

교육과 언어적 전회[1]

(Education and the Linguistic Turn)

철학에서 언어적 전회는 우리의 사고가 압도적으로 언어 능력을 통해 발생하며 언어는 기호들의 공적 순환에 의존하고 있음을 보여준다. 이어지는 논의에서 말하겠지만, 이것은 내부와 외부, 주체와 객체에 관한 개념과 밀접하게 관련된다. 즉, 언어는 인간의 내부와 외부 그 어느 쪽도 아니지만, 인간이 존재할 수 있고 세계가 나타나게 하는 매개체라고 말할 수 있다. 내부와 외부의 구분이 의미를 가질 수 있는 것은 우리의 삶이 언어 속에서 이루어지기 때문이며, 그 안에서 주체성과 객체성 간의 대조도 그 기반을 찾는다. 우리가 이것을 직시하지 않는다면, 우리는 세계의 바깥으로, 현실의 바깥으로 나갈 수 있다는 환상에 빠질 위험이 있다. 이것은 근대 교육뿐만 아니라 많은 사고방식에 내재된 판타지이다. 나의 논의는 그 문제를 설명하고, 그것에 대해 무엇을 할 수 있는지와 관련하여 몇 가지 제안을 하고자 한다.

BBC 라디오 4에서 방송된 〈우리 시대에〉(*In Our Time*)[2] 시리즈의 한

---

1) 출처: Standish, P. (2021). Education and the linguistic turn. In A. R. English (Ed.), *A History of Western Philosophy of Education in the Modern Era* (pp. 227-252). London: Bloomsbury Academic.

2) 다음에서 청취 가능하다: https://www.bbc.co.uk/sounds/play/b03ggc19. Accessed on 3 February 2020.

프로그램으로 멜빈 브래그(Melvyn Bragg)가 주최한 팝캐스트에서 일상 언어 철학(Ordinary Language Philosophy)을 논의하기 위해 레이 몽크(Ray Monk), 스테판 멀홀(Stephan Mulhall), 줄리아 타니(Julia Tanney)를 특별히 다룬다. 일상 언어 철학은 특히 오스틴(J. L. Austine)(1911-1960)과 길버트 라일(Gilbert Ryle)(1900-1976) 그리고 다소 덜 분명하지만 루트비히 비트겐슈타인(Ludwig Wittgenstein)과 관련되며, 20세기 중반에 철학의 한 가지 접근 방식으로 전면에 나타났다. 그 프로그램의 핵심적인 토론은 수십 년 전의 고틀로프 프레게(Gottlob Frege)(1848-1925)의 작품과 영향에 관한 것이었다는 점에 놀랄 수도 있다. 프레게는 논리학을 변화시켰고, 수학 철학에서 매우 중요한 사람이었으며, 특히 『의미와 지시체』(*Sense and Reference*, 1980/1892)에서 언어 철학에 중대한 영향을 미친 연구 계보를 확립했다. 비트겐슈타인은 1911년 예나(Jena)에서 프레게를 만났고, 그의 제안에 따라 이후 버트런드 러셀(Bertrand Russell)(1872-1970)을 접촉하게 된다. 이것은 현대 분석철학의 확립을 통해, 특히 후기 비트겐슈타인과 오스틴에 의해 영향을 받은 핵심 교리로부터 출발하는 철학의 "언어적 전회"에 관한 이야기의 배경에서 중요한 의미를 지닌 순간이다.

이 글에서 전개할 설명은 이 역사와 많은 부분을 공유하지만, 우리는 좀 더 과거로부터 시작할 것이다. 그리고 그 과정에서 독일어로 글을 쓰는 철학자들이 중요한 역할을 했음에도 불구하고 영미 사상의 특징으로 일컬어지는 것 그 너머로까지 나아갈 것이다. 이것의 너머로 나아간다는 것은 이 시기 동안 다른 유럽 사상의 전통에서 언어에 대한 관심이 높아지고 있음을 인정하는 것이기도 하다. 그러한 관심의 변화는 철학이 (물리적) 과학보다는 인문학과 연계되는 것이 더욱 자연스럽다고 여겨지는 곳에서는 그리 놀라운 것이 아니다. 사실상, 셰익스피어(Shakespeare)의 대사는 그러한 주요 관심에 하나의 지표를 제공할 수 있다. '선함 혹은 악함은 없다. 그러나 생각이 그것을 그렇게 만든다'(*Hamlet*, Act Ⅱ, Scene 2)라고 햄릿은 말한다. 이것은 얼핏 보면 가치의 성격에 관한 언급인 것처럼 보인다. 여기서 가치는 인간이 세계에 부여하는 어떤 것을 의미한다. 그러나 그 말을 "선함" 혹은 "악함"이라는 가치가 아니라 "없음"이라는 말에 강조점을 두는 방식으로 좀 더 존재론적 방식으로 읽을 수도 있다. 즉, 사물의 *존재(being)*(일상적 의미에서 사물이 무엇인지)와 사고(thought) 사이에 관계가 있다는 것이다. 언어가 인간 사고의 지배적인 요소라는 점을 고려한다면, 햄릿의 언급은 다음과 같이 재진술될 수 있다. "선하거나 악한 것은 없다. 그러나 언어가 그것을 그렇게 만든다." 그러나 이러한 주장은 분명 설명과 입증을 요구하며, 이 단계에서 이것은 논의의 핵심 요소가 된다.

위에서 언급한 철학자들이 교육철학의 발전에 주도적인 역할을 했다고 말할 수는 없다. 그럼에도 불구하고, 그들의 사상은 교육을 전례 없는 방식으로 생각해 볼 수 있는 길을 열었다. 이어서 나는 지난 30년 동안 이 분야에서 의미 있는 사례들을 언급하면서 이것을 살펴볼 것이다. 그러나 나는 주로 비트겐슈타인, 마르틴 하이데거(Martin Heidegger)(1889-1976) 그리고 이후에 자크 데리다(Jacques Derrida)(1930-2004)와의 관계 속에서 발전된 사상의 계보를 따라갈 것이다. 이 계보는 근본적으로 언어가 무엇인지, 언어로의 입문이란 무엇인지, 따라서 세계에 작용한다는 것이 무엇인지 등에 관해 관심을 갖는다. "입문하다"(come into)라는 표현을 사용한 것은 우리가 새로운 기술을 습득하는 것처럼 언어 역시 "습득"하는 무엇으로 여기는 익숙한 가정을 피하고, 공동체와 세계로의 들어감(entry into)은 우리가 누구이며 무엇인지에 부가되는 것이 아니라 그것을 구성하는 것임을 시사하는 방향으로 잠정적으로 이동하기 위함이다. 이러한 실천 속으로 들어가는 것은 무엇을 해야 할지를 배우는 것이며, 이것은 결코 생물학적 성숙의 문제로 해결할 수 없는 것이다. 즉 우리의 행동은 모방과 수정을 통해서, 안내와 가끔의 명백한 가르침을 통해서 형성된다. 이것은 실천이 무엇인지를 구성하는 특징이다. 어린 동물들(최소한 고등 동물)은 주위 어른들의 행동을 모방함으로써 환경에 대처하는 법을 배우지만, 이 과정은 단지 일종의 반복을 통해서 이루어진다. 반면, 인간의 *실천(practices)*에는 항상 새로운 출발과 독창성의 가능성이 있고, 이러한 의미의 개방성은 문화의 기초이자 교육의 기반이다.

이어지는 논의는 인간 주체성의 발달에 관한 질문들을 객관성, 지식, 가치 등 모두 언어의 이해에 필수 불가결한 것들과 관련시켜 볼 것이다. 이 논의의 말미에 나는 현대 교육 실천에 대해 몇 가지 비판을 제시할 것이다.

언어와 의사소통(Language and Communication)

언어와 사고의 관계에 관해 널리 받아들여지는 현대의 가정들은 *의사소통(communication)* 개념에서 어긋난다. 일반적으로 언어는 누군가가 "획득하는" 의사소통의 "수단"이라고 간주된다. 20세기 후반에 영어권 국가에서는 "의사소통"이라는 용어가 상당히 유행했다. "의사소통"이 종종 "영어"보다 더 많이 연구되었다. 분명 이것은 다양한 업무 환경과 특히 직업 환경에서의 실천적 역량(practical competence)이 필요하다는 신호였다. 또한 그것은 사고의 구조화가 교육의 내용과 방법에 다양한 방식으로 스며들면서 언어에 관한 이해에 부정적인 영향을 미치는 의사소통 기술의 발전과 잘 맞아떨어졌다.

의사소통의 출발점은 다음과 같은 도식으로 이루어진다. *A*는 *B*에게 전달되기를 바라는 사고를 가지고 있고, *A*는 그 사고를 언어로 기호화하여 말하면, *B*가 자신이 들은 단어를 해독한다는 것이다. 그리고 만약 모든 것이 제대로 이루어진다면, *B*는 *A*와 똑같은 사고를 갖게 된다는 것이다. 이러한 관점이 전혀 새로운 것이 아님은 아리스토텔레스의 『해석에 관하여』(*Of Interpretation*)(1부)에서 비슷한 아이디어가 제시된다는 점에서도 확인된다.

> 구술 언어는 정신적 경험(mental experience)의 상징이고, 문자 언어는 구술 언어의 상징이다. 모든 사람이 똑같이 쓰지 않는 것처럼, 마찬가지로 모든 사람이 똑같은 소리로 말하지 않는다. 그러나 직접적으로 상징화하는 정신적 경험은 모두에게 똑같다. 이것은 마치 우리의 경험이 사물의 이미지인 것과 같다(아리스토텔레스, 기원전 350, 1부).

이 진술에 포함된 세 가지 가정에 주목해 보자. 첫째, 아리스토텔레스는 언어 간의 차이가 사고의 과업에 부수적이며, 따라서 '정신적 경험'은 어떤 의미에서는 말과 독립적으로 존재한다는 것이다. 둘째, 경험과 세계 내 사물 간의 상관관계에 관한 가정도 찾아볼 수 있는바, 그것은 사고와 세계 간의 자연스러운 조합이 있다는 것이다. 셋째, 사물에 관한 정신적 경험은 모든 사람에게 동일하다고 간주된다. 아마도 번역의 난감함은 사람들, 특히 단일 언어 사용자들이 다음과 같은 안이한 가정을 하도록 조장한다. 즉 자신이 사용하는 언어와 세계 간의 자연스러운 일치성이 있고, 그래서 다른 언어는 기본적으로 자신의 언어와 정확하게 매칭되어야 한다는 것이다. 아리스토텔레스 설명의 매력은 상식의 확신처럼 보이는 데에서 찾을 수 있다. 수 세기에 걸쳐 확장된 이와 유사한 이론화의 역사가 있다. 이러한 이론화 작업의 한 측면은 주체(말하거나 혹은 쓰는 사람)가 자신을 넘어선 세계를 언어라는 *수단(instrument)*을 통해서 접하게 되는 고립된 사유 존재로 간주된다. 주체는 경험의 대상으로부터도 분리되어 있고, 의사소통의 수단이 되는 언어로부터도 분리되어 있다. 세계와 언어 둘 다 주체에게 대상으로 놓여있다. 주체의 사유와 세계 사이에는 딱 맞는 일치성이 있을지도 모르지만, 그것은 거울 관계로 설명된다. 즉, 인식하는 주체를 인식되는 사물로부터 분리시키는 이미지를 갖는다.

사고와 세계 사이에는 자연스러운 일치성이 있다는 매우 영향력 있는 관념은 18세기 그래픽 용어에서 발견된다. 이 시기는 에티엔 보노(Étienne Bonnot), 아베 드 콩디야크(Abbé de Condillac)(1714-1780), 그리고 장 자크 루소(Jean-Jacques Rousseau)(1712-1778) 등의 사상가에 의한 언어의 본질과 기원, 언어와 사고 간의 관계 등에 관한 사유의 등장을 배경으로 새로운 백과사전의 시대가 탄생한 때이다. 가장 유명한 산출물은 장 르 롱 달랑베르(Jean le Rond d'Alembert)와 드니 디드로(Denis Diderot)의 28권 분량으로 구성된 『백과사전』*(Encyclopédie)*이다. 이 책은 3000개 이상의 각인 판본(engraved plates)을 포함하고 있으며, 1751년과 1772년 사이에 출판되었다. 이러한 책들의 설명, 제시 방식, 첨부 자료 등의 특징적인 스타일은 롤랑 바르트(Roland Barthes)의 에세이 "백과사전의 판본들"(The Plates of the Encyclopaedia)에 잘 설명되어 있다(Barthes, 2010; 혹은 Lee, 2000; Standish, 1992, 2014 참고)[3]. 각 판본은 장면이 일종의 삽화(광산, 베이커리, 금속 도금)로 묘사되는 윗부분을 포함한다. 한편 아랫부분에는 그 장면에서 사용되는 도구들의 항목을 열거하고 그 사용법이 일종의 추상화로 제시된다.

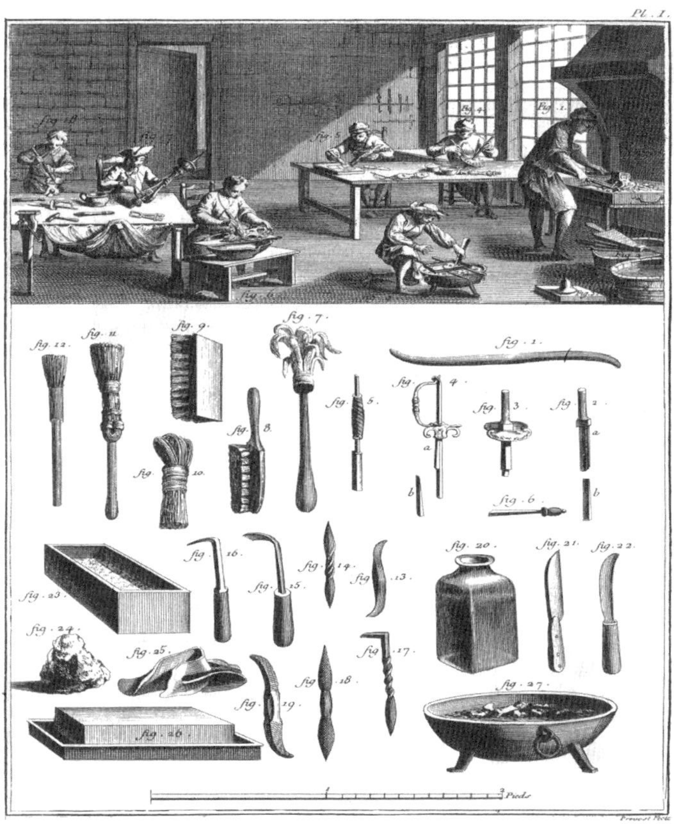

Doreur, Sur Métaux.

3) 이소영의 논의는 오늘날 "편람"(handbooks)과 기타 교육에 관한 방대한 자료집이 확산되는 가운데 새로운 형태의 백과사전적 형식의 출현과 연결 지어 바르트(Barthes)의 에세이를 읽는다. 스탠디시(1992, 2014)의 논의는 명백한 설명적 의도를 넘어 교육 담론 형태에 만연한 수사학적 효과를 설명하기 위해 바르트의 주제를 다룬다.

『백과사전』*(Encyclopédie)*의 전반적인 형식 및 내용뿐만 아니라 그 판본들은 언어의 가장 기본적인 특징이나 기능이 사물의 이름을 붙이는 것이라는 아이디어를 지속적으로 강화하도록 만들었다. 즉 주체로서의 인간은 관찰의 대상으로서 사물을 마주하는 입장이 되었다. 심지어 그 삽화에 내포된 유동성(움직임)은 판화의 정적이고 이상적인 이미지에서 참여 행동이 아니라 관찰되는 장면으로 고정되었다. 더욱이, 백과사전이라는 개념 자체가 암묵적인 의미의 원자론을 드러낸다. 아무리 단순한 진술이라도 세계에 관한 우리의 진술은 보다 근본적인 부분을 구성하는 분자와 같고, 이러한 기초적인 의미의 부분들이 세계를 구성하는 구성요소와 일치한다. 이러한 현실에 관한 이상적인 조사는 세계에 관한 물품 목록(inventory)을 제공할 것이다.

원자적 사실들(Atomic Facts)

비트겐슈타인의 『논리-철학 논고』(*Tractatus Logico-Philosophicus,* 1922)는 그러한 사고가 잘 표현되어 있다. 적어도 이 작품의 초반부는 그의 스승인 버트런드 러셀(Bertrand Russell)의 논리적 원자론(logical atomism)을 상기시킨다. 그 글을 구성하는 일곱 개의 주요 명제 가운데 처음 네 개는 다음과 같다.

1. 세계는 있는 그대로의 모든 것이다(The world is everything that is the case).
2. 있는 그대로인 것, 즉 사실은 원자적 사실들의 존재이다(What is the case, the fact, is the existence of atomic facts).

3. 사실들의 논리적 그림이 사고이다(The logical picture of facts is the thought).
4. 사고는 의미를 지닌 명제이다(The thought is the significant proposition).

세계(우주)는 원자적 사실들로 이루어져 있으며, 사고는 그러한 사실들과의 관계를 묘사하는 역할을 한다. 세계에는 내상이 있고, 여기에서 사고하는 주체는 그것을 숙고한다. 사고하는 주체는 전형적으로 무엇인가를 인식하고, 관찰하며, 관조하는 사람으로 이해된다. 만약 그들이 무엇인가를 하고 있다면, 그들은 자신들의 바깥에 있는 세계를 작동시키고 있는 것이다. 그들은 결코 세계 내로 흡수되지 않는다. 이 점에서 의미를 지닌 사고는 기본적으로 참 혹은 거짓이 될 수 있는 명제의 형태를 취한다. 그러나 만약 명제가 주장된 사실의 논리적 그림을 제공하지 않는다면, 그때 그 명제는 의미가 없거나 터무니없는 말이다.

비트겐슈타인은 이러한 논지를 상세하게 펼치지만, 한 가지 의문이 제기된다. 이 논지는 그 스스로 헌신하고 있는 것인가? 혹은 러셀 관점의 논리적 연장선상에서 그가 기술한 것이지만, 『논리－철학 논고』가 점차적으로 해체시킨 것인가? 전자는 "표준적인" 읽기로서 비트겐슈타인의 후기 저작에서 그는 초기 자신을 문제가 되는 논지를 지녔던 것으로 보고 결국 그 사고방식을 거부하였다는 사실을 지적한다. 후자의 해석은 그가 제안한 명제들이 마치 다 올라간 후 걷어차는 사다리처럼 배제되는 효과를 보인다는 점에서 주로 『논리－철학 논고』의 후반부 논의에 주목한다. 비트겐슈타인은 세계를 올바르게 보기 위해서 이렇게 해야 한다고 말한다(6.54). 이와 같은 논쟁은 최근 수십 년간 비트겐슈타인을 연구하는 학자들 사이에서 양분화되어 있지만, 그 책이 출판된 이래로 이것이 초기 비트겐슈타인이 전념한 논지라는 점을 폭넓게 수용하고 있다는 점을 어느 누구도 부인하지는 않는다.

소위 빈학파와 논리 실증주의의 발달을 가져온 엄격한 의미 개념은 우리가 생각하는 방식에서 주체와 객체의 분리를 공고화하는 것뿐만 아니라, 영국의 경험주의로부터 유래된 사실과 가치의 분리를 증폭시킨다. 사실상 이러한 이분법들은 서로를 지지한다. 이와 같이 그 문제에 관한 현대적 관점에서 의미 있음(meaningfulness)은 증명의 가능성과 연결되었다. 만약 당신이 기본적으로 명제를 증명하는 원리를 알지 못한다면, 그것은 의미 없음(nonsense)의 범주에 속하게 된다. 데이비드 흄(David Hume)이 표현한 18세기 버전으로 말해 보면, 당신은 "사실"(is)로부터 "당위"(ought)를 끄집어낼 수 없다. 그렇게 하고자 하는 것은 20세기 초 무어(G. E. Moore)가 "자연주의적 오류"(naturalistic fallacy)라고 부른 것을 범하는 것이다. 세계의 사실들은 무엇이 가치 있어야 하고, 무엇이 가치 있어서는 안 되는지를 말해주지 않는다. 사실에 관한 명제들은 원칙적으로 증명할 수 있는 것들이다. 우리는 요구되는 실험을 수행할 수단을 가지고 있지 않다고 하더라도, 명제가 참인지를 보여줄 수 있다는 것을 알고 있다. 그러나 무엇인가가 (도덕적으로) 선하거나 아름다운지를 보여줄 수 있는 실험은 있을 수 없으므로, 그러한 가치들을 주장하는 명제들은 의미가 없다. 1930년대와 1940년대 미국에서 찰스 스티븐슨(Charles Stevenson)(1908-1979)은 정의주의(emotivism)라는 아이디어를 바탕으로 윤리학(도덕 철학과 미학)과 관련된 논리 실증주의를 발전시키고자 하였다. 이 아이디어에 따르면, 윤리적 진술("그녀는 매우 용감하다")을 주장하는 명제는 마치 누군가가 "우-"(boo-) 혹은 "만세"(hurrah)라고 말하는 것과 유사한 반응으로 다른 사람들을 결집하도록 고안된다.

비트겐슈타인의 『논리-철학 논고』는 자신의 박사 학위 논문으로 승인되기 전에 이미 고전이 되었다. 그가 그것을 완성했을 때, 그는 자신이 가장 핵심적인 철학 문제를 풀었다고 믿었다. 분명 이러한 믿음은 지나치게 거만한 것처럼 보이지만, 그렇지는 않다. 비트겐슈타인은 특이한 배경과 성향을 가지고 있었고, 그런 점에서 그의 발언은 자신의 성취에 대한 자기-지시적인(self-referential) 자랑으로 이해되어서는 안 될 것이다. 반대로 그 당시 그가 한 것에 비추어 볼 때 겸손한 점도 있다. 그 문제들을 해결한 후 비트겐슈타인은 케임브리지 대학을 떠나서 교사가 되기 위한 훈련을 받기 위해 오스트리아로 돌아왔다. 1920년에 비트겐슈타인은 트라텐바흐(Trattenbach)의 시골 학교에 자리를 잡았고, 이후에는 오스트리아 남부의 벡슬산에 있는 푸흐베르크 암 슈니베르크(Puchberg am Schneeberg), 오테르탈(Otterthal)로 옮겨 갔다. 그는 1926년까지 그곳에서 교사로 일했다.

학교로 간 비트겐슈타인(Wittgenstein Goes to School)

비트겐슈타인은 자신의 학급을 격려하기 위해 상당히 노력했고, 아이들의 마음을 확장시키는 데 많은 시간을 할애한 유별나지만 헌신적인 학교 교사였다. 데지레 베버(Désirée Weber)는 다음과 같이 적고 있다.

> 비트겐슈타인은 어린 학생들을 가르치기 위해, 한 마디로 범주화하기 어렵지만, 직접적이고(hands-on) 실천적인 경험을 자주 제공하였

> 다. 편지를 살펴보면, 그는 학생들에게 적합한 교수 학습 자료를 제공하기 위해 상당히 노력했다. 지금까지 남아 있는 그의 교수 학습 자료에는 자신의 학급을 위해 직접 만든 증기기관 모형, 그가 준비하고 장착한 고양이 해골, 그리고 학급 학생들과 함께 했던 긴 자연 산책과 비엔나 현장 체험 학습의 묘사 등이 포함되어 있다(Weber, 2019, p. 690).[4)]

특히 베버는 비트겐슈타인의 언어와 의미 탐구가 그의 철학적 저작을 선점하고 있던 추상적이고 논리적인 탐구로부터 학교 수업을 통해 아동들의 언어 발달을 지도한 실천적 경험으로 변화해 가는 방식에 주목한다. 1925년 비트겐슈타인은 *초등학생용 사전(Wörterbuch für Volksschulen)*을 준비하는 데 많은 시간을 할애했다. 이 사전은 학생들이 사용하고 있는 단어에 대한 책임을 인식하도록 가르칠 필요성에 응답하고자 한 것이다. 이 책은 학급 내에서 학생 개개인이 자신만의 단어 책을 쓰고 묶는 학급 프로젝트에서 시작되었다. 비트겐슈타인이 쓴 서문에는 그가 학생들이 단어의 용법과 철자법을 어떻게 배워가는지에 관심이 있었다고 적혀 있다. 이것은 그의 생애 동안 『논리-철학 논고』를 제외하고 자신이 출판한 유일한 책이라는 점에서 매우 이례적이다.[5)] 그 당시 비트겐슈타

4) 분셰(Wunsche, 1985, pp. 302-320) 및 몽크(Monk, 1990, p. 193)를 참고하라.
5) 베버의 "비트겐슈타인의 초등학교용 사전: '하나의 사전으로 학생을 전적으로 책임감 있게 만들 수 있음'"(Wittgenstein's Dictionary for Elementary Schools: 'Only a dictionary makes it possible to hold the student completely responsible')을 참고하기 바란다. https://wittgenstein-initiative.com/wittgensteins-dictionary-for-elementary-schools/에서 확인할 수 있다(2020. 5. 4. 접속). 이것은 최근 『사전』(*Wörterbuch*)(Wittgenstein, 2020)이 영어로 번역되어 출판되었다. 베버는 비트겐슈타인의 자서전 및 후기 작품에서 교수와 학습의 역할에 관한 논문을 쓰고 있다(Weber, 2019 참고).

인은 교사로서 매우 혁신적이고 어떤 점에서는 진보적이었지만, 까다롭고 참을성이 부족하기도 했다. 특히 그가 보기에 똑똑하지만 게으른 학생에게는 더욱 그러했다. 결국 이것이 문제를 일으켰다. 1926년 봄, 그는 너무 화가 나서 한 학생을 심하게 때렸다. 이것은 마을 사람들의 분노를 불러일으켰고, 그들 중 한 명은 그는 더 이상 교사가 아니라 동물 조련사라고 말하며 경찰을 부르려고 했다(Monk, 1990, p. 233). 비트겐슈타인은 자신이 한 일에 부끄러움을 느끼면서 도망치다시피 나왔다.

이 전기적 일화의 핵심은 그의 생애 말기에 학교 교사로서의 그의 행동을 폭로하거나 혹은 그것에 대해 변명하기 위한 것이 아니다. 그것은 이 가르침의 경험이 차후 그의 철학적 발전에 영향을 미쳤다는 점과 관련이 깊다. 러셀의 설득을 통해 그는 마침내 몇 년 후 다시 케임브리지로 돌아왔고, 그곳에서 자신의 여생을 연구에 몰두하였다. 그가 돌아오고 얼마 되지 않아 그는 『철학적 탐구』(*Philosophical Investigations*)가 될 작업에 착수하였다.

비트겐슈타인은 이 책이 취해야 할 형식과 포함해야 할 내용에 관해 광범위하게 고심하였고, 그가 죽을 때까지 그 책은 출판되지 않았다. 그럼에도 불구하고 이 정도는 말할 수 있다. 『논리-철학 논고』는 HTML과 같은 구성으로 매우 체계적인 반면, 『철학적 탐구』는 전체를 아우르는 구조가 없이 이 주제에서 저 주제로 옮겨가는 수많은 문단들이 고르지 않은 순서로 배열되어 있다. 『논리-철학 논고』에서 비트겐슈타인은 촘촘하게 구조화된 선형적 주장을 펼친 반면, 『철학적 탐구』를 엮을 때에는 만약 그가 자신의 생각이 단일한 방향을 취하도록 노력한다면 그것은 "곧 절름발이"가 된다고 보았다. 그가 서문에서 설명한 것과 같이, 이것은 아래의 내용과 관련된다.

> 탐구의 바로 그 성격. 이것은 우리가 모든 방향으로 교차하는 사고의 넓은 영역을 여행하도록 강요하기 때문이다. 이 책의 철학적 언급은, 말하자면 이 길고 복잡한 여행의 과정에서 만들어진 수많은 풍경의 스케치이다(Wittgenstein, 1953, p. vii).

이와 같은 비체계적인 글쓰기는 비트겐슈타인 사고의 내용적 변화와도 일치한다. 『논리-철학 논고』에서 과감하게 논제를 제시하는 방식 대신 『철학적 탐구』는 성 아우구스티누스(Saint Augustine)라는 다른 이의 작품과 목소리로 시작한다는 점, 구체적으로 아우구스티누스의 『고백론』(*Confessions*)이라는 작품으로 시작한다는 점 또한 중요하다.

사실 비트겐슈타인의 텍스트에도 고백적 요소가 있다. 다만 그것은 그가 자신의 삶의 이야기를 한다는 의미에서가 아니라, 당신이 발견한 대로 세계를 기술하는 것과 같이 일인칭 관점이 매우 중요하다는 의미에서 그러하다. 이것은 철학 및 폭넓은 사회과학에서 흔하게 발견되는 비인칭적이고, 추상적인 3인칭 목소리와 대조된다. 그의 초기 "윤리학 강의"(Lecture on Ethics)(Wittgenstein, 1965/1929)에서 그는 일인칭 관점의 특별한 중요성에 대해 주장하였고, 도덕 철학에서 이에 대한 관심이 부족하다는 점에 대해 당혹스러워했다. 나 자신의 책임과 죄책감을 생각하는 것은 다른 사람이 직면하는 문제에 관해 비인칭적으로 사고하는 것과는 다른 느낌, 다른 무게를 갖는다.[6] 그 책의 스타일에서 구현되는

6) 우리의 언어 작용에 주의를 기울임으로써 이것이 증명될 수 있음은 오스틴(J. L. Austine)의 일상 언어 철학의 가장 잘 알려진 특징이다. 즉, "그녀가 ~할 것을 약속한다"(서술적 발화)라고 말하는 것은 곧 행위를 묘사하는 것임에 반해서 "나는 ~할 것을 약속한다"(수행적 발화)라는 것은 곧 행위이다. 이와 같이 말하는 사례는 우리가 말하는 것이 단지 세계를 가리키는 것뿐만 아니라 힘을 가지고 있다는 사실에 주의를 환기한다. 그리고 이것은 더 폭넓은 설명을 할 수 있는 길을 열어준다.

한 가지 효과는 『철학적 탐구』에서 독자를 자신의 판단에 의존해야 하는 위치에 계속해서 놓아둔다는 점이다. 문제의 판단은 체계적인 규칙에의 호소로 제공될 수 있는 것이 아니라, 그것은 다양하고 예측 불가능한 상황과 관련된다. 이러한 유형의 판단은 비슷한 사례를 경험함으로써 그리고 새로운 방식으로 사물을 평가할 수 있는 준비를 강화함으로써 형성되고 정제된다. 그것이 곧 비트겐슈타인이 서문에서 설명하는 경험이다. 아마도 이것은 또한 오스트리아 동북부 주(Lower Austria)에 위치한 동떨어진 마을의 학교에서 배운 것이기도 했다.

언어로의 입문(Coming into Language)

그러나 아우구스티누스(Augustine)에서 발췌한 내용 중 특히 중요한 점은 아이들이 언어에 입문하는 방식에 관해 말하는 것이다. 이것은 비트겐슈타인이 글의 시작 부분에서 인용하고 있는 문단에 잘 나타나 있다.

> 어른들이 어떤 사물의 이름을 부르면서 동시에 그것으로 향할 때 나는 이것을 감지했다. 그리고 그들이 *그것을* 가리키고자 했으므로, 나는 그 사물이 그들이 말하는 소리에 의해 기호화됨을 이해하게 되었다. 그러나 나는 이것을 그들의 몸짓, 즉 모든 사람의 자연 언어로부터 수집했다. 이 언어는 얼굴 표정, 눈짓, 팔 동작, 목소리 톤 등을 통해 나타나며, 영혼이 무엇인가를 욕망하거나, 집착하거나, 거부하거

그것은 세계의 변화에 영향을 미치지만, 최소한 그것이 없다면 세계는 지금과 같지 않을 정도로 보일 것이다(특히, Austin, 1962 참고). 지면 관계상, 오스틴이 언어적 전회에 막대한 공헌을 했다는 점과 데리다 및 특히 스탠리 카벨(Stanley Cavell)에 끼친 영향이 크다는 점을 인정하는 것에 관해 상세히 설명하지 못한 측면이 있다(Standish, 2012 참고).

> 나 혹은 뒷걸음칠 때 영혼의 애착을 보여준다. 이런 방식으로, 나는 조금씩 다양한 문장에서 각각의 자리에서 들은 말들이 의미하는 바를 이해하는 것을 배웠다. 그리고 일단 이러한 기호들을 발음해 보고 나면, 나는 내 바람을 표현하기 위해 그것들을 사용했다(Augustine, *Confessions,* Ⅰ, p. 8)(Wittgenstein, 2009/1953, §1).

다시 말해, 공동체 내의 어른들은 사물들을 가리키며 그것들의 이름을 부른다. 이것은 명시적인 가르침(지시함으로써 보여줌)의 과정이다. 언뜻 보기에, 이 광경은 충분히 타당한 것처럼 보일 수 있다. 결국, 당신이 새로운 언어를 배운다면, 당신이 단어라고 할 만한 것을 선택하는 것의 상당수는 지시하기와 이름 붙이기를 통한 보여주기에 상응하는 결과로부터 올지도 모른다. 그러나 여기서 중요한 점은 아우구스티누스가 제2외국어에 관해 이야기하고 있지 않다는 점이다. 문제는 우리가 처음에 어떻게 언어를 접하느냐이다. 예를 들면, 당신이 누군가에게 어떤 사물에 주의를 기울이기를 원할 때, 그 사물을 가리키는 실천 역시 우리가 배워야 하는 것이다. 그 실천(한 사람이 가리키고, 다른 사람은 주의를 기울이는 것)은 단순히 우리에게 자연스럽게 다가오는 것(타고나는 것이 아님)이 아니다. 비록 이후에는 아마도 세 살 정도의 나이가 되면 자연스러운 반응이 *될(become)*지라도 말이다.

여기서 다시 주의를 기울여야 할 언어에 관한 가정들이 있다. 아우구스티누스의 설명은 마치 모든 말들이 사물의 이름인 것처럼 보이도록 만든다. 그러나 "때문에", "그리고", "때때로", "매우" 등과 같은 단어나 수와 색깔을 나타내는 단어들은 어떠한가? 그것들의 사례를 지시할 수 있는 것이 있는지가 명확하지 않다. 이와 비슷하게, 언어가 의존하는 문법

구조, 즉 문장과 사고가 결합하는 다중적이고 복잡한 방식 또한 그러한 방식으로 가르쳐질 수 없다. 그것은 아동이 점차 더 많은 인간의 실천에 일부가 되어가는 것에 의존한다. 말하자면, 아기처럼 안겨서 말을 듣는 것, 씻겨지는 것, 옷이 입혀지는 것, 먹여지는 것, 식탁에 앉는 것, 다른 사람의 손을 잡고 걷는 것을 배우는 것, 그리고 도움 없이 방 안을 아장아장 걷는 것 등에서부터 시작하여 더 많은 것들의 일부가 되어간다.

비트겐슈타인이 우리가 말을 가지고 하는 다양한 것들을 강조할 때, 그리고 그가 "언어 게임"(language games)이라고 부를 때, 그는 이와 같은 다양한 실천을 생각한다. 여기서 실천에 처음 입문한 사람은 점차적으로 어떻게 되어 가는지를 배운다. 비트겐슈타인은 이러한 것을 "게임"이라고 부른다. 여기에는 그것들을 사소하게 여기는 의도는 없다. 우리가 일상적으로 게임이라고 부르는 것(축구에서부터 럭비, 배드민턴, 브리지, 체스, 카드 게임, 변장 놀이 게임, 낱말 게임 등)에 예외적인 다양성이 있다는 점과 이러한 행동 간의 명확한 중복이 있더라도 모든 게임에 공통적인 요소가 없다는 사실을 기억한다면, 이 비유가 잘 어울릴 것이다. 언어와 실천의 다양성도 이와 비슷하지만, 우리는 언어 기호(verbal signs)의 표면적 유사성으로 인해 획일성이 있다는 사고에 쉽게 속는다. 즉, 맥락에서 벗어난 단어(사전에 제시된 단어)는 모두 하나의 통일된 질서의 부분인 것처럼 보인다. 우리가 단어를 가지고 하는 것들의 다양성을 간과하는 것은 우리 경험의 다양성 및 세계의 성격 그 자체를 간과하는 것이다.

어떻게 나아가는지에 관한 방법(how-to-go-on)은 다른 사람들에게 의미 있는 방식으로 실천에 기여하는 것의 문제가 될 것이며, 그것은 새로운 방식으로 말하고 행동하는 것, 그래서 점차 그 실천을 발전시키고 확장해 가는 것을 포함한다. 어떤 실천은 마치 체스 게임과 비슷하다. 엄격한 규칙은 말이 움직일 수 있는 방식을 제한하지만, 여전히 게임 내에서 무한한 놀이가 가능하다는 점에서 그러하다. 다른 실천은 재즈와 좀 더 비슷하다. 여기에서는 "표준" 곡이 즉흥곡 시리즈의 기초로 여겨지고, 시리즈들은 원래 곡으로부터 점진적인 일탈을 도모할 수 있으며, 이 일탈은 그 곡과의 관계에서 일관성 및 화음의 연속성을 유지한다. 따라서 『논리-철학 논고』에서 비트겐슈타인은 *의미의 그림 이론*(*picture theory of meaning*)을 발전시켰으나(대부분의 단어가 사물을 지시하고 객체의 이름을 나타낸다는 관점과 일치함), 『철학적 탐구』에서 이러한 아이디어는 *활용으로서의 의미*(*meaning as use*)로 대체되었다. 여기에서 단어를 이해하는 것은 그것을 정확하게 혹은 적절하게 사용할 수 있다는 것이며, 다른 사람들이 (대부분) 인식할 수 있는 방식으로 해 나가는 방법을 안다는 것이다.

1990년대에 미국과 캐나다의 전문 철학자들을 대상으로 한 설문조사에서 응답자들은 20세기 철학에서 가장 중요한 다섯 권의 책을 꼽아보라는 요구를 받았다(Lakey, 1999 참고). 우리는 앞서 『논리-철학 논고』가 어떻게 1920년대에 이미 고전이 되었는지를 살펴보았는데, 이 설문조사에서 그것은 네 번째로 꼽혔다. 그러나 명확한 차이로 『철학적 탐구』가 1위를 차지했다. 이 점에서 교육에 더 큰 영향을 미친 것은 비트겐슈타인의 후기 저작이라는 사실은 놀라운 일이 아니다.

이 분야의 최근 작품들을 살펴보기에 좋은 출발점은 마이클 피터스(Michael Peters)와 제프 스틱니(Jeff Stickney)의 『교육에 관한 비트겐슈타인 안내서: 철학적 탐구』(*A Companion to Wittgenstein on Education: Philosophical Investigations*)이다. 이 책의 57개 장은 해당 분야

에서 최근 작품의 현황을 반영한다. 50여 년 전에 피터스(R. S. Peters), 폴 허스트(Paul Hirst), 그리고 로버트 디어든(Robert Dearden)의 작품에서도 비록 비트겐슈타인의 방식에 의문을 제기했을지라도, 그가 자주 언급되었다. 비슷한 시기에, 특히 러시 리스(Rush Rhees)[7]와 연관된 "스완지 비트겐슈타인학파"(Swansea Wittgensteinianism)는 이유안 로이드(Ieuan Lloyd)의 가르침과 글을 통해 교육과 관련지어 발전시켰다(Lloyd, 2020 참고). 1970년대와 1980년대에는 미국의 맥밀런(C. J. B. Macmillan)과 호주의 마셜(Marshall)이 교육에 대한 비트겐슈타인의 중요성에 대한 이해를 촉진하는 데 중요한 역할을 했다. 마셜은 『철학과 교육: 비트겐슈타인의 도전 수용하기』(*Philosophy and Education: Accepting Wittgenstein's Challenge*)라는 논문집에서 폴 스마이어스(Paul Smeyers)와 협업하면서, 책의 일부에서 런던학파의 작품에 비트겐슈타인을 도입하는 것에 관해 이의를 제기하기도 했다. 나의 글, 『자아를 넘어: 비트겐슈타인, 하이데거, 그리고 언어의 한계』(*Beyond the Self: Wittgenstein, Heidegger, and the Limits of Language,* 1992)에서도 언어의 본성에 대한 감수성을 높여 교육 담론을 바꾸어 보고자 하였다. 언어와 학습에 관한 질문은 크리스토퍼 윈치(Christopher Winch)(1998, 2006)의 글에서 좀 더 인식론적 방향으로 나아갔다. 또한 그것은 교육 연구(Smeyers and Smith, 2014), 테라피(therapy)(Smeyers, *et al.*, 2006), 그리고 후기구조주의(Blake, *et al.*, 1998, 2000; Burbules, Peters and Smeyers, 2010; Peters and Stickney, 2018) 측면과 관련하여 논의되

7) 리스(Rhees)는 1936년 케임브리지에서 비트겐슈타인을 만났고 그의 평생 친구가 되었다. 그는 비트겐슈타인의 작품에 관해 비견할 수 없는 지식을 가졌으며, 탁월한 해설가였다. 그는 비트겐슈타인의 후기 작품의 여러 모음집을 번역하고 편집하였다.

었다. 후기구조주의는 하이데거를 배경으로 하지 않고서는 거의 나타나지 못했을 것이므로, 이제 우리는 하이데거의 현상학에 대해 살펴보도록 한다.

현상학과 사물을 알아가는 것(Phenomenology and Coming to Know Things)

비트겐슈타인의 사고에서 변화의 성격은 명백히 매우 다른 마르틴 하이데거(Martin Heidegger, 1889-1976) 철학에 대한 좋은 출발점을 제공한다. 비트겐슈타인과 하이데거는 같은 해에 태어났지만, 그들 작품의 철학적 맥락은 매우 달랐다. 비트겐슈타인은 러셀과 프레게의 영향이 강한 철학적 맥락에서 자신만의 고유한 사상을 발전시킨 것으로 볼 수 있는 반면, 하이데거의 저작은 에드문트 후설(Edmund Husserl)(1859-1938)과 현상학으로부터 직접적인 영향을 받는 맥락에서 비롯되었다. 현상학은 *세계가 인간에게 구체화된 것으로 나타나는 방식(the way that the world comes to light to the human being as embodied)*에 관해 탐구한다. 이것은 곧 우리가 세계의 한 양상을 묘사할 때, 우리는 특정한 생리 현상과 시간성의 관점에서 그렇게 한다는 사실을 인식하는 것이다. 즉 우리는 거미의 눈과는 다른 인간의 눈으로, 그리고 나비의 시간과 다른 인간 수명의 측면에서 세계의 양상을 묘사한다. 더욱이, 세계가 나타나는 방식은 특정 인간의 관심의 산물이다. 예를 들면, 우리가 난생 처음 어떤 방에 들어가면 어떤 것들에는 주목하지만 다른 것들은 주목하지 않듯이, 모든 것들은 특정 관심사에 비추어 나타난다. 앉을 테이블과 의자가 있다는 것, 영화를 상영할 스크린이 있다는 것, 요리가 된 음식이 있다는 것 등을 관심에 따라 주목하게 된다. 그리고 이러한 관심사는 타자와의 상호작용 및 우리가 함께 만들어 가는 프로젝트를 통해 길러지고, 형성되며, 발달된다. 타자와 함께 존재한다는 것(being-with-others)은 근본적으로 우리가 의식적 결정의 문제로 다가가게 되는 무언가가 아니다. 즉 그것은 우리의 모습으로 존재하게 되는 이미-그곳(already there)의 근거이다. 그것은 본질적으로 언어로 구성된다. 이에 관해서는 다시 살펴볼 것이다.

하이데거의 현상학 이해를 따라갈 수 있는 손쉬운 방법은 초기 작품인 『존재와 시간』(*Being and Time*)에 제시된 현실태(present-at-hand/*vorhanden*)와 잠재태(ready-to-hand/*zuhanden*) 간의 구분에서 살펴볼 수 있다. 사물들은 관찰적 입장에서 직접적인 대상이자 초점이 된다는 점에서 현실태로 존재한다. 또한 사물들은 우리의 관심의 초점이 되지 않은 채 일상적 활용에서 만나게 된다는 점에서 잠재태로 존재한다. 우리가 초점을 맞추는 것은 무엇이든, 거기에는 항상 의자에 앉는 것, 커피를 마시는 것, 마우스를 움직이는 것 등과 같이 사물을 대하는 배경이 있다. 그리고 이러한 배경, 세계 내 우리의 존재 저변에 흐르는 저류(그래서 세계가 나타나는 방식)는 자주 간과된다. *사회*과학 탐구에서 이것의 결과는, 특히 심리학에서, 매우 치명적이다.

하이데거는 『존재와 시간』을 근본적인 존재론(ontology)의 시작으로 규명한다. 존재론은 최근 사회과학에서 다른 목적으로 전유된 용어로 사용되기도 하지만, 존재의 본질 및 존재가 취하는 서로 다른 형태와 관련된다. 테이블이나 나무의 존재는 거미의 존재와는 다르며, 또한 인간의 존재와도 다르다. 이러한 표현은 너무 쉽고 다소 진부한 것으로 다가올 수 있지만, 의식 및 자기-의식(self-consciousness)의 측면에서도 차이가 있다. 하이데거의 설명은 간접적이지만 더욱 정확하다. 하이데거는 "인간"(human being)이라는 용어의 사용을 피한다. 근거를 들자면 그 용어는 플라톤 시대 이래로부터, 특히 근대에 이르기까지 무려 400년 동안 누적된 함의로 인해 무거운 짐을 지고 있다고 본다. 그래서 그는 대신 자신의 핵심 연구 주제를 *현존재*(being-there/*Dasein*)라고 규명한다. 그의 주장에 따르면, 현존재는 존재가 질문이 되는 존재이다. 그러나 이것이 정확하게 무엇을 의미하며, 그것은 왜 중요한가?

하이데거는 존재 혹은 실체(*Seiendes*)와 때로 대문자로 "존재"(Being/*Sein*)로 표기되는 것을 구별하여 작업한다. 실체는 차별적 *특징*과 관련되어 이해된다(노란 것, 작은 것, 어리둥절한 것, 용감한 것 등). 그러나 이것을 넘어서서 사물의 존재에는 *완전한 사실(sheer fact)*이 있다. 『논리-철학 논고』에서 비트겐슈타인은 "세계가 존재하는 것은 경이로움(wonder)이다."라고 썼고, 이 경이로움의 의미는 그의 이후 사상에서도 이어진다. 이것은 하이데거에게도 그러하다. 그러나 여기서 존재(Being)에 함의된 바를 단지 경이로움과 관련해서만이 아니라, 다소 낮은 수준의 강도에서 주로 이해할 필요가 있다는 점이 중요하다. 다음의 예시가 도움이 될 수 있을 것이다.

당신이 원예 카탈로그의 꽃이 핀 식물 그림을 보고 있다고 상상해 보라. 각각의 그림은 밝은 햇살 속의 꽃의 머리 부분과 선명한 색상, 그리고 아주 깨끗한 형태의 잎을 보여준다. 사진에 붙어 있는 설명은 식물들의 원예학적 이름과 그 외 부연 정보를 제공한다. 예를 들면 그 정보는 "햇볕이 잘 드는 곳에서 잘 자람. 키는 1~2m 정도. 7~9월 사이에 개화" 등과 같은 형태를 띤다. 당신이 보고 있는 식물은 해바라기이고, "세련된 옅은 색의 꽃이 인상적인 레몬 퀸"이라는 종류이다. 그 식물 사진은 단번에 눈

길을 끌며 정원을 가꾸는 사람에게 유용한 정보를 제공한다.

그러나 이 이미지를 이번에는 다른 해바라기 그림과 병치해서 다시 한 번 생각해 보자. 다른 종류의 해바라기가 아니라 다른 유형의 그림인 반 고흐(Van Gogh)의 *해바라기*와 비교해 보자. 원예 카탈로그의 사진을 설명하기는 쉬운 반면(그것이 제공하는 정보와 이것이 제시하는 분류의 측면에서), 반 고흐의 그림에서 무엇을 말하는지 아는 것은 좀 더 어렵다. 이것은 또한 교육적으로도 중요한 포인트이다. 반 고흐의 작품은 실제로 정보를 전혀 제공하지 않는다. 오히려 그것은 그것을 보고 있는 사람에게 *속도를 늦추도록(slow down)* 격려한다. 아마도 당신은 꽃잎들의 매달림, 어두운 노란색과 황토색, 두꺼운 색칠과 붓 자국, 그리고 이미지의 평편함 등을 주의 깊게 살펴보기 시작할 것이다. 이러한 것들은 준거(criteria)의 체크리스트와는 다른 무엇이며, 정보의 축적과는 거리가 멀다. 그것은 당신에게서 다른 반응을 이끌어 낸다. 당신은 그 작품의 어떤 존재감을 흡수하면서 그것에 익숙해지게 된다. 그 해바라기는 독특한 성질을 지닌 자신을 스스로 드러낸다. 특정 식물 종으로서가 아니라, 자신 속에 있는 그 자체(there-in-themselves)로서 자신을 드러낸다.

~을 아는 것(명제적 지식)과 ~하는 방법을 아는 것 두 가지 이외에 다른 종류의 앎이 있다는 것과 그것이 직접지(直接知, knowing by acquaintance)(혹은 직접적인 대상을 통한 앎)로 이해될 수 있다는 아이디어는 버트런드 러셀(Bertrand Russell)에 의해 전면에 내세워졌다. 그러나 러셀이 이러한 세 번째 유형의 앎에 대해 말할 때 염두에 두었던 것은 감각의 직접적 전달을 통해 획득되는 지식이었다. 현존하는 것의 이러한 직접성의 함의는 비인지적이고, 비언어적이며, 일종의 극단적 경험주의의 일환으로서 비엔나 학파의 논리 실증주의자들에 의해 채택되고

발전되었다. 그러나 이것은 내가 "작품에 익숙해지는 것"(becoming acquainted with the work)이라고 언급했던 것과는 아무런 관련이 없다. 즉 내가 하이데거와 연관시켜 말한 현존(presence)을 흡수하는 것과 아무런 관련이 없다. 하이데거가 고흐의 농부의 신발에 관한 작품들에 관해 글을 쓸 때, 그 그림들은 들판에서 돌아올 때 터벅터벅 걷기, 하루 일과 이후의 피곤함, 그 신발을 신은 사람의 몸에 맞추어지고 그 무게를 견디며 생긴 특징과 형태 등과 같은 것을 전달한다고 그는 제안한다. 여기에는 이것의 서사적 요소, 그리고 현재 속에 펼쳐진 과거(들판에서의 수고로움)와 미래(집으로의 귀가, 휴식, 저녁 식사)가 있다. 즉 현재는 연대기적 시간에서 고립된 순간이 아니라, 이와 같이 주제화된 경험이다. 그렇다고 회화 경험이 반드시 이와 같은 방식으로 설명되고 언어로 표현되어야 함을 제안하는 것은 단연코 아니다. 그러나 이러한 주제화의 배경을 경험하게 됨에 따라 사람들은 그것에 익숙해지면서 알아간다. 곧 주제화는 언어를 수반한 존재들의 경험에 관한 구조물이라고 할 수 있다. 이와 같은 중요한 의미에서 친숙지(親熟知, knowledge by acquaintance)는 감각의 생생한 전달의 산물이라고 할 수 없다. 그것은 이와 같은 언어의 배경에 의존한다. 사실상, 어떤 유형의 주제화가 없는 상황에서 감각의 전달이라는 관념이 어떤 의미를 가질 수 있는지 알기 어렵다. 우리가 무엇인가를 볼 때, 우리는 *특별한 것(something)*을 본다. 예를 들면, 이 테이블, 저 나무 등과 같이 무언가를 본다. 광선이 망막에 부딪히지만, 이것은 일상적 의미로 보는 데에 충분하지 않다. 유아들이 테이블과 나무를 볼 수 있도록 만드는 것은 불가피하게 언어로 구조화되거나 조건화된 실천 속으로 들어가는 것이다. 사물들이 구분되고 세계가 밝혀지는 것은 바로 그러한 실천을 통해서이다.

하이데거는 1950년 "언어"(language/*Die Sprache*)라는 제목의 강의에서 인간이 의사소통을 위해 언어를 사용한다는 관념에 반대하며, 언어가 말한다(language speaks)는 도발적인 주장을 제시한다. 이와 같은 예외적인 반전은 언어가 인간이 취사선택할 수 있는 것 중 하나의 행위라는 관념을 없애기 위해 의도되었다. 우리가 하기로 결정한 것이 무엇이든, 그 결정과 그것의 배경에는 언어가 항상 거기에 있다. 우리가 조용히 생각할 때, 우리가 말을 하든 하지 않든, 언어는 우리 마음속에 흐르는 사고의 주석으로 존재한다. 우리가 말하게 되는 것은 공동체 내 기호들의 순환에서 비롯된다는 점에서 언어가 우리보다 선행하고 우리에게 세계를 열어준다는 것을 분명하게 보여준다. 언어는 우리가 마음대로 처분할 수 있는 도구가 아니며, 다른 현상들이 그러한 것처럼 학습의 대상 또한 아니다. 물론, 언어학은 억양의 사회문화적 차이 혹은 다양한 언어에서 동사 형태의 차이 등에 관해 연구할 수 있다. 그러나 그러한 연구는 언어를 대상으로 간주하는 것으로서, 언어에서 가장 중요한 것에 이를 수 없다. 그것은 언어가 사고의 원천이라는 인식을 방해할지도 모른다.

이것을 지나치게 신비로운 것으로 만들지 않는 것이 중요하다. 하이데거의 관심사 중 일부는 사물이 존재할 수 있는 방식은 결코 불변하거나 안정적인 것이 아니라는 점이다. 왜냐하면 그것은 부분적으로 다른 시대, 다른 문화에서 적용되는 삶의 방식과 사고방식에 의존하기 때문이다. 여기서 쟁점은 어떤 한 사고방식이 옳은지 여부가 아니다. 오히려 그것은 항상 일련의 열린 형태의 함축적 의미들, 즉 담론이 있을 것이고, 그 담론 내에서 사물들이 밝혀지며 진리의 문제들이 드러난다는 점이다. 우리는 이것의 의미를 문화적 차이에 노출될 때 혹은 번역의 경험에서 발견할 수 있다(Yun & Standish, 2018; Standish, 2011). 반대로, 이 글을 읽는 대부분의 독자에게, 압도적이지는 않더라도, 그들의 이해를 형성하는 매우 중요한 요소이자 이러한 차이 감각을 약화하는 요소는 기술-과학적 사고(techno-scientific thinking)이다. 지난 400년 동안 과학의 발달은 주체와 객체 간의 명확한 구별을 진척시켰다. 사고하는 사람은 현미경이나 망원경을 통해 관찰자가 되었다. 현미경이나 망원경과 같은 도구는 인간의 진보에 막대한 영향을 미쳤지만, 특히 시각이라는 한 가지 감각을 발전시키는 효과를 가져온 반면, 다른 감각들은 둔화시켰다. 또한 세계와의 관계에서 기술에 보다 초점을 맞추되 전체적으로 연결되지 못하는 효과를 낳았다. 과학을 기술적 응용에 흡수한 것은 사고 개념을 문제 해결(problem-solving)로 바라보도록 촉진하였고, 여기에는 원칙적으로 문제들을 기술적 해결로 처리할 수 있다는 가정이 전제되어 있다. 즉 만약 우리가 문제를 해결할 수 없다면, 우리는 더 많은 연구가 필요하다는 것이다. 어떤 측면에서 새로운 기술은 이와 같은 사고 방향을 더욱 촉진한다. 특히 추론의 과정을 이진법[8]으로 축소하거나 "빅데이터"의 활용에서 나타나는 바와 같이 사고 모형이나 사고의 조작 수단으로서의 알고리즘의 개발을 통해 이러한 사고 방향이 가속화된다. 이것은 기술을 비난하기 위한 것이 아니라, 기술적 사고가 사물을 밝히는 방식이 다른 방식의 사고를 밀어내는 경향이 있음을 인식하기 위한 것이다(Heidegger, 1977 참고). 기술-과학적 사고는 보편적 세계관을 조장한다. 이것은 물리학이 그 범위 내에서 정당하게 달성하는 보편주의이지만, 보편주의는 그 범위를 넘어서서 일종의 (특히 유럽의) 식민주의 사고의 특징을 갖기도 한다. 타자를 동일자로 흡수하거나 혹은 타자

8) 하이데거의 "이성의 원리"(The Principle of Reason)라는 제목으로 동일한 내용을 다루는 책에서 참고하기 바란다(Heidegger, 1991).

를 자신의 용어로 번역하는 데에서 식민주의적 사고가 나타난다. 이것은 사물들이 다양한 문화에서 다른 언어를 통해 나타나는 방식을 억압한다. 보편주의적 세계관은 세계를 밝힐 그러한 가능성을 억압한다. 그것은 사물이 존재할 수 있는 방식을 형성한다.

이 지점에서 그러한 경향성은 신비주의적 제안에 반대하며 다음과 같이 말할 수도 있다. 그렇다면 세계는 실제로 어떠한가? 이 반응에 대해 두 가지 점을 강조하고자 한다. 첫째, 세계에 관한 사고가 틀릴 수도 있다는 사실을 잊지 않는 것이 중요하다. 사물에는 저항(resistance)이 있다. 즉 우리는 단지 새로운 용어를 개발함으로써 모든 것을 변화시킬 수는 없다. 물론 인간은 다양한 방식으로 자기 자신을 속이거나 혹은 증거가 보여주는 것을 보기보다는 종종 자신의 판타지를 가지고 보는 것을 선호한다. 과학은 여러 가지 방식으로 그것을 옳게 만들었다. 둘째, 실제로 세계는 어떠하냐고 질문할 때, 우리가 세계를 이해하는 관점과 분리된 이상적인 것이 있다고 상상하기 쉽다. 그러나 이것은 신(유일신)의 관점과 같다. 신은 모든 곳에 있고 모든 것을 안다는 점에서 이것은 결코 하나의 관점이 아니다. 그러한 사고방식은 문자 그대로 상상조차 할 수 없는 것이다. 경험적으로 그와 같은 이상적으로 분리된 관점을 거부한다는 것이 과학적 탐구나 다른 유형의 탐구를 포기한다는 것을 의미하지는 않는다(또한 종교적 믿음을 포기한다는 것도 아니다). 그것은 과학이 진리 그 자체와 무조건적 관계를 맺는다고 보기보다는 사고방식의 결실이라는 측면에서 좀 더 이해될 필요가 있음을 의미한다. 결국, 진리는 자연에 내재된 것이 아니라 명제의 속성이라고 보는 것이 합당하지 않을까?

하이데거는 진리가 단지 이러한 것이 아님을 보여주는 데 관심이 있었다. 그는 진리의 관념을 옳음(명제는 참 혹은 거짓이다)과 관련지어 이해하는 것과 달리, 계시(revealing)로서의 진리라는 개념, 즉 *알레테이아(aletheia)*라는 개념(notion)에 주목한다. 세계는 어떻게 나타나게 되는가? 명제가 옳음을 평가받기 위해서는, 그 명제가 무엇을 가리키든 간에, 무엇인가가 이미 드러나야 한다. *알레테이아*는 참으로서의 진리라는 관념(ideas)에 익숙한 문화에서는 매우 어려운 개념이지만, 우리가 두 가지 유형의 해바라기 그림을 고려할 때 이것이 암시하는 바를 가늠할 수 있다. 레몬 퀸(Lemon Queen)이라는 종류의 해바라기가 1~2미터 정도 자란다는 것은 참일 수도 있고 아닐 수도 있다. 이것이 우리가 이해하고 있는 것이다. 그러나 반 고흐의 그림이 드러내는 것은 그것이 무엇이든 간에 그러한 방식으로 풀어낼 수 없다. 반 고흐가 해바라기의 "존재성"(thereness)이나 "해바라기다움"(sunflowerness)을 나타내는 방식과 같은 그러한 표현에 의지할 때, 사람들의 사고는 쉽게 약해지거나 감성적인 것이 될 수 있다. 그러나 어느 누구도 우리에게 그 그림을 말로 번역하도록 강요하지 못한다. 우리가 그 그림을 볼 때 거기서 의미가 생기며, 그것은 재현을 넘어서는 방식을 취한다. 그림은 그것이 재현하는 사물의 기호나 표시와 같은 것이 아니다. 그림은 무엇인가를 *보여준다(show)*고 말하는 것이 더 나을 것이다. 그림은 해바라기의 무엇, 해바라기에 관한 무엇, 재현에 관한 무엇, 그리고 어쩌면 세계 그 자체와 그것이 드러나는 방식에 관한 무엇을 보여준다.

언어와 존재의 집(Language and the House of Being)

언어가 말한다고 하는 하이데거의 도발적인 주장은 언어가 곧 "존재의 집"(house of Being)이라고 하는 진술에서 한층 더 확장된다. 이것을 설명할 때, 하이데거는 짓기(building), 거주하기(dwelling), 그리고 사고하기(thinking)라는 아이디어를 결합한다. 사실 그의 1951년 강의 "짓기 거주하기 사고하기"(Building Dwelling Thinking)(*Bauen Wohnen Denken*)에서 이 세 가지 요소가 함께 언급되었다. 이때 구두점이나 접속사 없이, 마치 세 항 간의 상호 의존성과 하나가 다른 하나를 병합하는 것을 보여주는 것처럼 표현되었다. 이것은 많은 측면에서 이미 『존재와 시간』(*Being and Time*)에 나타난 사고를 확대한 것이다. 즉 그것은 *일상적 의미에서(in its ordinary sense)* 세계는 현존재(Dasein)와 관련된 상호성(mutuality)의 측면에서 이해될 필요가 있다는 것이며, 여기서 세계가 무엇이며 무엇이 현존재가 될 수 있는지는 언어를 통한 상호 전유(mutual appropriation)와 관련된다. 앞부분에서 서술한 바와 같이, 우리가 일상적으로 이해하는 것으로서의 세계는 이미 주제화된(thematised) 것으로 나타난다. 물리학이 경이롭고 영향력이 크더라도, 그것은 일상적인 세계로부터 추상화된 것이다.

하이데거의 후기 작품은 보다 분명하게 언어의 본질로 전회하며, 그렇게 할 때 시인-사상가(poet-thinker)의 모습에 상당한 중요성을 부여한다[시인과 사상가의 조합은 독일 *시인*(*Dichter*)에서 잘 포착된다]. 이것은 특히 하이데거가 프리드리히 횔덜린(Friedrich Hölderline)(1770-1843)에게 관심을 기울였던 것에서 잘 드러난다. 이 아이디어에서 중요한 것은 시가 일종의 *포이에시스*(*poiesis*)라는 점이다. 여기서 포이에시스란 일종의 생성(production)으로서 새로운 것이 생겨난다는 의미이다. 위대한 사상가, 위대한 시인은 언어라는 자원을 자율적으로 활용하는 사람이 아니라, 언어에 내재된 가능성들을 예외적으로 조율하는 사람이다. 이것은 추상성을 지닌 언어가 아니다. 그런 언어는 없다. 그러나 계시(revealing)의 예외적인 힘과 가능성을 지닌 특정한 언어들, 즉 고대 그리스어 및 현대 독일어와 같은 것이 존재한다.[9] 하이데거의 후기 저작들이 강력하고 통찰력이 있다고 하더라도, 『존재와 시간』의 후반부에서 나타나는 예외주의(exceptionalism)와 같은 것들이 잔재로 남아 있다. 현존재가 사물에 대응해 가는 일상에 관심을 둔 초기의 초점은 공동체의 운명을 결정짓는 아이디어로 이어진다. 『존재와 시간』이 출판되고 십 년 후 그 아이디어는 이미 나치즘의 정치적 탈선과 결탁될 준비가 되어 있는 것처럼 보였다.

하이데거의 정치학에 대한 가장 신랄한 비판은 그로부터 심오한 영향을 받은 사상가들의 중요한 측면으로부터 나온다. 에마뉘엘 레비나스(Emmanuel Levinas)는 1920년대 후반 하이데거의 강의를 들었던 사상가로서 "히틀러주의"(Levinas, 1990/1934)를 기소하였다. 그리고 이것

9) 하이데거는 고대 그리스어와 독일어를 특별한 성격을 가진 언어라고 보았다. 추상적인 것으로서의 언어는 없다는 나의 언급은 일반적인 의미로 언어를 언급하는 경향성이 실제로 언어가 세계에서 발생할 때, 언어 간의 차이를 간과하게 된다는 사실에 주목한다. 그러한 경향성은 마치 모든 언어가 진정한 형태의 언어에 대한 단지 약간의 변형에 불과한 것처럼 간주한다. (언어의) 진정한 형태라는 것은 없다. 단지 이와 같은 다양성만 있을 뿐이다. 언어 간의 공통성이 있다는 점과 각각의 언어가 세계를 비추는 서로 다른 방식을 갖는다는 점 둘 다를 기억하는 것이 옳다. 언어 간의 공통성이 있다는 점은 곧 겹치는 부분과 연결 지점이 없는 언어는 없으며, 비록 어려움이 있더라도, 번역이 가능함을 의미한다. 철학자들은 종종 논리를 인간 사고의 토대라고 간주해 왔지만, 후기 비트겐슈타인의 저작이 보여주는 바와 같이, 논리는 일상적(자연적) 언어 배경으로부터 구성되고 항상 의존한다. 이와 비슷하게, 만약 하나의 언어만 존재한다면, 세계가 좀 더 단순하고 더 나은 곳이 되었을 것이라는 주장이 종종 제기되어 왔다. 그러나 이것은 일종의 전체주의적 환상이며, 조지 오웰(George Orwell)의 소설 『1984』에 의해 제안된 결과이다. 어떤 경우든 이 글이 보여주고자 하는 바와 같이, 언어는 궁극적으로 이러한 방식으로 한정될 수 없다. 왜냐하면 인간이 만들어 내는 기호는 항상 새로운 결합과 함의에 열려 있기 때문이다(Standish, 2010 참고).

은 하이데거의 존재론이 일종의 폭력과 연루되어 있다는 점으로 발전했다. 또한 미셸 푸코(Michel Foucault)의 “미시 권력”(microphysics of power), “통치성”(governmentality), “순응하는 주체”(docile subject) 형성 등과 같이 광범위한 영향력을 지닌 분석은 하이데거의 주제로부터 파생된 것들이다. 장프랑수아 리오타르(Jean-François Lyotard)는 『하이데거와 “유대교”』(*Heidegger and “the Jews”*, 1990/1988)에서 하이데거 철학과 배제의 실천을 깊이 있게 연결시켜 설명하는 연구를 발전시켰다. 자크 데리다(Jacques Derrida)의 『정신에 대하여: 하이데거와 물음』(*Of Spirit: Heidegger and the Question*, 1991/1987)은 하이데거의 현상학이 부주의하게 혹은 의도적으로 구성된 “발판”(staging)의 형태에 대해 심각하게 비판한다. 이러한 문제점들을 인정하는 것도 매우 중요하지만, 동시에 하이데거의 아이디어가 언어적 전회가 여러 측면에서 활발하게 진행된 후기구조주의 사상의 계보에 창조적인 영향을 미쳤다는 점을 인식하는 것도 중요하다. 더욱이 페미니스트 후기구조주의자들, 예컨대 줄리아 크리스티바(Julia Kristeva), 엘렌 식수(Hélène Cixous), 뤼스 이리가레(Luce Irigaray), 주디스 버틀러(Judith Butler) 등의 사상가들 사이에서 더욱 발전되었다. 여성주의 인식론은 보다 분석적인 맥락에서 언어적 전회에 기여해 오고 있다.

언어가 기호의 공적 순환에 의존하고 있다는 점을 고려한다면, 기호가 취해야 하는 형태에 관해 무엇이라고 말할 수 있을까? 이 주제는 다소 신비주의라는 오점이 있지만, 비트겐슈타인의 후기 작품들에서 다시 되풀이되고 하이데거의 후기 강의에서 찾아볼 수 있다. 그러나 이 주제는 데리다에서 핵심 문제로 나타난다.

기호의 물질성(The Materiality of the Sign)

기호(sign)의 물질성에 관해 말하는 것은 언어가 종이나 스크린에서, 혹은 음파나 제스처 등을 통한 표시(marks) 만들기에 의존한다는 사실에 주목하는 것이다. 말은 추상적인 것이 아니라 구체화(concretisation)를 요구한다. 그러나 말의 물질적 형태는 망치와 같은 도구의 물질성과는 다른 질서를 갖는다. 내가 사용하는 망치는 약 30cm 정도로 길고 400g 정도의 무게를 갖는다면, 이러한 속성은 망치의 기능을 결정한다. 그러나 앞 문장에서 "망치"라는 말은 다르게 기능한다. 당신이 읽고 있는 이 글의 버전에서 그것은 내가 글을 작성할 때 사용하는 것과는 다른 글자 크기와 장평으로 나타난다. 아마도 당신은 화소화된 화면에서 다양한 이미지로 이 텍스트를 보고 있을 것이다. 글자는 다음과 같이 나타날 수 있다.

hammer, *hammer*, **hammer**, ***hammer***, hammer, *hammer*, hammer

활자의 글씨체, 크기, 색깔은 의미에 필연적인 영향을 미치는 것은 아니다. 마찬가지로 "망치"라는 단어는 다른 장평 크기와 다른 억양으로 다르게 발음될 수 있으나, 다시 한번 말하지만, 그것이 기호 및 의미 작용에 필연적인 영향을 미치는 것은 아니다. 망치는 그 업무를 수행하기 위해서 특정 질량과 물질적 구성(말하자면, 금속으로 만들어진 망치 머리)을 가져야 하지만, 기호 작용은 부분들 간의 *구조적 관계(structural relationship)*에 의존한다. 앞서 예로 든 다양한 글자 모양과 장평은 단일성을 통해서 기능하는 것이 아니라, 각 기호 부분들 간의 관계에서 나타나는 연속성을 통해 기능한다. 예를 들면, (Hammer라는 단어에서) 그것이 이탤릭체로 쓰였든 아니든 간에 H는 A보다 먼저 나오고, M은 반복된다.

이러한 문제에 대한 초기 데리다의 논의는 페르디낭 드 소쉬르(Ferdinand de Saussure)(1857-1913)의 구조주의 언어학과 관련된다. 소쉬르는 기호가 말과 사물 간의 관계가 아니라 기호들 간의 차이 체계에 주로 의존한다는 것을 성공적으로 보여준다. 예를 들면 "노랑"은 "빨강"이나 "초록" 없이는 존재할 수 없다. 또한 범위 내에 이러한 다른 색깔들이 없다면 노랑에 대한 개념 또한 존재할 수 없다. 데리다는 소쉬르의 구조주의적 설명을 비판하고 발전시키지만, 이러한 관계의 구조들 또한 역동적임을 보여준다. 기호의 함의는 변화한다. 예컨대, 노란색은 소심함의 색깔이었지만, 최근에는 미소의 색깔이 되었다. 빨간색은 위험을 뜻하기도 하지만, 이와 동시에 이후에는 공산주의를 가리키기도 한다. "녹색"은 정당의 이름이 되었다. 이것은 색깔 관련 어휘와 같이 상대적으로 단순 기호와 관련하여서도 사실이지만, 복잡한 개념, 구절, 문장, 그리고 종교 텍스트, 정치 소책자, 예술 작품 등과 같은 광범위한 구성에도 적용된다. 찰스 디킨스(Charles Dickens)의 『두 도시 이야기』(*A Tale of Two Cities*)는 1859년에 쓰였지만, 프랑스 혁명 시기를 배경으로 한다. 이 소설에 관한 해석은 디킨스 자신이 알았을 수도 있는 것을 넘어서서 새로운 결합에 열린 상태로 남아 있기 때문에 최종적으로 고정될 수 없다. 그 혁명은 현대 프랑스의 연속성 측면에서 이해되고 있지만, 현재 혁명이라는 아이디어 그 자체는 굳이 체 게바라(Che Guevara)의 얼굴이 그려진 티셔츠를 언급하지 않더라도, 디킨스가 전혀 알지 못했던 러시아 혁명, 중국 혁명, 쿠바 혁명 등을 내포한다.

이때 기호들은 반복적이고, 항상 새로운 연상(association)과 결합(connection)에 열려 있다. 그 의미는 항상 연기된다(deferred). 즉 기호가 의미하는 것을 우리가 결코 알 수 없다는 것이 아니라, 확정적이거나 최종적인 의미가 있을 수 없음을 뜻한다. 기호들은 항상 새로운 방식으로 사용되고, 새로운 함의를 이끌어 낸다.

이와 같은 기호의 열림은 의미가 결코 고정되거나 안정된 것이 아니며 아무것도 분명하지 않다고 보는 회의주의 방안의 일환이라는 결론으로 흘러가기 쉽다. 그러나 이와 같이 성급하게 반응하는 것은 분명 잘못된 것이다. 데리다가 설명하고 있는 것은 인간의 기호와 유의미함(meaningfulness)의 조건 그 자체이다. 기호의 열림은 상상력(imagination), 창의성(creativity), 문화(culture)로의 열림이다. 이것은 체계성과 알고리즘을 넘어서는 것으로의 확장이라고 올바르게 이해하는 것, 그리고 그것을 확장하는 것이 곧 알고리즘의 구성을 가능하게 하고 알고리즘의 핵심을 이루게 된다는 사고로 이해하는 것이 합리적이다. 따라서 이것은 결코 "순수하게 언어적인" 문제에 한정되지 않는다. 그것은 인간의 정체성(identity)과 진실성(integrity)의 개념으로 확장된다. 이것을 인정하는 한 가지 방법은 널리 알려진 철학 전통에서 자율성(autonomy)은 바람직한 것으로 간주되는 반면 타율성(heteronomy)은 비난받는 것을 고려해 보는 것이다. 타율성이 취할 수 있는 유해한 형태를 고려한다면, 이런 방식으로 자율성을 옹호할 타당한 근거가 있다. 그러나 자율성에 대한 집착(preoccupation), 즉 합리적인 것이라고 여겨지는 것의 성채에서 자신을 보호하는 것은 타자를 동일성에 통합시키는 것이거나 혹은 교묘하게 차이를 억압하기 위해 다름에 대항하도록 하는 사상을 주입시킨다. 따라서 필요한 것은 다문화적 관용(multicultural tolerance)이 아니며, 교과 학습에서의 숙달(mastery)이나 알고 있음(knowingness)이 아니며, 또한 내가 기대하는 바대로 나를 이해하거나 충족시키지 않는 타자를 차단하는 것도 아니다. 그 대신 노출에 대해 준비됨(a readiness to exposure)이 필요하다. 이것이 곧 끊임없는 새로움의 토대이다. 이것은 근본적으로 우리의 기대, 우리의 익숙한 이해 범주, 그리고 분석 방법 등으로 통합되지 않는 것으로의 노출의 문제이다. 또한 이것은 교실 앞 "자리에" 있을 때의 신체적 노출과 같은 것도 포함될 수 있다. 비트겐슈타인은 러셀 및 케임브리지 동료들과의 치열한 논쟁에 노출되었고, 또한 제1차 세계대전 동안 상당한 위험에 직면하였다. 그러나 우리가 예상할 수 있듯이, 그는 남부 오스트리아의 마을 학교에서 다른 무엇인가를 만났다. 그의 강의 계획은 예측에서 벗어났고, 아이들의 학습에 대한 기대는 좌절되었다. 또한 그는 자신이 이전에 알던 것과는 다른 방식으로 행동하는 저항하는 아이들과 마주쳤다. 이것은 영웅적 전투가 아니라 아마도 단조롭고 평범한 일상에 가까우며, 이러한 일들은 그의 의도에 반대되고 때때로 그의 능력을 소진시켰다. 그러한 경험이 "당신에게도 일어날 수 있다"는 것, 당신을 시험하며 아마도 당신 자신과 세계를 바라보는 방식을 바꾸게 되는 경험은 분명 도전적인 학교에서 가르쳐 본 많은 사람에게 익숙하다. 또한 이것은 조금 다른 방식으로, 울면서 잠들지 않는 아이를 마주한 성실한 부모들에게서도 나타날 수 있다. 그러한 경험은 어떤 점에서 "힘든" 학교에서뿐만 아니라 매우 다양한 가르침의 맥락에서도 "당신에게 일어날 수 있다." 예를 들면 대학의 강의실이나 개인 지도와 같이 특권을 가진 환경도 포함되며, 피아노나 성악 교사 혹은 운동 코치의 경험으로 확대될 수도 있다. 이것은 가르침이 인간의 조건과 얼마나 밀접하게 관련되어 있는지, 또한 가르침이 쉽게 숙달될 수 없고 쉽게 한계를 정할 수 없는 방식으로, 그리고 당신의 보폭에서 벗어나게 하는 방식으로 우리를 얼마만큼 노출시킬 수 있는지를 보여준다. 이것은 교사 전문성 교육에서 자주 억압되는 경향을 보이는 경험 양상이다.

우리는 항상 이러한 타자에게로의 노출에 대해 보호하거나 혹은 거부하는 방식을 찾지만, 그것은 우리의 언어와 사고에 이미 들어와 있다. 말을 할 때, 우리는 교사의 말이나 혹은 학생의 말 속에서 은신처를 마련한다. 만약 우리가 자신만의 말을 한다면, 우리는 비웃음을 당하거나 비난받는 위험을 무릅쓰게 된다. 그러나 좌절당할 위험을 무릅쓰고라도 우리는 우리 자신의 말을 발견할 필요가 있다. 이러한 말을 찾는 것이 교육과 인간 형성에서 매우 중요하며, 나아가 합리적 사고와 민주주의의 발전에도 중요하다.

하이데거는 인간의 조건을 *"기이함"(unheimlich)*이라고 표현한다. 이것은 보통 "괴상함"(uncanny)이라고 번역되기도 하지만, 우리가 집에 있지 않음(not-being-at-home)이라고 생각할 수 있는 것이다. 당신이 집에 *있을* 때, 그것은 가족사진이나 할리우드 영화에 나타난 것과 같지 않다. 당신은 집에 있으면서 동시에 집에 있지 않는 것(not-at-home)이다. 인생에서 더 일반적으로, 당신은 사물에 몰입하는 것을 좋아하지만, 당신의 몰입은 동물과는 달리 자의식(self-consciousness)에 의해 간헐적으로 중단되고 배가된다. 당신은 먹고 있을 뿐만 아니라 자신이 먹고 있다는 것을 의식한다. 당신은 당신의 경험에서 자족하지 않고 끊임없이 경험에 의해 열린 상태로 있다.

데리다는 이것이 언어와 사고 구조의 가장 기본적인 수준에서도 일어난다는 것을 보여준다. 이성에 대한 부정 혹은 위협과는 다르게, 데리다는 우리의 논리적 사고[간혹 광기(craziness)]가 필연적으로 일어나는 구조를 밝힌다. 이것을 이해하지 않는 것은 그 자체로 이성의 실패이다. 이 글의 앞부분에서 파악한 일종의 형이상학적 환상(metaphysical fantasy)이라고 할 수 있다. 그것은 곧 세계가 객체로서 사고의 주체 앞에 서 있다고 보는 것이다. 마치 외부에서 세계를 관조할 수 있는 유리한 위치가 있는 것처럼 여기는 것이다. 이러한 환상은 주체가 이미 세계 내에 스며들어 있다는 인식을 흐리게 만든다. 또한 그것은 세계가 인식과 조작의 중립적 객체들로 이루어져 있다고 이론화하고, 인간의 참여와 경험을 통해 사물이 드러나는 방식을 감춘다. 그것은 우리의 삶의 실제가 언어 속에 놓여 있음을 보지 못한다. 이러한 과잉이 오늘날 교육의 핵심에서 나타난다.

주관성, 객관성, 지식, 그리고 가치(Subjectivity, Objectivity, Knowledge, and Value)

주체를 객체로부터 분리시키고 실천의 복잡성으로부터 추상화 효과를 가중시키는 일련의 교육적 실천들과 독단적 인상을 주는 어구들을 생각해 보자. (1) 전설적인 빅토리아 시대의 개념과 같이 가르치는 일을 빈 그릇에 지식을 채우는 일과 같은 것으로 보는 것은 학습자를 분별력 없는 수용체로 간주하고, 그들이 기존에 가지고 있는 능력과 흥미를 무관하게 만든다. (2) 그로부터 백 년 후, 특히 1980년대와 현재에도 지속되는 OECD의 교육정책에서 무의미한 사실의 전달은 기능 및 역량 교육이라는 명목으로 타락했고, 학습 내용에서 지식에 접근하는 방식으로 강조점이 옮겨졌다. (3) 학습 결과에 대한 평가를 향한 광범위한 동향은 (체크리스트와 같이) "준거"(criteria)라는 인위적인 개념과 결합하면서 학습자들의 정확한 행동적 수행에 초점을 맞추고, 학습자가 이해하는 것의 의미를 보다 깊이 있게 다가가는 것을 방해한다. (4) "효율적인 전달"(efficient delivery)을 강조하는 것은 수행과 통약성(commensurability)이라는 명분으로 교사와 학생이 학습 내용에 참여하는 것을 중요시하지 않는다. (5) 개별적 발달(personal development)이라는 아이디어는 개인을 기능에 관한 포트폴리오를 가진 추상적인 담지자로 익명화할 위험이 있다. (6) 대학 교육에서 "졸업생다움"(graduateness)이라는 아이디어를 채택함으로써 보다 원만하고 외향적인 교육을 지향하는 경향성은 진정한 인격 함양을 대체할 위험이 있다. 진정한 인격 함양은 모든 학위 과정에서 요구되는 단조로운 특성들과 다양한 기술을 포함한 교과 학습을 통해 가능할 것이다. (7) 졸업생다움은 전이 가능한 기능들(transferable skills), 즉 의사소통, 대인관계, 정보 통신 기술(ICT), 기업가적 능력의 산물이며, 이러한 것들은 학습에서 학문적 주체에게 필요한 지식과 이해를 보완한다고 가정되지만, 실제로는 그것들을 자주 간과한다. (8) 그러나 학습 내용에 대한 더욱 편향된 관심은 "학습 스타일"(learning styles)이라는 아이디어에서 나타난다. 특정한 학습 유형(예를 들어, 감각적 유형, 언어적 유형 등)에 우선순위를 두는 것은 *무엇이* 학습되어야 하는지에 관한 질문이 생겨나도록 만든다. 이와 같은 광범위한 동향으로 인한 결과 중 하나는 윤리학과 미학에서의 판단의 문제를 순수한 "주관성"(subjectivity)의 발현으로 본다는 것이다. 즉 주관성을 주로 개인적 취향 혹은 선호로 본다. 이와 같이 주관성과 객관성의 이분법을 공고화하는 것은 교육과정에 여러 가치를 "덧붙이기"(adding)하는 식의 외견상 보완적(quasi-compensatory) 방법을 강구하도록 만든다. 그렇지 않으면 교육과정은 사실에의 접근과 기능의 습득으로 이루어진다고 간주된다. "가치-덧붙이기"를 얼마나 진지하게 추구하든지 간에, 가치는 추가적 선택사항으로 간주된다.

교육 실천과 연구에서 "주체"(subject)라는 말을 둘러싸고 모호한 구분과 결합[예를 들어, "인간 주체"(human subject), "학문적 교과"(academic subject), "연구 주제"(research subject), "종속"(subjection) 등]은 주체-객체 관계에 관해 혼란을 야기한다. 무엇보다 감각적 인식은 시각과 관련된 것으로 여겨진다. 즉, 인식의 대상은 즉각적인 것이고, 관찰적 시점의 직접적인 대상이며, 망막에 부딪히는 빛의 파장이라고 간주된다. 또한 감정의 내부 영역으로 가정되는 주관성은 객관성 및 사실 영역 외부의 탈가치적인 것과 상반된다고 간주된다. 이러한 대조는 반드시 *그러해야 한다*는 자신감에서 주장된다. 그러한 자신감은 곧 언어 속에서 우리 삶의 다양성과 우연성에 대해 관심을 기울이지 않고 그 결과 세계는 그저 있는 그대로의 것이라는 방식에서 나타나는 형이상학적 확신이 겪을 수 있는 혼란 상태를 저버리는 것이다. 그것은 인간 개념에 영향을 미치고 뒤흔들며, 사물을 알 수 있게 되는 방식을 단순화하고 왜곡시킨다. 그것은 교육이 될 수 있는 것을 처참하게 제한한다.

우리는 어떻게 이 지경에 이르렀는가? 그리고 무엇을 해야 하는가? 우리가 살펴보고 있는 철학적 통찰은 무엇보다 일종의 *부정의 길(via negativa)*로 작용한다. 그것은, 앞서 제시한 여러 단면에 나타난 바와 같이, 우리가 하지 말아야 할 것에 주목하도록 한다. 시야에 들어오는 일반적인 그림에서 특히 중요한 측면은 공격적이고 환원적인 평가의 지배이다. 그것은 교육 경력에서 자주 부과되고 사람들의 삶에 광범위한 영향을 미칠 정도로 공격적이다. 또한 그것은 매우 협소한 개념의 행동적 수행에 의존하는 경우, 해당 행동에 대한 해석이 매우 제한된 범위에서만 허용되는 경우, 그리고 교사와 평가자의 판단이 회계장부(spreadsheets)를 위한 수적 등급 제시에 종속되는 경우로 환원된다. 평가는 교육 내용을 선별하고 교수학습을 고안하는 방식을 정하므로 매우 중요하다. 평가가 결함이 있다면, 평가는 교수학습의 내용과 그 가능성을 고갈시킨다.

이와 같은 부정의 길은 또한 심리학을 탈심리화(de-psychologise)할 필요가 있음을 드러낸다. 즉 내부(inner)와 외부(outer)에 대한 잘못된 개념에 의해 야기되는 형이상학적 혼동의 수렁에 빠지지 않고, 따라서 유사-과학(pseudo-science)이 아닌 인간 심리에 대한 이해를 발달시킬 필요가 있다(Skilbeck, 2020; Standish, 2018 참고). 이와 관련하여 인문학이 교육과정의 내용 및 교사 교육 분야에서 더욱 중요한 역할을 할 것이다. 최근 수십 년 동안 모형으로 간주되는 의학적 연구와 함께 정책을 합법화할 증거를 생산함으로써 스스로를 정당화하는 연구에 대한 요구가 커짐에 따라, 심리학은 문제를 해결할 수 있는 과목으로 스스로를 제시하는 데 빠져들었다. 이와 같은 사고방식은 교육정책 및 교사 교육에도 매우 큰 영향을 미친다. 이것은 앞서 살펴본 단면들에서 파악되는 경향성을 강화시킨다.

현재 교사의 이미지와 관련하여, 한편에서 교사를 절차적 프로토콜에 따라 숙련된 기술적 조작자로 보는 시각과, 다른 한편에서 교사를 학습 내용에의 생생한 참여를 통해 자신이 가르치는 학생들과의 역동적이고 예측 불가능한 관계 속에 노출되는 존재로 보는 시각 사이에 긴장감이 형성되어 있다. 다시 한번 말하자면, 전자의 근시안적 관점은 후자의 실존적 리얼리즘(existential realism) 및 감수성과 상반된다. 이와 같이 다른 개념들은 교수학습 실천의 차이뿐만 아니라 실질적으로 교육과정 내용의 차이를 만들어 낸다. 철학의 언어적 전회는 그 내용에 관해 건설적으로 생각할 수 있도록 만든다. 분과적 교과를 통해서든 혹은 보다 통합적인 형태를 통해서든, 학문적인 맥락에서든 혹은 직업적인 맥락에서든, 전수되는 것은 많은 측면에서 마이클 오크쇼트(Michael Oakeshott)가 언급한 바와 같이 인류의 "대화"("conversation" of human-kind)의 일부라고 표현된다. 대화는 비트겐슈타인이 언어 게임에서 발견한 열린 결말(open-endedness)의 속성을 가지고 있다. 또한 데리다가 기호의 구조에서 밝힌 바와 같이 개방성의 속성도 가지고 있다. 근시안적인 관점은 종종 부당한 결과를 통해 이러한 개방성을 폐쇄하고자 한다. 예컨대, 순위와 서열에 집착하도록 종용하거나 혹은 내게 이야기를 들려주었던 스코틀랜드의 8살 아이가 자신이 "과제에 제시된 준거를 충족시켰는지"를 염려하는 사례에서 이와 같은 현상이 나타난다. 리얼리즘은 실천에 내재되어 있는 의미심장함, 의미 있는 행동이 기호로 구체화된다는 사실, 그리고 그 기호 자체는 매우 역동적이고 새로운 가능성에 열려 있다는 사실에 맞추어져 있다. 따라서 이것은 내용(content)에 관한 관점이다. 비록 이름상 전통적인 것처럼 보이더라도, 리얼리즘은 고정된 지식체(body of knowledge)와 같은 것은 없고, 역동적이며 비판에 열려 있어서 학습자들에게 새로운 방식으로 사물을 바라볼 수 있는 상상력을 요구한다. 학습 성과에 관한 경직된 설명서는 교사들이 여기서 기술한 보다 역동적인 만남을 준비하지 못하도록 할 것이다. "행동 관리"(behaviour management)에 대한 지나친 염려는 교사들이 잠재적으로 전수되는 것의 중요성에 눈감도록 만들 수도 있다.

언어적 전회는 교육 내용과 좀 더 구체적인 방식으로 연관된다. 아동들과 모든 나이의 학생들에게 깔끔하게 정리되고 쉽게 동화될 수 있는 학습을 제공하는 것이 가능하다. 교육 체계에서 학생들에게 그러한 것들을 기대하도록 부추기는 경향성이 만연해 있다. 그 과정에서 그것은 문제의 교과에 대한 빈곤한 경험을 초래할 뿐만 아니라 왜곡된 교육에 대한 이해를 전하게 된다. 그렇다면 더 나은 교육이 제공될 수 있는 한 가지 방식은 이에 대응하여 학생에게 더 많은 것을 요구하는 내용을 선택하도록 하는 것이다. 이것은 문학 강좌에서 텍스트를 선택하도록 하는 것과 관련되어 설명될 수 있다. 딱 떨어지는 등장인물 및 선과 악의 힘의 관계를 이해가 쉬운 방식으로 드라마틱하게 제시하는 강한 스토리는 학생들로부터 환영받을 것이다. 특히 이러한 요소들이 평가 시 요구될 일련의 반응들과 잘 연계된다면 더욱 그러할 것이다. 반면, 잘 동화되기 어려운 책, 좀 더 주의를 기울여야만 다른 층위의 의미가 나타나거나 혹은 텍스트 속에 나타난 긴장이 직접적인 해석을 어렵게 하는 책은 학생들을 혼란스럽게 한다. 그 책은 그들이 익숙하지 않은 방식으로 판단을 해야만 하는 위치에 그들을 놓아둔다. 많은 고전 문학은 정확하게 이러한 속성을 가지며, 이러한 복잡성의 미덕 덕분에 끊임없이 비판을 불러 모으는 것처럼 보인다. 나는 여기에서 제시한 대조가 예술 장면에만 적용되어서는 안 됨을 강조하고자 한다. 물리학의 주제도 쉬운 단계로 가르쳐질 수 있고, 간혹 쉽게 가르치는 것이 더욱 적절할 수 있다. 그러나 물리학의 주제 또한 수업 시간에 당혹감을 경험하고, 학생들에게 비판적 사고와 상상력의 발현을 촉진하는 방식으로 스며들 수 있다. 이것은 공식화하기는 어렵지만 그에 못지않게 사실적인 방식으로 좀 더 실천적인 교과에까지 확대된다. 종종 학습자를 억압하는 것은 일종의 불안이며, 이 불안은 그들이 하고 있는 것에 관한 동료 의식 및 자의식을 통해 형성된 기대 격차에 의해 특징지어진다. 일반적으로 이것을 학습자 내부의 마음의 상태 문제라고 보거나 혹은 그들의 사고 능력의 실패라고 보는 것은 잘못된 것이다. 오히려 그들이 하고 있는 것에서 빠져나오는 방식으로, 그들이 당면한 문제로 다시 주의를 되돌리는 것이 필요하다. 음악 교사, 스포츠 코치, 미용 교사, 공학 교사, 사회 복지 교사 등은 때때로 이러한 문제에 대해 올바르게 접근한다. 이것에 관해 체계적인 것은 없다. 그것은 올바른 팁을 주는 것, 무엇에 주의를 기울여야 할지 아는 것, 그리고 언제 어떻게 분위기를 전환해야 하는지를 아는 것 그 이상이다.

철학의 언어적 전회는 내부와 외부, 주체와 객체, 주관성과 객관성 간의 견고한 구별이 현대 사회에서 굳어진 환상임을 밝힌다. 그 오류는 현대 문화의 다른 측면과 마찬가지로 교육 정책과 실천에서 분명하게 나타나지만, 교육 연구에서는 과학적 경향성이 이 문제를 더욱 악화시킨다는 점에서 특별한 책임이 있다. 교육 연구는 이러한 통찰력이 주는 이점에 주의를 기울이는 방식을 통해 실질적으로 재인식될 필요가 있다. 더 나아가 인문학이 교육 탐구의 중심에 있어야 한다.

제 9 장

말하기 위한 울음과 배움[1)]

(Crying and Learning to Speak)

1. "나는 운다, 고로 나는 존재한다"(I Cry, Therefore I Am)

이것은 행동 신경학자 마이클 트림블(Michael Trimble)이 ≪뉴욕 타임스 선데이 리뷰≫에서 11월에 발표한 단편으로, 눈길을 끄는 표제이다(November 10, 2012). 이 간행물은 트림블의 저서, 『인간은 왜 울기를 좋아하는가』(*Why Humans Like to Cry*, 2012)의 출시가 임박했다는 점에 주목했다. 이 책은 앤드루 마(Andrew Marr)가 진행하는 유명한 BBC 4 라디오 프로그램, 〈스타 더 위크〉에 나왔을 뿐만 아니라 여러 저명한 자리에서 호평을 받았다. ≪뉴욕 타임스≫ 기사의 마지막 단락은 책의 특색을 드러내고 책의 접근 방식과 활력의 깊이를 보여준다.

> 최초의 유인원은 수백만 년 전에 도래했지만 150,000년에서 200,000년 전인 호모 사피엔스에서만 문화, 언어, 종교 및 예술이 생겨났다. 그 과정에서 눈물은 눈에 윤활유를 공급하기 위한 생물학적 필요성 그 이상이 되었고 강렬한 감정의 암호와 사회적 유대의 신호로 발전

---

1) 출처: Standish, P. (2015). Crying and Learning to Speak. In D. Moyal-Sharrock, Analisa Coliva, & Volker Munz (Eds.), *Mind, Language and Action* (pp. 481-494). De Gruyter.

> 했다. 자의식의 발달과 개인의 정체성(identity) 또는 자아(ego)의 개념, 즉 세계의 기원과 인류의 창조, 죽음 이후의 삶, 그리고 타인의 슬픔을 느끼는 능력, 그 모든 것들이 우리를 인간으로 만든 신경생물학적 변화의 결정적인 부분이었다.
>
> 최근에 우리는 신경과학으로부터 감각적 고통에 빠진 다른 사람을 볼 때 특정 뇌 회로가 무의식적으로 빠르게 활성화된다는 것을 알게 되었다. 요컨대 우리의 뇌는 공감과 동정심을 경험할 수 있도록 회로를 진화시켰고, 그 결과 문명이 탄생하였으며, 동정심에 기반한 윤리를 가능하게 하였다. 그러므로 다음에는 눈물을 닦기 위해 휴지 상자에 손을 뻗거나 친구의 어깨에 기대어 울거나 영화를 보고 눈물을 흘린다면, 잠시 멈추어 우리가 왜 우는지, 그리고 운다는 것은 무엇을 의미하는지를 곰곰이 생각해 보라. 결국 우리는 우는 것을 사랑하기도 하지만 사랑하기 위해서 울기도 한다.

트림블의 저서는 흥미로운 사례로 가득하며, 우리는 감정적인 이유 때문에 우는 유일한 동물이라는 인간 존재의 중요하고 흥미로운 특징으로 시작한다. 부드러운 눈을 가진 동물에게는 눈물이 눈을 매끄럽게 하는 수단으로서 필수적이지만, 슬픔이나 기쁨으로 인해 우는 것은 인간뿐이다. 트림블은 신경생물학에 대한 유용하고 매우 읽기 쉬운 설명과, 문화와 성별의 차이에 대한 인정(acknowledgement), 그리고 인간 삶에서 비극의 의미에 대한 설명을 결합하여 독창적이고 다소 난해한 이야기들로 독자를 안내한다. 비극이란 인간에게 닥친 끔찍한 사건을 의미하는 비극, *그리고* 그 이름이 지닌 극적인 형태의 의미에서의 비극을 의미한다. 물론 이 두 가지는 연결되어 있으며 트림블은 특히 상실(loss)이라는 개인의 경험에 토대를 두고 이 둘을 연결 짓는다. 뇌의 신경계는 이러한 종류의 감정적(emotional) 자극에 선택적으로 반응한다. 상실의 경험은 언어 및 문화와 공존하며, 이는 인간성(humanity)의 본질적인 측면으로 상실과 고통을 다루는 예술 형식인 비극을 탄생시키는 기반을 마련한다.

인류는 삶의 비극적인 의미를 어떻게 알게 되었을까? 어떻게 감정으로 인해 울게 되었을까? "울다"라는 말은 모호하다. 갓난아기의 눈물 없는 울음소리가 있고, 때로는 적절한 울음이 있으며, 강력한 감정 표현의 울부짖음도 있다. 또한 우리가 성장함에 따라 감각에 대한 반응에서 점차 감정으로 가득 찬 표현으로 울음의 특성이 변화한다. 트림블은 수 세기에 걸쳐 발전된 다양한 이론을 포함하여 심리학, 사회학, 진화 생물학 분야의 관련 문헌에 관한 연구를 제공한다. 예컨대, 우는 것이 가정하는 정화의 기능(purgative function)과 관련된 이론도 있다. 그러나 트림블은 이 중 어떤 것도 확실하지는 않다고 말한다. 그는 감정에 관한 질문을 중심으로 신경과학에서 비극에 이르기까지 광범위한 논의를 전개한다. 그의 이론은 철학과 관련하여 대부분 신중하고, 글의 전반에서는 니체의 『비극의 탄생』(*The Birth of Tragedy*, 1872)을 인용하여 특히 아폴론과 디오니소스의 차이점에 대하여 논의한다. 트림블은 다음과 같이 말한다.

> 아폴론은 합리성, 이성의 세계, 그리고 혼돈의 학살자로 알려져 있다. 그는 빛의 신이며, 현상학적 세계에서 우리를 서로 구분하고 사물을 구별하는 *개별화*(*individuation*)를 상징한다. 특히 조각품으로 대표되는 도리아(Doric) 양식의 예술의 전형으로, 시의 서사로 반영되는 아폴론은 경계를 짓는 신이다. 반대로 디오니소스는 선율, 시, 그리고 춤의 신이다. 환희와 기쁨, 술의 신인 디오니소스는 경계의 허물어짐을 장려한다(p. 8).

여기서 대조를 이루는 것은 "인식(perception)과 감정 사이의 관계를 보는 새로운 방식"(p. 14)을 의미하고, "감정이 지배하는 심리학"(p. 50)을 강조한다. 트림블은 이러한 니체의 이미지를 신경과학의 혁명과 연결하여 임상 정신의학을 황무지에서 되살려냈다.

위의 신들을 단순한 방식으로 이원적(bicameral) 두뇌와 동일화한다는 인상을 주는 것은 잘못된 것이지만, 그 신들에 대한 트림블의 호소력은 분명히 생물학과 관련되어 있으며, 분명한 은유가 있다. 그는 두 신들로부터 뇌의 역동적 구조에 대한 적절한 형식을 발견했다. 또한 트림블은 니체가 그의 생각을 비극과 관련하여 설명한다는 사실을 알아냈다. 즉, 두 신들은 트림블이 처음부터 끝까지 다루고 있는 주제인 비극의 가치를 더욱 타당하게 보이도록 한다.

나는 그의 저서에 대한 나의 의구심에 관하여 서술하고자 한다. 주로 니체가 그리스 신들을 연상시키는 것이 실제로는 이와 같지 않다는 근거를 들어 이것이 과연 적절한지에 대한 의문을 제기하는 것으로 논의를 시작할 것이다. 첫 번째로, 그것은 정돈된 형식이 아니다. 두 번째로, 신들은 정확히 은유의 역할을 하는 것이 아니다. 그들은 은유적이지도 않고, 사실인 것도 아니며, 고대 그리스에서의 신들은 그렇게 낯설지 않다. 나의 관점에서 이러한 오해는 저널리즘 특유의 용이함으로 인해 본질적으로 다른 사고방식을 넘나드는 경향을 의미한다. 그 결과 중요한 질문이 해결되지 않은 채로 남아있다.

나는 이 질문을 훨씬 더 구체적으로 파악함으로써, 내가 생각하는 문제의 핵심이 무엇인지를 밝히고자 한다. 운다는 것은 이 책에서 중심이 되는 관심사이며 이것은 정확히 *감정*을 수반하는 울음이라는 점에서 구체화된다. 먼저, 윌리엄 제임스(William James)가 제시한 가설의 오류를 드러내는 방식으로 감정의 본질을 설명할 것이다. 제임스는 감정을 경험하는 것에 대한 그의 견해를 다음과 같이 요약한다.

> "흥미로운 사실을 직접적으로 인식한 후에 신체적인 변화가 일어난다... 그리고 신체적 변화가 일어나듯, 어떤 변화에 대해 우리가 느끼는 것이 바로 감정이다『심리학의 원리』(*The Principles of Psychology*), 1890, p. 449]." 요컨대 우리는 울기 때문에 슬퍼하며, 그 반대의 경우는 아니라는 것이다(p. 49).

트림블에 따르면, 동물의 양쪽 피질을 제거해도 감정의 표현이 사라지지 않는다는 실험을 통해 제임스가 틀린 것으로 밝혀졌다. 우리 감정의 기반은 실제로 *호모 사피엔스*보다 훨씬 이전의 인류(hominids)의 뇌에서 발달한 대뇌의 변연(limbic) 체계에 있다. 따라서 우리의 감정은 우리를 고대 진화의 과거와 연결시킨다.

여기서 나는 뇌의 다양한 부분이 오래되었든 아니든 그것에 관계없이, 감정의 경험에 관여할 수 있는 방식에 대한 설명에 이의를 제기하려는 것이 아니다. 즉, 이 장의 요지는 뇌의 특정 부분이 감정에 대한 적절한 설명이 될 수 없음을 주장하고자 하는 것이다. 제임스가 어떤 점에서 틀렸다는 것은 확실하지만, 트림블은 위의 인용문에서 "인식"(perception)이나 "사실"(fact)과 같은 핵심 단어를 지나치게 가볍게 넘겨 왜곡된 이해를 하는 것으로 보인다. 내가 취하는 태도(move), *즉 감정은 의도적이며, 결국 감정에는 대상이 있고 감정은 믿음을 지니고 있다*는 것은 철학에서 충분히 잘 알려져 있다. 감정이 그러하다는 범위에서 전두엽이 절제된 실험동물 또는 인간 이전의 종(species)의 경험의 측면과 우리 자신의 감정적인 삶의 측면 사이의 연속성을 강조하는 것은 실수일 수 있다. 우리의 감정에는 대상이 있다는 점을 감안할 때, 우리는 그러한 대상이 발견되는 세계의 특성, 그와 관련하여 정당화되는 믿음, 가르침과 교육에 따른 우리의 반응과 믿음을 갈고닦는 데에 힘써야 한다. 이것의 결여는 감정에 대한 설명으로는 부족할 것이다. 이것은 근본적으로 감정의 본질과 관련된 논리적 요점이며, 우리가 바흐(Bach)의 "마태 수난곡"(St. Matthew Passion), 알비노니(Albinoni)의 "아다지오"(Adagio) 또는 영화 〈타이타닉〉에 눈물을 흘리는 반응을 생각해 볼 때 더욱 두드러진다. 이 작품들은 트림블이 주목하는 수많은 복잡한 작품들 중 세 가지에 불과하다.

더 나아가 해당 비판은 언어에 관한 매우 미흡한 논의와도 연관이 있다. 언어는 기능적 용어 및 의사소통과 표현의 수단으로서 이해된다. 그것은 진화 초기에 울음의 증거가 된 원시 조상들의 끙끙거림과 내뿜는 소리가 정교화된 것이다. 그러한 진화론적 이야기에 반대할 직접적인 이유는 없지만, 완전히 발달한 언어를 설명하는 우연성(casualness)을 반대할 강력한 근거가 있다. 우리 감정의 반응을 구성하는 세계에 대한 신념은 우리가 사용할 수 있는 언어의 측면에서 나타난다. 즉, 본질적으로 신념을 포함하는 그러한 감정은 의미론적(semantic) 내용을 언급하지 않고서는 설명할 수 없다. 다시 한번 이것은 주로 논리적인 요점에 해당하지만, 그리스 비극, 셰익스피어 또는 바그너(Wagner)의 "트리스탄과 이졸데"(Tristan and Isolde)에 대한 반응으로 우리가 눈물을 흘리는 것을 생각해 볼 때 더욱 두드러지게 된다.

따라서 감정의 의도적 특성과 언어의 본질이라는 측면에서 볼 때, 제임스의 "인식" 및 "사실"이라는 용어는 실제로 말하는 바가 무엇인지에 대한 의미가 결여되어 있다. 그 용어들은 (주로) 내적 상태를 드러내는 표현이 아니라 무언가(something)에 *관한* 것이다. 이는 "관한 것"(aboutness)에 대한 질문이면서, 나중에 살펴볼 언어의 학습적 측면에서 이것의 의미를 묻는 질문이기도 하다. 그러나 먼저 우는 것이 무엇인지에 대해 조금 더 생각해 보자.

2. 울음과 울어야 할 때를 배우는 것(Crying and Learning When to Cry)

울음은 일반적으로 특정 종류의 강한 감정을 수반하는 생리적 반응이다. 울음은 상당 부분 비자발적이며, 최소한 통제력의 상실을 의미한다. 사람들은 "갑자기 눈물이 난다"(break down in tears)는 사실에 당황할 수도 있다. 그러나 울음이 의지의 범위를 완전히 벗어난 것은 아니다. 때로는 자신의 생각을 바꾸거나 아마도 자신에게 진정하라고 말함으로써 눈물을 참을 수 있다. 특히 어린아이들은 눈물을 "터뜨리는"(turn on) 것이 가능해 보이는 것처럼 말이다. 우는 행동에 있어서 성별의 차이가 문화적 차이만큼 크다는 사실은 감정의 자발적 표현(manifestation)으로 보이는 울음이 어느 정도 학습된 것임을 보여준다. 더욱이 우리는 어린아이들이 과도하게 혹은 불필요하게 울지 못하게 함으로써 어린아이들의 태도를 형성한다. 눈물의 *적절성*(*appropriateness*)은 눈물의 원인과 맥락의 성격에 따라 결정되며, 아이들은 이것을 배워야 한다. 때로는 울기에 좋은 이유가 있고, 때로는 그렇지 않기도 하다. 울음의 생리학적 특성은 특히 어린아이들에게 의사소통의 수단으로 기능할 수도 있지만 때로는 얼굴을 붉히거나 땀을 흘리는 것으로 나타나는 감정적 상태의 증상

(symptom)에 더욱 가깝다. 그러나 분명한 것은 울음의 적절성에 대한 학습 능력은 부분적으로 의지(will)를 조건으로 함을 알려준다는 것이다. 우리의 언어는 우리에게 그만큼 많은 것을 알려준다. 우는 아이가 되지 마라. 흘린 우유 때문에 울지 마라. 아르헨티나(Argentina), 나 때문에 울지 마. 눈물은 그 슬픔을 적셔줄 양파 속에 산다(The tears live in an onion that should water that sorrow). 요컨대, 그러한 이유 때문에 울지 말라는 것이다.

마지막 예시는 드라마가 요구하는 시점에서 배우가 울기 위해서 선택하는 일종의 속임수(ploys)를 떠오르게 한다. 그렇다면 그들은 진짜 눈물을 흘리는가? 화학적 차이는 있으나 겉모습은 확실히 동일하며, 트림블이 말했듯이 단순히 눈을 촉촉하게 하는 눈물과 양파에 반응하는 눈물과 감정에 의해 자극되는 눈물 간에는 단백질 수준의 차이가 있다. 그렇다면 양파를 들고 있는 배우가 아니라 믿을 수 없을 만큼 자기 의지의 힘으로 울 수 있는 배우는 어떤 배우인가? 극 중 햄릿이 헤카베의 죽음에 대한 왕의 애도를 지켜보며 고민할 때, 즉 단순한 배우와 달리 원인 모를 상황에서 아버지를 잃은 햄릿이 깊은 슬픔의 진정한 이유를 가지고 있는 사람일 때, 그는 다음과 같은 질문을 마주한다.

> 대체 헤카베는 그에게 무엇이며, 그는 헤카베에게 무엇이기에 이 여인 때문에 그가 우는고? 만약 나만큼 고민할 이유를 가졌다면 그는 어찌할까? 아아, 그는 눈물로 무대를 적실 것이 아닌가(햄릿, 2막 2장).

이 혼란은 이중적인 성격을 지닌다. 먼저, 배우가 눈물을 흘리며 비탄의 말을 할 때 느끼는 것은 정확히 무엇인가? 그리고 눈물을 흘릴 진짜 이유가 있는 햄릿이 실제로는 눈물을 흘리지 않는 까닭은 무엇인가? 여기에는 생리학과 감정의 관계에 대한 수수께끼가 있다. 예컨대, 배우가 양파를 사용하지는 않았지만, 자신을 그가 맡은 역할로 생각하여 우는 반응을 일으켰다고 생각해 보자. 그가 울면서 표현하는 것은, 가령 실제로 동작을 통해 일어나는 스크린 속 키스와 같은 것이 아니다. 장면(scene)이 끝나거나 방해를 받는다면 배우는 어떻게 되는가? 그는 즉시 평온해질까? 배우가 역할에서 나와 웃음을 터뜨리는 모습을 상상할 수도 있고, 그의 눈물이 웃음으로 변하는 것도 생각해 볼 수 있지만, 그가 즉시 신경을 꺼버린다고 믿기는 어렵다. 그렇다면 배우는 스크린 속에서 키스를 하는 것이 아닌 다른 방식으로 자신의 작품에 존재할 수 있다. 우리는 배우가 눈물을 흘리는 이유를 상상된 시나리오, 즉 아마도 마음속에 떠오르는 장면이라고 가정해 볼 수 있다. 반면에 키스를 하게 된 이유는 대본의 지시에 불과할 수도 있다. 두 가지 경우 모두, 그들이 직면한 세계에서 어떤 즉각적인 이유가 없는 한, 그것들은 속임수나 흉내 내기식의 가짜라고 말할 수 있다. 그러나 이는 분명히 존재하는 차이를 설명하기에는 부족하다. 그렇다면 이 차이를 어떻게 설명해야 하는가? 이 문제의 관심사와 중요성은 두 연기(performances) 중 어느 것이 더 설득력 있는지를 묻는 질문에 국한된 것이 아니다. 그것은 특히 위와 같은 신체적 발현과 상관관계에 있는 한, 각각의 경우에 우리가 감정의 자리(place)를 어떻게 이해하는지와 관련된다.

여기서 우리가 추측할 수 있는 한 가지는 진심으로 눈물을 흘리는 배우가 기술(technique)을 습득한 결과로 인해서만 울지는 않는다는 것이다. 정확히 말하면 그것은 기술이라고 할 수 없다. 그는 자신의 실제 경험을 이 역할에 가져올 수도 있다. 그렇다면 어떤 의미에서 그는 우리가 일상적으로 즉각적 원인이 있을 때에만 진정한 감정을 느끼는 것 그 이상을 하는 것은 아니다. 또한 그러한 감정은 우리가 상상 속에서 그것을 불러일으킬 때 되살아난다. 그리고 실제로 이러한 방식으로 상상력과 기억의 기능에 목적을 두지 않았다면 즉각적 원인에 의한 감정적 반응은 그 자체로서 존재하지 않을 것이다. 이것은 분노나 슬픔, 질투 또는 기쁨을 느끼는 것의 일부이다. 아마도 이것은 비트겐슈타인(Wittgenstein)이 "슬픔(Grief)은 우리 삶의 짜임에 있어서 다양한 변주와 함께 반복되는 패턴을 설명한다"고 쓰면서 "'잠시 동안 그는 깊은 슬픔을 느꼈다'라고 말하는 것은 왜 퀴어(queer)적으로 들리는가?"라고 수사학적으로 물을 때 그가 의미하는 바와 같다. 우리 삶 속에 다양한 사건들만이 슬픔을 불러일으키는 것이 아니라 슬픔은 우리를 다시 되돌아보게 하는 특성을 지니며, 때때로 우리는 즉각적 원인이 없을 때에도 다시 슬퍼진다. 슬픔이 우리에게 끊임없이 되돌아온다는 말이 터무니없는 것은 아니다. 의지가 그 역할을 할 수는 있지만, 이것은 단순히 의지에 달린 문제는 아니다.

혼란의 두 번째 이유는 햄릿이 울지 *못한* 데에 있다. 이를 설명할 수 있는 방법에는 복합적인 가능성이 있으며, 햄릿이 복수를 미루는 이유와도 관련이 있다. 그러나 그러한 이유에 대해 셰익스피어가 분명히 의도하고자 했던 바를 동시에 반영하는 보다 직접적인 해석도 있다. 이는 때때로 우리가 울 수 없으며, 때로는 이러한 무능력 자체가 더 깊은 슬픔의 표현이라는 것이다. 울 수 있는 능력이 단순히 의지에 달려 있다면 그렇게 될 수 없다.[1)]

---

1) 배우가 우는 것을 이해하거나 적절히 묘사하는 일의 모호함은 샘 테일러우드(Sam Taylor-Wood)의 사진 작업에서 강렬한 표현으로 나타난다. 이것은 작가가 카메라 앞에서 울어달라고 부탁했던 유명 남자 배우들의 인물사진 시리즈이다(http://photoslaves.com/crying-men-by-sam-taylor-wood/ 참고).

이러한 성찰을 통해 알 수 있는 것은 울고자 하는 경향의 상당 부분이 의지의 문제로 남아 있음에도 불구하고, 우리의 신체적 반응과 능력의 통제를 넘어서는 무언가가 이에 관여하며, 이것을 단순히 기술의 습득이라는 측면에서 이해할 수 없다는 것이다. 더욱이 성숙한 울음의 발달은 결정적으로 우리가 세상을 보고 이해하는 방식에 달려있다. 이에 대해서는 아래에서 다시 논의하도록 하겠다. 그러나 먼저, 여기서 언어(language)의 중요한 역할을 되짚어 보자. 트림블에 따르면, 울음은 진화론적 측면과 발달적 측면 모두에서 발화(speech)의 전조가 된다. 우는 행동을 다듬고 집중하는 학습과 말하기(speak)를 배우는 것 사이의 관계를 어떻게 이해해야 하는가? 이는 언어 습득에 대한 지배적인 개념과 분명한 연관이 있다는 점에서 출발해야 한다.

3. 언어 습득 및 말하기 학습(Language Acquisition and Learning to Speak)

언어 습득은 언어학과 심리학의 핵심 주제였으며, 그러한 연구는 크게 두 가지로 분류될 수 있다. 아이들이 언어를 습득하는 방법에 중점을 둔 「언어 구조 습득」(Acquiring Linguistic Constructions)에서 마이클 토마셀로(Michael Tomasello)는 유용한 설명을 제공한다. 토마셀로는 인간의 의사소통과 다른 동물의 의사소통 간의 차이점을 확인하는 것으로 시작한다. 첫 번째는, 인간의 소통은 상징적이기 때문에 타인을 자신이 의도하고자 하는 주의 집중, 혹은 정신적(mental) 상태를 가진 존재로 이해하는 것에 의존한다. 두 번째는, 인간의 소통은 문법적이며, 이는 모든 종류의 고유한 기호 조합의 구조를 가능하게 한다. 세 번째는, 종

(species)의 모든 구성원이 사용하는 유일한 의사소통 시스템이 없다는 점에서 의사소통은 일정하지 않다. 자연 언어의 다양성은 아이들이 배워야 하는 것의 범위와 특성을 강조한다.

토마셀로의 논의의 중심에는 그가 구분하는 두 가지 이론이 있으며, 이는 해당 분야의 지배적인 논의에 대한 합리적인 가이드를 제공한다.

> 하나는 언어와 언어의 습득에 대한 형식적인 접근 방식을 취하는 연구자들로부터 유래하며, 촘스키(Chomsky)의 생성문법(generative grammar) 이론을 기반으로 하는 성인 중심(adult-centred)의 발산적[*원문대로*(*sic*), emanating] 접근 방식이다. 다른 하나는 보다 기능적인 방식을 취하는 연구자들로부터 유래하며, 언어 및 언어 습득에 대한 활용 기반의 접근 방식이다. 이는 더 많은 발달적 변화를 위한 여지가 있으며 아마도 보다 아동 중심적이다. 그리고 실제로 아동의 언어 습득 연구에서 현재의 이론적 논쟁을 구성하는 것은 여전히 이 두 가지 연구를 바탕으로 한다(p. 5-6).

촘스키의 생성문법은 형식적인 용어, 즉 대수학 또는 논리의 방식을 따라 언어를 이해하는 이론이다. 자연어는 (i) 결합된 요소의 의미에 무의미하고, 그 자체로 무의미한 일련의 추상적 규칙 집합과 (ii) 규칙에서 변수 역할을 하는 의미 있는 요소를 포함하는 어휘로 구성된다. 이 구조는 언어적 능력의 "핵심"(core)인 보편적 문법과 어휘, 개념 체계, 불규칙한 구문과 관용구 및 어용론을 포함하는 "주변"(periphery) 간의 경계를 구분한다. 핵심은 선천적으로 주어지지만, 아이는 어휘, 그리고 핵심을 추상적인 규칙과 연결하는 방법 모두를 배워야 한다.

반면에 인지기능(cognitive-functional) 언어학은 언어 구조가 언어 활용에서 나온다는 관점을 토대로 한다. 그러한 이론에 따르면, 문법은 언어의 상징적 차원에서 기인한다. 언어의 문법적 구조는 의미가 내재된 문법화의 역사적 과정에서 파생된다. 성숙한 언어 능력은 규칙적인 형식과 보다 관용적인 형식을 모두 포함하여, 언어 구성의 구조화된 목록(inventory)을 숙달하는 것과 관련된다. 이 관점에 따르면 보편적인 문법이란 존재하지 않는다. 일정한 규칙 기반 구조가 학습되는 방식은 불규칙하거나 관용어적 구성의 경우와 거의 동일하다. 아이들은 시간이 지남에 따라 추상적인 범주와 스키마를 구성하게 된다. 따라서 아이들은 먼저 그들이 듣는 발화의 의도를 읽는 것과, 두 번째로 언어 능력의 보다 추상적인 측면을 구현할 수 있는 일종의 패턴을 발견하는 것을 통해 일반적인 인지 과정을 활용하여 언어를 구성한다.

이 두 가지 설명 중 촘스키의 생성문법은 후기 비트겐슈타인의 철학적 비판에 더욱 취약하다. 언어학에서 촘스키에 대한 확고한 신념이 그의 도전에 거의 영향을 받지 않은 것처럼 보이지만, 나의 관점에서 볼 때 데이비드 함린(David Hamlyn)의 『이해의 경험과 성장』(*Experience and the Growth of Understanding*, 1976)은 매우 설득력 있게 그러한 비판을 진전시켰다. 그러나 언어 습득에 대한 두 가지 설명에서 분명한 것은, 적절하게 구조화된 문장 형식에서 단어를 올바르게 활용할 수 있는 능력(ability)이 언어적 역량(competence)에 반영되는 경우 언어는 근본적으로 의사소통의 수단으로 이해된다는 점이다. 사실상 두 이론의 관계가 비트겐슈타인의 초기와 후기 연구 사이의 관계와 공통점이 있다는 것을 무리 없이 생각해 볼 수 있다. 언어가 근본적으로 의사소통의 수단이라는 가정이 비트겐슈타인의 후기 입장과 얼마나 일치할 수 있는지는 확실하지 않다. 이와 관련하여 나는 『철학적 탐구』(*Philosophical*

Investigations, 1953)의 서두에서 언어 습득에 대한 비트겐슈타인의 설명을 강조하면서 논의를 이어갈 것이다.

『철학적 탐구』는 비트겐슈타인 자신의 말이 아닌, 지시적 단어 교육을 통한 인간의 언어 습득 방식에 대한 아우구스티누스(Augustine)의 설명으로 시작한다. 어른은 대상을 가리키고 이름을 붙이고, 아이는 점차 그 이름들을 배우는 것이다. 다음에서 비트겐슈타인은 아우구스티누스가 제시한 설명의 타당성을 검증하기 위해 실제보다는 상상에 더 가까운 다양한 예시를 활용한다. 사실 그의 주장은 상상력의 발휘에 크게 의존한다. 특히 텍스트의 두 번째 페이지에서 그는 독자에게 다음과 같은 사고를 해볼 것을 권유한다.

> 아우구스티누스가 제시한 설명에 꼭 맞는 언어를 상상해 보자. 이 언어는 건축가 A와 보조 B 사이의 의사소통을 위해 사용된다. A는 블록, 기둥, 널빤지 및 석재로 이루어진 건축 석재로 건물을 짓는다. B는 A가 필요로 하는 순서대로 돌을 전달해야 한다. 이를 위해 그들은 "블록", "기둥", "널빤지"(slab), "석재"라는 단어로 이루어진 언어를 사용한다. A는 그 단어들을 외치고 B는 그렇게 외친 명령에 따라 돌을 가져오는 것을 배운다. 이것을 완전한 원시 언어로 이해해 보자(§2).

다음 페이지에서 그는 이 사례를 다시 언급한다.

> 우리는 §2의 언어를 A와 B의 *완전한*(*whole*) 언어이며, 한 부족(tribe)의 완전한 언어로도 생각해 볼 수 있다. 아이들은 *이러한* 행동을 수행하고, 그들이 하는 대로 *이* 말(words)을 사용하며, 다른 사람의 말에 *이런* 식으로 반응하도록 길러진다.

> 연습(training)에서 중요한 부분은 교사가 대상을 가리키고, 어린아이가 대상에 주의를 기울이게 하며, 동시에 단어를 소리 내어 말하는(uttering) 것이다. 예컨대, 교사는 그러한 모양을 가리키면서 "널빤지"라는 단어를 소리 내어 말한다(§6).

비트겐슈타인은 단어와 그것으로 인해 확립된 사물 간의 연결은 연습의 본질에 달려있다고 말한다. 우리는 단어를 들을 때 그 대상의 그림을 아이들의 마음보다 먼저 떠올린다고 생각할 수 있다. 그러나 §2에서 이미지를 불러일으키는 것이 단어의 목적은 *아니다*. 이미지가 떠오르지 *않는*다고 해도 이것은 목적을 성취하는 것에, 즉 석재를 효율적으로 가져오고 운반하는 등의 작업을 수행하는 데 도움이 될 수 있다. 어떠한 경우에도 다양한 연습은 다양한 이해를 만들어 낸다.

> "막대와 지렛대를 연결하여 브레이크를 만들었다." 그렇다, 나머지 메커니즘 전체를 고려할 때 결국 그러하다. 그것과 결합해야만 그것은 브레이크 막대이고, 그것의 지지대와 분리될 때 그것은 지렛대가 아니며, 그것은 무엇이든 될 수도 있지만 동시에 아무것도 아닌 것이 될 수도 있다(§6).

비트겐슈타인이 이후에 자세히 설명하는 건축자의 예시는 언어가 근본적으로 단어가 나타내는 대상의 이름을 만들어 내는 일이 될 수 없으며, 언어 학습이 기본적으로 지시적(ostensive)으로 행하는 단어 교육의 문제가 될 수 없다는 것을 보여주는 초기의 움직임이다. 오히려 비트겐슈타인은 의미가 활용의 측면에서 이해되어야 하며, 활용은 언어 게임(language game)과 관련이 있다고 말할 것이다. 게임의 비유는 특정한 실천의 맥락에서 단어가 의미를 갖는 방식에 관심을 불러일으킨다. 실천은 다양한 방식에서 부분적으로 일치하지만, 어떠한 본질적인 특성으로도 통합되지는 않는다. 마치 가족 유사성(family resemblance)의 개념이 *모든* 가족 구성원에게 공통적인 특성을 갖지 않고도 완벽하게 기능하는 것처럼 말이다.

언어 게임의 개념에서 더욱 강조되는 것은 규칙을 따르는 것(rule-following)에 중심을 두며, 비트겐슈타인이 많은 페이지를 할애하여 몰두했던 것이다. 규칙을 따른다는 것은 나아가는(go on) 방법을 아는 것이며, 이것의 정확성을 이해하는 것을 의미한다. 비록 촘스키의 이론이 핵심과 주변이라는 개념화에 의존하며, 앞서 살펴본 바와 같이 이것은 비트겐슈타인의 후기 연구와 현저하게 상충됨에도 불구하고, 토마셀로가 약술한 언어 습득의 두 가지 이론에서 학습이 정확성과 유사한 개념의 관점에서 이해되는 것은 놀랍지 않다. 핵심과 주변의 관계를 논리와 자연어의 관계, 즉 첫 번째는 내용이 없고 두 번째는 내용이 가득한 관계에 비유한다면, 비트겐슈타인이 보여주고자 하는 것은 논리가 언어로부터 구성되어 있다는 것이다. 이것은 촘스키가 의존하는 스키마를 파괴한다.

그러나 규칙을 따르는 것과 이에 필요한 학습 과정에 대한 설명에 문제가 없는 것은 아니며, 이것은 특히 아동을 유도함(induction)에 있어 어느 정도까지를 권위에 대한 복종으로 이해해야 하는지에 대한 견해의 차이를 야기한다. 텍스트에서 비트겐슈타인이 모호하게 서술하는 부분도 있고, 대담자와 응답으로 이루어진 텍스트의 구조 자체가 다양한 방식으로 모호함을 유도한다. 또한 건축가와 부족의 묘사를 어디까지 이해해야 하는지에 대한 문제도 있다.

비트겐슈타인은 독자에게 건축가의 언어를 *상상*해 보고 이를 완전한 원시적인 언어로 *생각*해 볼 것을 요구한다. 누군가는 아마도 이 두 원시인이 온종일 명령을 주고받고, 건축 석재를 가져오고 나르는 데 시간을 보내는 것을 상상하면서 시작한다. 그러나, 곧 그 상상에는 문제가 따른다. 예컨대 그들이 만들고 있는 것은 무엇인가? 보통 건축에는 다양한 종류의 신념으로 형성된 복합적인 맥락을 필요로 하며, 다양한 종류의 실천이 내재되어 있다. 요컨대 건축은 삶 전체를 가정한다. 마찬가지로 말(words)의 의미는 건축가의 용어에서 보이는 방식대로 단일한 기능을 수행하는 것이 아니다. 건축가들은 어떤 식으로든 자신들의 말을 할 수 없다. 즉, 그들은 말을 오직 명령으로서만 사용할 수 있다. 또한 이러한 명령조차도 우리가 일반적으로 알고 있는 자연어에 속한 명령과 같을 수 없다. 건축가는 발화(remark)할 수 없다. 그들은 대화를 할 수 없다. 그들은 거짓말을 할 수 없다. 우리가 곧 발견하게 되는 것은 건축가가 원시인간이 아닌 로봇으로서 이해되어야 한다는 것이며, 로봇은 인간 삶의 완연한(full-blown) 목적 내에서 그 자리를 차지하기 때문에 이마저도 작동하지 않는다. 비트겐슈타인의 제안에 대한 응답으로 우리가 상상한 것은 인간 삶의 완연한 목적이 되는 어떤 것을 암묵적으로 예상하는 장면이었다. 일단 그 배경을 제거하고 나면, 건축가들이 어떻게 상상하거나 생각할 수 있는지를 알기가 어렵다.

「비트겐슈타인의 건축가들」(*Wittgenstein's Builders*, 1960)에서 러시 리스(Rush Rhees)는 비슷한 맥락에서 논쟁을 벌였다. 특히 리스는 개념의 중요성과 규칙을 따르는 것에 대한 강조가 언어를 말하는 것(to speak a language)이 무엇인지를 보여주는 데 충분하지 않다고 우려한다. 이것은 언어 게임의 다양성을 부정하는 것이 아니라, 이것의 과도한 강조는 리스가 때때로 "언어의 통합"(unity of language)이라고 일컫는 공통 언어(common language)의 개념을 드러내지 못하게 할 수 있음을 보여준다(Rhees, 1960). 더욱이 해당 연령에 따라 규칙 준수를 배우는 방법을 강조하는 언어 습득에 대한 설명은 말하기를 배우는 것에 가장 중요한 것이 무엇인지를 모호하게 만들 수 있다. 이것이 마지막 장의 중요한 문제가 될 것이다.

4. 무엇에 대해 말하는가? 무엇에 대하여 우는가?(What Is There to Speak About? What Is There to Cry About?)

외국어 학습을 위한 교과서는 때때로 핵심 언어 구조가 실행되는 시나리오를 제시하며, 특히 학습의 초기 단계에서 이러한 내용은 한없이 진부하다. 시나리오의 목적은 적절한 구조를 연습하고, 학습자가 이를 얼마나 올바르게 사용하는지를 알아보기 위해 최소한의 맥락을 제공하는 것이다. 진부함은 크게 중요하지 않다. 이것은 제2의 언어 학습에 해당한다. 모국어를 습득하는 경우에는 문제가 다르다. 학습자는 이해할 수 있는 방식으로 말의 활용을 배우는 것뿐만 아니라, 말하는 것(speak)이 무엇인지를 배운다. 말하는 것이 단지 단어와 구조를 올바르게 사용하는 것이 아니라면, 그것은 무엇을 의미하는가?

이는 리스의 연구에서 많은 부분을 차지하였으며, 그는 여러 번 건축가의 주제로 되돌아왔다. 언어 학습자를 생각하면서 그는 다음과 같이 썼다.

> 아이가 말할 수 있을 때, 우리는 기뻐할 것이다. 왜냐하면 "아이는 단

지 반복하는 것이 아니라 그 스스로 말을 할 수 있기" 때문이다. 그러나 중요한 것은 그가 새로운 문장을 만들 수 있다는 것뿐만이 아니라, 마치 연습했을 때처럼 *말*을 할 수 있다는 것이다. 만약 그의 어휘를 테스트하고 싶다면 연습 과제를 줄 수도 있다. 그러나 이것이 아이가 말을 할 수 있는지 없는지를 알아내는 방법은 아니다.

아이에게 연습을 시켜서 외국어에 대한 지식을 테스트해 볼 수도 있다. 그리고 또 그가 특정 표기법을 익혔는지, 혹은 산수를 할 수 있는지 알고 싶다면, 똑같이 해보면 될 것이다. 비트겐슈타인은 아이에게 곱셈을 가르치는 것에 대하여 말하곤 했다. 아이에게 곱셈의 예시를 보여주고, 이를 풀어보게 하고, 그의 실수를 바로잡아 주는 동안에 다른 연습 문제를 풀게 하고, 그리고 "이제 혼자서 해보라"고 한다. 그러나 만약 당신이 아이에게 말을 가르칠 때 이런 말을 했다면(이는 아주 똑똑한 앵무새를 훈련시키는 것과 같다), 가장 중요한 것을 놓쳤을 것이다. 요컨대 아이가 말을 할 수 있다면, 그는 당신에게 말할 것이 있거나 물어볼 것이 있다는 것이다. 산수는 이와 다르다. 아이가 곱셈을 배울 때에는 "당신에게 무엇인가를 말하는 것"이 성취의 일부가 아니지만, 말하는 것을 배우는 데 있어서는 그 자체가 아이의 중요한 성취이다(Rhees, 2006, p. 159).

리스는 지력(intelligibility)의 개념을 비판적으로 받아들여 공통 언어(혹은 언어의 통합)를 강조하고자 한다. 의미의 상대화에서 언어 게임의 개념은 대체적으로 다른 언어 사용자에게 해설이나 설명을 할 수 있다는 사실을 숨기는 경향이 있다. 또한 언어 습득은 다양한 사회 제도에 입문하는 것과 비슷하다는 생각을 심어줄 수 있으며, 자신의 역할을 배우고 지속하는 사회 제도 안에서 그러하다. 이것은 누군가가 말할 것이 있는지 여부를 무시한 채, 정확성의 중요성을 다시 한번 강조한다.

그러나 다음의 장면을 상상해 보라. 당신은 집에서 책상에 앉아 일을 하고, 두 살도 되지 않은 어린아이가 급히 방으로 들어온다. 아이는 괴로워하고 무언가를 말하기 위해 애를 쓰지만, 단어를 거의 알지 못하고 당신은 약간의 느낌 정도만 알 수 있다. 그러나 아이는 당신에게 비슷한 소리를 격하게 내며 들어달라고 애원하고, 마침내 그 단어들은 당신이 이해할 수 있는 문장으로 합쳐진다. "엘라는 공룡을 화장실에 두었다." 이제 공룡, 화장실, 그리고 큰언니가 두 살짜리 아이의 마음속에 크게 자리잡고 있다는 것과, 아이가 어떤 일이 일어났는지 알아내기 위해 애를 쓰고 있음이 분명하다. 아이의 엄마인 당신은 아이가 공룡을 구하기 위해 당신의 도움을 받으려고 한 것이 아니라는 것을 이미 그렇게 도움을 주려고 하고 나서야 깨닫는다. 그는 *무슨 일이 있었는지를 말해주려고* 당신에게 왔다. 그는 당신의 반응을 통해 무슨 일이 일어났는지의 중요성을 알고, 그렇게 함으로써 세계가 어떤 것인지를 발견한다. 그러나 또한 그는 할 말을 찾고, 세계에 대해 우리가 말할 것이 있다는 것을 알아가고, 할 말이 있는 자신을 발견해 간다. 이것은 세계가 무엇인지를 알아가는 데 있어 중요한 단계이다.

할 말이 있고 무언가를 말할 수 있음을 깨닫는 것은 어린아이의 삶에서 획기적인 순간이다. 아이들은 단순히 듣는 소리를 반복하거나 소리를 가지고 노는 것이 아니며, 그들이 원하는 것을 얻기 위해 단어를 도구로 사용하는 것이 아니라 세계에 대해 무언가를 말하는 것이다. 이것은 세계를 갖게 되는 것에 있어서(또는 세계가 무엇인지를 앎에 있어서) 매우 중요한 순간이다. 이것은 말할 무엇인가를 가지고 있다는 것이며, 이것이 없으면 대화가 어떤 것인지 상상하기 어렵다. 만약 이것이 옳다면, 대화는 인간이 된다는 것과 언어가 무엇인지에 대해서 가장 중요한 것이 된다.

말할 것이 있다는 것은 울 것이 있다는 것과 관련된다. 우리의 우는 행동은 언어를 통해 중요한 것에 주의를 기울임으로써 정제되고, 여기에서 인식과 사실의 개념이 중요하다. 위에서 살펴본 것과 같이, 그것들은 무언가에 *관한* 것이다. 그리고 바로 이러한 차원에서, 진실과 거짓, 그리고 진정성, 허위, 가장 및 허구의 섬세와 음영을 아우르는 가능성의 폭이 열린다. 언어 연습에서 이것들은 중요하지 않지만(이러한 것들이 과연 나타날 수 있을까?), 햄릿이나 일상적인 대화에서는 매우 중요하다. 언어 연습에는 울 곳이 없다(there is no place for crying)는 것은 이와 관련된 사실이다. 프랑스어는 정말 눈물이 없다.

트림블의 저서가 감정의 의도적 특성을 충분히 고려하지 않았다는 것은, 그의 관점이 인간의 성숙한 울음 행위가 세계에 대한 진실성을 드러내는 흥미로운 방식임을 간과했다는 것을 의미한다. 또한 그는 비극과 예술에 대한 우리의 경험에 모든 관심을 기울였음에도, 우리의 감정적 울음과 우리가 할 말을 갖게 되는 *한층 더 강력한 이유(a fortiori)가* 나타나는 방식을 분명히 하지는 않았다. 내가 제안하는 바는, 그것이 무엇인지를 우리는 바로 교육과정, 특히 인문학 내에서 찾을 수 있다는 것이다. 그것은 우리에게 말할 것이 있다는 것을 보여주고 그것이 제공할 수 있는 판단 훈련에서 우리에게 자신감을 준다.

제10장

사회 정의의 번역: 주체성, 정체성, 그리고 서양주의[1]

(Social Justice in Translation: Subjectivity, Identity, and Occidentalism)

"사회 정의"는 오늘날 정치 및 학술 토론에서 어느 정도 힘을 가지고 반복되는 문구이며, 다양한 측면에서 이것을 이해할 수 있다. 정의가 문제 되지 않는 인간 삶의 형태는 거의 상상할 수 없다. 또한 인구가 밀집되고 어떤 점에서는 환경적으로 고갈된 세계에서 사회적 문제가 노출될 때 '사회적'이라는 형용사의 효과는 그 문제의 특정한 중압감을 드러낸다. 우리는 어떻게 국가와 대륙, 그리고 세계 전체에서 정의롭게 같이 살아갈 수 있을까?

그러나 우리는 사회 정의라는 문구를 너무 성급하게 지나쳐 버릴 수 있으므로 몇 가지 비판적인 검토를 할 필요가 있다. 나의 논의는 사회 정의가 교육 연구 및 관련 분야에서 어떻게 하나의 개념으로서 영향력을 갖게 되었는지를 검토하는 것으로 시작한다(1절). 이어서 국제적인 용어에서 사회 정의가 지니는 영향력이 어떻게 영어의 국제적 지배로부터 분리될 수 없게 되었는지를 보여주고자 한다(2절). 결국 이것은 번역의 문제와 관련된다(3절). 따라서 사회 정의의 특정한 타당성은 번역에서 주체성의 본질에 대한 주제로의 전환을 통해 강조된다. 비록 주제의 전

1) 출처: Standish, P. (2011). Social justice in translation: Subjectivity, identity, and occidentalism. *Educational Studies In Japan: International Yearbook, 6,* 69-79.

환이 본론에서 벗어난 것처럼 보일 수 있지만 그것의 타당성은 철학과 사회과학 안에서 사고의 핵심을 이루는 주체성의 본질로 이어진다(4절). 마지막으로, 사회 정의가 갖는 영향력이 지닌 특정한 패턴을 일부 불안정하게(unsettle) 하고 다른 종류의 사고를 향한 길을 열기 위해 1절에서 살펴본 사회 정의의 측면을 다시 다루고자 한다(5절).

1. 개념, 이데올로기, 내러티브(Concept, Ideology, Narrative)

먼저 "사회 정의"의 "사회적"이라는 형용사가 더하는 의미가 무엇인지 더 자세히 살펴보고자 한다. 정의는 필연적으로 사람들 사이에서의 정의이므로 반드시 사회라는 세계와 관련하여 이해된다. 정의의 또 다른 의미가 있을 수 있을까? 이러한 측면에서 그 형용사는 실제로 중복되기 때문에 불필요해 보인다.

그러나 "우리는 어떻게 *공정하게(fairly)* 함께 살 수 있는가?"라고 질문을 바꾸어 보면, 이 표현을 조금 더 변호할 수 있다. 왜냐하면 사실상 정의가 공정함을 의미하는 것으로 당연하게 여길 수 없기 때문이다. 그렇다면 출생이나 결혼에 의해 삶의 위치가 제한되는 봉건적 또는 카스트제 사회는 어느 정도 올바른 질서에 부합하는 것으로 간주될 수도 있다. 이는 개인이 국가의 유기적 전체의 일부에 불과한, 극단적인 공산주의 사회의 질서가 *비일관적인* 것은 아니라고 보는 것과 유사하다. 물론 오늘날에는 그러한 방식이 용납되지 않을 것이다. 이와 대조적으로 정의가 공정함을 의미한다는 것을 받아들이는 것은 평등(equality)에 대한 약속과 우리는 모두 인간 존재*로서* 평등함(we are all equal *qua* human beings)을 의미하는 보편주의로 한 걸음 더 나아가는 것을 의미한다.

그러나 공정함으로서의 정의는 결과의 평등과 기회의 평등, 평등주의 및 능력주의(meritocracy)에 대한 약속과 양립할 수 있다는 점에서 견해의 차이가 있을 수 있다. 예컨대, 이러한 원칙은 상속세가 공정한지 여부와 같은 실천적인 문제를 해결하는 것에는 크게 관여하지 않는다. 이러한 관점에서 다양한 방면의 정치인과 사상가들이 이와 같은 방식으로 정의를 위해 헌신한다고 보는 것은 타당하다. 따라서 "사회적"이라는 형용사를 덧붙이는 것이 공정함으로서의 정의에 대한 구체적인 개념을 암시한다면, 중복의 혐의(charge)로부터 벗어날 수는 있지만, 여전히 이 표현의 영향력(purchase)은 매우 광범위하다.

이러한 차이점을 추론하고자 하는 오늘날의 가장 활발한 시도는 의심할 여지 없이 롤스의 연구에서 찾아볼 수 있다. 그의 저작은 지난 40년 동안 여러 측면에서(적어도 영미권에서) 정치철학의 의제를 확립하였다. 나는 이것을 조금 더 자세히 설명하고자 한다. 롤스는 정치철학이 공적인 삶에서 네 가지 역할을 한다고 이해했다. 첫째, 특히 다양성이 갈등으로 이어질 가능성이 높은 사회, 즉 대체적으로 대규모의 현대 민주주의 사회에서 정치철학은 합리적인 합의의 토대를 발견해야 한다. 둘째, 이는 한 사회 구성원들이 갖는 회원 자격(membership)의 정치적 의미, 그리고 시민권에 합당하게 부여되는 권리와 책임을 이해할 수 있도록 해야 한다. 셋째, 실천적으로 가능한 것의 본질과 한계를 탐구해야 한다. 즉, 실제로 국민들은 어떠한 사람들인지, 어떠한 방책들(measures)이 그들의 지지를 얻을 수 있는지에 대하여 현실적이어야 한다. 넷째, 정치철학은 실천적 정치의 모든 좌절과, 인간의 나약함과 부패에도 불구하고 사회 제도가 이성의 원칙에 따라 기능할 수 있음을 보여주는 중재의 역할을 해야 한다. 롤스의 연구 전반에서 중요한 것은 롤스가 자신의 노력을 정의가 공정함의 측면에서 이해되는 정의로운 자유 사회의 원칙을 발전시키는 것으로 이해한다는 점이다. 롤스는 그의 대표작, 『정의론』(*A Theory of Justice*, 1971)에서 이러한 개념들을 충분히 발전시켰으며, 이후 세 권의 주요 저서인 『정치적 자유주의』(*Political Liberalism*, 1993), 『만민법』(*The Law of Peoples*, 1993) 및 『공정으로서의 정의』 (*Justice as Fairness*, 2001)에서 자신의 입장을 더욱 정교화하였다. 롤스는 자신의 연구를 민주주의적 사고에서 자유와 평등 사이의 오랜 갈등을 해결하는 데에 실천적인 기여를 한 것으로 보았다. 그는 공정한 민주주의의 정치체제(polity) 내에서 시민권의 본질과 요구를 이해하는 방법을 제시하며, 이를 국제적인 안정과 평화에 기여할 수 있는 지속 가능하고 정의로운 입헌 민주주의의 토대로 본다. 개인은 다른 사람들이 자신과 다르게 사물을 보고, 때로는 자신과 상충되는 가치와 우선순위에 따라 삶을 산다는 사실에 분명 좌절감을 느낄 수 있다. 그러나 롤스는 인간이 모든 진실을 볼 수 없다는 점을 고려할 때, 세계관의 다양성이 모두를 위해 더 큰 자유를 불러오는 유익한 결과일 수도 있다는 강력하고 현실적이며 중재적인 의견을 제시한다.

롤스 연구의 전개는 그가 "공동체주의자"(communitarian)라고 느슨하게 묘사되는 반응을 얻었다는 점에서 이해될 필요가 있다. 또한 그것이 1980년대 마이클 샌델(Michael Sandel, 1981)과 찰스 테일러(Charles Taylor, 1985)의 중요한 저서들과 관련되어 있다는 점에서도 이해되어야 한다. 샌델은 최근 그의 저서, 『정의란 무엇인가』(*Justice: What's the Right Thing to Do?*, 2009)의 영향력으로 현재 일본 독자들에게 특별한 관심을 받고 있다. 그것의 번역본(2010)은 실제로 엄청난 베스트셀러가 되었다. 더 나아가 "자유주의"와 "공동체주의"라는 명칭에도 불구하고,

이러한 비평들은 자유주의 전통의 정치에 견고한 기본 약속을 롤스와 공유한다는 점을 지적할 필요가 있다. 그들의 차이는 개인으로서 그리고 집단으로서의 인간을 위한 선을 이해하는 방식에서 이해되어야 한다.

롤스의 후기 저작에서 그가 언급했던 몇 가지 요점들을 중심으로 논의를 계속해 보자. 민주주의 시민이 어떤 의미에서 자유로울 수 있는지에 대한 질문에 그는 다음과 같이 썼다.

> 정치 사회를 특정한 방식으로, 즉 한 세대에서 다음 세대로 이어지는 공정한 협력의 체계로 이해하는 것으로 이 문제를 다루어 볼 수 있다. 협력에 참여하는 사람들은 자유롭고 평등한 시민이자 전 생애 동안 사회의 일반적인 협력 구성원으로 간주된다. 우리는 사회의 기본 구조, 즉 주요 정치 및 사회 제도와 그들이 하나의 협력 체계로 결합하는 방식이 정치적 정의의 원칙들을 충족시키는 경우, 그 원칙들을 공식화할 수 있다. 그렇다면 우리는 가식과 거짓 없이 시민은 참으로 자유롭고 평등하다고 말할 수 있다(Rawls, 2001, p. 4).

롤스는 그의 저서 곳곳에서 공정함으로서의 정의가 그 자체로 너무 쉽게 슬로건이 되어 현재 상황(status quo)을 지지하고, 그 과정에서 이데올로기로 변질될 수 있다는 점을 경계한다. 그가 이에 저항하는 한 가지 방법은 민주주의에서 다원주의(pluralism)를 강조하는 것으로서 이데올로기와의 차이점은 그 사회의 구성원들이 선에 대한 포괄적인 개념을 공유하는 범위 내에서의 공동체라는 것에 있다. 따라서 협력은 세 가지 필수적인 특징을 갖는 것으로 이해된다. 첫째, 협력은 단순히 사회적으로 조정된 활동의 문제가 아니라 관련된 사람들이 타당하다고 수용하는 공적으로 인정된 규칙과 절차에 따라 진행된다. 둘째, 공정한 협력의 조건은 참여자들이 합리적으로 수용할 수 있고 때로는 받아들여야 하며, 이는 이익의 호혜성(reciprocity) 또는 상호성(mutuality)을 특징으로 한다. 셋째, 협력은 참여자들이 그들 자신이 보는 선의 관점에서 합리적인 편익를 얻는다는 개념을 포함한다.

민주주의에서 교육의 제공과 관련하여 이러한 원칙들이 막대한 힘을 갖는 것은 의심의 여지가 없으며, 그 원칙들이 교육의 기회, 제도적 다양성, 그리고 재정적 지원과 같은 문제에 대한 성찰과 정책을 이끌어 온 것도 분명하다. 이 장에서, 그리고 정치철학 전반에서 그러한 논의는 "롤스에 대한 주석"처럼 보일 수 있으며, 이것은 롤스 업적의 중요성을 보여주는 증거이다. 그러나 나는 롤스 담론의 일관성과 확신이 인간 주체에 대한 특정한 개념을 강화할 수도 있으며, 아마도 이는 사회 정의에 접근하는 다른 방식의 사유를 배제할 수도 있다는 의견을 제안한다. 그럼에도 불구하고, "사회 정의"라는 용어가 교육 연구에서 특별한 명성을 얻고 있다는 점을 감안할 때, 나는 이러한 롤스의 철학적 이해를 현재 사회 정의가 해석되고 수용되는 두 가지 주요 방식 중 하나로 간주한다.

사회 정의가 전달하는 또 다른 의미적 연관성은 일종의 정서적인(emotive) 것이다. 그것은 사회 정의를 위한 캠페인에서 불평등을 교정하는 방식, 그리고 인정의 정치(politics of recognition)로 알려져 있는 인간의 다양성의 형태에 대한 인정을 추구하는 여러 방식과 관련한다. 따라서 그것은 신마르크스주의와 고전적 평등주의의 요소들을 보다 최근의 차이에 대한 민감성(sensitisation)과 결합시킨다. 비판적 교육학(critical pedagogy)은 그러한 사고의 흐름을 드러내는 중요한 표현으로 간주될 수 있다.

내가 강조하고자 하는 바는 사회 정의에 대한 이 두 가지 주요 설명이 이러한 문제에 대한 교육적 사고를 담론적으로 결정하는 정도이다. 즉, 그 설명은 논의가 이루어지는 텍스트의 참조 기준, 어휘 및 수사학적 기호를 제공한다. 따라서 롤스가 언급한 마르크스주의적 의미에서 그러한 설명은 이데올로기로 변질될 수 있는 위험이 있다.

이에 비추어 볼 때 다음과 같은 점을 숙고해 볼 필요가 있다. 대학의 교육학 또는 사회과학 분야에서 "사회 정의"와 관련한 연구 체제를 갖추는 것, 즉 "사회 정의"를 연구의 제목이나 강의 제목으로 삼는 것은 드문 일이 아니다. 요컨대, 이는 사회 정의 자체에 대한 "내러티브"의 일부가 된다. 오늘날에는 전례 없이 학과가 내러티브를 갖는 것이 요구되고, 그 내러티브의 일관성, 타당성, 정치적 시장성(marketability)은 학과의 성공 및 심지어 생존을 결정하는 요인이 될 수 있다. "사회 정의"가 획득한 수사학적 힘을 인정하는 것이 이 용어와 합리적으로 연관된 근본적인 가치들을 거부하는 것은 아니다. 이러한 이데올로기적 퇴보 속에서 그것은 마케팅 용어 혹은 이미지 쇄신을 위한 용어(make-over term) 정도로 여겨질 위험이 있다. 그러나 그것은 사실 오늘날 국제적이고 문화적인 맥락 및 신자유주의적 양상의 일부로서 아무리 고상한 의미를 가진 용어라도 안이한 슬로건이나 허무한 클리셰가 될 수 있기 때문에 책임감 있는 사유를 가로막는 장벽이 될 위험이 있다. 이를 더 자세히 살펴보고자 한다.

2. 정책 차용과 영어의 헤게모니(Policy-Borrowing and the Hegemony of English)

이것이 어떻게 작용하는지를 보려면 언어 자체의 본질에 주의를 기울여야 하며, 여기서는 피할 수 없이 영어라는 언어에 주의를 기울여야 한다.

이것은 단순히 우리가 다루고 있는 문제가 영어로 된 용어이기 때문이 아니라, 국제적으로 영어의 헤게모니가 학술연구에 미치는 영향 때문이다. 영국과 미국 제국의 패권과 극적인 기술의 변화가 맞물리면서 전례 없는 방식으로 영어라는 언어의 중요성이 부각되었다. 그것은 겉보기에 자기 강화적이고 자기 영속적이며, 특히 1989년 이후의 세계정세 속에서 우리는 이를 되돌릴 수 없는 것으로 받아들이는 경향이 있다. 일반적으로 교육 분야의 학술연구는 수많은 출처(sources)로부터 압박을 받기 때문에 이것은 특히 교육에서 중요한 문제가 될 수 있다. 전통적인 학문 분야에서와 같이 그 자료들이 이끄는 방향으로 질문을 좇아가는 것뿐만 아니라, 국경을 초월한 형태의 탐구에 참여하는 것이 당연하게 이해된다. 예컨대 교사 양성이나 국가 정책을 지원하는 연구를 수행하는 것을 통해 그 사회에 실천적으로 기여할 수 있다는 것을 합리적으로 예상해 볼 수 있다. 그러나 이제 그러한 정책적 맥락은 국제적인 규모의 변화로 인해 급속하게 바뀌고 있는 실정이다. 여기에는 세 가지 요인이 있다. 첫 번째로, 국제 학업성취도 평가(PISA)와 같은 제도는 각국이 국제적 비교에 노출되는 것을 피하기는 어렵다는 것과 이것이 국내 정책에 중요한 영향력을 행사함을 의미한다. 두 번째로, 세계은행(World Bank)과 같은 국제기구에 대한 의존으로 인해 여러 국가에서 정책에 제한을 받는다. 세 번째로, 세계화가 더욱 일반적이고 만연해졌다는 측면에서, 대중매체, 인터넷, 그리고 여행이 갖는 의미는 사람들의 삶이 일반적으로 비교적 가까운 과거에 비해 자기 충족적(self-contained)이지 않으며, 더 많이 노출되어 있고, 더 침해되고 있다는 것이다. 이러한 사실 중 어느 것도 변할 것 같지는 않으며, 이 모든 양상에서 영어가 지배적이다.

그러한 상황에서 영어 표현이 특정한 권위를 갖는 것은 불가피하다.

여기에는 두 가지 요인이 있다. 첫째, 영어 표현은 국제적인 맥락에서 더 광범위하게 이해됨으로써 *실천적인* 권위를 갖는다. 둘째, 영어 표현은 영어권, 특히 미국 문화와 관련된 경제적 힘과 문화적 명성으로 인해 *인지적(perceived)* 권위가 더욱 강화되었다. 이 요인들은 북미의 교육 연구 규모에 비추어 볼 때 더욱 두드러진다. 연례 미국교육연구학회(AERA, American Educational Research Association)의 규모가 이를 증명한다. 뿐만 아니라 교육 연구에 대한 출판은 놀라울 정도로 증가했으며, 대부분이 영어로 출판된다는 것 또한 사실이다. 또한 연구의 질 평가에 있어서 전형적으로 영어로 된 출판에 우선순위를 부여한다. 또한 다시 한번 이 과정에서 영어권 연구자들이 분명한 이점을 갖는다는 것도 사실이다.

물론 대만의 경우에도 "정책 차용"(policy-borrowing)에 대한 논의의 일환으로 이러한 문제의 심각성에 대한 고찰이 이어졌다. 예컨대 셴켕 양(Shen-Keng Yang)은 대만이 규제 완화에 대한 국제적 추세를 따르는 것을 검토하였으며, 이것을 교육 개혁의 "모토"로(현재의 목적에 매우 의미 있는 것으로) 파악하고 경쟁과 사회 정의 사이에서 발생하는 불균형에 주목했다(Yang, 2000). 독일의 영향력과 관련하여 비슷한 우려를 나타내는 웨이지 리우(Wei-Zhi Liu)는 1928년부터 1983년까지 중국과 일본에서 독일 교육학의 보급에 대해 분석하고, 독일과 대만의 특징을 결합한 교육학을 개발하고자 시도했던 네 명의 교육학자를 분석하였다(Liu, 2008). 그리고 웬얀 첸(Wen-Yan Chen)은 역사적 연구, 미래 평가, 그리고 이를 토대로 한 이론의 구축을 포함한 정책 이전(policy transfer)의 다양한 유형을 고찰하였다. 그의 연구 중 가장 중요한 것은 정책 이전에 대해 제기된 다양한 비판을 고찰했다는 점이다(Chen, 2009). 이 논문들에 대한 나의 지식은 유감스럽게도 논문 초록에 제한되어 있지만, "정책 이동"(policy-travelling) 및 "정책 이식"(policy-transplant)이라는 관련 용어가 분명히 나타내듯이, 이 논문들은 정책 차용의 역학 관계에 대한 의문이 증가하고 있다는 증거를 보여준다고 생각한다. 국가가 외국의 실천 사례를 살펴보고 다양한 방식으로 이를 모방하거나, 적용하거나, 배우기 위해 노력하는 것은 전적으로 신중을 기하는 일이지만, 적어도 영어권 국가와의 관계와 관련되는 한 그 이동이 일방적일 가능성이 높다는 것은 불가피한 것으로 보인다. 사실 이것은 연구 분야로서의 비교 교육에 대한 의문을 제기한다. 즉, 비교 교육이 활발한 많은 국가에서는 그것의 목적이 부분적으로 실천적 차이를 학습함으로써 얻을 수 있는 상호 이익이라는 측면에 맞춰져 있는 반면, 특히 미국에서 비교 교육은 순수하게 학문적인 관심에서 이루어지는 경향을 보인다.

3. 사회 정의의 번역(Social Justice in Translation)

그러나 여기서 논의의 목적은 정책 차용을 문자 그대로만 고찰하고자 하는 것이 아니다. 왜냐하면 이러한 구체적인 사건들의 배경을 이루고 있는 더 큰 쟁점들이 있기 때문이다. 위에서 내가 언어에 대해 언급했던 것은 "사회 정의"라는 용어의 채택과 관련된 질문을 중심으로 전개되었다. 아래에서는 가령 대만이나 일본 연구자의 경우, 이 단어를 마주했을 때 그들의 경험에 대해 더 자세히 살펴보고자 한다. 첫째, 그 용어가 영어권 세계의 학술지나 책 또는 학회에 등장하는 한, 그것은 다양한 방면에서 이질적인 문화적 상황에 놓일 가능성이 높다. 즉, 대만이나 일본 연구자가 영어권 세계와 갖는 연결 고리에서 그 용어는 부분적으로만 이해될 수 있다. 둘째, 한국과 이탈리아처럼 참가자들의 공통된 언어가 없는 국제적인 맥락에서 기본 의사소통의 수단은 영어일 가능성이 높다. 보다 구체적으로 그들은 외국어로서의 영어(English-as-a-foreign-language)를 사용할 것이다. 이렇게 기능적이지만 문화적으로 둔감한(anodyne) 특징을 갖는 영어가 세계 언어가 된 것이다. 셋째, 예컨대 영어를 쓰지 않고 중국어를 모국어로 하는 사람들만 참여하는 상황에서도 영어로 주요 용어를 구사한다면 특정한 학문적 명성(kudos)이 부여될 가능성이 높다. 이는 이따금씩 독일어, 프랑스어 또는 고대 그리스 단어를 학술 영어 속에 끼워 쓰는 것이 영어 원어민에게 세련미를 주는 방식과 유사하다. 실제로 영어가 가지는 힘과 중요성으로 인해 이러한 단어들을 쓰지 않는 것이 어려울 수도 있다. 이와 관련하여 일본에서 사회 정의가 연구 주제인 경우, 실제 일본어인 *샤카이 세기(shakai seigi)* 대신에 종종 가타카나인 *소샤루 자수티수(sosharu jasutisu)*가 사용된다는 것을 나는 알고 있다.

그러나 이러한 요인들 외에도 더욱 복잡한 점이 있다. “social justice”가 번역될 때 그에 해당하는 한자어 표현(社會正義)이 사용되는 경우, 각각의 용어는 서로 다른 의미를 가지며 다른 뜻을 연상시킬 수 있다. 이것에 민감한 중국어 화자라면 두 용어의 의미론적(semantic) 차이를 경험할 것이다. 반면에 영어 용어만 접해본 영어 원어민의 경우에는 그렇지 않을 것이다. 두 경우 모두 영어의 존재와 힘은 영향력을 갖게 되며, 영어 사용자의 경우에는 완전히 직접적으로, 중국어 사용자의 경우에는 부분적으로 그리고 간접적으로 영향을 받는다.

이는 서로 다른 언어가 서로 다른 방식으로 세계를 나누고, 개념적 연관성의 다양한 유형과 다양한 사고의 가능성을 불러일으킨다는 익숙한 요점을 어느 정도 강조한다. 나는 이것의 요점은 익숙하지만 우리 중 많은 이들에게 불편한 문제이기도 하다는 점을 말하고자 한다. 특히 영어 원어민들에게는 그것의 중요성을 경시하거나 묵살하는 것이 편리하다. 이러한 묵살은 이것이 단지 번역의 문제이며, 번역은 주로 기술적인 문제이고, 언어 간의 차이는 단지 극복되어야 할 문제라는 안일한 가정으로 이어진다(Standish, 2011 참고). 우리는 이것을 사고의 억압과 같은 것으로 생각해 볼 수 있다. 이것을 단일 언어 사용자는 의식하지 못할 수도 있는 사고의 억압으로 생각해 보라.

4. 주체 변경하기(Changing the Subject)

번역의 중요성을 더 충분히 설명하기 위해, 이제 사회과학과 인문학에서 핵심적으로, 그리고 체계적이고 심층적으로 다루어져 왔던 일련의 용어들을 살펴볼 것이다. 이 용어들은 주체성(subjectivity)과 자기(the self) 개념과 관련된다. 이를 위해 도쿄 대학을 졸업하고 10년 동안 근무한 뒤, 시카고 대학에서 박사학위를 받아 코넬 대학에서 교수로 재직 중인 나오키 사카이(Naoki Sakai)의 연구를 살펴볼 것이다.

사카이는 푸코적 개념인 주체화(subjectivation)와 자기 테크놀로지(technologies of the self)에 분명히 영향을 받았다. 즉, 우리는 담론적 체제(discursive regimes)를 통해 우리 자신을 발견하면서 주체 또는 자기 자신이 되고, 이러한 체제는 결국 역사적이고 다양하다는 것이다. 사카이는 19세기 초 아키라 스즈키(Akira Suzuki)가 외국어 학습에 대한 개념을 검토한 것에서 구체적인 연구의 시작점을 발견한다. 일본이 외부 세계와 단절했던 시기(1600-1868)에 글을 썼던 스즈키는 중국이나 일본의 고대 언어 습득이라는 관점에서 언어 학습을 이해하였다. 그러나 현재 논의의 목적에서 중요한 것은 이러한 언어 학습의 과정이 자신과 다른 사회적, 정치적 현실의 본질을 흡수하는 것으로 이해되었다는 점이다. 즉, 언어 학습을 통해 개개인의 "자기 - 형성"(configuring)이 이루어진 것으로 이해되었다. 따라서 이러한 종류의 학습은(그리고 그것이 함축하는 문학 및 언어와의 관계는) 오늘날 우리에게 익숙한 형식의 "문학"이나 "외국어 학습"과는 다소 다른 질서에 속한다. 즉, 현대의 문학 연구는 가령 문학 비평적 접근 방식의 관점에서 이해될 수 있고, 하나의 언어는 도구적인 목적을 위해 연구될 수 있다. 반면에 스즈키의 관점에서 언어 학습은 초보 수도승의 경험에 더욱 가깝다. 그는 해당 언어의 내용과 텍스트적 실천에 몰두하고 그 언어가 특징짓는 신체적 단련에 열중하는 것을 포함하여, 그 언어의 기풍(ethos)에 자신을 헌신하거나 순응한다. 문학에 대한 그러한 설명은 주체성의 구성, 그리고 그것이 함축하는 모든 윤리적 풍요로움과 분명히 관련된다. 사카이는 이것을 "황홀한(ecstatic) 프로젝트, 즉 외국어의 형상이 나에게 위험을 무릅쓰고 자기 동일성(selfsame)에서 벗어나라고 호소하는 프로젝트로 간주한다. 그것은 진정한 자기로의 회귀라기보다는 나를 낯선 것으로 변형시키는 프로젝트이다(Sakai, 1997, p. 33)." 따라서 이러한 외국어와의 만남은 두 가지 측면("모국어"와 외국어) 모두에서 주체성의 가능성을 실현하고, 변혁적인(transformative) 특성을 지닌다.

사카이는 이것을 주체성이 갖는 상이한 개념들의 측면에서 설명한다. 주체성에 대한 다른 개념은 일본과 중국의 번역가들에게 악명 높은 용어인 "주체"(subject)라는 용어가 두 가지로 번역될 수 있는 가능성에서 비롯된다. 사카이의 구분을 이루는 배경은 부분적으로 1930년대와 1940년대에 발전했던 테츠로 와츠지(Tetsuro Watsuji)의 윤리학과 인류학에서 발견할 수 있다. 와츠지는 자신의 관점을 18세기의 유물론에 대한 마르크스의 불만과 연관시킨다. 마르크스는 세계를 한편으로는 지식의 대상으로, 다른 한편으로는 인식론적 주체로 분리했던 형이상학인 당시의 유물론에 반대하였다. 이에 따라 마르크스는 주체가 활동에 (신체적으로) 관여되는 것으로 이해함으로써 결국 주체는 사회적 역사적으로 위치된다는 점에서 *실천(praxis)*의 개념을 강조하였다. 이러한 구분에 따라 와츠지는 인식론적 주체를 *슈칸*(shukan)으로, 실천적 주체를 *슈타이*(*shutai*)로 구별한다.

主観	主体
shukan	*shutai*
epistemological subject	subject of *praxis*

[내가 이해한 바에 따르면, 중국어에서 이에 해당하는 용어인 *주관*(*chu-kuan*)과 *주체*(*chu-ti*) 사이의 개념적 영역 및 그 관계는 약간 다른 의미를 갖는다. 아래에서 나는 일본어 용어, *슈칸*과 *슈타이*를 쓰는 사카이의 방식을 따르도록 하겠다.] 내가 이것을 올바르게 이해했다면, 용어들의 대중적 의미는 철학적 의미와 다소 다를 수 있다. 또한 일본어에서 그 용어들을 철학적으로 사용한 것은 최근의 일이라는 점을 유념해야 한다. 학문적 연구 형태로서의 철학은 19세기 후반 일본의 쇄국 시대가 끝나는 시점에 "수입"되었다. 따라서 대중적인 용어로서의 *슈칸*은 일종의 객관성의 결여로서 사물에 대해 지나치게 주관적으로 고찰하는 것으로, 혹은 아마도 독선적인(egotistical) 것과 관련되어 부정적 의미를 연상시

킬 수 있다. 19세기 후반에 아마네 니시(Amane Nishi, 1829-1927)가 일본에 철학을 도입하고 그것을 *테추가쿠*(*tetsugaku*, 哲學)라고 명명했을 때, 그는 *슈칸*을 "인식론적 주체"와 동등한 것으로 주장함으로써 *슈칸*에 더욱 긍정적인 의미를 함축시켰다. 사카이에 따르면, 당시 일본에 체계적인 추론의 부재를 개탄한 것은 니시만이 아니었고, 추측건대 *슈칸*에 대한 강조는 이러한 결여에 대한 해답을 하고자 하는 의도에서 비롯되었다. 반면에 *슈타이*는 일본에 철학이 확립되었을 당시 철학에서는 잘 드러나지 않는 용어였다. *슈타이*는 일종의 독립적인 사고를 의미하거나 아마도 자립(self-reliance)이나 자력(resourcefulness)의 의미에 더 가까운 것으로 타인에게 쉽게 영향을 받지 않는 것을 의미할 수 있다. 중국어 서체에서 *슈타이*의 두 번째 음절(体)은 신체를 가리키며 인식론과 윤리의 경계를 모호하게 한다. 이것은 우리를 실천적 참여에 대한 개념으로 되돌아가게 함으로써 다시 마르크스에 더 가까이 다가가는 방식을 보여주는 데 도움이 된다.

사카이가 이러한 용어들을 사용하는 것에는 이와 같은 의미가 일부 함축되어 있지만, 그는 의미의 정확성을 더욱 높이고자 하였다. 이러한 시도를 사카이만 했던 것은 아니었다. 예컨대, 키타로 니시다(Kitaro Nishida, 1870-1945) 또한 비슷한 맥락에서 다음과 같이 구분 지었다.

> 혹자는 무의식적으로(automatically) 생성(poiesis) 또는 기술(technology)을 곧 *슈칸－테키*(*shukan-teki*)라고 가정할 수 있다. 그러나 … 집을 짓는 것과 같이 단순히 기술적으로 보이는 것이 그와 관련된 역사적 지층 위에서만 가능한 반면, 언어처럼 기술과 무관해 보이는 것은 사실 기술적으로 구성되어야만 한다. 언어 없이 사회가 존재할

> 수 없다는 것은 말할 필요도 없다. 따라서 지금 여기서 우리의 대화(dialogue)는 이미 역사적으로 생산된 행위이므로 결국 이것은 기술의 문제이다... 기술은 손재주(dexterity)를 필요로 한다. 손재주란 개인적 습관의 역사적 형성을 의미한다. 그러나 그 습관은 개인의 주체적인[*슈칸-테키*] 행동에 의해 형성되는 것이 아니라 역사적으로 생산된 행위로서 형성된다. 그렇지 않다면 우리는 개인의 습관으로 아무것도 생산해낼 수 없을 것이다. 그러므로 우리의 습관은 역사적인 세계의 습관이다(Nishida, 1965, p. 135, in Sakai, 1997, p. 198-199, n. 10, Sakai's translation).

여기서 푸코의 예상이 분명히 드러나는 한편, 또한 주목해야 할 것은 주체성의 반성과 정체성(identity) 개념 사이의 근접성이다. 이를 더 명확하게 하기 위해 와츠지에 대한 사카이의 비판을 살펴보도록 하자.

와츠지가 암시하듯 *슈칸*은 "서양"의 주체성 양식(mode)이고 *슈타이*는 "동양"의 주체성 양식인 것으로 보일 수 있다. 그러나 사카이는 일본인들이 서양을 구성함에 있어서도 *슈칸-테키임*을 보여주고자 한다.[2] 따라서 와츠지의 인류학에서 "일본이라는 내부성"은 결국 철저하게 "서양적"인 것, 즉 서양적 정체성 개념에 의해 결정된 일본에 일본이라는 이미지를 접붙인 것으로 귀결된다.[3] 이 과정에서 타자가 객관화되는 한,

---

2) 이러한 용어는 이와 같은 논의에서 속기 표현으로 쓰였음이 분명히 드러나야 한다. 동아시아의 국가들과 유럽이나 북미권의 국가들이 그렇게 명료한 방식으로 분리된다는 주장은 없다. 또한 "서양"이라고 불리는 것의 많은 부분이 동양에 스며들어 있다는 것은 물론 서양의 국가들과 사람들이 여러 방식에서 "동양"의 영향을 받는 것과 같다.

3) 와츠지의 은연한 중국혐오는 불안에 대한 억압, 정체성에 대한 불안을 나타내는 특정한 반유대주의적 특징을 지닌 것으로 알려져 있다. 사카이는 아시아 학문이 이러한 억압으로부터 완전히 자유롭지 못하다고 주장하며(p. 151), 나는 그것이 비교 교육에 보다 일반적으로 잠재적인 위협이 될 수 있음을 감히 제안한다.

동일한 방식에서 주체가 문화적 차이에 직면할 때 주체는 *슈칸*이 되기 쉽다. *슈타이*를 동양적 주체성의 *특징으로 정의하는 것*은 아이러니하게도 자기 파괴적이다. 따라서 이것은 정체성 그 자체로 이해되는 것이 무엇인지에 대한 질문을 제기한다. 이에 대한 사카이의 응답은, 정체성에 대한 잘못된 강조는 "역사성의 단일한 사건성(eventhood)을 억압하는 것이며, 연대기적 시간성(temporality)의 경세 속에서 재현 가능한 것의 현상성에서 포착될 수 없는 것을 억압"하는 것과 관련됨을 암시한다(p. 149). 그렇다면 이러한 용어들이 비대칭적이라는 것이 중요하다. 즉, 보편성과 특수성이라는 일반적인 경제에 수용될 수 있는 것과, 그것을 포착하고자 시도하는 순간 달아나 버리는 것 사이에는 차이가 있다는 것이다. 사카이는 다음과 같이 말한다. "내가 *슈타이*를 통해 주장하고자 하는 것은 결국 어떠한 정체성에 대한 완전한 포화(saturation)란 불가능하다는 점이다. 특히 행동의 행위주체(agent)에 대한 정체성이 완전히 포화할 수 없다는 것과 사회적, 윤리적 행동의 가능성을 승인하는(underwrite) 결정 불가능성을 주장하고자 한다. 그러나 *슈타이*는 *자유주의적* 인문주의에서 이해되는 것처럼 자유로운 선택을 소유한 행위의 주체가 아니다. 왜냐하면 자유는 *슈타이*에 의해 소유되지 않으며, *슈타이* 내부에 있는 것도 아니기 때문이다(p. 150)." 여기서 나는 저항이란 자유를 주체의 소유물이나 자아의 내면으로 보는 관념에 반대하는 것이라고 생각한다. 왜냐하면 자유란 윤리적 행위의 관여(engagement)에 있어 어떠한 최종적 합의의 부재로서 "저 밖에"(out there) 있기 때문이다. 여기서 사카이의 발언이 암시하는 형이상학은 롤스적 담론에 만연해 있는 합리적 선택자(rational choosers)에 대한 가정과 분명히 상충되며, 결국 이것은 사회 정의가 구상되고 실현되는 방식과 분명히 관련 있음에 틀림

없다.

*슈칸*과 *슈타이*에 대한 탐구는 위에서 말했던 "주체"라는 단어가 번역가들에게 어렵게 다가오는 이유를 보여주는 데 도움이 된다. 실천적 정치뿐만 아니라 철학과 사회과학에서 주체는 필연적으로 중추적인 용어이기 때문에 이렇듯 번역 문제에서 상호문화적 영향력은 충분히 명확해야 한다. 그러나 사실 이것은 더욱 일반적인 고충을 보여주는 예시이다. 번역가는 대개 궁극적으로 만족스러운 해결책이 없는 의미 간의 격차에 직면한다. 그 결과 번역가는 판단의 공간, 즉 구체적으로는 번역가가 직면한 어려움을 해결할 수 있는 규칙이 없는 공간을 경험한다. 그러므로 번역가가 하는 일에는 번역 고유의 개방성과 "해답－없음, 곧 면제"(ab-solution)의 의미가 내재되어 있다.[4] 따라서 사카이가 주장하는 바에 따르면 번역은 *탁월한 슈타이－테키*(*shutai-teki*)의 기술이다(p. 198, n. 10). 이 점에서 단일 언어 사용자는 도덕적으로 맹인일지도 모른다.

주체가 타자를 객관화하는 데 있어 *슈칸－테키*가 되고, 이는 상호 문화적 수준에서 발생할 수 있다는 사실은 오리엔탈리즘이라는 익숙한 형식에서 충분히 드러난다. 사카이는 자신의 관점에서 봤을 때, 서양에 대한 일본의 반응이 이와 상응하는 서양주의로 불릴 수 있다는 것을 폭로한다. 그러므로 이것은 사카이가 설명하는 자기－형성(configuring)의 과정에서 서양주의가 서양과 서로 상호작용을 하는 것처럼 보일 수도 있다. 그러나 나의 관점에서 오리엔탈리즘과 서양주의에는 여전히 차이점이 있다. 서양의 오리엔탈리즘은 보편주의적(민족 중심적) 형이상학과

4) 여기서 사카이의 용어는 여러 의미를 지니지만 적어도 그 용어는 그녀가 직면한 과제가 문제 *해결*이라는 단순한 논리로는 이해할 수 없다는 것을 시사한다. 사카이는 여전히 판단력과 행동력을 발휘해야 하지만 그녀가 직면한 어려움은 줄어들 수 없는(irreducible) 것이다.

결합된 우월감으로부터 비롯된 것이다. 일본은 자체적으로 우월감을 가지고 있고 그 우월감이 불안정할 때도 있지만, 일본의 서양주의가 토착적인(indigenous) 보편주의적 형이상학에서 파생된 것이 아니라는 점에서 결정적 차이가 있다. 물론 서양주의는 일본에만 국한된 것이 아니며, 후자의 요지는 다른 곳에서도 적용되어 만연해 있을 것이라고 생각한다.

이것이 사실이라면 나는 이것을 어떻게 풀어나가야 할지를 잘 모르겠다는 것을 고백한다. 그러나 분명히 다음과 같은 사실은 나를 압도한다. 오리엔탈리즘이 비록 서양적 사고방식의 불쾌한 산물이기는 하지만 "자연스러운" 것일 수 있는 반면, 서양주의는 이중 접목(double-grafting)의 성격을 갖는다는 것이다. 즉, 서양주의는 주체성과 정체성에 대한 차용된 개념에 접목된다.[5)]

나는 이것이 정책 차용의 부정적인 측면을 강화하고, 국가 간 교류 가능성을 감소시킨다고 생각한다. 동시에 그것은 *슈타이-테키*에 함의된 더 큰 개방성과 가능성을 희생시키며 *슈칸-테키*의 사고방식과 존재방식을 중시한다.

5) 즉, 동양이 서양을 구성하는 것은 서양이 동양을 구성하는 것에 접목되어 있지만, 그러한 정체성 구성의 기원은 서양적 형식의 표상과 객관화, 그리고 서양적 정체성 개념에 있다.

5. 새로운 대화를 향하여(Towards a New Conversation)

나는 내가 폭로했던 단일언어주의(monolingualism)에 대한 문제점과, 사회 정의에 대한 지배적인 개념 및 교육 연구에서 이러한 개념이 작동하는 방식에 대한 나의 비판을 연결시켜 보고자 한다. *슈칸*과 *슈타이*를 언급하며 설명했던 번역의 경험은 언어들 간에서만 발생하는 것이 아니라, 널리 인식된 바와 같이 한 언어의 내부적(intra-lingual) 방식으로도 발생한다.[6)]

1절에서 파악한 사회 정의의 익숙한 표현들에 대한 나의 좌절감 또는 실망감은 두 가지 측면을 지닌다. 첫째, 예컨대 나는 비판 교육학, 정책 성명서, 내러티브의 동원에서 발견되는 이와 유사한 용어들의 수사학적 과장에 지속적으로 민감해져야 할 필요가 있다고 생각한다. 둘째, 나는 롤스를 따라 수행된 많은 연구, 예컨대 교육 기회의 공정한 분배와 관련된 문제를 다루는 연구의 가치와 훌륭함을 의심하는 것은 아니다. 그러나 나는 이러한 사고의 전통이 교육의 핵심적인 측면, 즉 교수와 학습의 내용(substance) 및 인간의 삶에서 변형의 장소로서의 교육에 관하여 말을 아끼며, 그 담론은 이러한 문제의 중요성을 숨기는 경향이 있다고 본다. *슈칸-테키*식 사고방식의 지배는 일본어와 중국어가 개방하는 다양한 의미론적 영역에서 배울 점이 많다는 것을 시사한다.

이에 대한 나의 반응은 롤스를 비판하는 스탠리 카벨(Stanley Cavell)과 유사하다. 카벨은 정의의 핵심이자 민주주의의 주요 덕목인 협력에 관한 롤스의 강조를 비판한다. 이에 대한 비교적 최근의 글에서, 카벨은

6) 예컨대 이것은 미하일 바흐친(Mikhail Bakhtin), 폴 리쾨르(Paul Ricoeur) 및 자크 데리다(Jacques Derrida)의 저서에서 분명히 드러난다(Standish, 2011 참고).

다음과 같이 쓴다.

> "협력"(cooperation)은 사회적 상호작용의 일반적인 상태로서 사회 전체가 하나의 프로젝트를 가지고 있다는 개념을 제시한다. 또 다른 극단에서 "협력"은 각자가 자신의 프로젝트를 추구할 수 있는 중립적인 영역이라는 개념을 제시한다. 직관적으로 이러한 양극단은 경쟁적 게임이라는 흥미로운 사회 제도의 측면들과 유사하다.
>
> 대조적으로 "대화"(conversation)의 개념은 주어진 사회적 프로젝트를 강조하지 않으며, 개별적 프로젝트에 대한 공정성의 영역을 강조하는 것도 아니다(내가 주장한 바와 같이 대화는 이러한 개념의 중요성을 부정하는 것도 아니다).

대화는 나의 프로젝트가 어떤 것인지 발견할 수 있는 영역이다. 이어서 카벨은 다음과 같이 말한다.

> 나는 대화가 강조하는 것이 협력적이든 적대적(antagonistic)이든 우리의 상호 작용의 현재 상태가 지니는 불투명성 또는 애매함이라는 점을 말하고자 한다. 현재란 우리 역사의 결과로서, 정의의 원칙을 준수하는 방향으로 우리 자신을 개혁하고자 하는 시도를 실현하는 것이다. 여기에서 가장 요구되는 덕목은 경청, 다름에 대한 반응, 변화에 대한 의지와 같은 것들이다. 문제는 협력의 덕목과 대화의 덕목 중 어느 것을 선택할 것인지가 아니다. 그런 일은 일어나지 않을 것이다. 문제는 둘 사이의 관계, 즉 둘 중 하나가 다른 하나를 방해하는지의 여부이다(Cavell, 2004, p. 173-174).

따라서 내가 문제 삼는 것은 비판 교육학 및 정치적 자유주의에서 특정한 종류의 담론의 지배가 일종의 단일언어주의를 영속화한다는 것이다. 교육적 사고가 요구하는 보다 좋은 관용구는 언어의 해방(release)이다. 이는 언어 간, 그리고 언어 내적인 방식 모두에서 실현될 수 있다.

카벨은 "대화"(conversation)의 두 번째 음절["-vers-"—비교컨대 reversal(반전), diversion(전환), averse(혐오)]에서 사고의 전환(turning)에 대한 시사점을 발견한다. 결국 사고의 전환이란 독자적으로 발생하지 않으며, 직선적이고 체계적인 노선을 따라 움직일 때 여러모로 가장 진행되기 어렵다. 대화를 향한 개방성, 전환될 준비(형성되어가고, 만들어지고, 때로는 우회되고, 때로는 거부될 수 있는 준비)는 나 자신의 정체성을 강화하려고 하지 않고 오히려 새로운 가능성으로의 준비를 요구한다. 즉, 내가 되어갈(become) 준비를 요구한다.

분명히 이것은 대화를 단순히 사람들 간의 구두적(verbal) 교환으로 보는 것이 아니라, 열망하는 어떤 것으로 이상화하는 것이다. 또한 분명히 에머슨과 카벨의 관점이 크게 다르지 않다는 점을 고려할 때, 적응될 수 있는 준비됨은 결코 순응에 대한 묵인이 될 수 없다. 에머슨은 대화에 관해 그 법칙은 "사회의 법칙과 유사"하며, "우정의 첫 번째 직무"(first office of friendship)라고 말한다(Emerson, 1961, p. 292). 여기서 친구란 단순히 내 정체성을 강화하고 내가 있는 자리에 나를 지켜주는 것이 아니다. 친구란 오히려 나의 다음 가능성, 최고의 가능성을 향해 나를 도전시킬 준비가 된 사람이다. 정보를 제공하는 것이 아닌 변혁적인 대화를 위해서는 경청이 필요하다. 브랑카 아시크(Branka Arsić)가 말했듯이 대화는 내가 "대화하는 '나'를 구성하는 텍스트, 규준(codes), 판단을 잊어버리는 경청을 통해서만, 즉 오로지 자기 단념(self-abandonment)으로서의 경청을 통해서만 일어난다(Arsić, 2010, p. 196)." 대화에서 친구가 표상하는 개입은 사카이의 구절처럼 "역사성의 단일한 사건성"이라는 특징을 갖는다. 에머슨이 개인주의적 자율성이 아닌 단념의 행위로부터 성취되는 수용성, 개방성 및 자력과 같은 일종의 자립(self-reliance)을 옹호하는 것은 이러한 정신(spirit) 속에 담겨 있다(Saito, 2005, p. 147 참고).

에머슨은 동아시아 사상에 깊은 영향을 받았기 때문에 여기에서 에머슨으로의 전환이 전혀 근거가 없는 것은 아니다. 따라서 이 19세기의 미국 철학은 유럽에 대한 부분적인 반작용으로 동양과의 우호(company)를 맺는다. 고대 유교의 가르침은 학생 내면의 도덕적 감수성을 성장시켜야 할 필요성을 강조한다. *슈타이*의 한자어가 신체(体)를 상징하는 것과, 이러한 신체가 심신이원론이라는 억압적인 관점에서 이해될 수 없다는 것은 실천적 참여를 강조한다. 따라서 이것은 세계의 소란에 대한 면역을 의미하는 것이 아니라 적절하게 속세에 머물러 있는 수행의 실현을 의미한다. 이러한 자력의 발달을 기(氣, energy of experiences)의 수행이라고 일컫는다.

그러나 에머슨의 연구에서 이러한 측면이 그 자체로 억압되었다는 것은 놀라운 일이 아니다. 오히려 그는 미국 개인주의의 선구자로 더 쉽게 포함되고 명성을 얻었다. 나는 이러한 억압과 *슈타이*에 대한 억압 사이의 유사성이 자력과 자립의 측면에서는 두 억압의 대칭으로 이어지는 사고에 주목하게 되었다. 이러한 종류의 억압은 그 자체로 사회 정의의 가능성을 왜곡하고, 심지어는 그것을 방해(violation)할 뿐만 아니라 서로에게 배울 수 있는 가능성을 왜곡한다. 교육에서 학술연구는 어떤 식으로든 이러한 방식에 공모하고 있지는 않은가?

제4부

윤리와 교육

제11장

도덕교육, 자유교육, 그리고 개인의 목소리[1)]

(Moral Education, Liberal Education, and the Voice of the Individual)

"나는 자유롭게 벗어나고 싶다."

– 프레디 머큐리

위에서 언급한 프레디 머큐리의 인기곡에서 나온 '자유'라는 단어는 오늘날 많은 젊은이들(그리고 나이 든 사람들)에게 강한 호소력을 갖는다. 사실상 자유를 표현하거나 요구하는 노래는 매우 많다. 우리는 여러 측면에서 그 전과는 비교할 수 없이 사람들에게 많은 자유가 주어지는 세계에 살고 있다. 그러나 '자유'라는 단어는 멈출 수 없는 감성적 힘을 가지고 있는 것처럼 보인다. 우리는 항상 "마침내 나는 자유롭다고 느낀다" 혹은 "만약 자유로워질 수 있다면", 혹은 "내가 여기서 벗어난다면 자유로워질 수 있을까?" 등과 같이 말하거나 생각한다. 자유라는 이념이 갖는 감성적 힘은 어디서 나오는 것이며, 그것은 우리에게 왜 그토록 중요한 것인가?

그러나 삶의 새로운 가능성을 향한 뚜렷한 추동력에도 불구하고, 이

1) 출처: Standish, P. (2007). Moral education, liberal education, and the voice of the individual. In Roth, K. and Gur-Ze'ev, I. (Eds.), *Education in the Era of Globalization* (pp. 33-50). Dordrecht, Netherlands: Springer.

러한 표현들에는 니체가 허무주의의 현현으로 보았던 르상티망(*ressentiment*)을 암시하는 것 이상의 의미가 있다. 그러한 허무주의는 끝없이 다른 세계를 갈망하는 것을 지향하는 일종의 부정성(negativity)과 관련된다. 만약 상황이 다를 수만 있다면, 이러한 사고는 다음과 같이 말하는 것처럼 보인다. 그 사고는 자유와 연관될 수 있는 긍정의 말, 즉 경험에 대한 강렬한 몰입과는 정반대되는 것이다. 그러나 이 글은 니체에 관한 것도 허무주의에 관한 것도 아니다. 여기서 내가 제안하고자 하는 것은 자유에 대한 관심이 교육과정 내 철학에서 어떻게 전개되어 왔는지를 고려하는 것이다. 나는 이것을 진보주의의 출현에서부터 그것에 반대하는 입장에 이르기까지의 이야기를 추적함으로써 말해 보고자 한다.

어떤 면에서 자유에 관한 질문은 변함이 없는 것처럼 보이지만, 세계화라는 조건 속에서 새로운 국면을 맞는다. 누군가는 표준 분석에 따라 개인이 국가 내에서의 사회적, 문화적, 정치적, 종교적 환경에 의해 조건화될 때 자유롭다는 것이 무엇을 의미하는지 질문을 제기할지도 모르지만, 이 질문은 세계화에 의해 도전받고 있다. 그것은 단순히 국가가 다국가적 힘에 의해 스스로 타협하거나 혹은 새로운 의사소통 방식이나 더 큰 정치적 조직에 대해 침략적 형태를 취함을 의미하지 않는다. 그것은 바로 그 정치적 공간이, 공적인 측면에서나 사적인 측면에서, 새롭고 때로는 요란하며 때로는 안정된 형태로 재형성된다는 점이다. 현재 교육 시스템은 일상적으로 세계화에 관한 질문을 인정하고 있지만, 그것은 지식 경제 혹은 웹 기반 학습과 같은 다소 마구잡이식 선택을 취하는 것 그 이상을 넘어서지 못하고 있다. 그러나 국가마다 그 모습은 다양하다. 예컨대 유럽 국가의 경우 많은 시민들은 민족 국가의 축소로 인해 자신을 유럽 시민으로 생각하게 되었다. 개인의 정체성이 개발되는 방식과 이에 따라 자유의 가능성이 고안되는 방식은 변화하는 정치적 조건과 밀접하게 관련된다. 그러나 영국이나 일본과 같은 국가에서는 시민성과 시민교육에 대해 다소 내향적인 개념을 가지고 있어 상대적으로 고립된 상태를 유지하고 있다. 공교육이 국가에 대한 충성도를 어느 정도로 길러주어야 하는가, 세계 시민이 얼마나 중요한가, 그리고 이러한 두 측면이 얼마나 양립 불가능한가에 관한 논의가 활발하게 이루어지고 있다. 한편, 빈곤으로 황폐화되거나 민주주의가 새롭게 시작되는 다른 지역에서는 자유에 대한 이해가 이와는 또 다르다.

자유에 대한 다양한 차이에 주목하고 글로벌 변화의 공통적인 배경에 반대하는 시각으로 바라볼 때, 분명한 것은 자유에 대한 계몽주의적 이상(ideals)은 그 자체로 도전받는다는 점이다. 나는 여기서 언급된 니체주의의 주제를 중요하게 다루지는 않겠지만, 그것을 이 글의 말미에 교육과정과 관련하여 대안적이고 보다 풍부한 자유의 개념을 찾는 것으로 변형하여 다시 살펴볼 것이다.

이러한 맥락에서 자유와 학교교육에 관한 관심이 다양한 방식으로 다양한 환경에서 증가되고 있다. 일본에서는 교육으로부터 이탈하는 비율이 커지는 현상, 젊은이들의 반항적인 행동, 교실 붕괴, 전통에 대한 존중 부재, 머리를 금발로 염색한 학생들에 대한 염려가 커지고 있다. 이러한 맥락에서 일부 사람들은 심성 교육(education of the heart, *kokoro no kyoiku*)이 필요하다고 주장한다. 영국에서는 최근 수십 년간 도덕교육과 시민성에 대한 논의가 새롭게 주목받고 있다. "기본으로 돌아가는 것"(back to basics)이 필요하다고 주장된다. 우리에게 요구되는 것은 아동들에게 옳고 그름의 차이를 가르치는 것이다. 많은 나라에서 진보주의적 (혹은 아동 중심적) 이념과 방법, 즉 아동에게 더 많은 자유를 주되

그들의 성장에 필수적인 행동의 기준과 규율마저 없애는 진보주의 사조가 공통적인 지혜가 되어가고 있다. 1990년대 초반 존 메이저(John Major)는 "진보주의가 전성기를 맞고 있다"고 언급한 바 있다. 사실상 영국에서는 지난 20년간 어떤 주요 정치인도 (혹은 어느 정당도) 진보주의를 옹호하는 발언을 하고자 하지 않았다. 왜냐하면 대중들의 시각에서 진보주의는 제멋대로인 교사, 학생들에게 가르치기보다는 "친구"가 되고자 하는 교사, 아동들을 그들이 하고 싶어 하는 대로 하게 두는 교사의 이미지와 결합되어 있었기 때문이다. 그리고 대중들이 교육에 바라는 한 가지는 아동들이 괜찮은 직업을 가질 수 있는 필수 기능을 배워서 학교를 졸업하는 것이었기 때문이다. 여기서 나는 영국에서의 진보주의의 발전과 그에 반대하는 반응에 관해서는 간략하게만 설명하고자 한다. 그러나 가장 핵심에 해당하는 자유의 가치에 대해서는 좀 더 자세히 말할 필요가 있다. 간결함을 위해 이 글에서는 고대 그리스 시대에 자유 이념이 얼마나 두드러졌는지에 관해서는 언급하지 않고, 유럽에서 자유 이념이 부상하게 된 배경에 관해 지난 약 300년간의 시기에 초점을 두고 이야기해 보고자 한다.

현대 서구 세계에서 자유 이념의 발달(The Development of the Idea of Freedom in the Modern Western World)

사람들은 "근대 사회"의 역사와 철학을 이야기할 때, 데카르트 시대로 거슬러 올라가서 분리된 합리성(disengaged rationality)의 개인주의와 로크의 정치적 개인주의(political individualism)를 떠올린다. 그러나 가장 두드러진 변화는 18세기 후반의 정치적 변화와 함께 왔으며, 영국에서는 산업 혁명으로 인한 대규모 사회 변화가 이에 해당한다. 아마도 이 시기에 이 못지않게 중요한 변화는 과학의 탄생이며, 이는 인간의 이성에 대한 새로운 자신감과 진보에 대한 믿음을 수반하였다. (이 시기야말로 "인간의" 이성의 시대이다!) "진보", "발전"과 같은 단어가 우리의 사고에서 매우 흔한 것이 되었고, 그 결과 우리는 그것들을 자연스러운 것으로 생각하게 되었다. 마치 진보가 우주에 내재되어 있는 것처럼 여기게 되었다. 그러나 이것은 거대한 사고 변화의 결과이다. 인간의 능력에 대한 새로운 자신감과 함께, 이미 구축된 종교와 도덕적 지평에 대한 유례없는 질문이 제기되었고, 또한 마치 과학이 엄청난 기술 변화를 야기한 바와 같이, 합리성을 사회 조직에도 적용할 수 있다는 믿음이 커졌다.

신의 창조로서의 우주에 대한 관념으로부터 사물의 중심에 인간을 위치시키는 방향(즉, 휴머니즘의 탄생)으로의 변화는 자유 이념을 새롭게 부각시켰다. 이마누엘 칸트(Immanuel Kant)는 인간은 자유 의지가 있으므로 수단이 아니라 목적으로 다루어져야 한다는 도덕 법칙을 발전시켰다. (다시 말해, 인간은 단순히 노예처럼 취급되어서는 안 되며, 자신의 이해관계를 가진 존재이고 그러한 이해를 이성적으로 성찰할 수 있는 존재로 여겨져야 한다는 것이다.) 이것은 근대 사회의 주요 원리가 된다. 그러나 아마도 우리가 고려하고 있는 변화의 가장 중요한 인물은 장 자크 루소(Jean-Jacques Rousseau)이다. 루소의 급진적 사상은 당시 세계가 사람들에게 단순히 관습에 의해 형성되는 삶 그리고 부자연스러운 삶을 살도록 이끄는 방식을 지적하였다. 아마도 누군가는 그 시대의 귀족이 착용했던 긴 가발, 화장, 밝은색의 화려한 남녀 의복 등의 특이한 의상을 떠올려 볼 수 있을 것이다. 그리고 이러한 것이 그 당시 사람들이 가진 가치 및 행동의 오류를 상징한다고 생각할 수도 있을 것이다. 그러나 사실 여기서 *자연스러운 것*과 *잘못된 것*에 관한 생각 그 자체는 상당 부분 루소의 고유한 업적의 결과로서 우리에게 매우 익숙하다. 그는 관습의 가치를 거부함으로써, 인간이 자연과의 접촉 및 진정한 자아를 잃어버리게 되었다고 주장한다. 오늘날 우리가 자연 세계를 사랑하는 방식, 예컨대 아름다운 산의 기쁨, 현대의 환경주의 등도 루소 시대 이전에는 서구 사회에서 큰 의미를 갖지 않았다. 또한 오늘날 인기 잡지 중 하나인 코스모폴리탄을 보면 "진정한 자아"(real self)("당신은 진정한 당신 자신과 만납니까?")와의 만남이 필요함을 강조한다. 이러한 아이디어는 현재 우리에게 너무나 당연한 것처럼 다가오는데, 이는 분명 일부 루소의 영향을 받은 것이다. 우리 스스로에게 실제적인(real) 것 혹은 참인(true) 것이라는 아이디어는 정직, 성실, 청렴, 그리고 사람으로서 "함께하는" 존재 등과 연결되며, 종종 '진정성'(authenticity)이라고 말해진다. 찰스 테일러(Charles Taylor)는 『진정성의 윤리』(*The Ethics of Authenticity*, 1991)라는 책에서 루소의 사고로부터 영향을 받아 거대한 내적 전환(inward turn)을 이야기한다. 그는 우리 자신이 내면의 깊이를 가진 존재라는 의식을 심어주었으며, 이것은 도덕적으로 선한 삶은 우리 자신의 가장 깊은 헌신 및 감정과 조화를 이루는 것이어야 한다고 본다. (이것은 종교적 혹은 정치적 지도자나 부모가 말하는 것을 따르는 것에 반대한다.) 도덕성의 근원은 내부의 목소리에 있다고 보는 것이다.

또한 루소는 자연 개념을 통해 아동에 대한 새로운 아이디어를 제공했고, 이로 인해 그는 교육 사상에 거대한 영향을 미쳤다. 루소는 인간은 '원죄'를 가지고 태어났다고 보는 기독교적 인식에 반대하여 우리가 아동을 순수한 (그리고 아마도 완전하고 선한) 존재로 생각할 수 있도록 만들었다. 왜냐하면 아동이 자연에 더 가깝다고 보았기 때문이다. 교육의 역할은 사회에 부합하는 형태로 아동을 주조하는 것이라는 사상에 반대하여 루소는 사회가 가정하는 왜곡된 형태를 자연에 더 부합하는 방식으로 바꾸어야 한다고 보았다. 에밀의 양육에 대한 묘사는 교육에 주는 영향이 크지만, 그 책은 그의 좀 더 큰 정치철학의 일부로 볼 필요가 있다. 즉, 그 책은 좋은 사회 및 시민성에 대한 루소의 비전을 담고 있다. 『에밀』(1762)과 그의 다른 정치적 글에서 그의 사상과 근대 유럽 역사의 생성 간에 긴밀한 관계가 있음을 발견하게 된다. 예컨대 프랑스 혁명(1789)과 같은 유럽의 역사적 사건은 그 슬로건이 "자유, 평등, 박애"라는 점에 주목할 필요가 있다.

19세기 영어권 정치사상에서 중요한 사상가는 존 스튜어트 밀(John Stuart Mill)이다. 그는 1859년 출판된 『자유에 관하여』(*On Liberty*)라는 책에서 사람들에게 매우 기본적인 것으로 받아들여지게 된 것을 제안한다. 그 책에는 다음과 같이 쓰여 있다.

> 이 에세이의 목적은 간단한 하나의 원칙을 주장하기 위해서이다. 그것은 바로 그 수단이 법적 처벌의 형태로 물리적 힘의 방식이든 대중적 의견에 대한 도덕적 강요이든 간에 사회가 개인을 억압과 통제의 방식으로 통치하는 것이라고 할 수 있다. 그 원리는 개인적으로든 집단적으로든 행동의 자유를 간섭할 때 인간에게 정당화되는 궁극의 목적은 자기-보호(self-protection)라는 원리이다. 개인의 의지에 반하여, 문명사회의 어떤 구성원에게도 정당하게 행사되는 권리의 유일한 목적은 다른 사람에게 피해를 주는 것을 막는 것이다. 물리적으로든 도덕적으로든 그 자신의 선(good)은 충분한 보장이 아니다(Mill, 1978, p. 9).

다시 말해, 당신은 사람들이 다른 사람에게 해를 입히지 않는다면 그들이 하고 싶은 것을 막아서는 안 된다. 당신은 그들이 자기 자신에게 해를 입히기 때문에 혹은 당신이 생각하기에 그들에게 더 낫다고 생각해서 그들에게 개입해서는 안 된다. 이러한 원칙은 많은 문제에 부딪히지만, 매우 강력한 원칙이자 자연스러운 참고 사항으로 남아있다.

여기서 살펴본 사고방식들은 여전히 서구 세계에서 당연한 것으로 남아있지만, 의심의 여지 없이 그것들은 쉽게 예측하기 어려운 많은 문제를 야기해 왔다. 개인이 궁극적인 참고 지점이 될 때, 과거에 인간이 행했던 많은 것들의 의미 지평이 상실된다. 그것은 곧 공동체 유대가 약화되고 개인은 뿌리가 없고 무목적적이라고 느낀다는 점이다. 세계에 대한 일종의 "각성"(disenchantment)이다. 민주주의 내에서, 특히 대중들이 잘 교육되지 않은 곳에서, "최소 공통분모"에 의해 가치와 정책이 결정되는 경향성이 있고, 그래서 사회가 점차 평평해지고 협소해진다. 이러한 환경에서 도덕성은 기술적 합리성에 의해 지배되는 투박한 실용주의로 타락할 수 있다.

20세기 역사는 두 차례의 세계 전쟁으로 특징지어진다. 영국에서 이 전쟁으로 인한 사회적 결과는 영국의 계층 시스템을 약화시켰다는 것이다. 그것은 제국 시대의 두드러진 특징이었으며, 또 다른 한편으로는 여성의 역할 변화를 가져왔다. (여성들은 전쟁에 직접적으로 참여하거나 남성들에 의해 마련된 민간 직업에 종사하게 되었다.) 2차 세계대전이 끝나고 약 15년 후, 영국은 긴축 재정 시기에 맞닥뜨렸으며, 동시에 식민지 국가들이 독립하게 됨에 따라 제국 시대의 종말을 맞이하였다. 그러나 1960년대에는 새로운 경제적 번영이 있었으며, 모든 것이 변할 수 있다는 분위기가 있었다. 당시 청소년기를 지나고 있던 전후 베이비붐 세대 아동들의 요구를 충족시키기 위해 새로운 대학이 만들어졌고, 정부의 섹스 스캔들은 정부의 힘과 권위에 대한 사람들의 태도를 변화시켰으며, 비틀스의 "플라워 파워"(flower-power)라는 새 앨범이 첫 발매되었고, 히피족이 등장하였다. 이것은 사람들이 과거에 행했던 방식에 대해 질문을 던지는 새로운 감각이었으며, 자신이 선택한 대로 자신의 삶을 살 수 있고 살아야 한다는 새로운 의미였다. 우리 모두는 무엇보다 진정성이 있어야 한다. 이것이 바로 학교에 진보주의가 도입된 맥락이다.

진보주의 학교교육과 영국에서의 도입(Progressive Schooling and Its Introduction in the UK)

국가교육에서 진보주의의 등장은 독일과 스칸디나비아, 혹은 미국보다 늦었지만, 그 문제에 대한 발전 과정은 아마도 훨씬 더 극적이었다.[2] 스코틀랜드의 「초등교육 제안서」(*Primary Memorandum*, 1965)와 「플로우든 보고서」(*Plowden Report*, 1967)는 가장 중요한 정책 보고서로서 초등학생 교육의 급진적 변화를 옹호했다. 이어지는 단락은 초등교육 제안서에 쓰인 일부 내용이다.

> 이제 초등학교는 중등학교 준비 그 이상이라는 것이 일반적으로 받아들여지고 있다. 초등학교는 그 자체로 발전의 단계이다... [학교교육은] 아동의 필요와 흥미를 충족시켜야 한다... [교사는] 자연에 따른 성장을 촉진할 환경, 경험, 안내를 제공해야 한다... [아동은] 어른의 축소판이 아니다... 아동의 타고난 재능은 동일하지 않다... 성장과

2) 이 시기 이전에 사립학교에서 영향력 있는 많은 실험이 행해졌다. 진보주의의 발전에 대한 자세한 논의는 달링과 노르덴보(Darling & Nordenbo, 2003)의 글을 참고하기 바란다.

> 발달은… 연속적이다… 학교 조직의 인위적 성격은[보상될 필요가 있다](SED, 1965, p. 3-4).

진보주의 교육자의 텍스트에 익숙한 사람은 이러한 아이디어가 매우 친숙할 것이다. 특히 여기서 제시된 문구는 존 듀이의 『민주주의와 교육』(*Democracy and Education*)(원본 1916년 출판)에 제시된 아이디어와 쉽게 연결될 수 있을 것이다. 당시 사범대학에서 촉진된 이 아이디어는 분명 그들이 인용한 철학자(누구보다 루소와 듀이)의 사상을 이어받은 것이라고 볼 수 있다. 그들이 옹호한 새로운 접근이 모든 학교에 영향을 미쳤던 것은 아니라고 하더라도, 이러한 혁신에 대한 관심이 갑자기 높아졌다. 다른 나라의 방문객들이 "플로우든 학교"(Plowden schools)를 보기 위해 찾아왔다.

그 당시 영국의 진보주의 초등학교 교실을 방문했을 때 무엇을 보았을지 잠깐 멈추고 생각해 볼 필요가 있다. 일반적인 것, 즉 높은 창문을 가진 다소 으스스한 교실(아동들이 신을 향해 올려볼 수 있도록 하기 위함)과 일렬로 줄지어진 책상(조용히 공부하고 교사에게만 집중할 수 있도록 하기 위함)은 이전 세대의 경험이었지만, 새로운 교실은 색채가 다채롭고 안락한 장소였을 것이다. 그곳에는 빛이 교실 안으로 들어올 수 있고 아동들이 교실 밖의 정원을 바라볼 수 있는 커다란 창문이 있었을 것이다. 책상은 "모둠"으로 배치되어 있어서 학생들의 협력 학습을 촉진했을 것이다. 벽은 아동들의 밝고 화려한 예술 작품으로 장식되어 있었을 것이다. 그리고 그곳에는 카펫과 쿠션을 놓아둔 "조용한 모퉁이"와 아이들이 뒤적거릴 수 있는 그림책들이 있었을 것이다. 또한 아이들이 기를 수 있는 (기니피그와 같은) 애완동물과 그들이 돌보는 식물이 있었을 것이다. 쓰기, 그리기, 만들기, 놀이하기, 말하기, 크게 웃기 등 다양한 아이들의 활동이 있었을 것이다. 교사는 일반적으로 교실 전체를 대상으로 말하기보다는 교실 주변을 돌아다니면서 도움이 필요한 학생 한 명 한 명에게 집중했을 것이다. 어느 지점까지 아동들은 자신이 선택한 것이 무엇이든 자신들의 흥미에 따라 자유롭게 활동했을 것이다. 이러한 장면의 원리와 가치는 다음과 같이 요약될 수 있다.

- 아동은 경험을 통해 행함으로써 가장 잘 배움
- 학습은 발견의 과정에서 일어남
- 창의력이 개발되어야 함
- 상상력이 개발되어야 함
- 아동은 놀이를 통해 배움
- 아동은 행복할 때 가장 잘 배움
- 학습은 아동의 흥미에서 시작해야 함
- 아동을 지루하게 해서는 안 됨
- 아동은 의미 있는 맥락에서 배워야 함(파편화된 사실이나 분별없는 반복 훈련이 아니어야 함)
- 학습은 추상적인 학문 교과에 따라서가 아니라 주제 혹은 화제에 기초하여 구성되어야 함
- 교육은 성장의 과정임
- 교사의 역할은 그러한 성장을 돕는 환경을 제공하는 것임
- 모든 학생은 다르고, 그들은 각자의 요구와 성장 속도가 있음
- 교사는 자신이 가르치고자 하는 것을 제시하는 것이 아니라, 학생들의 필요에 응답해야 함
- 처벌보다는 격려와 칭찬을 더 강조해야 함
- 교사는 권위적인 모습이 아니라 아동의 친구 같은 모습이어야 함

이것은 그 당시 교사 교육을 담당하는 많은 사람들에게 권장되었던 가치이며, 이러한 가치는 어느 정도 일종의 이데올로기가 되었다. 모든 학교가 전적으로 그러한 가치를 받아들인 것은 아니지만, 당시 초등학교의 일반적 풍토는 분명히 큰 변화의 시기를 겪게 되었다.

경제적 변화와 보수적 반응(Economic Change and Conservative Reactions)

1970년대 학교 밖 사건들은 국가 발전에 큰 영향을 미쳤으며, 그것은 교육과 교사를 보는 방식에도 영향을 미쳤다. 1972년 중동 아시아의 주요 석유 생산 국가들이 집단적으로 가격 인상 결정을 내렸을 때 세계적 위기가 발생했다. 영국에서도 기름값이 하룻밤 사이에 두 배로 올랐다. 이것은 피할 수 없이 경제에 엄청난 압박을 가했다. 이러한 상황은 주요 무역 연합이 공동 판매를 통해 그 구성원들의 임금 인상에 성공한 번영의 시기 이후에 일어났다. 상점의 물가 상승과 함께 임금 인상은 압박을 더욱 가중시켰다. 1970년대에는 줄곧 인플레이션(20% 이상)에 반대하는 일련의 파업이 진행되었다. 범죄 증가와 같은 사회 문제가 대두하고, 전반적으로 불안한 분위기가 만연했다. 1979년 마거릿 대처(Margaret Thatcher)가 급진적 개혁 어젠다를 가지고 집권하였다. 그것은 높은 실업률, 새로운 형태의 빈곤과 관련된 것으로서 공공 서비스, 복지, 교육 등의 지출을 줄이는 방향을 지향하였다. 피할 수 없이 진보주의 교육도 사회로부터 잘못된 것이라고 비난을 받았다. 초대 교육부 장관이었던 키스 조지프(Keith Joseph)는 교사들에게 듀이를 소개시킨 교사 교육자들은 비난받아 마땅하다고까지 말하였다.

1970년대쯤에는 "교육 흑서"(*Black Papers in Education*)[3]라는 불길한 제목으로 많은 보고서들이 출판되었다(Boyson, 1975; Cox, 1992; Cox and Boyson, 1975, 1977; Cox and Dyson, 1969 등 참고). 당시 이러한 반동적인 글은 많은 교사들에게 극단적 보수주의자들의 외침으로 받아들여졌고, 그러한 보고서들은 단순히 예외적인 것으로 치부되었다. 그러나 놀랍게도 10년 후 대처가 도입한 개혁과 함께 그 보고서들은 점차 주류에 가까워졌다. 마거릿 대처는 보통 사람들 사이에서 교육이 잘 이루어지고 있지 않다는 의심을 짚어 교묘하게 이용하였다. 많은 사람들에게는 진보주의가 나타남과 함께 학문과 권위의 전통적인 개념이 도전받고 있는 것이 위협적으로 보였다. 반면, 초등학교에서의 창의력, 놀이, 행복에 대한 강조가 아동들에게 필요한 지식과 가치를 무시하는 것처럼 보였다. 놀랄 것 없이, 이것은 "기본으로 돌아갈 필요가 있다"(get back to basics)는 생각과 아동들은 옳음과 그름의 차이를 배워야 한다는 생각의 토대를 마련하였다.

자유교육의 이념(The Idea of a Liberal Education)

진보주의에 대한 이와 같은 광범위한 반응은 어떤 면에서는 정당화될 수 있지만, 일반적으로 그것은 교육에 대해 매우 조잡하고 제한적인 아이디어에 토대를 두고 있다. 그것을 1960년대 이후 진보주의의 몇 가지 가정에 대해 철학적으로 뛰어난 질문을 제기하는 매우 진지하고 세심한 비평가들의 저작들과 비교해 볼 필요가 있다. 앞서 제기된 비판과 달리, 그

3) "교육 흑서"(Black Paper)라는 용어는 정부 정책에 일반적으로 쓰이는 "백서"(White Paper)라는 표현을 차용한 것이다.

들의 관점도 교육은 근본적으로 자유와 관련되어 있다는 아이디어에 천착하고 있다는 점에서 매우 흥미롭다. 그러나 그들은 이 자유의 특징이 무엇인지에 관해서는 동의하지 않았다. 이와 관련해서 영국에서 가장 주도적인 인물은 피터스(R. S. Peters)였지만, 그의 연구는 비슷한 시기에 미국의 이스라엘 셰플러(Israel Scheffler)에 의해 발전된 아이디어와 많은 측면에서 관련이 있었다. 폴 허스트(Paul Hirst)와 로버트 디어든(Robert Dearden) 등과 같은 동료들과 함께 피터스는 *자유교육의 이념(the idea of a liberal education)*을 재진술하고자 하였다. 이 사상의 중요성과 그것이 영어권 교육철학에 미친 영향은 의문의 여지가 없다. 그것은 진보주의에 대한 설득력 있는 비판을 제공하는 고대의 뿌리에 토대를 둔 교육 개념이다.

자유교육에서 본 진보주의 비판(Criticism of Progressivism from Liberal Education)

앞서 언급한 반동적인 비평가들처럼, 자유교육 사상가들은 교육을 변화시키고 있는 진보주의 물결의 여러 측면에 대해 염려하였다. 놀이, 행복, 창의성, 발견을 통한 학습, (혹은 실험 학습) 성장 등의 학생 중심 흐름에서 그들은 아동에 대한 다소 감상적인 관점을 감지하였다. 그들은 또한 진보주의가 이러한 용어들의 함의를 생각하는 데 실패했다고 파악하였다. 예컨대, 진보주의 교육자들은 아동이 무엇보다 행복해야 한다고 생각하고, 행복한 아동만이 잘 배울 수 있다고 생각하는 경향이 있었다. 이것은 곧 아이들이 웃고 있는 교실이 좋은 교실을 의미하는 것으로 이어졌다. 그러나 디어든이 지적한 바와 같이, 행복은 진보주의가 제안한 것보다 훨씬 더 파악하기 어려운 개념이다. 때때로 우리는 웃고 있지만 행복하지 않거나 혹은 피상적으로만 행복할 수 있다. 때때로 커다란 행복은 고전분투의 결과로서 무언가를 성취했을 때 오기도 한다. 또 어떤 종류의 행복은 보다 심오한 만족감을 가져온다. 만약 미소와 웃음이 궁극의 만족이라면, 우리는 과학자들에게 이 상태가 별 어려움 없이 계속 유지되도록 하는 약을 만들도록 해야 할 것이다. 그러나 우리는 우리의 삶에서 분명히 이것 이상을 원한다. 최소한, 우리는 그래야 한다!

이것은 진보주의 교육에 대해 철학자들이 제기하는 가장 보편적인 비판과 관련된다. 피터스의 말에 따르면, 아동 중심 교육은 *방법(manner)*에 지나치게 관심을 보이지만, 교육의 *내용(matter)*에 대해서는 불충분하다. 다시 말해 학습 방법에 관한 질문에는 관심이 많지만, 배우는 내용에 관한 관심은 충분하지 못하다는 것이다. 자유교육의 관점에서 배우는 내용에 관한 질문은 교육의 가장 근본적인 질문이다. 이 질문에 그들이 어떻게 대답하는지 생각해 보자.

가치 있는 것은 무엇인가?(What Is Worthwhile?)

분명히 생존을 위해 배울 필요가 있는 것들이 있고, 일부는 사회에서 직업을 갖기 위한 훈련과 같은 것들이 있다. 예컨대, 불과 얼마 전까지만 해도 젊은 여성들은 타이핑 기술을 훈련받았다. 음성 인식의 발달로 인해 이 기술은 언젠가는 쓸모없는 것이 될 것이며, 그렇다면 누군가가 그것을 추구할 이유는 분명하지 않다. 그러한 것들은 유용한 기능이지만 더 이상은 아니다. 반면, 이런 방식으로 쇠퇴하지 않는 것들이 있다. 타이핑과 달리, 자신을 부양하기 위해 직업을 구해야 할 필요가 없는 사람들(예컨대, 귀족 계급)에 의해 종종 추구되었던 것들이 있다. 그러한 교육 내용은 유용하든지 혹은 아니든지 간에, *내재적으로 가치가 있다(intrinsically worthwhile).* 그 자체로서 가치 있는 것에 대한 생각이 교육에 대한 자유주의적 관점에서 핵심이다. 그래서 우리는 사람들이 가치 있다고 생각하는 것이 무엇인지 물어야 한다. 그들은 무엇에서 가장 큰 만족을 발견하는가?

피터스는 『윤리와 교육』*(Ethics and Education)*이라는 책에서 이 질문을 다루며, 사람들이 일련의 상승 단계로 즐기는 것들을 고려한다. 먼저, 먹기, 마시기, 섹스하기, 일광욕하기 등의 신체적 즐거움을 즐긴다. 이러한 것들은 분명 인간의 만족도에 중요한 요소들이며, 보살핌, 품위, 고상함 등의 범위를 허용하는 활동들이다. (심지어 고등 동물의 먹는 방식과 친구 혹은 가족들과 나누는 간단한 식사 간의 현격한 차이를 생각해 보라.) 그러나 이러한 활동들은 동시에 한계를 갖는다. 그것들은 주기적인 반복에 의존한다. 예를 들면 한 사람은 한 번 먹을 수 있으며, 아무리 맛있는 음식이라도, 먹을 때마다 처음부터 다시 시작해야 하는 것과 같다.

피터스가 생각한 두 번째 종류의 즐거움은 게임과 스포츠를 포함한다. 사람들은 이러한 활동에서 큰 만족감을 얻는다. 여기서 얻는 기쁨의 가장 큰 장점은 능력 개발의 놀라운 가능성을 제공한다는 점이다. 만약 당신이 체스나 테니스를 규칙적으로 연습한다면, 점점 더 높은 수준을 성취할 수 있을 것이다. 이러한 종류의 활동은 주기적인 욕구에 의존하지 않으며, 당신이 더 많이 하면 할수록 당신의 능력은 증진될 것이다. 그리고 이러한 활동을 할 때에는 처음부터 다시 시작할 필요 없이 도달한 수준에서 점차 쌓아나가면 된다. 그것은 인간의 능력을 눈에 띄게 증진할 수 있는 가능성을 제공한다. 그러나 이러한 활동 또한 한계를 갖는다. 스포츠와 게임은 우리의 삶에서 제한된 일부에 불과하다. 일반적으로 그러한 활동에 참여하는 것은 전체로서 세계를 분명하게 설명하지 못하거나 혹은 삶의 다른 측면에 도움을 주지 못한다.

피터스가 생각한 세 번째 유형의 활동은 "이론적 활동"(theoretical activities)이다. 그는 역사, 수학, 문학 등에 대한 학습과 같은 학문적 탐구를 염두에 둔다. 먹기와 마시기의 즐거움과 달리, 이러한 것들은 주기적 욕구에 의존하지 않지만, 반대로 그것들을 하면 할수록 강화된다. 물론 때때로 휴식을 취해야 한다! 그러나 당신이 역사에 대해 더 많이 아는 기회를 가질수록 그 학습은 더욱 만족스러운 것이 될 것이다. 그것은 희소한 자원을 두고 경쟁할 필요가 없다. 왜냐하면 지적 활동에서 그 가능성은 추구할수록 더 확대되기 때문이다. 게임이나 스포츠에서 승자가 상을 받는 것처럼 경쟁에 의존할 필요 없이, 목표를 함께 추구함으로써 강화되기 때문이다. 더욱이 이 활동들은 우리 삶에 영향을 미치는 것으로만 한정되지 않는다. 우리는 세계가 어떻게 발전해 왔는가를 사회, 정치, 역사, 지리 등의 측면에서 알게 되면, 그리고 세계가 의존하고 있는 과학과 기술에 대해 알게 되면, 세계 속에서 살아가는 방식이 변화되고 달라진다. 역사와 문학 등의 학문으로부터 얻을 수 있는 인간 본성에 관한 지식과 이해는 윤리적 다양성의 상황 속에서 직면할 실제적인 문제에 더 잘 대처할 수 있게 해 준다. 더군다나, 우리가 다른 생물과 구별되는 특징을 갖는다는 점과 이러한 활동들은 인간 이성의 최상의 발달이라는 점에서 우리는 이것을 발전시켜야 한다. 요컨대, 이론적 활동은 비교할 수 없는 만족의 기회를 제공한다.

문화적 입문과 정신의 발달(Cultural Initiation and the Development of Mind)

우리가 이성 및 정신의 성격을 좀 더 생각해 본다면, 정신의 발달은 몸의 근육 발달과는 매우 다르다. 물론, 정신에 의존하는 몸의 신체적 부분이 있지만, 정신은 몸의 *기관(organ)*이 아니다. 다시 말해 뇌는 정신이 아니다. 이것을 인식하는 것은 문화에 입문하는 것이 정신 발달에 큰 영향을 미침을 깨닫는 것이다. 문화에 입문한다는 말은 결코 지식인인 척하는 것을 의미하는 것이 아니라, 사회를 구성하고 그곳의 아동들에게 점진적으로 소개되는 복잡한 일련의 실천들에 대해 생각하는 것을 가리킨다. 이러한 실천에 참여하게 되는 것이 바로 정신의 발달이다. 이것은 놀라운 진술처럼 보일 수 있지만, 소위 아베롱(Aveyron)의 늑대 소년이라고 불리는 잘 알려진 사례를 참고하는 것으로 이를 뒷받침할 수 있다.

18세기 프랑스에서 한 아동이 숲에서 발견되었다. 그 아동은 아마도 일곱 살쯤 되었지만 보통의 아동처럼 행동하지 않았다. 그는 손과 발로 움직였고, 사람들을 무서워했으며, 그에게 다가갔을 때 동물 같은 소리를 냈다. 마침내 그는 포위되어 붙잡혀 파리의 정신병원으로 끌려갔다. 그 당시 유럽의 정신병원은 현대의 병원과는 달리 정신적으로 병들거나 혹은 비정상적인 사람들을 감금하는 장소였다. 대중은 입장료를 지불하고 그 속에 갇힌 사람들에게 다가가서 볼 수 있었다. (아마도 대중은 그 안의 사람들을 비웃었을 것이다.) 한 정통한 의사가 그 아동의 이야기를 듣고 흥미를 가졌다. 그는 태어날 때 유기되어 숲속에서 죽도록 버려진 아동임이 분명했다. 놀라운 점은 그가 늑대에게 발견되어 늑대에 의해 보호되어 왔으며, 늑대들 사이에서 몇 년 동안 지낸 것처럼 보인다는 것이다. 그 의사는 이 아동이 사회로부터 극적으로 분리된 결과 보통의 아동들과 얼마나 다른지, 또한 그 아동이 문명화될 수 있을지 여부를 살펴보는 것에 관심을 가졌다. 의사는 아동을 자신의 집으로 데려갔고 그를 돌보았으며 이것을 살펴보기 위해 노력했다.

이 이야기에서 즉각적으로 놀라운 점은, 비록 그 아동이 다른 아동들과 생리학적으로 크게 다르지 않더라도(그의 뇌는 마치 그의 근육이 그러한 것처럼 조직적으로 발달했다), 그의 정신 상태는 전혀 인간의 것이라고 인식할 수 없었다는 점이다. 이것은 우리가 인간의 정신을 이야기할 때 그것이 무엇을 의미하는지에 주의를 기울이도록 한다. 요컨대, 정신은 아동이 입문하게 되는 문화적 실천 없이는 불가능하다. 그러한 실천들 중에서 가장 중요한 것은 언어 그 자체이다. 왜냐하면 사실상 모든 독특한 인간 활동은 어떤 면에서는 언어를 따르는 것처럼 보이기 때문이다. 이 아동은 언어-사용자들로부터 단절되었고, 그 결과 그의 사고 발달은 제한적이고 이상한 방식으로 이루어져서 우리에게 결코 인식될 수 없었다. 게다가 그것은 우리가 정신이라고 부를 수 있는 어떤 것보다는 늑대의 행동과 더욱 관계가 깊었다.

만약 이것이 옳다면, 아동의 성장은 단지 성숙 혹은 내부로부터 펼쳐지는 자연스러운 과정일 수 없으며, 또한 도움을 필요로 하지 않는 발견학습일 수도 없음을 의미한다. 어떤 문화에서든 아동은 그 문화적 실천에 입문되어야 한다. 우리가 유아나 매우 어린 아동을 대하는 방식을 생각해 보면, 앉기, 걷기, 먹기, 말하기, 옷 입기, 웃기 등과 같은 실천들은 이것이 사실임을 보여주는 데 도움이 될 수 있다.

동물과의 추가 비교는 이 점을 확인하는 데 도움이 된다. 우리가 살아가는 사회는 극도로 복잡하며, 우리의 실천은 수천 년 동안의 발전 결과이다. 이것이 어느 정도 사실인지를 살펴보기 위해서는 자연환경에서 살아가는 동물들을 생각해 보는 것이 필요하다. 말하자면, 칼라하리(Kalahari)의 사자가 그 예가 될 수 있다. 사자가 오늘날 살아가는 방식, 즉 사냥 방법, 먹는 방법, 짝짓기 방법 등은 5천 년 전의 그것과 크게 다르지 않은 것이 사실이다. 반면에 사람들이 오늘날 평범한 도시에서 살아가는 방식을 5천 년 전 사람들의 삶과 비교해 보면, 그 차이는 매우 현격하다. 여기서 첫째, 세대를 거쳐 전해져 내려오는 그리고 발전해 가는 사고 및 이해 방식을 통한 교육적 실천의 중요성을 생각해 볼 수 있고, 둘째, 우리가 의미하는 "정신"이 이러한 실천에 의존한다는 점을 의심할 여지가 없다.

위의 내용으로부터 교육은 우리에게 전해져 내려오는 지식과 이해의 형식에 사람들을 입문시키는 것으로 볼 수 있다. 왜냐하면 만약 교육이 직업 훈련 그 이상이라면, 가능한 한 풍부한 방식으로 기능할 수 있도록 우리의 정신을 *자유롭게(free)* 해야 하기 때문이며, 특히 이런 의미에서 교육은 자유주의적(liberal)이라고 할 수 있다. 학습자에게 우리에게 전해 내려오는 이해 방식을 소개하지 않는 것은 그들을 제한된 사고방식에 갇히게 하는 것과 같다. 여기서 제한된 사고방식이란 아마도 오로지 당면한 공동체나 혹은 텔레비전 만화 프로그램을 통해서 접할 수 있었던 것들이 이에 해당할 것이다.

"인류의 대화"(The "Conversation of Mankind")

폴 허스트(Paul Hirst)는 가장 영향력 있는 논문 중 하나라고 꼽히는 자신의 글에서 마이클 오크쇼트(Michael Oakeshott)의 「인류의 대화에서 시의 목소리」(The Voice of Poetry in the Conversation of Mankind)라는

제목의 에세이에 나오는 다음의 글로 마무리한다.

> 문명화된 인간으로서 우리는 상속자이다. 다만 우리 자신과 세계에 대한 탐구의 상속자가 아니며, 정보를 축적하는 일의 상속자도 아니다. 그 대신 원시 시대의 숲에서 시작되어 수 세기에 걸쳐 더욱 분명해지고 확장되고 있는 대화의 상속자이다. 그것은 공적으로 그리고 우리 각자에게 다가오는 대화이다. 물론 논쟁, 탐구, 정보가 존재하지만, 이것이 유익한 곳이면 어디든 이 대화의 구절로 인식되어야 하며, 아마도 가장 매력적인 구절은 아닐 수도 있다... 대화는 외재적 이익을 생산해 내기 위해 고안된 것이 아니며, 승자가 상을 받기 위한 경쟁도 아니고, 주석(설명) 활동도 아니다. 그것은 리허설이 없는 지적 모험이다... 정확하게 말해, 교육은 이 대화의 기술과 파트너십에 입문하는 것이다. 이 대화에서 우리는 목소리를 인식하는 것을 배우고, 적절한 발화인지를 구분하는 것을 배우며, 또한 우리는 그 대화에 적절한 지적, 도덕적 습관을 획득한다. 그리고 궁극적으로 이 대화는 모든 인간의 발화에 위치와 특징을 부여한다(Hirst, 1965).

여기서 오크쇼트의 감동적인 말은 이런 유형의 교육과 자유주의적(liberal)이라고 적절하게 묘사되는 방식 사이의 연관성을 강조한다. 그것은 미국 대학의 교양교육(liberal arts)에서 쓰이는 용어와 같은 의미에서의 자유이다. "인류의 대화"로의 입문은 매슈 아널드(Matthew Arnold)의 유명한 문구인 "생각되고 말해진 최상의 것"(the best that has been thought and said)으로의 입문과 관련된다. 그리고 이 점에서 이러한 말들은 과거를 가치 있게 여기는 것뿐만 아니라, 고대 그리스 시대의 사고를 형성한 가치와도 관련된다. 과거는 과거이기 때문에 가치 있는 것이 아니다. 과거는 사물의 진리에 좀 더 가까워질 수 있고 인간의 삶에서 중요한 것이 무엇인지를 이해할 수 있도록 하는 역사 발전의 기회를 우리에게 제공하기 때문에 가치가 있다.

『국가』(*Republic*)에서 플라톤은 동굴의 신화를 통해 교육에 대한 훌륭한 이미지를 보여준다. 플라톤은 인간의 조건을 동굴의 어둠 속에서 살아가면서 동굴 입구로부터 나오는 빛에 의해 동굴 벽에 투사되는 흔들리는 이미지를 보는 사람들의 조건과 비슷한 것으로 묘사한다. 그들이 보는 것은 실재가 아니라, 동굴 입구의 실재 사물들의 왜곡된 이미지(그림자)일 뿐이며, 그 사물들은 태양의 밝은 빛에 의해 빛난다. (오늘날 많은 사람들이 가지고 있는 실재의 관념은 텔레비전 속 세계의 왜곡된 이미지에 의해 주어진다는 사실의 타당성은 더 상세히 설명할 필요가 없을 것이다.) 교육은 이러한 사람들이 동굴 입구에 있는 *실재 사물(real objects)*들을 볼 수 있도록 하고 궁극적으로 *진리와 선(truth and goodness)*의 원천인 태양 그 자체를 볼 수 있도록 하기 위해 자신의 고개를 이미지들로부터 돌리도록 돕는 과정과 관련된다. 그러나 우리가 어두운 곳에 있을 때 밝은 빛을 바라보기 어렵고 현기증을 느끼며 다시 어둠으로 고개를 돌리는 것과 마찬가지로, 사람들은 진리를 마주하기보다는 이러한 이미지들을 보는 것(무지의 상태로 남아있는 것)을 선호한다. 플라톤의 설명에서 중요한 것은 사물을 참되게 바라보는 것(진리와 선에 대한 관조)이다. 그것은 곧 *환영으로부터 마음을 자유롭게 하는 것(freeing the mind from illusion)*이다.

합리적 자율성과 정치적 자유주의(Rational Autonomy and Political Liberalism)

진리에의 헌신은 피터스와 그의 동료들로부터 발전된 자유교육 이념의 핵심이라고 볼 수 있다. 그러나 그들의 입장은 자유의 심층적 차원에 의해 복잡해지고, 밀(J. S. Mill)과 연관된 현대의 정치적 자유주의(modern political liberalism)와 관련된다. 여기서 강조점은 환영으로부터의 자유라기보다는 *무엇을 할 것인지를 결정하는 자유(freedom to choose what to do)*이다. 선에 대한 확실하고 실질적인 개념이 부재한 상황에서 개인은 자신의 삶을 어떻게 살아야 할지를 스스로 결정해야 한다. 그러나 이것은 무책임하다는 비난을 모면하기 위해, "합리적 자율성"(rational autonomy)으로 불리게 되는 것으로 발전되었다.

교육 분야뿐만 아니라 정치철학에서 자율성에 관한 문헌은 엄청나게 많지만, 그중 뛰어난 저작은 디어든(Dearden)의 에세이 "자율성과 교육"(*Autonomy and Education*)이다. 디어든은 다음과 같이 설명한다. "칸트의 관점에서 인간은 자율적이다. 만약 그의 행동에 있어서 자기 자신의 이성에 의해 규율되는 도덕 법칙에 구속된다면, 자신의 본성(성향)에 의해 지배되는 것과는 달리, 인간은 자율적이다(Dearden, 1972)." 여기서 주목해야 할 점은 스스로의 원칙을 통한 이성적 사고(reasoning through one's principles for oneself)를 강조한다는 점이다. 이 관점에 따르면, 당신은 목사, 정부, 부모, 혹은 미디어가 말하기 때문에, 혹은 당신이 무언가 다르게 행동할 수 있는 성격이 아니기 때문에, 혹은 마약이나 다른 종류의 집착, 신경증적 두려움을 가지고 있기 때문에 등등 이러한 이유로 무언가를 단순하게 행동해서는 안 된다. 당신은 자신이 행하는 것을 통해서 자신의 욕망과 이성을 반영해야 한다. 물론, 당신이 선택한 원칙들, 당신이 행한 행동의 이유는 아마도 당신의 문화 속에 어떤 식으로든 현존하는 것일 수 있지만, 중요한 것은 당신이 이러한 원칙들을 당신 자신의 것으로 선택하고자 결정한다는 점이다.

지난 수십 년 동안 이러한 자유교육 이념이 재진술됨에 따라, 정치적 자유주의(political liberalism)와의 연관성(따라서 자율성과의 연관성)이 더욱 부각되고, 진리에 관한 숙고라는 전통적 연관성은 점차 무시되는 경향성이 나타난다. 현재 "자유교육"이라는 용어는 주로 그러한 정치적 원칙에서 사용되고 있으며, 과거에 만들어졌던 교육과정에 대한 강력한 설명은 상당히 상실되었다. 나의 개인적 관점에서 이것은 매우 유감스럽다. 무엇이 학습되어야 하는가에 대한 질문, 그리고 정책입안자나 교사에게 왜 그것이 피할 수 없는 것으로 인식되어야 하는가에 대한 질문은 교육철학에서 반드시 다루어야 하는 것이기 때문이다.

이어지는 부분에서는 이와 같은 질문에 대응하기 위해 앞서 언급한 자유교육 관점이 가진 문제점을 논의하고, 그 한계를 극복할 수 있는 방향을 제시하고자 한다. 또한 나는 내가 말하는 것이 현대의 개인주의 측면과 어떻게 연관되는지를 보여주고자 한다.

자유교육 이념의 난점(Addressing the Difficulties With the Idea of a Liberal Education)

피터스와 그의 동료들이 영어권 세계에 미친 영향은 막대하다. 그러나 그들이 발전시킨 자유교육 이념에 대한 비판이 없을 수는 없다. 가장 일반적인 반응은 그것이 새로운 것을 아무것도 제공하지 않았다는 점이다. 다시 말해 그것은 문법학교(grammar school)에서 사실상 이루어지고 있는 것에 대한 합리화에 불과했다. 다른 학교 유형에서도 마찬가지로 대다수 아동에게 물 흐르듯이 주어지는 것에 대한 합리화였다. 그로 인해 자유교육은 사회의 불공정함에 대한 책임으로 여겨졌던 권력 관계와 계층 구분을 강화하였다. 또한 자유교육의 교육과정 개념 자체도 지루하고 고리타분한 것이었다. 다시 말해 자유교육은 일반적으로 사람들의 삶에 의미 있는 그 무엇이 되기보다는 사회 일각에서 선호되었던 지식을 전달하는 문제로 받아들여졌다. 비판자들은 그 지식이 교양 있고 학문적인 성격을 지니고 있어 많은 아동을 학교에서 소외시키고 잘하지 못하게 만들었다고 지적했다. 자유교육은 특정 사회 계층의 관심을 반영했을 뿐만 아니라, 성차별이 내포되어 있기도 했다. 대부분이 "죽은 백인 남성"의 업적을 토대로 하고 있기 때문이다. 비판적 사고를 길러주기보다는 주어진 아이디어를 반복하도록 권장했다. 더욱이, 이처럼 자유교육이 시대에 뒤떨어진 내용들을 강조함에 따라, 진보주의적 통찰의 중요성을 인식하는 데 실패했다. 특히 교육이 개인들 간의 차이를 인정하고 개인으로부터 발전시킬 필요성을 인식하는 데 실패했다.

만약, 자유교육이 앞 단락에서 기술한 방식으로 실천되었다면, 분명 비판받았을 것이다. 가장 지적인 일부 학생들을 포함하여 많은 학생들은 "생각하고 말해진 최상의 것"에 크게 감동하지 않는다. 더욱이 그러한 교육은 개인을 더 깊이 참여시키고 발전을 이끌어주기보다는 개인의 한계가 될 것이다. 그리고 학교 교과에 대한 과도한 관심은 학생들이 진심으로 응답하고 자신의 목소리를 찾아가는 기회를 방해할 수 있음을 인정해야 한다.

그러나 피터스와 그의 동료들에게 좀 더 공정하게 말하자면, 그들이 말하고자 했던 의도가 교육과정은 물려받은 아이디어를 단순히 전달하는 것이어야 한다는 것은 결코 아니었다. 그들은 비판의 전통을 포함한 교육과정 내용을 옹호하였다. 그리고 그들은 학습자가 그와 같은 지식의 형식에 입문하는 것을 그들의 참여의 수단으로 보았다. 여기서 고려된 그들의 관점에 대한 비판은 그들이 추구한 아이디어를 곡해한 것에 토대를 두고 있다. 그럼에도 불구하고, 여기서 나는 자유교육에 대한 두 가지 우려에 주의를 기울이고자 한다.

첫 번째는 교육의 주요 목적으로서 합리적 자율성에 대한 강조는 인간의 삶과 도덕성에 관한 협소한 관점에 토대를 두고 있다는 점이다. 그것은 우리에게 좋은 삶이 모든 측면에서 주의 깊게 계획될 수 있는 것으로 생각하도록 만든다. 그 결과 이 관점에서는 즉흥성(spontaneity)의 가치를 폄하한다. 예컨대 이것은 무반성적 관용이나 용기 등의 행동에서, 그리고 좋은 사람들이 타인에게 보여주는 일상의 친절함에서 관찰될 수 있다. 사실상, 어떤 사고가 발생할 때 당신이 행동하기도 전에 반성하는 것은 도덕적 실패의 징후일 수도 있다. 즉흥성도 일종의 *삶의 환희(joie de vivre)*임이 분명하다. 그것이 타인에 대한 수용이라는 점에서 삶의 즐거움 혹은 재미의 감각일 수 있다. 합리적 자율성에 대한 강조는 마치 도덕적으로 좋은 것이 지성과 일치하는 것처럼 들리게 하고 그래서 단순한 무반성적 삶에도 존재할 수 있는 선함을 감추도록 만든다. 그 결과 그것은 인간 삶의 다양성을 억압하고 그로 인해 우리가 발전시킬 수 있는 공동체의 유형을 제한하는 결과를 초래할 수도 있다. 조금 과장하자면(다소 편파적이더라도!), 이성적으로 자율적인 사람의 이상은 엔터프라이즈 우주선(Starship Enterprise)의 미스터 스팍(Mr Spock)[4]과 비슷한 사람인 것처럼 보인다. 그는 모든 것에 대해 항상 빈틈없이 계획을 세우고

4) [역자 설명] 미스터 스팍은 영화 스타트렉에서 지성과 평정심을 중요시하며 감정을 절제하는 캐릭터로 등장한다. 감정을 이해하지 못하거나 열등하게 여기는 모습을 보여주어 다른 승무원들과 트러블을 빚는 인물로 묘사된다. 이런 캐릭터의 영향으로 영미권에서는 지나치게 감정보다 이성을 중시하는 사람을 가리켜 '미스터 스팍'이라는 별명으로 부르기도 한다.

즉각적인 감정은 극복해야 할 대상으로 여기는 사람이다.

두 번째 비판은 이러한 관점이 갖는 지성 추구의 강조 및 엘리트주의적 함의에 관한 것이다. 모든 사람이 지적인 활동을 추구할 기회를 부여받아야 한다는 것은 맞지만, 이것은 분명 모두가 아니라 보다 지적인 사람들에게 더욱 호소력 있게 다가올 것이다. 많은 사람들은 이러한 종류의 학문 중심 교육과정이 그들에게 말을 걸지 않으며, 그들의 목소리를 억누르는 것을 발견할 것이다. 많은 사람들은, 특히 그들이 아동일 때, 역사나 물리를 공부하는 시기를 놓칠 수 있다. 교육에 관해 이론적 논문을 쓰는 사람들은 대부분 역사나 물리 공부와 같은 것을 즐긴다는 사실은 모든 사람들에게 이러한 일이 이루어지지 않을 수도 있음을 이해하는 것을 어렵게 한다.

이것으로부터 세 가지 질문이 생겨난다. 첫째, 지적 추구에 관한 과도한 요구와 잠재적으로 소외감을 느끼도록 하는 성격의 문제에 관해 어떻게 반응해야 하는가? 둘째, 그와 같은 지적 활동에 잘 따라가지 못하는 이들에게는 다른 종류의 교육과정이 정당화되는가? 셋째, 이론적 활동, 즉 자유주의적인(liberal) 것에 관한 설명이 다소 덜 지적인 것을 추구하는 다른 것으로 확대될 여지가 있는가?

지적 활동은 까다롭고, 그것의 매력을 외부에서 이해하기 어려운 경우가 많다. 대개의 경우, 큰 만족감을 느끼며 참여하기 위해서는 힘든 노동과 지루함을 견뎌야만 한다. 그리고 그 대화에 참여하기 위해서는 "어휘"(vocabulary)를 습득해야 한다. 그것이 문학 비평이든, 물리학이든, 역사든, 혹은 음악이나 예술과 같은 창의적 활동이든 간에 적합한 어휘를 습득할 필요가 있다. 따라서 교사는 아동이 교과에 적합한 어휘, 즉 기능, 지식, 이해 등을 습득할 수 있도록 길을 만들기 위해 신중을 기해야 한다. 한편으로는 그러한 교과의 요구가 초래할 수 있는 소외됨의 효과를 경계할 필요가 있다. 이 과정에서 교사의 목적은 교과가 학생에게 그 교과 안에서 자신의 목소리를 찾을 수 있는 방식으로 말을 걸도록 하는 것이어야 할 것이다. 아동은 교과가 자신에게 어떻게 중요한지(중요해질 수 있는지)를 보게 된다. 그리고 이것은 교과가 아동 자신에게 이미 존재하는 어떤 것과 매칭될 수 있음을 발견한다는 의미가 아니다. 오히려 교과가 아동의 목소리를 발전시킬 수 있는 새로운 가능성을 제공한다는 의미이며, 아동 자신을 확대할 수 있는 가능성을 제공한다는 것을 의미한다. 이것이 없다면, 교과는 아동에게 죽은 것이 될 위험이 있으며, 학교교육은 소외시키는 경험에 불과할 수 있다. 비록 그 아동이 높은 점수를 받는다 하더라도, 그런 경험이 될 가능성이 높다. 이와 같은 점을 염두에 둔다면, 어느 정도의 강요는 아동에게 더 큰 이해를 가져다줄 학습의 어려운 단계로 이끈다는 점에서 정당화될 수 있을 것이다.

두 번째 질문에 대한 나의 관점은 자유교육의 요구가 어떤 학생들에게는 너무나 과도한 것일 수 있으며, 그렇기 때문에 아마도 고등학교 단계에서는 다른 유형의 교육과정을 제공하는 것이 적합하다는 것이다. 물론 이것이 양자택일(all-or-nothing)식으로 행해질 필요는 없다. 아동들이 한 과정으로부터 다른 과정으로 이동할 수 있는 기회가 많이 주어져야 한다.

여기서 더 중요한 요소는 사회적 정의와 관련된 것이지만, 순수하게 교육적 이유에서도 그러하다. 교육이 젊음을 낭비하게 만든다고 종종 말해진다. 성숙한 학생들이 분명 교육 기회를 훨씬 더 유용하게 활용한다는 증거가 있다. 그래서 사람들이 평생학습을 통해 그러한 학습을 장려하고자 하며, 그 결과 이것은 의미 있는 평생학습에 대한 강력한 논거가 되기도 한다. 나는 반드시 성인들이 풀타임 교육을 공적 비용으로 이용할 수 있도록 해야 한다고 제안하는 것은 아니다. 왜냐하면 그 비용이 터무니없이 매우 높을 수 있기 때문이다. 성인들을 위한 파트타임 교육에 정부 보조금을 지급하는 것은 좋은 사례이다. 비록 저녁에 열리는 파트타임 강의도 그들의 삶을 변화시킬 수 있고, 때로는 일과 학습의 결합은 매우 의미 있는 것이 될 수 있다.

세 번째 질문과 관련하여, 자유교육이 쉽게 확대되거나 복제될 수 없는 측면이 있음을 인식해야 한다. 그러한 교육의 가장 이상적인 성과는 과학, 인문학, 예술 등과 같은 인류의 유산에 속하는 여러 지식의 형식에 관해 폭넓게 이해하는 사람이다. 그러나 그 사람 또한 이러한 내용들을 추구함에 있어서 어느 한 영역에 더 깊은 애정을 가질 것이며, 이는 자신의 삶에, 오크쇼트가 말한 바와 같이, "리허설 없는 지적 모험"(unrehearsed intellectual adventure)에 참여하는 느낌을 불러와 몰입하게 만드는 관심사가 된다. 이는 더 강렬하게 몰입할수록 더 강력하게 갈구하게 되는 그런 모험이다. 이것은 처음에 매우 놀라워 보일 수 있지만, 니체주의자들의 어조에서도 강렬한 몰입의 아이디어는 다시 한번 발견된다. 우리가 만약 이러한 경험의 특별함을 자유교육의 완전한 요구에까지 지적으로 부응하지 못하는 사람들에게 확대하고자 희망한다면, 아마도 우리는 이러한 역동적인 측면을 살펴보아야 할 것이다.

나는 그러한 강렬한 몰입을 제공할 수 있는 덜 지적인 활동이 있다고 제안한다. 예컨대, 우리는 아마도 수공예 활동으로 주의를 돌려볼 수 있다. 물론 우리는 목수나 도자기 공예가들의 활동으로부터 사람들이 얻는 만족의 종류를 생각해 볼 수 있지만, 여기에는 분명 시대착오적 관습이나 향수병의 위험이 있다. 이러한 활동들은 과거보다, 노동의 측면에서든 여가의 측면에서든, 우리의 삶에서 덜 중요한 역할을 한다. 그래서 우리는 다른 종류의 활동을 고려할 필요가 있다. 나는 오늘날 우리의 일상생활에서 사물을 만들고 구성하는 실천적인 일에서 찾을 수 있는 열정과 기쁨에 감동을 느낀다. 기계를 잘 다루는 엔지니어, 머리를 자르고 스타일을 만드는 미용사, 혹은 벽을 가지런히 배열하는 벽돌공, 좋은 음식을 준비하는 요리사 등의 자부심을 떠올려 볼 수 있다. 자동차 수리공을 예로 들어보자. 분명 그 활동은 더 깊은 이해와 탐구, 경험의 축적과 함께 정련된 기술을 제공할 것이다. 이 일에 종사하는 사람들은 종종 미적이고 윤리적인 가치를 발견하고 그 일에서 기쁨을 발견하기도 한다. 말하자면, 엔진의 좋은 타이밍, 효율적인 움직임에서 느끼는 기쁨, 기능적 능력 향상 등등 이것은 매우 일상적인 사례이지만 주의를 기울일 가치가 있다. 사람들이 자신들의 일에서 이와 같은 방식으로 기쁨을 찾는다면, 이것은 삶의 다른 영역으로 전이될 수 있고, 사물에 대한 호기심을 유발하며, 그들을 다른 것에 더욱 강하게 연관되도록 할 것이다. 이러한 참여는 종종 관련 활동에만 국한되지 않고 더 광범위한 사회적 헌신과 정체성으로 이어진다.

자유교육의 이상은 우리의 이분법적 사고를 강화하는 경향이 있다. 이는 이론과 실천, 학문과 직업, 정신과 몸 간의 이분법적 접근을 말하며, 각 경우에 전자를 더욱 선호한 경향이 있다. 또한 이와 같은 이분법적 사고의 결과로 명제적 지식에 과도하게 사로잡혀 왔다. 물론 명제적 지식의 엄청난 중요성을 부정하는 것은 터무니없는 일일 것이다. 이때의 명제적 지식은 생기 없는 사실들의 표현으로서가 아니라, 피터스와 허스트가 이야기한 지식의 형식의 내용과 어휘로 이해해야 할 것이다. 여기서 옹호하는 대안적인 관점은, 비록 역량(skills)이 명백히 중요하다고 하더라도, 현재 유행하고 있는 역량 기반 교육과정(skill-based curriculum)이 아니다. 여기서 간과된 것이자, 앞서 수공예의 예로부터 제안된 것은 직접적인 앎(direct acquaintance)을 통한 지식의 중요성이다. 지적 추구 중에서 예술 감상은 특정 예술 작품과 친숙해지는 것과 관련된다. 이때 작품들과의 직접적 만남(encounter)은, 예술 작품에 대한 접근 방식이 아무리 풍부한 명제적 언어일지라도, 명제적 언어로 표현할 수 있는 모든 것을 뛰어넘는다. 또한 이와 같은 친숙성(acquaintance)은 기술공과 엔진의 관계, 헤어 스타일리스트와 헤어의 관계 등에서도 발견된다. 그리고 여기에는 그들이 더불어 작업하는 그 사물이 보이는 일종의 저항(resistance)과의 관계도 포함된다. 또한 나는 이것이 역사가가 역사의 특정 시기에 대해 갖는 친근감(familiarity), 혹은 물리학자나 철학자가 특정 문제에 대해 갖는 친근감 등과도 유사하며, *그것들이* 나타내는 저항적 특징도 포함한다고 말하고자 한다. 실제로 이러한 친근감은 주제에 대한 자신의 방식을 아는 것과 이것이 제공하는 만족감에 있어 매우 중요한 부분이다.

마지막으로, 학습이 우리에게 요구하는 것에는 일종의 도덕교육(moral education)이 내포되어 있다는 점에 주목하는 것이 중요하다. 그렇지만 이때의 요구는 종종 진보주의 교육을 벗어나는 것이다. 여기에는 우선, 학문적 삶에서 찬양하는 지성적 덕(intellectual virtues)이 포함되지만, 가장 중요한 것은 보다 실천적인 영역으로까지 확대된다는 점이다. 친숙지(knowledge by acquaintance)를 통해, 그리고 사물들의 존재 방식에 대한 인내심 있는 관심을 통해 습득되는 이해가 없다면, 이러한 지성적 덕은 그들에게 그러한 감각을 주는 실체로부터 떨어져 나온 것에 불과하다. 이것은 또한 그러한 형식의 학습이 공동체에 의해 유지되어 온 실천 속으로 학습자를 이끈다는 점에서 도덕적 문제이기도 하다. 비록 이것이 명시적이지 않을지도 모르지만, 그 공동체는 학습자가 가치 있는 존재가 되기 위해 끊임없이 열망해야 하는 준거를 유지시킨다. 비록 그것이 학문에서 발견되는 진리와 비판적 논쟁에 관한 준거이든, 혹은 우리가 살고 있는 세계의 기본 구조의 생성과 유지에 관한 준거이든, 공동체는 그러한 준거를 보유하고 있다. 누군가가 그러한 활동에 자신을 바칠 때, 진정한 의미는 그의 관심이 자기 자신을 넘어서는 것(beyond oneself)에 있다는 점이다. 학습 내용은, 그것이 기계의 작동이든, 금속이 갖는 탄성이든, 엔진에서 기체의 폭발이든, 혹은 학문적 교과의 내용이든 간에, 내재적 가치를 갖는 사물의 존재 방식에의 관심(attention-to-the-way-things-are)으로 이어질 수 있다. 그러나 또한 그것은 그렇지 않으면 우리가 굴복하게 될 자기도취적 성향(self-preoccupied tendencies)으로부터 빠져나올 수 있도록 할 수 있다. 자기 계발에 직접적으로 집중하는 것과는 거리가 먼 이러한 노력을 통해 개인은 가장 풍요로워질 수 있고, 이러한 참여를 통해서 자신만의 목소리를 찾을 수 있을 뿐만 아니라 무언가를 의미 있게 말할 수 있게 된다.

제12장

두 문화에 관한 이념[1)]

(The Idea of Two Cultures)

"두 문화에 대한 논쟁"(the two cultures debate)이라는 구절은 영국적 맥락에서 특별한 의미를 지닌다. 이 구절은 1950년대 소설가, 스노(C. P. Snow)의 강연에서 시작되었다. 스노는 과학 분야에서 이력을 쌓기 시작하였고, 과학을 예술 및 인문학의 영역과 대조시킨 것으로 알려진 대하소설, 『이방인과 형제들』(*Strangers and Brothers*)에서 해당 영역에 대한 그의 과학적 지식을 활용하였다.[2)] 스노의 강연은 많은 사람들에게 감명을 주는 것처럼 보였고, 그 강연이 일으킨 격렬한 반응 또한 주목할 만하였다. 최초의 강의로부터 3년 후인 1962년, 리비스(F. R. Leavis)의 강의에서 스노에 대한 가혹한 비난으로 인해 격렬한 논쟁이 일어났다. 리비스는 20세기 가장 중요한 케임브리지 문학 비평가 중 한 명으로 수십 년 동안 대학 및 사회에 막대한 영향력을 행사한 인물이었다. 그는 스노의 논의를 비난하였을 뿐 아니라, 스노를 소설가로서, 그리고 한 인간으로서 비난하였다. 문화를 위협하는 것의 전형은 바로 그와 같은 사람

---

1) 출처: Standish, P. (2014). The idea of two cultures. *Asia Pacific Education, 15*, 71-77.

2) "예술"(arts)과 "인문학"(humanities)이라는 용어는 느슨하고 상호 교환적으로 쓰이는 경향이 있다. 그러나 나는 논의의 마지막 단락에서 "인간"(human)에 초점을 두어 용어들의 특정한 의미를 살펴볼 것이다.

들이라는 이유에서였다. 리비스의 맹렬한 비난은 논쟁이 대중의 시선을 사로잡는 데에 도움이 되었음이 분명했고, 문화적 분리(cultural divides)에 대해 설명할 때마다 스노의 분석은 이따금씩 재유행되어 나타났다. 1990년대에 메리 미질리(Mary Midgely)는 새로운 관리주의 문화를 이해하기 위한 수단으로 스노의 두 가지 문화 분석에 관련된 용어를 차용하였다. 또한 그 10년 동안 로저 킴볼(Roger Kimball)과 레이먼드 탤리스(Raymond Tallis)는 그러한 논쟁을 반영하는 영향력 있는 에세이를 발표하였다(Furedi *et al.*, 2009).

1950년대 후반의 맥락에서, 스노 입장의 핵심은 문화가 위험한 분열을 겪고 있다는 것이었다. 그러한 분열은 케임브리지 및 다른 장소에서, 스노가 그의 지인들과 친구들 사이에서 겪고 있는 일이었다. 즉, 스노는 한편에서는 찰스 디킨스의 소설을 읽는 데 어려움을 겪는 과학자들과, 다른 한편에서는 열역학 제2 법칙을 모르는 문학 지식인들 간의 분열을 느끼고 있었다. 그는 이 문제와 해결책을 교육에서 찾을 수 있다고 주장하였다. 그렇기 때문에 그는 당시 영국 중등 교육을 특징짓는 초기 전문화 경향에 대해 비판적이었다. 또한 그는 과학교육의 확대에 엄청난 믿음을 가지고 있었다. 과학교육은 국내 변화의 수단으로서, 그리고 세계 전체의 경제적 번영과 더 큰 평등으로 나아가는 방침으로서 확대되어야 한다는 것이었다.

이 논쟁의 맥락과 궤적을 살펴볼 때, 스노가 설명하는 두 가지 문화적 분리가 완전히 공정하지는 않다는 것은 곧 분명해진다. 강의의 대부분은 인문학이 확실히 역사적으로 선호되었다는 것과, 더 우수한(brighter) 학생들을 과학보다는 고전(특히 라틴어와 그리스어) 쪽으로 장려하는 것을 보여주는 것과 관련된다. 더욱이 스노는 과학과 과학교육의 잠재력이 개인과 국가를 빈곤에서 벗어나 더 공정한 세상으로 이끈다는 터무니없는 믿음을 가지고 있었다.

만약 그렇다면, 스노의 통찰력은 악화되는 분열의 성격과 분열을 좁히기 위한 필요성과 관련한다. 이러한 방식으로 사물을 본 최초의 인물은 스노가 아니었다. 1882년과 1883년, 매슈 아널드(Matthew Arnold)가 과학과 문학에 대해 강의한 내용에는 주목할 만한 선례가 있다. 이 중 두 번째 강의에서, 아널드는 "*우리 자신과 세계를 아는 것을 목적으로 삼을 때,* 이를 위한 수단으로서 *세계에 대해 사유된 것, 그리고 말해진 것의 최선을 알아야 한다*"(*to know ourselves and the world,* we have, *as the means to this end, to know the best which has been thought and said in the world*)는 취지에서 과거 자신의 소견을 회고한다(1983). 그러나 그는 이 말이 의미하는 바에 대해 더 논의할 필요가 있음을 인정한다. 분명히 아널드는 이것이 그가 "*순수 문학*"(*belles lettres*)이라고 부르는 것에 대한 변명으로 해석될 수 있는 문제임을, 즉 순수 문학이라는 글쓰기가 주로 스타일과 어조가 가져다주는 미학적 즐거움으로 인해 높이 평가될 수 있음을 알고 있다. 아널드는 다음과 같이 썼다. "*순수 문학*이 피상적인 인문주의의 모습을 나타낸다는 비난은 다른 학문 분야에서도 충분히 적용될 수 있다. 그러나 내가 세계에 대해 사유되고 말해진 것의 최선을 아는 것을 제안했을 때의 그것은 특정 분야에 적용되지 않는다. 그 최선에는 오늘날의 위대한 관찰자들과 자연을 이해하는 사람들이 생각하고 말하는 것을 포함한다. 오늘날 국가를 안다는 것은 그 국가의 *순수 문학*을 아는 것뿐만 아니라 코페르니쿠스(Copernicus), 갈릴레오(Galileo), 뉴턴(Newton), 다윈(Darwin)과 같은 사람들이 한 일을 아는 것을 의미한다." 따라서 문화유산으로의 입문에서 도덕적 가치에 대한 아널드의 의미는 과학 자체로 확장된다.

그러나 과학과 인문학 사이의 이런 광범위한 구분(스노가 강의했던 당시, 그리고 아마도 아널드가 강의했던 당시에 확실했던)이 당연하고 불가피하게 여겨졌던 것처럼 보이지만 항상 그랬던 것은 아니다. 18세기 말과 19세기 초, 낭만주의 운동에서는 분명히 과학을 비판하는 것이 일반적이었다. 그러나 "과학자"(scientist)라는 단어 자체는 19세기에 나타난 신조어이다. 1833년, 케임브리지에서 열린 영국과학진흥협회(British Association for the Advancement of Science)는 "물질세계에 대한 지식을 가진 학생"을 설명하는 용어가 없다는 사실에 대한 우려를 표했다. 윌리엄 휴얼(William Whewell)은 "예술가"와 비슷하다는 점에서 "과학자"라는 단어가 만들어질 수 있다고 제안했다. "과학"과 "과학자"라는 단어의 중요성뿐만 아니라, 그에 상응하는 단어들이 독일어 및 다른 많은 언어들에서 어떤 차이가 있는지 생각해 볼 가치가 있다. "과학"이라는 단어의 라틴어 어원은 단순히 "지식"을 의미하지만, 현대 영어에서 과학이라는 단어는 주로 물리학과 연결되고 부차적으로 사회과학과 연결되며 역사나 문학 연구와는 전혀 관련이 없다. 이는 더 넓은 범주의 *지식*(*Wissenschaft*)과 대조적이다. 따라서 영어 사용자가 사용할 수 있는 어휘는 개념화(conceptualisation), 그리고 특히 이미지 사이의 구분을 더욱 강화했을 수도 있다. 영어의 지배력을 고려할 때, 이는 전 세계 연구 분야에서 그러한 구분을 더욱 견고하게 하였으며, 특히 교육 연구에 영향을 주었다.

이 논의에서 내가 하고자 하는 바는 세 가지이다. 첫 번째로, 오늘날 스노의 범주와 분석이 갖는 타당성과 관련하여 설명하고자 한다. 두 번째로, 나는 이러한 방식을 통한 문화 분석의 가치에 대해 의문을 제기할 것이며, 두 가지 사례를 통해 이를 구체화할 것이다. 세 번째로, 이러한 사례를 바탕으로 나는 그러한 분석과 인문주의가 의존해야 하는 인간 개념 사이의 상호관계에 대하여 질문하고자 한다.

오늘날 스노의 분석과 범주의 타당성(The Relevance of Snow's Analysis and Categories Today)

오늘날 스노의 분석이 재유행하는 것에는 인문학, 그리고 문화 전반에 대한 현시대적 위협의 성격을 심각하게 왜곡할 위험이 있다. 특히 이와 같은 주제와 관련하여 "문화"(culture)라는 단어는 매우 모호하고 논란이 될 수 있기 때문에 주의를 기울여 말하고자 한다. 그러나 여기에서 내가 논의하고자 하는 문화는 대개 국제 학업성취도 평가(PISA)에서 제공하는 순위를 가이드로 삼아 교육정책을 검토하는 국가들, 즉 체계적인 중등 수준의 공립학교와 대학 교육을 제공하는 국가들에 만연해 있는 문화이다. 이러한 상황에서 오늘날의 문제를 과학과 인문학 간의 대결로 이해하는 것은 대체적으로 실수이다. 왜냐하면 이것은 학교와 대학이 하는 일에 급격한 변화를 불러오는 다른 세력으로부터 관심을 돌리게 하기 때문이다.

스노는 과학자들과 문학 지식인들이 더 이상 서로 대화할 수 없다는 점을 우려했으며, 어떤 점에서 그의 우려는 충분히 타당했다. 그의 강의 이후 반세기 동안 이 문제는 어떤 의미에서는 악화되었지만, 그가 생각했던 갈등으로 이어진 것은 아니었다. 대신에 각각의 입장이 취했던 공통의 기반에 분열이 시작되었다. 이 분열은 전문화에 대한 압박으로 인해 대학에서 발생했으며, 그 결과 같은 부서의 동료들은 더 이상 서로 대화할 수 없게 되었다. 즉, 그들의 관심사는 너무 좁고, 그들은 같은 텍스트를 읽지 않으며, "최신 연구 결과"에 지나치게 몰두해 있다. 또한 그들은 종종 연구의 근거가 되는 지적 맥락과 역사를 충분히 인식하지(cognizant) 못한다. 그들은 복도에 있는 사람들과도 대화할 수 없기 때문에, 당연히 다른 층이나 캠퍼스 내 다른 부서의 사람들에게 할 말이 없다. 그들은 클라크 커(Clark Kerr)의 유명한 풍자처럼, 주차 문제로 같은 불만이 있을 때에만 단합한다.

그러나 커의 발언은 너무 성급한 것일지도 모른다. 현재 우리가 고려하고 있는 국가들에서 대부분의 사람들은 최근 몇 년 동안 급격히 변화하는 환경에서 일하고 있으며, 이는 책무성(accountability)과 수행성(performativity)의 문화에서 비롯되었다. 책무성과 수행성은 투명성(transparency)에 대한 관심, 경쟁 시장 및 순위표(league table) 내에서 학습의 상품화, 그리고 새로운 기술에 의해 촉진된다. 마지막 것과 관련하여, 나는 여기에서 새로운 기술이 수업과 학습에 연결될 수 있는 방식이 아닌 그것의 행정적 역할에 대해 살펴보고자 한다. 새로운 기술의 행정적 역할로 인해 데이터에 대한 요구가 생겨났다. 이것은 기획자와 관리자에게 충분히 합리적으로 보일 수 있으나, 실제로는 수업과 학습에 왜곡된 영향을 불러일으키기도 한다. 일부 과목은 이 새로운 체제에 다른 과목보다 더 쉽게 적응할 수 있는 반면, 모든 과목의 교사와 연구자는 적어도 어떤 점에서는 이러한 변화에 부정적인 반응을 보이는 것으로 나타난다. 분명히, 이것은 일화적인(anecdotal) 증거를 통해 확증된다. 따라서 이것은 주차 문제에 대한 불평을 넘어 불만의 공통분모를 확장시켰다! 주차의 어려움은 업무의 본질인 교육, 학습, 연구와 우발적인 관계에 불과하지만, 책무성 문화의 출현은 내부적 분열 또는 왜곡을 야기한다.

학교로 방향을 돌려도 이야기는 비슷하다. 성과 중심의 교육과정을 지나치게 강조하는 평가 기술의 변화는 교수 학습의 특성 *그리고* 교육과정의 내용(substance) 자체를 바꾸었다. 점점 더 만연하는 학교 간 시장 경쟁으로 인해 교사들의 관심이 가르치는 내용의 본질에서 시험 성과로 옮겨지고 있다. 예컨대, 성과 기반 교육은 수학과 같은 과목보다 예술 과목에 덜 개입하는 것처럼 보일 수 있으나, 적어도 다른 방식으로 교육이 행해질 수 있음을 아는 교사들은 성과 기반 교육의 반교육적 효과에 대해 잘 알고 있다. 그리고 이것은 오늘날 정책과 실천이 행해지는 방식에 대한 의구심을 불러일으켰다.

상대적으로 열악한 교육적 여건에서, 교실 내 혼란은 인지 행동 치료와 같은 "통제된 개입"이나 학습 과정의 세부적인 관리를 통해 해결되기도 한다. 그러나 헌신적인 교사는 이 두 가지 모두가 자신이 맡은 과목을 가르치는 것과는 무관함을 알 것이다. 두 가지 모두 최근의 행동주의 현상과 같이 보일 수 있다.

1990년대, 메리 미질리(Mary Midgely)가 관리주의(managerialism)가 학교와 대학에 초래한 심각한 결과를 인식한 것은 옳은 일이었다. 그러나 미질리가 이것을 인문학과 과학 사이의 갈등으로, 즉 스노가 진단한 문제의 재연으로 파악한 것은 현실적 문제와 그것의 원인을 규명할 수 있는 가능성으로부터 관심을 분산시켰다는 점에서 위험한 착각이었다. 나는 일종의 허무주의와 관련하여 문제의 원인을 파악하고자 한다. "교육의 가치" 또는 "부가적 가치"에 대한 수많은 논의가 있으나, 이는 아마도 정책입안자와 교육 행정가, 그리고 교사들 스스로가 교육에 내재된 '선', 즉 자유주의의 정도나 또는 직업의 종류에 관계없이 '선'에 대한 신뢰가 감소하였음을 감춰왔을 것이다. 나는 이것이 전반적인 문화적 위기의 일부라고 생각한다. 그렇다면 두 문화의 경계를 따라 명확한 구분이 있는 것은 아니지만, 이름을 붙여볼 수는 있다. 나는 스노의 분석에 사용된 특정한 용어뿐만 아니라 논쟁의 양면성이나 기관의 파벌을 가르는 경향에 대해서도 회의적이다. 두 문화에 대한 분석이 특히 설득력 있는 것처럼 보이는 몇 가지 사례를 더 살펴보겠다.

두 가지 문화 분석의 영향(The Effect of Two-Cultures Analyses)

한국의 유교와 실학(Confucianism and Sirhak in Korea)

지금까지 내가 이해한 바에 따르면, 보통 17세기 후반에서 19세기 초반의 한국의 유교 전통에서 대체적으로 두 가지 문화 분석이 적용된다. 이 경우에 실학(종종 "실천적 학습" 또는 "실용주의"로 불림)은 성리학[Neo-Confucianism, 종종 "고전 학습"(ancient learning)이라고도 함]과 대조된다. 형식주의와 의례에 대해 비판을 강조하는 실학 운동은 토지개혁과 농업과 같은 실질적인 문제와 계급 장벽의 극복을 위한 변화를 촉구하였다. 그것은 과학의 추구를 장려하고 상업과 기술의 발전을 주창하며, 한국의 근대화에 큰 역할을 하였다.

단원 김홍도(약 1745-1806)가 그린 풍속화 중 평범한 삶의 모습을 묘사한 〈벼 타작〉(Threshing Rice)[3)]이라는 제목의 그림이 있다. 이 작품은 역설적으로 두 종류의 일, 즉 선비의 일과 농사짓는 평민의 일을 병치한다.

물론 그 역설은 현장에서 실천적인 일의 미덕이 학자들에 의해 태평히

---

3) http://www.koreatimes.co.kr/www/news/include/print.asp?newsIdx=31957 참고.

무시된다는 사실에 있다. 또한 여기에는 평등, 계급, 부에 대한 분명한 시사점이 있으나, 스노가 파악한 분열의 핵심에 해당하는 것은 아니다. 그러나 두 경우 모두, 상호 여부를 떠나 상대방에 대한 무지가 진보와 좋은 사회를 가로막는 장벽임을 보여주는 우려를 나타낸다.

물론 회화의 형식은 특히 이분법적 대조를 재현하는 것에 적합하고, 어떤 점에서는 재현 자체에 대한 동양과 서양 문화의 공통적 지향성을 강화한다. 재현은 동양 문화보다 르네상스 이후 수 세기에 걸쳐 지배적인 서양 문화에서 더 확연히 드러난다. 오늘날 세계화의 맥락에서 이것은 더욱 문제가 된다. 이와 관련하여 르네상스 후기 유럽에서 이분법적 대비를 재현한 예술 작품을 살펴볼 것이다. 이것은 또한 삶의 방식의 대조를 반영한다.

세속적인 것과 신성한 것(Things Earthly and Things Divine)

1533년 한스 홀바인(Hans Holbein)의 그림, 〈대사들〉(The Ambassadors)은 헨리 8세(Henry VIII)의 왕실에서 장 드 댕트빌(Jean de Dinteville)과 조르주 드 셀브(Georges de Selves)를 그린 초상화이다.[4)]

이것은 복잡한 그림으로, 해석의 여지가 다분한 것으로 알려져 있다. 나는 그 그림이 주는 즉각적인 인상을 출발점으로 삼고자 한다. 이것은 두 개의 대조되는 문화를 재현한다. 즉, 왼쪽에는 실천적 일을 하는 사람이 있고, 오른쪽에는 종교적 인물이 있다. 일종의 정물화와 같이, 매우

4) https://www.google.co.uk/search?newwindow=1&biw=1252&bih=542&site=imghp&tbm=isch&sa=1&q=holbeintheambassadors&oq=holbeintheambassadors&gs_l=img.3..0l2j0i5l2j0i24l4.97202.97202.0.97646.1.1.0.0.0.0.105.105.0j1.1.0....0...1c.1.31.img..0.1.105.q0jy3q6YYRU 참고.

정교히 보이는 두 사람 사이의 사물들은 르네상스의 7대 교양과목인 문법, 수사학, 논리학, 산수, 기하학, 음악 그리고 천문학을 재현한다. 여기서 그 사물들은 당시 문화에 일종의 체계를 제공한다. 그러나 여기에는 보다 정확한 정치 · 종교적 특징이 있다. 인물들이 교회와 국가를 재현할 수 있다는 점에서, 즉 그들은 결국 대사들이라는 점에서 헨리 8세와 가톨릭교회 사이의 갈등을 암시한다. 이 정도로 두 문화에 대한 해석을 충분히 뒷받침할 수 있을 것이다. 그러나 문제가 되는 두 사람은 오랜 친구 사이였고, 여기서 두 사람의 관계는 다르게 보일 수도 있다. 그들이 재현하는 것 사이의 긴장은 오히려 "르네상스 인간"에 걸맞은 균형으로, 즉 당시의 새로운 인문주의에서 숭배되던 폭넓은 학습과 이해의 통합을 적절히 유지하는 것으로 이해될 수 있다. 그림을 보는 사람을 향한 시선의 직접성(directness)은 그 장면 전체가 묘사하는 온전함(integrity)의 가능성을 받아들이도록 권유하는 듯 보인다. 따라서 그들이 대사라는 것은, 인간이 자신의 본성에 따라 살기 위해 반드시 해야 하는 일로서, 그들이 세속적인 것과 신성한 것 사이를 중재하거나 연결한다는 것을 의미할 수 있다.

그러나 그림에는 어두운 측면도 있다. 현악기인 류트(lute)의 줄이 끊어져 있는 것은 아마도 그 당시 유럽을 특징짓는, 즉 커져가는 종교적 갈등을 상징한다. 또한 더욱 복합적인 차원에서 볼 때, 그림의 하단에 일그러진 상(相)의(anamorphic) 이미지가 있다. 이 그림을 특별한 위치에서, 즉 그림의 평면에 가깝게 오른쪽에 서서 비스듬히 내려볼 때만 이것이 무엇을 재현하는지를 볼 수 있다. 그때 보이는 것은 해골뿐이다. 따라서 이 일그러진 이미지는 죽음의 불가피함이 항상 존재하지만, 이는 우리의 일상적인 인식에서 벗어난다는 것을 암시한다. 요컨대, 이 그림은 표면적으로 두 가지 문화에 대한 해석을 제시한다. 그러나 더 세부적인 분석에 따라 이러한 *죽음의 상징*(*memento mori*)에 의해 그 찬란함이 어두워졌다고 할지라도, 이는 인간 관념에 대한 특정한 정형을 이해하는 것으로 이어진다.

여기서 내가 그림을 통해 보여주고자 하는 것은 그것이 두 문화의 주제를 다루는 방식, 그리고 인간에 대한 특정 개념, 즉 우리 자신과 '인문학'을 이해하는 데 중요한 개념을 재현하고 기념하는 방식이다. 이것은 특히 수 세기 동안 유럽 국가들의 식민지 착취의 결과이자, 특히 유럽 주요 사상이 보편화되는 경향으로 인해 더욱 그러하다. 여기서 문제 되는 인간에 대한 개념은 부분적으로 해당 시대를 특징짓는 일련의 기술적 장치인(항목으로 나열되거나 표로 작성될 수 있음) 도상적(iconographic) 요소들의 재현을 통해 이루어졌음에 유의하는 것이 중요하다.

기술, 그리고 인간에 대한 이념(Technology and the Idea of the Human)

그러나 이것은 세계와 기술이 변화하고 있다는 생각으로 귀결되어야 한다. 이러한 변화 속에서 인간은 그대로일 수 있을까? 인간 존재를 구성하는 본질적인 무언가가 있다는 것은 유럽 사상의 보편적 전제 중 일부이며, 과학적 지식(생물학)은 그러한 견해를 뒷받침한다. 더 나아가 인간은 생물학적 정의, 그 이상의 존재이다. 인간 조건에 관한 보편적인 진리에 대한 관점을 가지고 이를 정확하게 재현하는 것이 탐구의 역할이라는 전제는 인문학에도 존재한다. 예컨대 보편적 역사의 개념이나, 문명은 동양에서 시작되어 서구(즉, 유럽)에서 그 정점에 달한다는 헤겔의 악명 높은 민족 중심적 주장에서 나타난다. 그러나 분명한 것은 세계는 끊임없이 변화하고 세계의 다양한 문화 속에서 인간의 조건을 교묘하게 재구성하는 기술이 지속적으로 생산된다는 것이다. 그럼에도 불구하고, 기술의 다양성은 어떤 점에서는 감소하고 있다고 할 수 있다. 요컨대, 기술은 인간 존재가 이해되는 방식을 변화시킨다. 현시대에 우리가 주의를 기울여야 할 현저한 특징은 무엇인가? 학교 교육과 대학 교육에서 학문으로서 인문학이 인간의 조건을 이해하는 것에 전념하는 만큼, 그러한 문제에 관심을 기울이는 것은 필수적이다.

나는 이것이 의미하는 바에 대해 구체적으로 설명하고자 한다. 오늘날 우리가 살고 있는 세계가 새로운 기술로 인해 변화된 것은 분명하다. 아마도 이것의 핵심은 우리의 상호작용이 기술에 의해 매개되거나 심지어 구성되는 정도와 연관된다. 예컨대 매개되는(mediated) 것의 의미는 거리(distance)에 대한 우리의 관계가 변화하고, 가상 세계에서 기록의 보관(archives)이 전례 없는 중요성을 갖는다는 점에서 그 관계가 구성됨을 의미한다. 나는 최근에 베를린 교외의 거리에서 14살 학생들이 학교에서 진행 중인 광고 기술에 관한 연구의 일부로 몇 가지 질문에 답해 줄 것을 요청받았다. 그들은 나에게 일련의 이미지를 보여주며, 같은 모델이나 배우에게 다른 조명이나 의상이 미치는 영향, 재현된 특징과 관련된 나의 추측, 그리고 텍스트나 배치에 대한 효과 등에 관해 정교하고 흥미로운 질문을 했다. 이것이 새로운 교육적 기술은 아닐 수도 있지만, 그 자체로는 더욱 발전되어야 할 모범적 사례이다. 물론 여기서 논점은 광고 기술의 본질에 대한 인식을 개선하는 것 이상의 문제이다. 정말로 중요한 것은 사람들이 우리의 환경과 경험이 구성되는 방식, 우리의 관점이 조건 지어지는 방식, 재현이 이루어지는 방식, 그리고 이 모든 것

안에서 기호(signs)의 중요성과 영향력을 이해하도록 배우는 것이다. 여기서는 경험의 변화가 인간 존재 자체의 변형(modification)이나 심지어 "포스트 휴먼"으로 불리는 것으로의 변화가 어느 범위까지 또는 어떤 방식으로 관여하는지 숙고할 공간이 충분하지 않다. 후자의 자극적인 용어는, 홀바인의 그림에서 볼 수 있듯이 인간 유형을 이상화하는 것에 의존하여 그 결과 가장 중요한 우리 주변의 변화를 보지 못하게 되는 것의 위험을 강조한다.

이 그림을 업데이트하고, 당시의 도상을 제거하고, 그것의 "정물화"를 현대 세계의 대부분을 구성하는 블랙박스 기술과 전자 인터페이스(electronic interfaces)로 대체하여 이 그림을 재구성하는 것은 좋은 연습이 될 것이다. 그렇다면 이러한 인간 존재들은 지금과 같은 자신감으로 우리를 볼 수 있을 것인가? 그러나 나는 아래에서 원근법과 재현의 본질을 포함하는 기술에 대해 문제를 제기하는, 비교적 최근의 예술 작품에 주목할 것을 제안한다. 앞으로 살펴볼 작품들은 우리의 세계와 우리 존재 자체가 변화되는 방식에 대해 성찰할 것을 촉구한다. 이는 인문학, 그리고 학교에서 인문학이라는 이름으로 연구되는 학문에서도 중요한 문제이지만, 과학과 인문학의 대립이 야기하는 두 가지 문화적 사고, 그 이상을 함의한다. 이를 위해 "전자 초고속도로"(electronic superhighway)라는 말을 만든 "비디오 아트의 아버지"인 한국의 예술가, 백남준(1932-2006)의 작품 몇 가지를 살펴볼 것이다.

매체는 매체이다(The Medium Is the Medium)

백남준의 초기 작품 중 일부에서는 그의 몸이 여러 대의 텔레비전 세트에 연결된 전선들로 얽혀 있는 것을 볼 수 있다. 텔레비전 스크린과 유사한 전자 기기에 재현된 이미지뿐만 아니라 그러한 사물 자체가 우리의 일과 사회적 세계를 점유하는 방식은 그의 작품의 지속된 주제이다. 두 가지 사례를 살펴보자.

정부 청사 건너편, 신시내티(Cincinnati) 현대 미술관 밖에 있는 "메트로봇"(Metrobot)은 높이가 약 9미터인 조각품으로 텔레비전 세트, 확성기 및 관련 장치 등으로 구성되어 있다.[5] 로봇의 다리에는 실제로 공중전화가 있었고, 그것은 도시에서 가장 많이 사용되는 전화기가 되었다. 1980년대 초 처음 세워진 이 조각품은, 2009년에 미술관이 있던 도로의 임대 계약이 만료될 때까지 20년 넘게 그 자리에 있었다. 그 후 그것은 해체되어 창고로 옮겨졌다. 그러나 이 글을 쓰는 시점에 그것은 다시 전시를 위한 준비 중에 있으며, 그것의 전자 부품을 점검하고 지속적으로 업데이트하는 과정을 거치고 있다. 이는 작가의 승인하에서 일부 예측할 수 없는 방식으로 진행된다. 또 다른 작품에서는 검은 석불이 흰색 진열대 위에서 명상을 하고 있다.[6] 부처의 시선 바로 앞에는 작고 둥근 하얀 상자로 된 텔레비전 세트가 있다. 텔레비전의 스크린은 비정상적으로 볼록하게 보이는 과장된 모양으로 인해 기괴하고 비인간적인 눈을 연상시킨다. 텔레비전의 바로 뒤, 같은 시야에 놓인 스테인리스 스탠드가 두 개의 전선으로 비디오카메라를 지탱하고 있다. 이것은 부처에게 초점이 맞추어져 있다. 텔레비전 화면에는 카메라에 포착된 이미지, 즉 고요히 명상에 잠긴 석불의 이미지가 보인다.

5) http://news.cincinnati.com/article/20131024/ENT07/310240033/Nam-June-Paik-s-Metrobot-coming-out-of-storage?nclick_check=1 참고.
6) http://www.paikstudios.com/gallery/1.html 참고.

백남준의 인체형(humanoid) 로봇은 오늘날 너무 쉽게 해석되고 진부해 보일 수 있다. 가짜 마호가니 상자와 1970년대 스타일의 "원자재"(raw material)를 예술에서 재전유하는 것 그 자체가 진부함을 더하듯, 그의 작품은 시대에 분명히 뒤떨어진 것처럼 보인다. 백남준은 일찍이 "매체는 매체이다"라는 슬로건을 사용했다. 어떤 점에서 그는 자신의 연출과 인공물을 전면에 내세움으로써 현대 예술의 연장선상에 있다. 그 슬로건이 무신경하고 터무니없어 보일 수 있지만, 기술적 장치가 본래 계획되지 않았던 다른 기능으로 전환함에 대한 그의 우려를 적절히 반영한다. 마찬가지로 반성적 실천에 대한 역설적인 관점이 담긴 불상 구조의 재현이 주는 혼란은 지나치게 직설적으로 메시지를 전달하고자 하는 의도뿐만 아니라 교육적 목적이 너무 분명해 보일 수 있다. 그러나 이것이 이 작품들을 무의미하게(exhaust) 하는 것은 아니다. 요점이 분명히 드러난 뒤에도 이러한 오브제(objects)는 계속해서 유지된다. 이것은 텔레비전 세트 뒤 먼지로 덮인 전선들이 위협적으로 얽혀 있는 것처럼 표면적으로 드러난 목적의 클리셰를 넘어 그 의미를 확장한다.

따라서 백남준의 업적 중 일부는 재현의 형식이 우리의 삶에서 새로운 지배력을 갖게 된 시점에서 그것을 전복시켰다는 데에 있다. 이 점에서 그는 미래를 내다보았다. 크고 작은 조명의 디스플레이는 이제 완전히 예상하지 못한 방식으로 우리의 경험과 결합되어 있고, 무선 블랙박스 장치가 지원하는 터치스크린과 디스플레이 호환의 원활함(seamlessness)은 우리의 경험이 기술적으로 변형됨을 파악하는 것을 더욱 어렵게 한다. 여기에 소셜 미디어를 특징짓는 특정한 재현의 구조를 덧붙인다면 그 요점은 더욱 분명해진다.

앞서 언급했던 백남준의 비디오 아트에서 교육적 목적이 너무 분명해 보인다는 우려를 학교에서 그의 작품을 활용하는 것에 대한 경고로 받아들여서는 안 된다. 실제로 어떤 점에서는 이러한 작품의 비교적 분명한 메시지가 기술에 대한 인식을 높이는 데 적절한 수단이 될 수 있다. 또한 어떤 경우에도 그러한 작품에 대한 지식(acquaintance)은 명확하게 드러난 것 이상으로 위에서 제시했던 혼란을 주면서도 쉽게 잊을 수 없는(haunting) 효과를 불러올 수 있다. 여하간 여기에서 요점은 분명하다. 인간의 경험과 정체성이 우리의 삶을 구성하는 기술에 의해 형성되는 방식, 특히 이러한 장치가 완벽한 것처럼 보이는 경우에도 이러한 기술이 그것의 본질적인 작용을 감추는 방식에 민감해져야 할 필요가 있다는 것이다.

그러나 이러한 교육적 이점이 이와 같은 특정 예술 작품에 대한 고찰만으로는 성취되지 않는다는 점 또한 중요하다. 이는 예술 작품이 우리에게 해체적으로(deconstructively) 되돌아오는 방식으로 적절한 주의를 기울여 읽는 능력을 요구하는 것이다. 즉, 표면적으로 종속적인 측면이 전면(the fore)에 등장하여 작품 자체의 구성 및 작품이 지속적으로 생산해 내는 무언가를 드러내고, 예술 작품을 재현하는 기술 속에서 인식되지 못한 측면을 노출한다. 이제 홀바인의 대표작으로 돌아가 다른 접근 방식을 통해 〈대사들〉이 다른 시대에서 우리에게 말을 건네는 것을 살펴보도록 할 것이다.

원근법의 재현(Representation in Perspective)

논의의 출발점은 그 그림이 우리에게 삶의 방식과 일련의 가치관 사이, 즉 일하는 사람과 성직자 사이의 대조를 보여주었다는 것임을 상기해 볼 수 있다. 그러나 그것은 이 사람들에 대한 두 가지 중요한 사실을 모호하게 한다. 그 그림이 그려질 당시 장 드 댕트빌과 조르주 드 셀브는 20대 후반이었고, 서로 대립하는 관계이기보다는 어릴 적부터 친구로 지내던 사이였다. 이것은 우리가 처음에 생각했던 대조를 약화시키는 첫 번째 요인이다. 두 번째는 가톨릭교회가 헨리 8세와의 균열을 막기 위해 사실상 두 사람을 함께 보냈다는 것이다. 그들은 해외에 외교 공관을 운영하며 국제 외교가 정착되기 시작했을 당시 외교 사절단으로 파견되었다. 그들의 임무를 특징짓는 신중함과 간접성의 형식에 대해 생각해 볼 때 그림의 위력이 어디에 있는지에 대해 우리가 처음 가정했던 일부를 되짚어 볼 수 있다. 우리는 그것을 다소 대조적인 일련의 가치들을 병치하거나 다른 질서의 역학 관계에 놓인 것으로 가정하였다.

위에서 우리는 두 주인공 사이에 묘사된 기술의 도구를 당시의 예술과 과학을 상징하는 일종의 표(tabulation)와 같이 해석하였고, 이는 일련의 사고방식과 이해의 표현을 종합적으로 연구하고 활용하는 데에 능숙했던 르네상스인의 자질을 암시하는 것으로 파악하였다. 우리는 류트의 단선된 현을 종교적 갈등의 신호로 간주하였으나, 이를 더 자세히 살펴보았다면 다양한 요소들이 로마 또는 종교 개혁을 향한 제스처였음을 발견하여 위와 유사한 일종의 균형을 파악할 수 있었을 것이다. 예컨대, 로마가 세계의 중심으로 보이도록 지구본이 돌아가 있고, 악보가 보여주는 것은 사실 마르틴 루터(Martin Luther)의 찬송가이다. 또한 우리는 단선된 현을 인간의 불완전함을 인식하고 신성한 것을 인정하는 겸손함의 표시로 읽었을 수도 있다. 헨리 8세의 왕실 화가인 홀바인의 그림은 그 자체로 외교관의 섬세한 능력(deftness)을 담은 제스처이다. 그러나 이 그림의 복잡성은 일그러진 해골이 전경에 드러나는 동시에 모호한 채로 나타남으로써 완전히 다른 차원에 도달한다. 이것이 강력한 *죽음의 상징*(*memento mori*)인 것은 분명히 사실이다. 그러나 이것을 볼 수 있는 특별한 위치에서 시선을 해골에서 댕트빌의 살아있는 머리를 향해 위로 돌려, 그 너머의 벽에 고정된 작은 검정색 십자가를 정면으로 볼 수 있을 때, 죽음의 상징은 더욱 강조된다. 이것은 그림에서 가장 강력한 종교적 메시지이다. 다만 그것이 해골의 요점을 남김없이 전부 이야기하는 것은 아니다.

원근법을 발견한 것, 특히 원근법으로 그림을 그리는 기술을 개발한 것은 르네상스 미술의 위대한 업적이었다. 아울러 원근법의 성취는 르네상스인에 걸맞은 종합적이고 균형 있는 리얼리즘을 보여주는 강력한 상징이다. 이에 따른 자신감은 새로운 인문주의에 기여했으며, 나아가 새로운 인문주의의 토대를 마련했다. 홀바인은 이러한 예술의 거장이다. 그러나 여기서 일그러진 이미지를 삽입하는 독특한 제스처를 통해 그림이 가정하는 획일화된 원근법을 전복시킨다. 이러한 이미지의 창조, 그 자체는 원근법에 있어 궁극의 경지에 이른 사람에 의해 성취될 수 있다. 이는 원근법의 가치를 긍정하는 동시에 그것의 불완전성, 즉 진정한 종합적인 견해의 불가능성과 신의 전지전능함에 대한 인간의 불가능성을 보여주는 것이다. 이것이 이 두 사람에 대한 묘사의 장엄함을 손상하거나 그들의 외교적 임무가 갖는 진지함을 저해하지는 않지만, 두 가지 문화 설명에 따른 처음의 범주적 이해가 부여하는 것과 상반되는 방향으로 작용하는 해체(deconstruction)의 시작이 된다. 그러한 해석으로 우리를 유도하고 다시 멀어지게 함으로써, 동일한 위치에서 처음의 이미지와 해골을 볼 수 없다는 점에서 그것은 작품을 보는 사람을 문자 그대로 전위시킨다(displace). 여기서 그것은 작품을 보는 사람에게 일종의 겸손함을 불러일으킨다. 이는 작품을 읽어내야 하는 책임감을 요구하며, 이것은 단순히 충족될 수 있는 책임감이 아니다.

우리가 거의 오백 년 정도 떨어진 예술 작품들을 살펴본 것은 기술의 형태에 비추어 인간을 이해해야 할 필요성이 지속되고 있다는 점에서 중요하다. 〈대사들〉에서 두 남자를 분리하는 선반 위의 요소들, 예컨대 물품 및 도구들은 사실 체계적으로 정리되어 있지 않으므로 이것이 표와 같을지도 모른다는 처음의 가정은 더욱 타당하지 않은 것처럼 보인다. 그들을 종교인과 비종교인, 또는 과학의 도구와 예술의 도구로 뚜렷하게 구분하고자 하는 가정 역시 완전히 잘못된 생각이라고 부언할 수 있다. 두 사람을 주목해야 하는 요지는 그들이 모든 형태의 매개라는 것이다. 요컨대, 그들은 사고와 이해뿐만 아니라 새로운 경험의 가능성으로 이어지는 길을 열어준다는 점에서 중요하다. 어른으로서 그리고 아동으로서 우리의 관심을 필요로 하는 것은 그러한 매개, 즉 기술이라는 또 다른 이름인 매개의 발전이다. 이것은 인문학 교육에 필수적인 기여이다.

제13장

회의주의, 인정, 그리고 학습의 소유[1)]

(Skepticism, Acknowledgement, and the Ownership of Learning)

I

학습의 소유에 관한 문제가 수년 동안 두드러지게 제기되어 왔다. 이 문제는 때로는 교육과정 규제와, 때로는 선택의 문제와, 때로는 학습 및 탐구의 심리학적 차원과 관련된다. 그것은 다양한 맥락에서 나타나며, 서로 다른 형태를 취한다. 다음의 예들을 생각해 보라.

a) 성인교육의 다양한 측면에서 학습 내용에 관한 통제의 소유에 관한 관심이 전면에 나타난다. 특히 이것은 파울루 프레이리(Paulo Freire)의 해방교육(emancipatory pedagogy)이나 혹은 맬컴 놀스(Malcolm Knowles)의 안드라고지(andragogy)의 개념에서 영감을 받은 경우 더욱 그러하다.
b) 학습자-중심성(learner-centeredness)의 유형들은 어떤 측면에서는 선구자라고 할 수 있는 진보주의의 다양한 아동-중심성

1) 출처: Standish, P. (2012). Skepticism, acknowledgement, and the ownership of learning. In Saito, N. & Standish, P. (Eds.), *Stanley Cavell and the Education of Grownups,* (pp. 73-87). New York: Fordham University Press.

(child-centeredness) 형태에 대응한다.

c) 최근 몇십 년 동안 학습자－중심성은 커뮤니티 칼리지 규정뿐만 아니라 고등교육에서도 일반적으로 발견되고 있다. 여기서 학생은 소비자로서 이해되고, 개인의 필요 혹은 선호에 부합하는 교육적 결과물을 선택하는 것이 강조된다.

d) 어떤 형태의 구성주의는 학습자가 스스로 구성하는 것으로서의 지식 개념을 장려한다.

e) 학습을 역량과 관련하여 재정의하고, 이러한 역량을 개인의 포트폴리오에 합산할 수 있다는 생각은 학습의 대상에 관한 아이디어를 학생들이 소유하게 되는 것으로 간주하도록 만든다.

f) "지식 경제"(knowledge economy)의 다각적이고 다소 과장된 아이디어는 지식의 상품화와 맞물려 있다.

g) 학습 이론은 "개인의 학습 스타일"(personal learning styles)을 주제로 하여 학생의 자기－의식적 반성을 촉진한다.

h) 정책 및 실천의 토대로서 연구 증거의 소유는 주로 교육 연구 방법의 경험주의적(empiricist) 언어로 특징지어지며, 실천으로부터 이론 혹은 연구의 분리에 관한 가정들을 강화한다. 그리고 이 연구 증거는 "데이터"의 측면에서 구체화된다(Standish, 2001 참고).

이러한 문제들은 명백하게 정치적 측면이 있고, 때로는 해로운 영향을 미치면서 과거에 교육과정을 형성한 권력의 이해관계에 중요한 도전이 되기도 한다. 또한 오로지 전달(transmission)의 특징만을 보이는 교육과정의 공허함에 대한 저항도 있다. 그러한 인식은 사회 통합 및 참여 확대의 장애 극복에 매우 중요하다. 뿐만 아니라 그것은 시장 지배적이고 소비자 지향적인 현 세계, 차별적인 소비자의 세계 및 그러한 조건과 겨루는 학습 제도의 필요성에 대한 실용주의적 인식일 수도 있다.

이러한 발전으로 인해 발생한 문제의 심각성을 의심하지는 않지만, 나는 여기서 가끔 발견되는 "소유"(ownership)라는 껄끄러운 아이디어를 쟁점으로 삼고자 한다. 앞서 언급한 실천들은 세 가지 유형의 퇴행 혹은 병적인 형태를 가져오는 것 같다. 첫째, 학습자-중심성의 다양한 형태에는 *감상화(sentimentalization)*의 위험이 있다. 둘째, 학습 상품화로의 환원에는 일종의 내용의 *중립화(neutralization)* 경향이 있다. 셋째, 학습 스타일의 이론화와 연구 방법의 자기-의식에는 일종의 *신비화(mystification)* 경향이 있다. 앞서 열거한 사례가 다양함에도 불구하고, 그것들은 서로 연결되어 있다고 추정된다. 나는 교육에서 소유의식이 필연적으로 항상 나쁘다고 말하고자 하는 것이 아니라, 그것과는 다른 어떤 무언가를 보여주고자 한다. 교육에서 소유의식은 여러 가지 가능성을 열어주기도 하지만, 그것은 지식의 성격과 학습자의 성격에 대한 함의와 같은 것들을 배제하기도 한다. 나는 소유성(possessiveness)의 학습을 소유하지 않는 것에 관심이 있다. 나는 이 글에서 스탠리 카벨(Stanley Cavell)의 작품에서 찾아볼 수 있는 지식과의 의절(disowning knowledge)이라는 개념을 통해 이것을 시도해 보고자 한다. 여기서 추구하는 것은 지식에 대한 비소비적 관계의 가능성이다.

II

카벨의 작품에서 지속적인 주제는 회의주의의 성격이다. 회의주의는 의심하는 경향성 혹은 사물을 의심하도록 하는 것이며, 이는 철학의 가장 잘 알려진 부분이자 개인적, 전문적 삶의 측면으로까지 확대된다. 나는 내가 꿈꾸고 있지 않은 것을 어떻게 아는가? 나는 내가 존재한다는 것을 어떻게 아는가? 나는 당신이 진실을 말하고 있다는 것을 어떻게 아는가? 나는 학습이 이루어지고 있다는 것을 어떻게 아는가? 회의주의에 대한 카벨의 반응은 오스틴(J. L. Austin)과 후기 비트겐슈타인(Ludwig Wittgenstein)의 일상 언어 철학 읽기에 그 토대를 두고 있다. 이러한 철학에서 다루어지는 회의주의 문제의 성격은 다음의 축을 따라 이해될 수 있다.

확실성(certainty) <<<<<<<<<<<>>>>>>>>>> 의심(doubt)

인식론의 전형적인 관심사는 지식 주장의 토대 구축 혹은 확실성 보장이고, 여기서 지식은 이 축과 관련하여 이해된다. 인식론은 추정적 지식 주장을 의심에 노출시켜 표면적으로는 그것을 확실성의 극단으로 이동시킨다. 그러나 비트겐슈타인이 보여준 바와 같이, 예를 들면 『확실성에 관하여』(*On Certainty*)에서 반복적으로 나타나는 바와 같이, 이와 같은 방식의 사고에는 병폐가 있다. 따라서 "세계가 존재한다는 것을 내가 어떻게 아는가?(다른 마음이 있다는 것을 내가 어떻게 아는가? 내가 존재한다는 것을 어떻게 아는가? 등등)"라는 질문에 대한 응답에서 카벨의 전략은 증거를 제공하는 것이 아니라, 의심되는 사물의 존재에 가정된 방식을 보여주는 것이다. 혹은 그 질문이 제기되는 배경과 관련되거나 또는 필연적으로 그러한 배경을 구성하는 방식을 보여주는 것이다. 카벨은 이것을 충분히 성공적으로 보여주며, 다음 이어지는 논의는 우리를 인식론의 측면을 넘어서는 곳으로 데려갈 것이다.

여기서 그 전략의 설득력은 회의주의를 *반박하는 데 있어* 충분하고, 또한 회의주의를 반박하는 것이 비트겐슈타인의 후기 업적의 요지였다고 종종 가정된다. 그러나 카벨은 이것을 잘못된 관점으로 간주한다. 카벨은 이러한 가정이 비트겐슈타인의 목적을 잘못 이해한 것이고, 그의 업적을 심각하게 평가 절하한 것이라고 믿는다. 만약 관심사가 (회의주의에 대한) 반박에 있다면, 비트겐슈타인의 작품에서 이 주제가 집착적일 만큼 자주 반복되는 것을 제대로 설명하지 못한다. 또한 그의 글을 끊임없이 방해하는 대화자의 인격화(personification)를 거의 설명하지 못한다. 만약 그 문제가 해결되었다면, 비트겐슈타인이 그 문제를 내버려 둘 이유가 무엇인가? 질문은 고요해지고 추론은 평화를 찾은 것처럼 보이지만, 그것은 다만 그 모든 것이 다시 시작할 때까지 잠깐뿐이다. 회의주의를 반박된 것으로 보는 것은 회의주의의 추진력을 잃는 것이라고 카벨은 주장한다. 그것은 회의주의로의 *실존적(existential)* 동기를 잃는 것이고, 의심을 향한 우리의 충동을 잃는 것이다. 그래서 그것은 회의주의 *내*에서의 이러한 진실을 놓치는 것이다. 그것은 회의주의가 인간의 조건 깊숙이 있는 무엇인가를 말하거나 표현하는 방식을 의미한다. 이것은 카벨이 "준거에 대한 우리의 실망"(our disappointment with criteria)이라고 부른 것과 관련하여 이해될 수 있다. 이것은 우리의 지식을 확실하게 하기 위해 무엇인가를 끄집어내려는 집요한 욕구이자, 우리의 실천이 토대를 두고 있는 요구에 대한 비트겐슈타인의 응답, 즉 "이것이 우리가 하는 것이다"(This is what we do)라는 응답에 실망감을 표현한 것이다.

그러나 회의주의의 질문을 재구성하는 지점에서 멈춰 보자. 회의주의의 질문은 카벨이 자신의 많은 작품에서 다양한 방식으로 추구했던 것이다. 만약 당신이 할 수 있다면, 다음을 상상해 보라. 나는 의심에 사로잡혀서 당신에게 다음과 같이 묻는다. "당신이 나를 사랑하는 것을 내가 어떻게 알 수 있나요?" 당신의 안심시키는 말에도 불구하고 내가 만족하지 못할 때, 당신은 우리의 행복했던 시간들, 촛불을 켠 저녁식사, 당신이 항상 나를 부르는 방식, 당신이 보내준 꽃 등을 언급할 것이다...... 그러나 내가 어떻게 진정으로 알 수 있는가? 당신의 사랑에는 설명하기 힘든 어떤 것, 내가 잡을 수 없는 어떤 것, 그리고 내가 결코 이것으로 만족할 수 없는 어떤 것이 있는 것처럼 보인다.

여기서 우리는 무엇인가 잘못되어 가고 있다고 볼 수도 있지만, 먼저 지식의 성격과 회의주의의 핵심으로 되돌아가 보자. 지식을 *주장하는 것(claiming)*이 핵심이 아닌 것처럼 보이는 지식 표현은 어떻게 해야 할까? 예컨대 다음의 사건들을 생각해 보라. 나는 내가 약속에 늦은 것이 사실이며, 당신도 이것을 분명히 알고 있을 것임을 충분히 인식한 상태에서 "미안합니다. 제가 늦은 것을 알고 있습니다"라고 말한다. 또는 나는 공항에 때맞춰 도착하는 것에 관해 지나치게 예민해서 가족들에게 엄청 화를 내며 세 시간 전에 데려다주도록 요구할 때에도 다시 다음과 같이 말한다. "나도 내가 성가시게 군 것을 알고 있어." 다소 덜 부정적인 사례를 들자면, 기조 발표 기회가 주어진 것에 대해 자부심을 느끼면서 당신은 다음과 같이 말을 시작한다. "초대해 주신 것에 대해 감사를 표합니다. 저는 이것이 매우 중요한 자리라는 것을 알고 있습니다." 이러한 사례들은 관련되는 사람들이 이미 해당 지식의 당사자임이 분명하므로 그 발언의 요점은 주장에 있는 것이 아니라, 바로 *인정(acknowledgement)*에 있다.

인정의 표현(expression of acknowledgement)이 지식의 주장(a claim

of knowledge)과는 다름을 이해하는 것이 중요하다. 인정의 표현은 의심의 질문과는 관련되지 않는다는 점에서 그러하다. 다시 말해 인정은 앞서 제시한 확실성으로부터 의심으로 이어지는 축에서 위치가 정해질 수 없다. 지식의 실패가 의심과 연관된다면, 인정의 실패는 무엇과 연관될 수 있을까? 내가 늦은 것, 내가 성가시게 한 것 등을 인정하기를 거부하는 것을 무엇이라고 할 수 있을까? 다음의 축을 생각해 보라.

인정(acknowledgement) <<<<<<<<<>>>>>>>> 부정(denial)

나는 길에서 당신을 지나치면서 어떤 이유에서든 당신을 보고 싶지 않아서 의도적으로 당신에게 인사하는 것을 피한다. 이것이 일종의 부정(denial)에 해당한다. 마음속 깊은 곳에서 나는 내가 겁쟁이임을 알지만, 나는 이것을 여러 형태의 허세를 통해 덮는다. 이것은 또 다른 부정이다. 또는 내가 암에 걸렸다는 것을 알고서 나는 나의 조건을 마주하기를 거부한다. 마지막으로, 세계가 존재하는 증거를 찾고자 내가 의심할 수 없는 것에 대한 나의 생각을 최소한으로 축소시킨다. 나는 확실성으로부터 의심에 이르는 축을 엄격하게 관찰하면서 나의 엄격한 요구를 만들어 가지만, 당신이 지적한 것처럼, 나의 질문은 언어를 전제하고, 언어는 다른 존재들과의 사회적 실천을 전제한다. 나는 내 생각을 최대한 축소시켜보지만, 세계는 다시 몰래 나타난다. 그렇다면 이것은 인식론자들의 부정이다. 여기서 우리가 상호보완적인 강압 및 억압과 함께, 확실성 보장 혹은 토대 구축을 열망하면서 사실, 사람, 우리 자신의 여러 측면, 세계 그 자체를 부정하는 것은 회의주의의 실존적 진실을 증폭시키는 것이다.

"나는 세계가 존재한다는 것을 어떻게 아는가?"라는 질문으로부터 "나는 당신이 나를 사랑한다는 것을 어떻게 아는가?"로 옮겨가는 순간을 다시 떠올려 보면서, 카벨의 좀 더 폭넓은 범위의 저작들을 살펴보자. 이 저작들에서 카벨은 회의주의와 부정의 주제를 인식론을 통해서뿐만 아니라, 할리우드 "멜로드라마"(weepies), 베케트(Beckett)[2], 입센(Ibsen)[3], 콜리지(Coleridge)[4], 셰익스피어(Shakespeare) 등과 같은 영화와 문학을 통해 추적한다. 셰익스피어 비극의 공감적 특징을 나타내는 다음의 언급을 살펴보라.

> 아는 것을 극복하는 것은 리어왕이 오셀로, 맥베스, 그리고 햄릿과 함께 공유하는 과제이다. 이들은 지식에 의해 미친 자들로 지식을 검증할 수도 거부할 수도 없다. 또한 그들이 문제 삼을 수 없는 권위를 가진 지식에 의해 사로잡힌 자들이며, 공유할 수 없는 지식에 의해 저주받는 자들이다. 리어는 평범한 이유로 제정신을 잃는다. 이것은 그가 아는 것을 모르게 하는 방식이거나 혹은 그가 아는 것만을 아는 방식이다(Cavell, 1987, p. 95-96).

---

2) [역자 설명] 사뮈엘 베케트(Samuel Beckett, 1906-1989)는 아일랜드의 소설가이자 극작가이다. 프랑스어로 되어 있는 3부작 소설《몰로이》,《말론 죽다》,《이름 붙일 수 없는 자》로 주목받고,《고도를 기다리며》로 프랑스 문단과 극계에서 크게 호평을 받았다.
3) [역자 설명] 헨리크 요한 입센(Henrik Johan Ibsen, 1828-1906)은 노르웨이의 극작가이자 시인이다. 노르웨이를 대표하는 역사상 가장 중요한 극작가 중 한 명으로, 근대 시민극 및 현대의 현실주의극을 세우는 데 공헌하였다.《인형의 집》,《유령》,《민중의 적》 등의 작품을 남겼다.
4) [역자 설명] 새뮤얼 테일러 콜리지(Samuel Taylor Coleridge, 1772-1834)는 영국의 시인이자 비평가이다. 영국 시 사상의 획기적인 작품으로 평가받는《서정가요집》을 저술하였다.

리어는 그의 딸들에게 "너희들이 나를 사랑하는 것을 내가 어떻게 아는가?"라는 질문을 던지면서 중요한 심판을 시작한다. 이제 나이가 들어 세 딸에게 왕국을 물려줄 준비가 된 그는 받을 자격(desert)의 증거에 따라 혜택을 나누어주고자 하면서 다음과 같이 묻는다.

나의 딸들이여, 나에게 말해 주오.
(현재 우리는 영토 이익과 국가 관리의 두 가지 규칙을 벗어나서,)
너희들 중 누가 우리를 가장 사랑하는지 말해 주오.
우리의 가장 큰 현상금이 확장될 수 있도록
자연이 가치 있는 도전을 하는 곳까지.

(I, i, 11. 50-55)

고네릴에게 기회가 돌아왔을 때, 그녀는 이러한 책무성의 요구에 자기 자신을 적합하게 만들어 내지만, 그녀가 발견하게 되는 것은 자신의 말이 그녀의 언니인 레간의 더욱 과장된 언급과 비교되고, 그 크기가 초월당하게 된다는 것뿐이다. 위축되어 있고, 말할 수 없다고 느끼고, 말하는 것에 마음이 내키지 않는 코델리아는 자신을 판단하고자 하는 수행의 조건들을 인정 혹은 수용하는 것을 거부한다. 결국, 아버지의 다음과 같은 요구에 대해,

너의 언니들보다 더욱 유창한 세 번째 말을 끌어내기 위해 무엇을 이야기하고자 하는가? 말해 보아라.

(I, i, 11. 87-88)

"나의 왕이시여, 아무것도 없습니다"라는 그녀의 말은 어떤 의미에서

그녀의 진정한 사랑의 설명*이다*. 정확하게 말해, 이 사랑은 그녀의 언니들이 추구하는 유창함에 반대하여 구체화되거나 헤아려질 수 없는 그러한 없음(no-thing)이다.

그러나 행동의 지표와 교환의 경제는 더욱 과도하고 지나친 형태를 취할 수 있다. 여기서 증거 혹은 근거에 대한 강요는 일종의 관음증과 같은 면밀한 감시를 불러일으킨다. 오셀로는 의심에 사로잡혀 손수건을 붙잡은 채 부인의 외도 증거를 요구한다. 그는 "눈으로 볼 수 있는 증거를 나에게 달라"고 말한다. 오셀로는 데스데모나를 베개로 질식시켜 숨을 거두게 하는 것으로 끝낸다. 그리고 더 이상의 말, 더 이상의 행동, 더 이상의 불확실성을 차단시킨다. 두 사람 모두에게 그들이 받는 사랑은 사실 그 반대의 증거를 가짐에도 불구하고 부정되는 경향이 있다. 그들 자신의 사랑 개념에 대한 소유와 탐욕스러움은 한편으로는 물질적 소유의 형상화 속에서 밝혀지며, 다른 한편에서는 고착화와 견제 속에서 드러난다. 이는 일종의 자기－소비(self-consumption) 혹은 자기－소모(self-consumptiveness)를 초래한다("인간성은 부득이하게 스스로 희생되어야 한다. 마치 심해의 괴물처럼." 리어왕, IV, ii, 11. 49-50).

카벨이 살펴본 할리우드 멜로드라마에는 어떻게 해서든 여성의 목소리를 부정하고 통제나 안전 또는 소유에 대한 다양한 열망에 의해 동기가 부여되는, 여성을 억누르려는 남성의 욕망에 대한 여러 예시가 포함되어 있다. 남성은 여성의 다름에 의해 이끌리거나 자극을 받지만, 그 다름을 자기 자신의 인식(recognition) 수단으로 전환하려는 관점을 가지고 있다(Cavell, 1996, p. 13-14). 카벨은 이러한 영화에서 제기하는 의심의 병적 형태 혹은 안정을 위한 욕망이 사실상 어느 정도로 "인간의 것(man thing)인가"라는 질문을 고민한다. 이것은 그가 셰익스피어의 『겨

울 이야기』(*The Winter's Tale*)를 읽을 때 나타나는 특유의 예리함을 포함하는 질문이다. 레온테스(Leontes)가 그의 아들에게 "네가 내 아들이니?"라고 말할 때, 이 말은 다른 상황에서는 애정 어린 장난스런 표현으로 지나칠 수 있지만, 여기서는 그의 부성애에 대한 의심을 띠고 있다. 이러한 의심은 여성에게는 적어도 같은 방식으로 받아들여질 수 없는 것이라는 생각이 든다. 어떤 환경에서 여성은 자신이 임신한 아이의 아빠가 누구인지에 관해서는 궁금해할 수 있지만, 자신의 아이인지 여부에 대해서는 의심할 수 없다. 남성은 자신을 육체가 없는 정신으로 상상하는 것이 더 쉽고, 존재의 물리적 조건을 수용하는 것이 더 어려운가?

카벨은 "타자에 대한 *인정(acknowledgement)*은 사물에 대한 *수용(acceptance)*과 대칭적인 층"을 이루고 있다고 말한다. 그리고 이러한 측면에서의 실패는 "인간의 조건을 인정할 수 없음"과 관련된다(Cavell, 1979, p. 454)고 제안한다. 지식의 조건을 수용하는 것의 실패, 혹은 더 넓게는 사물과의 관계 조건을 수용하는 것의 실패는 마치 우리가 이러한 관계들이 일상적으로 제공하는 일종의 안정감(security)에 만족할 수 없는 것처럼 그 관계를 파악하는 것에서 분명하게 나타난다. 여기서 학습의 일상적 조건을 수용하는 것의 실패, 그리고 책무성과 행동 지표에 대한 과도한 요구 및 그것의 관음증적 조사와 함께 다양한 "품질 관리" 시스템의 대체는 심오한 대칭을 이룬다. [샘 스트링필드(Sam Stringfield)와 데이비드 레이놀즈(David Reynolds)에 의해 개발된 고신뢰성 조직(High Reliability Organization) 아이디어에 토대를 둔 교수학습 접근이 이것의 대표적인 예에 해당한다. 비록 이것은 오늘날 교육 실천에 만연한 수행성 측면에서 훨씬 분명하게 나타나지만, 이 사례에서도 드러난다.]

지식 및 이해 대상과의 관계를 파악하는 것으로서 경험주의의 획득적, 축적적, 아마도 전체주의적 가정은 그러한 대상들을 구체화하는 경향성이 있다. 이러한 문제에 대한 카벨의 탐색은 이러한 사고와 실천의 경향성이 두 가지 미신과 관계가 깊음을 보여준다. 무조건적으로 지식을 얻고자 하는 입장은, 즉 관념적으로 무제한적인 지식을 얻고자 하는 입장은 악마, 파우스트의 영겁의 벌과 협정을 맺는 것에 상응한다. 그리고 "지식 경제"에서 지식이 상품화된다는 사실은 누군가가 알게 되는 모든 것이 금으로 변할지도 모른다는 생각을, 말하자면 학습이 마이다스의 접촉으로 오염된다는 생각을 불러일으킨다. 이것의 필연적인 귀결은 가시성(visibility)과 통약가능성(commensurability)의 특징을 지닌 상품화가 학습 내용에 대한 최고의 척도가 된다는 것, 그리고 학습 그 자체가 물신화된다는 것이다.

지식과의 비소비적 관계는 어떤 것일까? 아마 그 누구도 하이데거만큼 우리가 사용하는 "개념"(concept)과 *관념(Begriff)*의 용어에 내재되어 있는 습득, 파악, 소유의 경향성을 잘 밝힌 사람은 없을 것이다. 하이데거는 그리스어부터 라틴어까지의 거대한 흐름의 패턴을 추적한다. 그는 독일인의 사고와 언어 심연에 있는 자원의 발견에서 훗날의 구원과 같은 것을 희망하였다. "계산적 사유"(calculative thinking)로부터 "명상적 사유"(meditative thinking)로의 변화의 필요성, 그리고 사물에 대한 반응으로서 사물이 밝게 빛나도록 하기 위해 사물을 있는 그대로 두는 것, 사물의 수용성(receptiveness)을 의미하는 *초연한 내맡김(Gelassenheit)*의 관계의 필요성에 대한 그의 설명은 진정 강력하고, 그러한 소유적 앎에 저항하는 것이다(Heidegger, 1969/1959).

그러나 하이데거 또한 그 문제의 일부분에 해당한다는 것이 드러난다. 하이데거에게 *"각자성"(mineness/Jemeinigkeit)*의 개념은 『존재와 시간』(*Being and Time*)에서 제시된 진정성(authenticity)이라는 아이디어의 핵심일 뿐만 아니라, 후기 에세이에서 땅(land)과의 관계에서도 핵심이 된다. "현존재는 각 경우의 자기 안에 있다[5)]"라는 사실과 독일어에서 "진정한"(authentic/*eigentlich*)이라는 말과 "자신의"(own/*eigen*)라는 말의 근접성은 『존재와 시간』에 만연한 소유라는 주제를 강조한다(Heidegger, 1962/1927, p. 68). 후기 하이데거는 "오늘날 인간의 *뿌리 깊음(rootedness)* 혹은 토착성(autochthony)이 핵심에서부터 위협받고 있다(Heidegger, 1962/1959, p. 48-49)"는 것이 현대의 특징이라는 사실에 한탄한다! 고향의 상실은 지역의 정치적 관심 차원의 문제라기보다는 그 시대의 형이상학적 조건을 나타내는 것이다. 하이데거의 관점에서 볼 때, 그 조건은 기술화의 약탈 효과가 지구와 좀 더 조화로운 관계를 지향하는 생태계를 통해 저항되거나 극복되어야 하는 것이다. 그러나 후기 작품에서 가정 및 집과의 관계는 근본적인 의미에서 *노스탤지어*(문자 그대로, 향수병)이며, 이 맥락에서 소속과 소유의 가치가 퇴보하는 방식에 대해서는 상세화할 필요가 없다.[6)] 요컨대, 하이데거는 자신의 유명한 에세이 제목처럼 집, 거주, 그리고 사고의 영속성을 강조한다. 다시 말해 이러한 관점은 그것의 수용성(receptiveness)의 성격이 나타남에도 불구하고, 궁극적으로 소유성(possessiveness)에 취약

---

5) 『존재와 시간』에서 하이데거는 "사람"(man) 혹은 "인간 존재"(human being)이라는 용어의 사용을 피한다. 이러한 용어들은 이미 돌이킬 수 없을 정도로 근대의 형이상학적 가정으로 점철되어 있다는 토대 위에, 그 대신 존재의 그곳(being-there) 혹은 그곳의 존재(there-being)의 의미를 갖는 현존재(Dasein)라는 용어를 선호한다.

6) 그것은 20세기 전반부 독일의 맥락이다. 간략히 말하자면, 하이데거는 (1933년에) 나치당의 일원이었다. 비록 이후에 스스로 이로부터 거리를 두었지만 말이다. 그러나 전쟁 후 그는 결코 그의 참여 정도나 의미에 대해 전적으로 인정하지 않았다.

하다.

하이데거가 『건축하기, 거주하기, 사유하기』(*Building Dwelling Thinking*)를 썼을 때, 그는 한 세기 전 소로의 시도를 거의 알지 못했을 것이다. 소로는 올바르게 살아가는 삶의 방식을 찾기 위해, 비록 이것이 (그 당시) 인정되지는 못했지만, 월든 호수 근처에 머물렀다(sojourn). 그러한 것들은 삶과 글쓰기의 새로운 시도였음을 떠올려 본다면, 이는 후기 하이데거의 사유 양상들을 다소 예상하게 하는 생각의 경제에서 삶과 언어가 함께 굴러가도록 만드는 것이었다. 카벨은 "소로는 호수를 생각하고, 하이데거는 강을 생각한다"(Thoreau Thinks of Ponds, Heidegger of Rivers)라는 최근 에세이에서 하이데거의 땅과의 관계[그리고 횔덜린(Hölderlin)의 시에서 이스터강의 물과의 관계]를 소로의 실험, 즉 월든 호숫가 옆에서 2년 동안 살아본 실험에 관한 책인 월든의 실험과 비교했다. 소로는 월든에서 마을을 떠나 이웃들로부터 약 1마일 정도 떨어진 곳, 그의 실험이 일종의 사례로 자리 잡을 수 있을 만큼 충분히 마을로부터 가까운 곳에 머물렀다. 중요한 것은 소로에게 "소유"는 마치 그가 짓고 사는 땅과 오두막이 그러한 것처럼 임시적(provisional)이라는 점이다. 즉 월든 또한 그가 떠날 장소이다. 이것은 소유물의 소유와는 대조적으로 떠나가게 하고 가끔씩은 잃어버리게 하는 관계의 가능성을 열어준다. 결국 우리는 끊임없이 "만약 그가 전 세계를 얻었으나 자신의 영혼을 잃어버린다면, 그에게 무엇이 이득인가?"라는 성경의 암시를 통해 떠올리게 된다. 매일 새로운 새벽이 오는 곳에서 떠나갈 준비를 염두에 두고, 뿌리를 내리지 않는 것은 일종의 완화된 노마디즘(nomadism)을 의미한다. 이것은 우리의 삶과 학습의 조건을 포함하여 인간 조건을 수용(acceptance)하는 것에 관한 비유를 통해 지구상에서 가볍게 거주하는 것(dwelling lightly)의 가능성을 보여준다. 월든에서 가르침과 학습이 자주 언급되는 것을 고려할 때, 월든을 루소의 『에밀』(*Emile*)로부터 플라톤의 『국가』(*The Republic*)로 거슬러 올라가는 교육에 관한 최고의 저작들의 연장선상에서 이해하는 것이 더욱 타당해 보인다.

III

내가 "소유하다"(own)라는 용어의 두 가지 다른 의미 및 그것에 수반되는 소유에 관한 용어들을 함께 사용했다는 것은 아마도 반대에 부딪힐 수 있을 것이다. 따라서 한편으로 우리는 "내가 소유한 차", "내가 소유한 컴퓨터" 등과 같이 표현하며, 다른 한편으로 "나의 딸", "나의 남편", "나의 의무", "내 자신의 잘못" 등과 같이 사용하기도 한다. 우리는 전자의 경우는 물질적 소유와의 관계라고 생각하고, 후자는 소속(belonging)의 문제라고 생각할지도 모른다. 그러나 여기서 언어는 정돈됨을 교묘하게 거부한다. 우리는 이러한 의미들을 법률로 제정하려고 노력할 수도 있지만, 여기서 주어진 범주들은 불안정하다. 예컨대 "나의 소속"(belongings)이 맞아떨어지지 않는 방식, 그리고 "소유"(possession)의 다각적인 뉘앙스가 전자의 범주, 즉 물질적 소유를 넘어서는 방식을 관찰할 수 있다. ["그는 홀렸다"(he was possessed)와 달리 "권리를 갖는 것"(possessing a right)의 표현을 생각해 보라.] 우리의 구분은 사물들의 존재 방식에서 이루어지고 그러므로 사실이 아닐 수도 있는 예외 현상을 제거하기보다는 감추는 경향이 있다.

그러나 좀 더 심층적인 요소를 고려할 필요가 있다. "의절하다"(disown)는 그 접두어의 결과로서 "소유하다"(own)의 부정으로 기능해야 하지만, 이것이 단순히 그렇게 되지 않는다. 최소한 표면상 그렇지 않다. 너의 차를 파는 것은 그것과 의절하는 것이 아니다. 의절하는 것(disowning)의 반대는 인정(acknowledgement)하는 것이다. 리어 왕에 대한 사랑을 열거해 보라는 것에 대한 거절의 결과로 리어 왕은 코델리아와 의절하고, 더 이상 그녀를 자신의 딸로 인정하지 않는다. 따라서 의절하는 것은 인정(acknowledgement)과 부정(denial)의 축에서 부정적인(negative) 끝으로 떨어진다. 그러나 물질적 소유에 관한 질문과 다소 관련 없어 보이는 "소유"(own)의 의미가 있다. '자백하다'라는 의미를 갖는 "own up"이라는 표현에서 그것이 잘 드러난다. 결국 이것은 "I owe"가 "나는 주장한다"(I claim) 혹은 "나는 찬성한다"(I assent)와 다소 동등하게 사용되었던 고대의 활용과 연관된다.

『이성의 주장』에서 카벨의 설명 중 가장 큰 비중을 차지하는 것은 동의(assent)가 일상 언어 철학에서 갖는 중요성을 재확인하는 것이다(Standish, 2004 참고). 이것은 사소한 문제로 보일 수도 있지만, 형이상학 전체가 이러한 용어들에서 위태롭다는 점을 분명히 할 필요가 있다. 현대 철학의 비인격적 형이상학의 목소리와는 대조적으로, 즉 사실이 무엇인지를 진술하거나 질문하는 것과는 대조적으로, 일상 언어 철학은 "우리가 …을 말할 때, …을 의미한다"(When we say…, we mean…)라는 특징적인 형식 표현을 취한다. (예를 들면, "우리가 '훈련'과는 대조적인 의미로서 '교육'을 말할 때, 학습하는 것은 특정 기술과 관련되는 것만이 아님을, 그것은 그 자체로 가치와 관련됨을, 그것은 학습자의 선함을 위한 것임을 의미한다…") 여기서 주목해야 할 언어 형태는 일인칭으로서 판단의 권위를 가지며, 복수형이고, 화자와 공동체를 결합시킨다. 그리고 이러한 진술은 일종의 경험적 일반화로서 만들어지는 것이 아니다. 예컨대, 활용에 관한 조사(survey)는 요점을 비껴가는 것이다. 그것은 오히려 약속 혹은 동의의 표현에 훨씬 가까운 것으로 만들어진다. 이러한 언어 형태는 화자의 진정성(그것이 그녀 *자신에게* 어떠한 것 같은지)과 자신의 타인들과의 연계 혹은 공동체를 확인하는 것(자신은 이 판단을 *그들과* 공유하고, 그들에게 말할 수 있다는 자신의 신념) 두 가지에 의존한다. 진정으로, 그녀는 자신이 서 있는 입장을 보여주고, 자신의 충성을 "고백하면서"(own up) 고대적 의미에서 그리고 아마도 어원적으로 자신의 목소리를 "소유한다"(own).

카벨은 규칙을 따르는 실천의 중요성을 야단법석인 삶의 형식 및 판단의 동의에 의존하는 결속력에 연결시킴으로써 규칙을 "숭상"(subliming)하는 경향성을 완화시킨다. 더욱이 그러한 동의는 투사적인(projective) 속성이 있다. 왜냐하면 언어의 규칙을 따르는 것은 미래의 사용을 최종적으로 결정하는 것이 아니라 항상 새로운 가능성에 열려 있기 때문이다. 여기서 승인은 규칙에의 복종뿐만 아니라, *폴리스*의 회원자격이나 판단을 공유하는 공통 세계 같은 것과 연결된다. 그럼으로써 우리는 (함께) 같은 점을 발견하고, (함께) 사물들을 투사시킨다. 이것은 인식론과 정치학 간을 연결하는 것으로 일종의 정치적 형평성을 의미한다. 그러한 판단을 함에 있어서, 화자는 일종의 책임을 진다. 그 책임은 다름이 아니라 자신과 타인을 위해서 말한다는 것이며, 이때 자신의 모든 판단에는 도덕성이 결부되어 있다. 물론, 그녀는 오직 자신이 속한 공동체적 실천으로의 반복된 가르침(inculcation)을 통해 자신의 위치로 들어오게 되지만, 그녀가 스스로 사물들을 발견하는 방식의 정도 내에서는 그녀의 순응은 곧 자신만의 법칙에 순응하는 것이다. '그 경우 시민성은 나의 자율성과 동일하며, 폴리스는 나의 개인적 정체성을 발현하는 장이다. 그래서 시민성은 (정치적) 자유의 창조이다(Cavell, 1979, p. 23).' 판단의 동의가 정치적 공동체 및 시민성과 근접하다는 것을 인식할 때 우리의 도시는 곧 언어의 도시라는 의미가 보다 분명해진다. 이러한 사고의 일부는 고대적 의미의 소유에 내재되어 있다. 앞서 언급된 예에서 나타난 소유의 지배적인 의미와는 다른 의미가 이해될 필요가 있다.

그렇다면 준거는 잠재적 화자에게 주어지는 것으로 이해될 수 있을 뿐만 아니라, 궁극적으로 그것의 지속을 위해 그녀에게 의존하는 것으로 이해될 수 있다. 준거는 판단의 원인도 아니고 결과도 아니다. 준거를 유지하는 것은 한 문화 내의 구성원들에 의해 끊임없는 동의를 요구하고, 이것은 창의적인 방식과 소멸적인 방식으로 행해질 수 있다. 목소리의 억압은 후자의 형태일 것이고, 회의주의는 그러한 형태 중 하나일 것이다. 일상 언어 철학은 비인격적인 철학의 형이상학적 목소리에 의해 억압되거나 거부되는 것으로부터 일상의 목소리를 회복하는 데 기여한다. 좋은 교육은 성과주의와 품질 관리의 형이상학적 목소리를 거부하는 것으로부터, 그리고 교육 연구의 경험주의로부터 벗어나서 가르치고 배우는 것의 일상적 이해를 회복하는 데 기여한다.

카벨이 제안한 것처럼, 타인과의 관계에서의 *인정(acknowledgement)*과 사물과의 관계에서의 *수용(acceptance)*을 연결하는 "대칭의 지층"(stratum of symmetry)이 있을 수 있다. 이러한 가능성의 실패는 곧 인간 조건을 인정 혹은 수용할 수 없음과 관련된다(Cavell, 1979, p. 454). (여기서 타자성과의 관계처럼 더 나은 가능성을 생각해 보라.) 학습의 일상적 조건을 수용하는 데 실패하는 것은 다양한 과잉을 초래하고, 이러한 것들은 그 핵심에서 교육을 부정한다. 이러한 부정은 인정의 실패, 수용의 실패, 혹은 학습의 대상에 적절한 주의 집중의 실패를 포함한다. 이는 곧 학습한다는 것은 근본적으로 사랑한다는 것(love, studere)임을 망각하는 것이다. 이러한 맥락에서 소유의 어휘는 다양한 실천에서 발견되지만, 그것이 내포한 아이디어는 공통적으로 변질될 수 있다. 그것은 이러한 어휘가 단순히 추방되어야 한다는 것이 아니라, 미묘한 방식으로 우리의 행동에 피할 수 없이 스며든다는 것이다. 그러나 의심의 여지 없이 채택하는 것에 저항하고, 그것이 은밀하게 강요하는 가치들을 다시 살펴봐야 할 이유가 있다.

여기서 대안으로 간략하게 그려본 타자와의 관계, 즉 다른 사람과의 관계 및 이해 대상과의 관계 간의 대칭성(따라서 가르침과 배움의 대칭성)의 성격은 앞부분에서 든 사례에 함의된 학습의 감성화(sentimentalization), 중립화(neutralization), 신비화(mystification)에 대한 해독제가 될 것이다. 나는 이 글에서 이것을 보여주고자 하였다. 또한 나는 학습되는 것, 즉 소비되지 않고 소유되지 않는 타자성을 지닌 학습 내용과의 좀 더 심층적이고 미묘한 관계의 가능성, 그리고 그것과 함께 나타날 수 있는 개인의 성장의 가능성에 관한 통찰력을 제시하고자 하였다.

제14장

평등에 앞선 윤리: 레비나스 이후의 도덕교육[1)]

(Ethics Before Equality: Moral Education after Levinas)

Ⅰ.

공허함(emptiness), 실제로 허무주의는 도덕성 및 도덕교육에 관한 현대 담론의 주요 특징이다. 이것은 옳고 그름의 가르침에 관한 안이한 개념에서 나타난다.[2)] 그것은 가치 및 가치 교육에 관한 일반적인 이해에서도 분명하게 드러난다. 또한 그것은 평등에 관한 신성불가침한 전제와 함께 널리 퍼져있는 권리－논의(right-talk)에서도 분명히 나타난다. 그것은 기준(standards)을 주문처럼 되뇌는 데서도 나타난다.[3)] 이것을 왜 허무주의라고 불러야 하는가? 왜 그것을 공허함의 일종으로 봐야 하는가? 도덕교육 혹은 그것과 관련된 문제에 관해 이와 같은 여러 사고방식은 인간의 개념 및 주체－객체 관계에 대해 공통점을 가지고 있기 때

1) 출처: Standish, P. (2001). Ethics before equality: Moral education after Levinas. *Journal of Moral Education, 30*(4), 339-347.

2) 그러한 개념은 최근 대중 매체의 주목을 받는 청소년 비행과 관련하여 교사를 비난하는 경향성에서 발견된다. 그러한 태도는 때로 정치인들에 의해 이용되며, 교육정책에도 나타난다. 도덕교육에 관한 현대적 개념의 이러한 측면은 스미스와 스탠디시(Smith & Standish, 1997)의 글에서 검토된 바 있다.

3) "기준"(standard)이라는 용어는 종종 논쟁의 주제가 되기보다는 논쟁을 멈추게 하는 기능을 한다. 이 용어가 현재 강요하는 감정적 힘과 이것이 가리고 있는 무의미성(hollowness) 등은 블레이크 등의 연구(Blake *et al.*, 2000)에서 소개되었다.

문이다. 말하자면, 가치는 본래의 주체성(subjectivity)에 접목되거나 그렇지 않으면 다른 방식으로 부가되는 방식을 취한다는 공통점이 있다. 나는 이 점을 이하 논의에서 좀 더 상세하게 설명해 보고자 한다.

이 글은 이와 같은 현대적 담론을 장프랑수아 리오타르(Jean-François Lyotard)와 특히 에마뉘엘 레비나스(Emmanuel Levinas)의 언급을 통해 살펴보고자 한다. 나는 윤리의 우선성, 즉 타자의 얼굴에 대한 나의 절대적 책임, 나와 타자의 관계에 있어서 비대칭성에 관한 레비나스의 설명을 살펴보고자 한다. 이러한 시도는 한편으로는 그러지 않으면 내가 받을지도 모르는 비난을 넘어서기 위한 것이기도 하고, 다른 한편으로는 그러한 사고 전환의 가능성을 보여줄 수 있는 인간 이해의 윤곽을 그려보기 위한 것이기도 하다. 이것은 수용성(receptivity)의 중요성에 대한 감각을 불러일으킨다. 이때의 수용성은 윤리를 도덕적 추론[여기서 도덕적 추론의 핵심적인 특징은 자율성을 지닌 자유로운 행위주체(autonomous free agent)에 있음]의 한계로부터 해방시키면서, 또한 다른 한편으로 덕 윤리(virtue ethics)에 관한 최근의 설명을 넘어서는 것이기도 하다.[4)]

내가 주장하고자 하는 바는 두 가지 관련된 형태의 문제를 나타낸다. 먼저, 윤리를 인간 경험의 일부로서 다른 영역에서는 거의 손대지 않고 남겨둘 수 있는 것으로 이해하는 경향이 있다. 이러한 관점에서 윤리학

---

4) 도덕적 추론(moral reasoning)을 강조하는 현대 교육 이론의 예는 피터스(R. S. Peters), 폴 허스트(Paul Hirst), 디어든(R. F. Dearden), 존 윌슨(John Wilson), 로런스 콜버그(Lawrence Kohlberg)의 글에서 찾아볼 수 있다. 합리적 자율성(rational autonomy)의 핵심적 가치를 강조하는 것은 현대 도덕 철학의 한 흐름으로서 주된 관심사가 되고 있다. 교육에서 덕 윤리의 열렬한 지지자는 데이비드 카(David Carr)이며, 콜버그에 대한 캐럴 길리건(Carol Gilligan)의 반응도 이러한 측면에서 이해될 수 있다.

은 일시적인 과업이다. 곧 그것은 낙태, 체벌, 안락사 등의 문제 등을 라디오 쇼의 토론이나 교실에서의 논쟁을 통해 다루는 딜레마의 소재에 불과하다. [덧붙여 말하자면, 그러한 토론에서 종종 조장되는 거만함에 주목해 보라. 청소년을 가르치는 많은 교사들은 그러한 쟁점에 관한 토론이 비현실적인 분위기 속에서 이루어지는 방식에 익숙해질 것이다. 아마도 그것은 많은 학생들의 살아있는 경험으로부터의 거리두기, 토론의 추상적 성격, 그리고 많은 학생들이 자신이 살아갈 삶을 염두에 두지 않고 토론에 임하는 자세를 취함으로써 유발되는 동료 집단의 압력 등이 복합적으로 작용한 결과이다. 또한 상업적 혹은 미디어의 영향으로 인해 이러한 문제가 하찮게 여겨질 수 있다는 점에 유의하라. 예컨대, *오프라(Oprah)*와 같은 TV 쇼 혹은 *스크러플스(Scruples)*와 같은 게임에서 플레이어들이 충성심과 같은 문제와 관련하여 "~라면 당신은 어떻게 하겠습니까?"라는 식의 객관식 문항에 대해 선택해야 하는 상황이 이에 해당한다.] 윤리를 일부 영역의 특징으로 보는 관점은, 비록 그 어휘가 불안정하게 소용돌이치더라도, 사람들이 "종교를 정책에 가지고 오면 안 돼요!"라고 말하는 경우에도 나타난다. 정책을 스포츠에 가지고 오거나 혹은 정책을 종교에 가지고 와서는 안 된다는 것이다. 또는 도덕을 사업이나 전문적 활동에 가지고 오는 것도 안 된다는 식의 말하기에서 잘 나타난다. 이것은 가치로부터 자유로운 것으로서 객관성(objectivity)에 관한 암묵적인 이상화(idealisation)와 일맥상통한다. "당신은 이 문제에 가치를 개입시키지 않았나요?" 혹은 "당신의 판단이 개입되어서는 안 됩니다" 등의 비난하는 말투에서 그것들은 일종의 주관주의(subjectivism)의 증거이다. 즉, 있을 수 있는 유일한 가치는 개인적인 것들이다. 어느 누구도 다른 사람의 가치를 판단하는 위치에 서 있지 않다. 물론,

이러한 사고방식의 이면에 있는 심리적 동기는 사람들에게 가치를 강요하는 다양한 방식을 비합법적인 것으로 간주할 때 어렵지 않게 볼 수 있지만, 이것으로 인해 그러한 입장이 더욱 옹호되거나 일관성 있게 되는 것은 아니다.

여기서 관련된 일련의 문제들은 근본적으로 인간의 존재를 사회(즉, 타자)와 유사-계약 관계(quasi-contractual relationship)에 있는 고립된 개인으로 가정한다. 그러한 개인들은 필요와 욕망을 가지고 있으며, 이러한 것은 다른 것들과 마찬가지로 충족되어야 하는 것들이다. 실로 내 판단에 권위를 부여하는 것은 내 감정의 진정성일 뿐이다. 그러므로 *당신(you)*은 *나(me)*를 판단할 위치에 있지 않다! 또한 그러한 개인들은 권리를 가지며, 그 권리는 요구와 책임의 일이기도 하고, 이는 최근에 더 많은 관심을 받는 주제가 되고 있다. 그러나 여기서 책임은 권리와의 논리적 상관관계에서 벗어난다. 권리와 책임 둘 다 상대적으로 구체적인 문제에 초점을 맞추고, 그 결과 그것들은 ("이것들이 너의 권리이다..." 라는 방식의) 목록으로 나열될 수 있다. 권리가 (다시 한번 정확하게) 기회 평등 정책의 핵심 관심사임은 말할 필요도 없다.

만약 여기에 기술된 것 중 일부는 도덕교육에 직접적으로 관여하는 사람들의 전형적인 사고가 아니라 그러한 교육이 이루어지는 대중적 사고의 배경이라면, (도덕) 철학 그 자체는 이러한 사고방식으로부터 자유롭다고 가정해서는 안 된다. 타자와 계약적 관계에 있는 개인의 초상화 일부는 분명 토머스 홉스(Thomas Hobbes)로부터 유래하며, 그것은 현대 (영어권) 세계의 도덕 철학의 두드러진 특징으로 이어져 오고 있다. 이와 비슷하게, 자기 자신에 대한 현대적 의미를 내적 깊이를 가진 존재, 진정성(authenticity)의 필요에 순응하는 존재, 그리고 권위의 원천인 참조 기준을 가진 존재로 보는 것은 명백하게 루소(Rousseau)로부터 파생된다. 루소의 심오하고 혁명적인 사상의 핵심적인 요소는 이와 같이 권위를 내부 자아로 재배치한 것이 긍정적인 측면에서는 평등의 원리를 위한 길을 마련했다는 점이고, 간접적이지만 부정적인 측면에서는 위에서 언급한 주관주의의 길을 마련했다는 점이다.

사물이 (인간인 우리에게) 어떻게 나타나는지와 관련하여 그것을 이해하고자 하는 현상학적 시도가 윤리에 앞서 존재론을 우선시하는 것을 강화하고, 그 결과 윤리가 사건 이후에 나오게 되는 위험을 갖게 된 것도 이러한 측면에서 이해할 수 있다. 이것 역시 반대해야 한다. "존재하느냐 혹은 존재하지 않느냐"는 문제가 *아니다*. 이것은 단지 무대 아래서 소리를 내는 유령, 우리가 불가피하게 필연적으로 의무를 지고 있는 유령으로부터 주의를 분산시킬 뿐이다.[5] 레비나스는 일반화된 책임(generalised responsibility)을 지적한다.

이하에서는 리오타르와 레비나스의 두 인용을 분리하여 앞서 살펴본 관점들을 동요시킬 수 있는 방식을 살펴보고자 한다.

II.

리오타르는 『포스트모던 우화』(*Postmodern Fables*)에서 세계화의 효과가 전 지구로 퍼져 나가는 거대도시에 관해 상상한다. 이 거대도시에

5) 이것은 햄릿의 아버지 유령이며, 그에게는 아버지의 살인을 복수해야 하는 의무가 있다. 햄릿이 듣는 소리는 그가 서 있는 무대의 *아래에서* 나온다. 그 무대는 그가 자신의 존재 본질에 사로잡혀 "인간이란 무엇인가?..."라는 질문에 사로잡혀서 자기 존재의 토대라고 상상하는 공간이다. 의무(obligation)가 존재(being)에 앞선다.

서는 모두가 끝없이 펼쳐진 교외 주택지와 타자가 없는 사회 구조에 흡수된다. 이 디스토피아에서 필요는 충족되며, 권리는 행사되고, 모든 경우에 전화 응대 혹은 포커스 그룹이 응답하여 모든 사람들의 관점이 표현될 수 있다. 모두가 대표된다. 그러나 리오타르는 우리에게 표현의 범위를 넘어선 사생활(privacy)과 침묵의 이차적 존재가 권리 주장보다 우선되어야 함을 이해하도록 촉구한다. 침묵이 권리의 필수 요소가 되는 배경에 관해 다음과 같이 설명한다.

> 만약 우리가 만날 수 있는 *비인간적인 영역(inhuman region)*이나 혹은 권리 행사를 완전히 벗어나는 비인간적인 영역을 인류가 *보존하지 않는다면*, 우리는 우리가 인정해 온 권리를 누릴 자격이 없다. 만약 이미 말해진 것을 제외하고 말할 것이 없다면 왜 우리에게 표현의 권리가 있겠는가? 또한 만약 우리가 타인의 침묵에 전혀 귀 기울이지 않는다면, 어떻게 우리는 우리가 알고 있는 것을 말하는 방법을 찾는 기회를 가질 수 있겠는가? *침묵은 권리의 상호호혜성(reciprocity)의 예외이지만, 그것은 정당하다.* "이차적 존재"(second existence)의 절대적 권리도 인정되어야 한다. 그것은 권리에 옳음을 부여하는 것이기 때문이다. 그러나 침묵은 권리를 벗어나기 때문에 항상 사면(amnesty)으로 만족해야 한다[6](Lyotard, 1997, 1993, p. 121-122).

리오타르는 여기서 *비인간적인(inhuman)* 것에 대해 우호적으로 말

6) 여기서 사면은 아마도 소송으로부터의 사면으로 이해되어야 할 것이다. 리오타르에 의하면 소송과 관련하여, 판단되는 대상이 해당 규칙의 조건에 따라야 하는 판단 규칙의 적용을 의미한다. 물론, 그러한 소송은 우리 삶의 정상적인 부분의 일부이고, 그것이 없다면 삶이 불가능할 수도 있다. 그러나 리오타르는 그와 같은 적용이 그 성격상 제대로 다루어질 수 없는 조건에의 적용을 강요함으로써 판단되는 대상에 폭력이 될 수도 있음을 보여주고자 한다.

한다. 왜냐하면 (서구 사회에서) 인간 이념은 구체적으로 개인, 권리, 표현, 그리고 존재의 형이상학 등과 같이 이 글의 시작 부분에서 파악된 문제들을 관통하는 것들로 가득 차 있기 때문이다. 따라서 인간이란 탈맥락적인 범주나 본질이 아니라, 앞서 설명한 바와 같은 사고방식이자 가치의 구체성이며, 그것들의 단점까지도 포함하는 것으로 이해된다.

(리오타르의 발표로부터) 약 30년 전에 레비나스가 『전체성과 무한』(*Infinity and Totality*)에서 언급한 바와 관련하여 생각해 보자. 레비나스의 용법에서, *행복(happiness)*은 충족될 수 있는 필요와 욕구라는 점에서 *욕망(desire)*과 대조되는 개념이다. 다시 말해, 행복은 여기서 비판되는 관점에 익숙한 자연주의적 윤리학(naturalistic ethics)과 관련된다. 반면, 욕망은 무한하게 더 높은 것 그리고 끊임없이 (종교의 영역을) 손짓하지만 도달할 수 없는 것을 향한 염원과 관련된다.

> 욕망으로부터 행복을 분리하는 거리는 종교로부터 정치를 분리시킨다. 정치는 상호호혜적 인식, 즉 평등을 향하는 경향이 있다. 그것은 행복을 확신한다. 그리고 정치법은 인정을 위한 투쟁을 끝내고 제재를 가한다. 종교는 욕망(Desire)이지만 인정을 위한 투쟁은 아니다. 종교는 평등 사회에서 가능한 잉여이자, 영광스러운 겸손, 책임감, 그리고 희생의 잉여이다. 이러한 것들이 평등 그 자체의 조건이다 (Levinas, 1969, 1961, p. 64).

리오타르도 레비나스도 권리에 반대하지 않음을 분명히 해야 한다. 둘 다 평등에 반대하는 것이 아니다. 그들의 주요 관심사는 오히려 전형적인 가치의 틀이 흔들리는 위협 이면에 무엇이 있는가이다. 여기서 그들의 설명에는 내가 주목하고자 하는 표현법에 대칭적인 면이 있다. 리오타르는 "*침묵은 권리의 상호호혜성의 예외이지만, 그것의 정당함이다*"라고 말한다. "'이차적 존재'의 절대적 권리는 제대로 인정받아야 한다. 왜냐하면 그것이 *권리를 정당하게 만드는 것*이기 때문이다"(이탤릭체 추가). 레비나스는 "그것은 평등 사회에서 가능한 잉여이자, 영광스러운 겸손, 책임, 그리고 희생의 잉여이다. 이러한 것들은 *평등 그 자체의 조건*이다(이탤릭체 추가)"라고 말한다.

레비나스는 존재론이 (예컨대, 하이데거의) 주체–객체 이분법을 극복하는 측면에서 이해되는 경우에도 존재론의 우위를 뒤집기를 원한다. 레비나스는 우리의 *존재(being)*에 앞서 우리의 존재에 근본적인 것이 타자(the Other)에 대한 우리의 책임임을 보여줌으로써 그렇게 하고자 한다.[7] 우리가 이것이 다른 생물이나 무생물에 대한 일반화된 책임으로 얼마나 확대될 수 있는가를 고려할 수 있지만, 전형적으로 레비나스에게 이것은 다른 사람에 대한 책임이다. 레비나스는 이러한 책임의 특징을 감각적 경험을 통한 사물의 인식과 얼굴의 현현(epiphany)을 대조하는 방식으로 나타낸다. 감각적 경험이 출발점이 되는 곳에서 우리가 점차 세계 속의 사물을 파악하게 됨에 따라 데이터의 수용, 정서의 자극, 그리고 세계의 객관화의 측면에서 경험의 이야기가 구성될 수 있다고 이해된다. 반면에, 내가 얼굴을 대면할 때, 나는 필연적으로 나의 감각이 결정할 수 있는 것을 넘어서는 무엇인가를 보게 된다. 내가 보는 것이 얼굴이 되기 위해서는 그 무엇인가는 타자(Other)의 내면성(interiority)을 계시해야만 한다. 아마도 그 내면성은 거기에 있는 것일 뿐이다. 내면성

7) "타자(Other)"에서 대문자로 표기하는 것은 범주화의 항목으로 정의되는 다름의 종류와는 구분되는 속성과의 관계를 의미한다. 이러한 타자가 나와 다르다는 것은 인식할 수 있는 특징이나 자질의 측면에서가 아니라, 타자의 비가시적인 내면성(invisible interiority) 때문이다.

은 항상 내가 가질 수 있는 앎의 가능성을 넘어선다. 더욱이, 얼굴이 얼굴로서 존재하기 위해서는 그것의 상처받기 쉬움(vulnerability)과 요구가 나로 하여금 의무를 지도록 하는 존재임을 드러내야만 한다. 레비나스가 주장하기를, 이것은 내가 그것에 응답하면 할수록 더 깊어지는 책임이다. 또한 이것은 욕구와 만족, 필요와 충족의 계산과는 전적으로 다른 것이다. 잘 알려져 있듯이, 레비나스는 『카라마조프가의 형제들』*(The Brothers Karamazov)*의 다음 말을 인용한다. "우리 각자는 모든 사람들에 앞서 모든 사람들에 대해 유죄이다. 나는 다른 이들보다 더 그러하다." 타자(Other) 앞에서 나는 나의 의무로부터 개별성을 갖게 된다. 이것은 지나치거나 넘겨줄 수 있는 것이 아니다. 타자 앞에서 나의 의무는 절대적이다. 존 루엘린(John Llewelyn)은 이에 대해 다음과 같이 언급한다. "윤리적 욕망은 만족과 상관관계에 있지 않다. 그것은 의식을 불러일으키는 모든 상관관계와 불량한 양심을 뒤흔드는 절대적(Absolute) 관계이며, 내 피부 아래에 있는 타자의 가려움이다. *내 탓이오(pro vita mea)*라는 모든 사과도 점점 변변치 않게 될 뿐이다(Llewelyn, 2000, p. 121-122)."

이 모든 것이 믿기지 않거나 과장된 것처럼 보일 수 있다. 그러나 그것은 우리에게 이와 같은 믿기 어려움의 감각 그 자체가 여기서 문제 삼는 근대성의 가정에 우리 존재가 기반해 있다는 결과임을 생각해 보도록 하는 것 아니겠는가? 이러한 가정은 너무 깊이 스며들어 있어 우리가 그것을 인식하지 못한다. 우리가 세계를 이해함에 있어서 나중에 가치를 덧붙이는 불활성적 문제와 다르게 생각하는 것이 얼마나 어려운가! 또한 타자를 이해함에 있어서 냉정한 "객관성"의 측면에서 바라보는 것이 가장 합리적이라는 생각을 하지 *않고*, 특정한 의무와 애정을 고려하는 것이 많은 사람들에게 얼마나 어려운 일인가!

아마도 얼굴의 연상(evocation)을 더욱 그럴듯하게 만들 수 있는 다른 요소가 있을 것이다. 성장의 측면에서 [첫 번째 타자(the Other)로서] 엄마의 얼굴을 자각하는 것이 아이가 사람이 되어 가는 데 그리고 사물을 인식하는 데 매우 중요하지 않은가? 엄마의 얼굴은 아이에게 단순히 감각의 원천이 아니라, 아이에게 끊임없이 반응과 책임을 요구하는 내면성(interiority)으로 나타난다. (아이가 부분적으로 엄마에 대한 인식에서 벗어나서 세계에 있는 사물에 대한 초기 인식이 물활론적인 특징을 지니는 것도 분명 이와 관련된다.)

레비나스는 타자가 나를 가르친다는 점과 이러한 가르침은 측정할 수 없는 높이, 심오한 깊이, 그리고 "신성함"과 겸손함으로서의 타자(the Other)에 대한 이해와 관련된다고 강조한다. 얼굴은 마치 질문을 던지듯 그 자체로 나에게 대화로 나타난다. 나는 이제 이 점으로 방향을 전환하고자 한다.

III.

그러니까, 나는 타자 앞에서 아무것도 아니다. 나를 마주하는 높이 혹은 거리는 무한하며 측정할 수 없다. 이러한 언급은 근대성의 스캔들이 아닌가? 그것은 시적 방종으로 비난받을 것인가? (키르케고르가 자극하고자 했던 것은 바로 이러한 스캔들의 감각이다.) 이와 같은 스캔들적인 반응에는 근대성의 너무나 합리적인 사고의 억압을 의심할 만한 기저는 없는가? 표상과 지시로 지나치게 점철된 언어, 그리고 수동과 능동, 주체와 객체, 타동과 자동이 너무나 명료하게 이분화되어 나타나는 시적 언어에 대한 의심[8])은 아닌가?

레비나스의 주제를 탐구하는 존 루엘린의 초기 저서에서, 루엘린은 고대 그리스에서 나타나는 능동과 수동의 중간적인 어떤 것으로서의 중간 목소리의 동사 형태가 사라진 것의 의미를 탐색한다(Llewellyn, 1991). 능동적인 것은 다음과 같다.

> 그는 말을 풀어주었다(*Luei ton hippon*/He unties the horse).

이러한 표현은 다음에 나타난 중간 목소리의 동사 표현과는 대조적이다.

> 그는 말을 풀어주었고, 그렇게 함으로써 자신에게 영향을 미친다(*Luetai ton hippon*/He unties the horse and in doing so affects himself).

물론, 두 번째 번역의 서투르고 적절치 않은 성격은 이러한 점을 잘 드러낸다. 이 문장에는 우리가 사용하는 지배적인 언어 형식에서 결핍되거나 혹은 억압된 무엇인가가 있다. 아마도 "그녀는 그와 결혼했다"(She married him), "그녀는 그와 결혼하게 되었다"(She got married to him), "그는 그녀와 결혼했다"(He married her)라는 문장들이 기묘하게 상호 변환될 수 있다는 것은 능동과 수동의 결합을 나타내며, 여기서 중요한

8) 시적인 것에 대한 의심은 고대에 그 뿌리를 둔다. 플라톤의 저작에 나타난 문학적 특징을 고려할 때 심오하고 자의식적인 아이러니에 의해 복잡해지기는 하지만, 분명 시적인 것에 대한 의심은 플라톤의 예술의 추방에서도 찾아볼 수 있다. 또한 그것은 언어를 잠정적으로 의사소통의 수단으로 인식하는 현대의 객관성의 이상(ideals of objectivity)에서도 찾아볼 수 있다.

것이 무엇인지 부분적으로 암시되어 있다. 우리의 언어 개념은 지시적 양상에 의해 지배되지만, 직설법(indicative) 혹은 의문법(interrogative) 혹은 가정법(subjunctive) 혹은 또 다른 양상이 두드러지게 나타나는 것 등을 문제 삼지 않는 언어를 생각해 볼 수 있다. [루엘린은 윤리적 삶의 중요한 요소인 상상력을 특히 주관적인 언어 양태와 관련시킨다. 상상력이란 *그럴지도 모른다(may be)*는 것을 생각하는 것이고, 아마도 그렇게 놓아둔다*(let it be so)는 것*을 생각하는 것이다.] 아동의 초기 언어 혹은 첫 언어가 주로 가정법의 형태라고 생각할 수 있는가? 혹은 다른 부족의 언어가 가정법에 우선순위를 두는 것을 생각할 수 있는가? 그렇다면, 지시적인 것을 지지하는 우리 언어의 가정은 상상력의 발현을 방해하고 그래서 우리의 윤리적 삶을 억제한다고 볼 수 있는가?

루엘린은 레비나스가 인간에게 정의를 행할 필요성에 지나치게 몰두하다 보니 비인간적 존재(non-human being)에게 정의를 행하는 것은 실패했다는 점을 아쉬워한다. 그러나 우리의 일상적인 삶에서 사물들을 매우 윤리적인 방식으로 연관시킬 수 있는 가능성이 존재한다. 이 가능성은 우리의 말하는 방식과 특정 유형의 상상력을 억제하는 것에 의해 가려진다. 루엘린은 우리와 비인간적 존재의 관계에서 우리에게 부과된 책임감과 관련하여 하이데거의 사상에 매료되었다. 그 책임감은 예컨대 녹색당의 주장을 인식함으로써 가입할 수 있는 그런 것이 아니다. 그것은 전적으로 혹은 일차적으로 선택의 문제가 아니다. 오히려 그것은 하이데거의 용어로 인간과 존재(Being)의 상호 전유(mutual appropriation)의 측면에서 이해될 필요가 있다. 여기서 세계는 과학적 연구의 대상으로서가 아니라 *거주(dwelling)*의 장소로서 존재하게 된다(거주의 장소에서 과학적 이해는 단지 차후의 추상에 불과하다). 아마도 아동의 초기-언어나 "원시" 부족의 언어는 이것을 좀 더 생생하게 인식할 것이다. 또한 비트겐슈타인이 인식한 것과 같이, 이 통찰력은 서구 세계의 방관자적 시선에 노출되었을 때 끊임없이 오해를 불러일으키기 쉽다(Wittgenstein, 1979 참고). 서정적이고, 난해하며, 풍부한 암시를 주는 구절로, 나는 그 출처와 의미를 아래에서 자세히 설명할 것이며, 이에 관해 루엘린은 하이데거와 후기구조주의 이념을 소개한다. 처음에는 이러한 단어들이 스스로 말하도록 해보자.

> 죽을 수밖에 없음의 일상성은 "아폴론에게 감동한" 그리고 "수많은 눈"이 하늘의 불빛에 현혹된 시인과 함께 그것이 인간이든 아니든 평범한 존재의 비범함을 기억해야 할 책임감을 함께 공유한다. "항아리와 벤치, 징검다리와 쟁기 ...... 나무와 연못 ...... 개천과 언덕 ...... 왜가리와 동물, 말과 황소 ...... 거울과 쇠고리, 책과 그림, 왕관과 십자가" 등과 관련하여, 책(book)은 책(Book)일 수도 있고 아닐 수도 있고, 그 말은 예언가의 말 혹은 시인의 말일 수도 있고 아닐 수도 있으며, 십자가는 말(Word), 즉 삼위일체(Trinity)의 십자가일 수도 있고 아닐 수도 있다. 왜냐하면 ~~존재~~(Being)라는 말의 십자가, 사위일체(quaternity), 그리고 이와 함께 수반되는 존재론적 책임의 부담은 유신론 및 무신론적 신념보다 우선하며, 또한 합리적인 존재적-유신론(onto-theology) 및 존재적-무신론(onto-atheology)보다도 우선하기 때문이다(Llewelyn, 1991, p. 141).

여기서 도입부에서 살펴보았던 시적인 것에 대한 의심은 우리의 일상적 삶에 영향을 미치는 결과를 가져옴을 보여준다. 그것은 곧 일상적 삶의 도덕성에 관해 실수하지 말자는 것이다. 그러나 여기서 문제시되는 감수성 혹은 응답은 *존재*감(sense of *being*)의 강조보다는 일상적인 것의 비범함을 기억하는 *책임감(responsibility)*과 관련된다. 일상적인 것들은 우리와 다르며, 심지어 그것이 우리의 일상적 세계의 일부이더라도 궁극적으로 불가해(unfathomability)하다. 이러한 중요한 기억이 사물과 관련하여 "그것이 인간이든 아니든"이라는 방향을 취한다는 점에서 레비나스를 넘어서며, 아마도 레비나스에 반하는 것일 수도 있다. 이러한 특수한 것들, 예컨대 "항아리와 벤치" 등을 루엘린은 하이데거의 "사물"(The Thing)(Heidegger, 1971)이라는 에세이의 마지막 단락에서 찾는다. 하이데거에 따르면, 그러한 사물들은 세계 내 헤아릴 수 없는 "객체들"(objects)의 항목이 아니며, "살아있는 존재로서 인간이 측량할 수 없는 집단" 가운데서 나타나는 것도 아니다. 인간들은 사물과 더불어 거주하는 것에 의존한다. 이러한 거주는 시적인 사물에 대한 숭배의 특징을 가지며, 여기서 시적인 것은 언어 그 자체에 관한 것(지시적이거나 재현적인 것의 지나친 강조에 대한 위험), 그리고 사물을 존재로 불러오는 *생성(poiesis)*에 관한 것을 의미한다. 하이데거가 기초 존재론(fundamental ontology), 즉 존재에 관한 직접적인 설명[9]으로부터 전환하면서 "존재"(Being)는 교차되는 두 개의 대각선을 가로지른다. 존재의 개념은 지구, 하늘, 신, 그리고 인간(mortals)의 사중 아이디어, 즉 이 단락에서 사위일체라고 언급된 것에 의해 대체된다. 이 사위일체는 교차점의 네 개의 꼭짓점에 위치한다. 이러한 것들은 우리의 삶이 펼쳐지는 세계의 차원들이다. 그 차원이 없다면, 사물로서의 사물을 이해

9) 여기서 용어를 명확히 하기 위해, 하이데거 초기 저작, 특히 『존재와 시간』*(Being and Time)*에서 그의 관심은 *Seindes*보다는 *Sein*에 있으며, 이는 번역자들에 의해 전형적으로 "존재"(Being)와 "존재들"(beings)을 대조하는 방식으로 표기된다. 다시 말해, 그는 사물이 어떻게 보이는지 사물의 속성에 관해 관심을 보인 것이 아니라, 사물이 무엇인지 그 *존재*의 성격에 관심을 가졌다.

할 수 없다. 항아리(와 같이 단순한 것)가 무엇을 위한 것인가? 그것은 삼차원의 대상이자, 비활성 물질이며, 무게와 형태를 가지고 있지 않은가? 어떤 의미에서 항아리는 의심의 여지 없이 그러하다. 그러나 이것은 추상적으로 항아리를 이해하는 방식이며, 그것을 다소 근본적인 것으로 상상할 경우 항아리 그 자체가 드러내는 것을 보다 더 모호하게 만드는 언어적 환원(reduction of language)을 통해 이해된다. 이것은 항아리가 생생한 경험의 맥락 속에서 이해되는 방식이 아니다. 그때의 항아리는 하루 일과가 끝난 후 갈증을 풀어줄 물을 담고 있는 것이거나, 혹은 가족의 식사 시간에 나누는 포도주를 따르는 것일 수 있다. 항아리가 의미하는 바는 (항아리에 관한) 물리적 설명이 전달할 수 있는 것 그 이상의 어떤 것이어야 하는 방식으로 실천에 초점을 둔다. 물리적 설명은 사물의 활기를 빼앗는 것과 같은 효과를 낳는다. 항아리가 의미하는 것, 항아리를 이해하는 방식은 사중적 의미 중 일부 실천과 연관된다. 이와 같은 의미의 풍부함을 부정하고자 위협하는 환원 작용과는 반대로, 여기서 시인과 예언자의 언어는 합리적 존재론 혹은 합리적 신학을 넘어서며, 또한 존재(Being)의 신격화를 넘어서는 사고방식을 제안한다. 이것은 책임감이 직접적으로 명명될 수 없는 것 혹은 표상될 수 없는 것을 통해 실현된다는 점에서 그러하다. 이것은 *그러할지도 모르는 것*(*what may be*), 언제나 도래할 *(always still to come)* 존재 방식에 대한 책임감이다.

IV.

레비나스가 『존재와 다르게 혹은 본질의 저편』(*Otherwise than being*

or Beyond Essence, 1982, 1978)의 서문에서 인용하고 있는 것 중 하나가 파스칼(Pascal)의 언급이다. "… '바로 거기 볕이 비치는 곳이 내 자리이다.' 이것이 모든 땅에 대한 찬탈의 시작이다(파스칼의 『팡세』, p. 112)." 여기에는 윤리적 자연주의(ethical naturalism), 필요와 욕구의 충족이 타자와의 탐욕스러운 관계 혹은 타자를 장악하는 관계로 이끈다는 의미가 내포되어 있다. 그 찬탈은 신비감과 존경심의 공간에서 발생하며, 이것은 그 공간을 계산할 수 있고 파악 가능하다는 가정을 통해 효력을 갖는다. 도덕성 및 도덕교육에 관해 상당히 공허한 우리의 언어는 이러한 방식에서 이해될 수 있다. 부분적으로 이러한 문제는 공립학교에서 종교적 신념의 부재와 관련된다는 점이 사실일 수도 있지만, 단순히 그러한 측면에서만 보는 것은 잘못된 것이다. 또한 종교 학교는 이러한 악으로부터 필연적으로 자유롭다고 상상하는 것도 옳지 않다. 만약 세속 학교가 종교를 하나의 기타 선택사항으로 여긴다면, 이것 또한 윤리 개념을 일시적인 것으로 간주하는 것만큼이나 오류이다.

이러한 논쟁의 장점과 관련하여, 도덕교육 수업을 위한 시사점도 있겠지만, 최고의 도덕교육을 구성하는 것은 필연적으로 그러한 한계를 넘어선다는 바로 그 사실일지도 모른다. 여기서는 이것이 수반하는 것에 관해 간략하게 설명하는 것만 가능할 뿐이다. 레비나스의 글에서 너무나도 분명하게 나타나는 도달할 수 없는 높이의 의미와 신비감은 일종의 완벽주의적 교육(perfectionist education)을 가리킨다. 타자에 대한 나의 의무에 응답하고자 하는 나의 의지만이 그 의무를 깊어지게 하는 것과 마찬가지로, 무한히 높은 것에 대한 감각에 의해 영감을 받은 학생은 교과에 대한 자신의 깊은 지식만이 자신의 열망과 욕망을 강화하는 것임을 발견하게 될 것이다. 여기서 중요한 점은 이것이 학문적 삶에 주는 특징에 있는 것이 아니라, 오히려 범주화하고 포섭하려는 시도에 전적으로 저항하는 데에 있다. 이것이 학습자를 위한 모델이다. 우리는 이것의 이면에서 우리의 실천과 사고에 내재하는 가정법(subjunctivity)적 의미를 볼 수 있다. 여기서 우리가 행동하거나 사고하고자 할 때 우리는 먼저 사물을 *있는 그대로 놔두어야 하며(let it be)* (이것은 이것이고, 저것은 저것인 것처럼), 그것들을 우리 삶의 근거 없는 조건인 특정한 관계 및 실천 속에 놓아두어야 한다.[10] 윤리에 대한 이 귀중한 연약함이여!

최선의 교육은 (사실상 내가 이해하기에 가장 적절하다고 말하고 싶은 교육은) 좋은 삶과 이것이 우리에게 부과하는 강렬하고 절대적인 의무를 연상시키는 것이다. 그러한 교육적 관점은 (효율적이고 효과적으로 도달해야 하는 명료한 목표 및 달성되어야 하는 역량에 관한) 수행성(performativity)의 한계를 드러내는 것이어야 한다. 수행성을 추구하는 교육에서 사물들은 궁극적으로 나의 (혹은 누군가의) 자리를 확보하기 위해 맞춰져 있다. 학습자를 위한 모델이 무엇인지 잠시 생각해 보라! 그것은 곧 형평성 앞에 윤리를 놓아두는 것이며, 교육은 무한한 책임의 의미를 통해 전체성의 한계를 드러내야 한다.

---

10) "사물을 그대로 두라"(Let things be)라는 문구는 하이데거의 *초연한 내맡김(Gelassenheit)*의 개념(Heidegger, 1966 참고)에서 반복된다. 그러나 여기서 주목하는 점은 미묘한 차이이다. 이것은 필연적인 전통주의 혹은 보수주의는 물론, 바꿀 수 없는 것에 대한 체념을 의미하지 않는다. 그것은 우리의 숙의가 단편적으로만 검토될 수 있는 배경에 의존할 수 있는 방식을 인정한다. 그 배경은 우리의 익숙한 실천을 통해 이렇게 혹은 저렇게 사물을 이해하는 임의성 중 하나이다. 그것은 결코 근본적인 활동 장면이 될 수 없다. 그것은 가정법적 속성(subjunctivity)에서 적절하게 이해된다.

참고문헌[1)]

제1장

Blake, N., Smeyers, P., Smith, R., and Standish, P. (2000) *Education in an Age of Nihilism*. London: Routledge/Falmer.

Blake, N. and Standish, P. (eds) (2000) *Enquiries at the Interface: Philosophical Problems of Online Education.* Oxford: Blackwell.

Cavell, S. (1979) *The Claim of Reason: Wittgenstein, Scepticism, Morality, and Tragedy.* New York and Oxford: Oxford University Press.

Cavell, S. (1990) *Conditions Handsome and Unhandsome: The Constitution of Emersonian Perfectionism*. Chicago: University of Chicago Press.

Dewey, J. (1916) *Democracy and Education.* New York: The Free Press.

Emerson, R. (1982) *Selected Essays.* New York and London: Penguin.

European Commission, Directorates General XXII and V (1996) *Teaching and Learning: Towards the Learning Society*, a White Paper on education and training. Luxembourg: Office for Official Publications of the European Communities.

Harris, K. (1999) Aims! Whose aims? In R. Marples (ed.), *The Aims of Education.* London and New York: Routledge, pp. 1-13.

Lyotard, J.-F. (1984) *The Postmodern Condition: A Report on Knowledge*, trans. G. Bennington and B. Massumi. Minneapolis: University of Minnesota Press.

Oakeshott, M. (1989) *The Voice of Liberal Learning: Michael Oakeshott on Education*, ed. T. Fuller. New Haven, CT: Yale University Press.

Young, R. (1992) The idea of a chrestomathic university. In R. Rand (ed.), *Logomachia: The Conflict of the Faculties.* Lincoln: University of Nebraska Press, pp. 97-126.

제2장

Andler, D. (2006) Phenomenology in artificial intelligence and cognitive science,

1) 각 장의 참고문헌은 원문에 수록된 것을 그대로 실은 관계로 장별로 참고문헌 표기 방식이 다소 다름을 양해해 주시기 바랍니다.

in: H. Dreyfus and M. Wrathall (Eds) *The Blackwell companion to phenomenology and existentialism.* Oxford: Blackwell.

Barrow, R. (1987) Skill talk, *Journal of Philosophy of Education*, 21(2), pp. 187–195.

Blake, N., Smeyers, P., Smith, R. and Standish, P. (Eds) (2003) *The Blackwell guide to philosophy of education.* Oxford: Blackwell.

Blake, N. and Standish, P. (Eds) (2000a) Education at the interface: philosophical questions concerning on-line education, *Journal of Philosophy of Education*, Special Issue, vii, pp. 208.

Blake, N. and Standish, P. (Eds) (2000b) *Education at the interface: philosophical questions concerning on-line education.* Oxford: Blackwell.

Bonderup-Dohn, N. (2007) Knowledge and skills for PISA—assessing the assessment, *Journal of Philosophy of Education*, 41(1), pp. 1–16.

Dhillon, P. and Standish, P. (Eds) (2000) *Lyotard. Just education.* London: Routledge.

Dreyfus, H. (2001) *On the Internet.* London: Routledge.

Feenberg, A. (1999) *Questioning technology.* London: Routledge.

Graham, G. (1999) *The Internet: a philosophical inquiry.* London: Routledge.

Hyland, T. (1993) Competence, knowledge and education, *Journal of Philosophy of Education*, 27(1), pp. 57–68.

Kolb, D. (2000) Building dwelling thinking on-line, in: N. Blake and P. Standish (Eds) *Education at the interface: philosophical questions concerning on-line education.* Oxford: Blackwell.

Lyotard, J.-F. (1984) *The Postmodern Condition: a Report on Knowledge* (G. Bennington and B. Massumi, trans.). Minneapolis, MN: University of Minnesota Press.

Masschelein, J. and Simons, M. (2002) An adequate education in a globalised world? A note on immunisation against being-together, *Journal of Philosophy of Education*, 36(4), pp.589–608.

Oakeshott, M. (1962) in: T. Fuller (Ed.) *Rationalism in politics and other essays.* London: Methuen.

Spinosa, C., Flores, F. and Dreyfus, H. (1997) *Disclosing new worlds: entrepreneurship, democratic action, and the cultivation of solidarity.* Cambridge,

MA: MIT Press.

Standish, P. (1992) *Beyond the self: Wittgenstein, Heidegger and the limits of language.* Aldershot:Avebury.

Standish, P. (1997) Heidegger and the technology of further education, *Journal of Philosophy of Education*, 31(3), 439–460.

Standish, P. (2001a) Disciplining the profession: subjects subject to procedure, *Educational Philosophy and Theory*, 34(1), pp. 5–23.

Standish, P. (2001b) Data return: the sense of the given in educational research, *Journal of Philosophy of Education*, 35(3), pp. 497–518.

Standish, P. (2002) Euphoria, dystopia, and practice today: Symposium on H. Dreyfus: On the Internet, *Educational Philosophy and Theory*, 34(4), pp. 407–412.

Standish, P. (2006) John Wilson's confused 'perspectives on the philosophy of education', *Oxford Review of Education*, 32(2), pp. 265–279.

Standish, P. (2007) Profession and practice: the higher education of nursing, in: J. Drummond and P. Standish (Eds) *Educating professionals: towards a philosophy of nursing and health care professional education.* Basingstoke: Palgrave Macmillan.

Wilson, J. (2003) Perspectives on the philosophy of education, *Oxford Review of Education*, 29(2), pp. 279–293.

제3장

Baudrillard, J. (1983) *Simulations* (A. Bass, Trans.) (New York, Semiotext(e)).

Bearn, G. (2000) The university of beauty, in: P. Dhillon and P. Standish (Eds) *Lyotard: just education.* London and New York: Routledge.

Blake, N., Smeyers, P., Smith, R. and Standish, P. (2000) *Education in an age of nihilism.* London and New York: Routledge Falmer.

Blake, N., Smeyers, P., Smith, R. and Standish, P. (Eds) (2003) *The Blackwell guide to philosophy of education. Oxford: Blackwell.*

Deleuze, G. (1983) *Nietzsche and philosophy* (H. Tomlinson, Trans.). New York: Columbia University Press.

Derrida, J. (1995) *On the name* (J. P. Leavey, Jr., Trans.). Stanford, CA: Stanford University Press.

Dhillon, P. and Standish, P. (Eds) (2000) *Lyotard: just education.* London and New York: Routledge.

Europa (2004) *The EU at a glance.* Available online at: http://europa.eu.int/abc/index_en.htm. (Accessed 23 May 2004).

Heyting, F. and Winch, C. (Eds) (2004) *Conformism and critique in liberal society*, Special Issue, *Journal of Philosophy of Education*, 38(3).

Levinas, E. (1998) *Othewise than Being or Beyond Essence* (A. Lingis, Trans.). Pittsburgh, PA: Duquesne University Press.

Loevlie, L., Mortensen, K. P. and Nordenbo, S.E. (Eds) *Educating humanity:* bildung *in postmodernity*, Special Issue, *Journal of Philosophy of Education*, 36(3).

Lyotard, J-F. (1984) *The postmodern condition: a report on knowledge* (G. Bennington and B. Massumi, Trans.). Minneapolis: University of Minnesota Press.

Lyotard, J-F. (1991) *The inhuman: reflections on time* (G. Bennington and R. Bowlby, Trans.). Stanford: Stanford University Press.

Lyotard, J-F. (1997) *Postmodern fables* (G. Van Den Abbeele, Trans.). Minneapolis: University of Minnesota Press.

Nietzsche, F. (1962) *Twilight of the idols* (R.J. Hollingdale, Trans.). (New York: Viking Press.

Nietzsche, F. (1993) *The birth of tragedy* (Shaun Whiteside, Trans.). Harmondsworth: Penguin.

Peters, M., and Wain, K. (2003) Postmodernism and education, in: Blake *et al.* (Eds) *The Blackwell guide to philosophy of education.* Oxford: Blackwell.

Readings, B. (1996) *The university in ruins.* Cambridge, MA: Harvard University Press.

Standish, P. (1995) Postmodernism and the idea of the whole person, *Journal of Philosophy of Education*, 29(1), pp. 121–35.

Williams, J. (2000) For a libidinal education, in: P. Dhillon and P. Standish (Eds) *Lyotard: just education.* London and New York: Routledge.

제4장

Blake, N., Smeyers, P., Smith, R., & Standish, P. (1998a). *Thinking Again: edu-*

cation after postmodernism. Westport, CN: Bergin & Garvey.

Blake, N., Smith, R., & Standish, P. (1998b). *The Universities We Need: higher education after Dearing*. London: Kogan Page.

Blake, N., Smeyers, P., Smith, R., & Standish, P. (2000). *Education in an age of nihilism*. London: RoutledgeFalmer.

Crotty, M. (1998). *The Foundations of Social Research: meaning and perspective in the research process*. London: Sage.

Kwak, D-J., & Standish, P. (eds)(2014). *Cultivating Humanity and Transforming the Knowledge Society*, special issue of *Asia Pacific Education Review. 15(1)*, pp. 1-153.

Hodgson, N., & Standish, P. (2008). Network, Critique, Conversation: Towards a Rethinking of Educational Research Methods Training, in: M. Depaepe and P. Smeyers (eds) *Educational Research: Networks and Technologies*. Dordrecht: Springer, pp. 105-120.

Lakoff, G., & Johnson, M. (1980). *Metaphors We Live By*. Chicago: University of Chicago Press.

Lakoff, G., & Johnson, M. (1999). *Philosophy in the Flesh*. Chicago: University of Chicago Press.

Putnam, H. (2012). The Fact/Value Dichotomy and its Critics. In N. Saito and P. Standish (eds), *Stanley Cavell and the Education of Grownups*. NY: Fordham University Press.

Robbins, L. (1932). *An Essay on the Nature and Significance of Economic Science*. London: Macmillan.

Smith, R. (2006). As if by machinery, *Journal of Philosophy of Education, 40(2)*, pp. 157–168.

Standish, P. (1995). Why we should not speak of an educational science, *Studies in Philosophy and Education, 14(2-3)*, pp. 267-281.

Standish, P. (2001). Data Return: the sense of the given in educational research. *Journal of Philosophy of Education, 35(3)*, pp. 497-518.

Standish, P. (2012). "THIS is Produced by a Brain-Process!" Wittgenstein, Transparency and Psychology Today, *Journal of Philosophy of Education, 46(1)*, pp. 60–72.

Standish, P. (2014). Signs of the Times, in: M. Depaepe and P. Smeyers (eds) *The*

Material Dimensions of Educational Research. Dordrecht: Springer.

Standish, P. (2016). The Disenchantment of Education and the Re-enchantment of the World. *Journal of Philosophy of Education*, pp. 98-116.

Standish, P. (2017). Seeing connections: from cats and classes to characteristics and cultures, in: Michael A. Peters and Jeff Stickney (eds), *A Companion to Wittgenstein on Education*. Dordrecht: Springer.

Stone, L. (2006a). From technologization to totalization in education research: US graduate training, methodology, and critique. *Journal of Philosophy of Education, 40(4)*, pp. 527-545.

Stone, L. (2006b). Kuhnian Science and Education Research: Analytics of Practice and Training. In: P. Smeyers and M. Depaepe (eds), Educational Research: *Why What Works Doesn't Work* (pp.127-142). Netherlands: Springer.

Taylor, C. (1989). *Sources of the Self*. Cambridge, Mass.: Harvard University Press.

Taylor, C. (1991). *The Ethics of Authenticity*. Cambridge, Mass.: Harvard University Press.

Winch, P. (1958). *The Idea of a Social Science- and its relation to philosophy*. London: Routledge.

제5장

Buber, M. (1984) *I and Thou* (trans. R.G. Smith). Edinburgh: Clark.

Rhees, Rush (2006) *Wittgenstein and the Possibility of Discourse*, (ed. D.Z. Phillips). Oxford: Blackwell.

Vansieleghem, N., and Masschelein, J. (2012) Education as Invitation to Speak: on the teacher who does not speak, *Journal of Philosophy of Education*, 46(1), pp. 85-99.

제6장

Austin, J. (1975) *How To Do Things With Words.* Cambridge, MA: Harvard University Press.

Barnett, R. (2007) *A Will to Learn: Being a Student in an Age of Uncertainty* Buckingham: OU Press

Blake, N., Smeyers, P., Smith, R., and Standish, P. (2000), *Education in an Age of Nihilism.* London: RoutledgeFalmer

Bourdieu, P. (1991) *Language and Symbolic Power*, (trans. G. Raymond and M. Adamson). Cambridge, MA: Harvard University Press

Butler, J. (1997) *Excitable Speech: A Politics of the Performative.* London: Routledge.

Derrida, J. (nd) The future of the profession or the unconditional university (thanks to the "humanities", what *could take place* tomorrow), trans. P. Kamuf. Derrida Downunder Conference, Sydney, Australia, 2000.

Derrida, J. (2004) The Principle of Reason: The University in the Eyes of its Pupils, in: *Eyes of the University: Right to Philosophy 2.* Stanford, CA: Stanford University Press

Dhillon, P., and Standish, P. (eds)(2000) *Lyotard: Just Education.* London: Routledge

Drummond,J. and Standish, P. (eds) *Educating Professionals: towards a philosophy of nursing and health care professional education.* Basingstoke: Palgrave Macmillan

Lyotard, J-F. (1993) *Political Writings*, (trans. B. Readings and K.P. Geiman). Minneapolis: University of Minnesota.

Lyotard, J-F. (1984) *The Postmodern Condition: A Report on Knowledge*, (trans. G. Bennington and B. Massumi). Manchester: Manchester University Press.

MacIntyre, A. (1990) *Three Rival Versions of Moral Enquiry.* London: Duckworth.

Smeyers, P., Smith, R., and Standish, P. (2006) *The Therapy of Education.* Basingstoke: Palgrave Macmillan.

Standish, P. (2007) Profession and Practice: The Higher Education of Nursing, in: Drummond,J. and Standish, P.

Standish, P. (2005) Towards an Economy of Higher Education, *Critical Quarterly*, 47(1-2), pp. 53-71.

Standish, P. (2001) Disciplining the Profession: Subjects Subject to Procedure, *Educational Philosophy and Theory*, 34(1), pp. 5-23.

Standish, P. (1997) Heidegger and the Technology of Further Education, *Journal of Philosophy of Education*, 31(3), pp. 439-460.

Toynbee, P., and Walker, D. (2008) *Unjust Rewards.* London: Granta

제7장

Cavell, S. (1976) *Must We Mean What We Say? A book of essays.* Cambridge: Cambridge University Press.

Cavell, S. (1979) *The Claim of Reason: Wittgenstein, Skepticism, Morality, and Tragedy.* New York and Oxford: Oxford University Press.

Cavell, S. (1989) *This New Yet Unapproachable America: Lectures after Emerson after Wittgenstein.* Albuquerque, NM: Living Batch Press.

Cavell, S. (1990) *Conditions Handsome and Unhandsome: the Constitution of Emersonian Perfectionism.* Chicago: University of Chicago Press.

Cavell, S. (1994) *A Pitch of Philosophy: Autobiographical Exercises.* Cambridge, MA, and London: Harvard University Press.

Cavell, S. (1995) *Philosophical Passages: Wittgenstein, Emerson, Austin, Derrida.* Oxford, UK, and Cambridge, MA: Blackwell.

Cavell, S. (1996) *Contesting Tears: the Hollywood Melodrama of the Unknown Woman.* Chicago and London: University of Chicago Press.

Emerson, R. W. (1982) *Selected Essays.* Harmondsworth: Penguin.

Fielding, M. (nd) 'Beyond the Rhetoric of Student Voice: new departures or new constraints in the transformation of 21st century schooling?' (Privately circulated).

Murray, M. (ed.) (1978) *Heidegger and Modern Philosophy.* London: Yale University Press.

Wittgenstein, L. (1965) *Lecture on Ethics, Philosophical Review*, January.

Wittgenstein, L. (1968) *Philosophical Investigations*, (trans. G. E. M. Anscombe). Oxford: Blackwell.

Wittgenstein, L. (1969) *On Certainty*, (trans. G. E. M. Anscombe & G. H. von Wright). Oxford: Blackwell.

제8장

Aristotle (originally 350 BCE) *On Interpretation* (Trans. E.M. Edghill). Online at: http://classics.mit.edu/Aristotle/interpretation.1.1.html. Accessed on 10 January 2020.

Austin, J.L. (1962) *How to Do Things with Words: The William James Lectures delivered at Harvard University in 1955*, (edited by J. O.

Urmson and Marina Sbisà). Oxford: Clarendon Press.

Barthes, R. (2010) The Plates of the Encyclopedia. In R. Howard (Trans.), *New Critical Essays.* Evanston: Northwestern University Press.

Derrida, J. (1991/1987) *Of Spirit: Heidegger and the Question.* Chicago: University of Chicago Press.

Frege, G. (1980/1892) Über Sinn und Bedeutung, in: *Zeitschrift für Philosophie und philosophische Kritik*, 100: 25–50; translated by M. Black as 'On Sense and Reference', in Geach and Black (eds and trans.), 1980, *Translations from the Philosophical Writings of Gottlob Frege* (Oxford, Blackwell, third edition), pp. 56–78.

Heidegger, M. (1961/1927) *Being and Time, (trans.* J. Macquarrie and E. Robinson). Oxford: Blackwell.

Heidegger, M. (1971/1950) Language, in: *Poetry, Language, Thought*, (trans. A. Hofstadter). New York: Harper & Row, pp. 187-210.

Heidegger, M. (1977) *The Question Concerning Technology and Other Essays*, (trans. William Lovitt). NY: Harper and Row.

Heidegger, M. (1991/1957) *The Principle of Reason*, (trans. R. Lilly). Indiana: Indiana University Press.

Heidegger, M. (1951) Building Dwelling Thinking, in: *Poetry, Language, Thought*, (trans. A. Hofstadter). New York: Harper & Row, pp. 145-162.

Lackey, D.P. (1999) What are the Modern Classics? The Baruch Poll of Great Philosophy in the Twentieth Century, *The Philosophical Forum*, XXX(4), pp. 329-346.

Lee, S. (2020) Poetics of the Encyclopaedia: Knowledge, Pedagogy, and Research Today, *Journal of Philosophy of Education*, 54(3).

Levinas, E. (1990/1934) Reflections on the Philosophy of Hitlerism (trans. Seán Hand), *Critical Inquiry*, 17(1), pp. 62-71.

Lyotard, J-F. (1990) *Heidegger and "the Jews".* University of Minnesota Press.

Lloyd, D.I. (2020) Rush Rhees on Education, 54(3)

Monk, R. (1990) *Wittgenstein: The Duty of Genius.* London: Vintage Books.

Peters, M., and Stickney, J. (2018) *Wittgenstein's Education: 'A Picture Held Us Captive'* (SpringerBriefs in Education).

Skilbeck, A. (2021) *Stanley Cavell and the Human Voice in Education:*

Serious Words for Serious Subjects. Dordrecht: Springer.

Smeyers, P., and Marshall, J. (1995) *Philosophy and Education: Accepting Wittgenstein's Challenge.* Dordrecht: Springer.

Smeyers, P., and Smith, R. (2014) *Understanding Education and Educational Research,* Cambridge: Cambridge University Press.

Smeyers, P., Smith, R., Standish, P. (2006) *The Therapy of Education: Philosophy, Happiness, and Personal Growth* (Basingstoke, Palgrave Macmillan).

Standish, P. (1992) *Beyond the Self: Wittgenstein, Heidegger, and the limits of language,* Aldershot: Ashgate Publishing Group.

Standish, P. (2011) One Language, One World: the common measure of education, *Philosophy of Education 2010*, ed. G. Biesta (Urbana, Illinois: Philosophy of Education Society, 2011).

Standish, P. (2011) Social Justice in Translation: subjectivity, identity, and occidentalism, *Educational Studies in Japan, International Yearbook.*

Standish, P. (2012) Transparency, Accountability, and the Public Role of Higher Education, *Educationalfutures*, 4(4).

Standish, P. (2014) Signs of the Times, in: M. Depaepe and P. Smeyers (eds) *The Material Dimensions of Educational Research.* Dordrecht: Springer.

Standish, P. (2018) "Nothing but sounds, ink-marks"—Is nothing hidden? Must everything be transparent?, in: A. Sørensen (ed.) *Yearbook of the Danish Philosophy Association.*

Weber, D. (2019) A Pedagogic Reading of Wittgenstein's Life and Later Works, *Journal of Philosophy of Education*, 53(4), pp. 688-700.

Winch, C. (1998) *The Philosophy of Human Learning*. London: Routledge.

Winch, C. (2006) *Autonomy, Education, and Critical Thinking.* London: Routledge.

Wittgenstein, L. (1922/1921) *Tractatus Logico-Philosophicus*, (trans. C. K. Ogden). London: Routledge & Kegan Paul). Originally published as "Logisch-Philosophische Abhandlung", in Annalen der *Naturphilosophische*, XIV. 3-4, 1921.

Wittgenstein, L. (1965/1929) A Lecture on Ethics, *The Philosophical Review*, 74(1), pp. 3-12.

Wittgenstein, L. (2009/1953) *Philosophical Investigations*, (trans. G.E.M. Anscombe,

P.M.S. Hacker, and J. Schulte, revised by Hacker and Schulte). Oxford: Blackwell.

Wittgenstein, L. (2020) *Word Book*, (trans. Bettina Funcke, with an introduction by Désirée Weber). New York: Badlands Unlimited.

Yun, S., and Standish, P. (2018) Technicising Thought: English and the Internationalisation of the University, in S. Smedegaard Bengtsen and R. Barnett (eds), *The Thinking University.* London: Taylor and Francis.

제9장

Hamlyn, David (1978) *Experience and the Growth of Understanding*, London: Routledge and Kegan Paul.

Rhees, Rush (1960) "Wittgenstein's Builders", in *Proceedings of the Aristotelian Society*, New Series, 60, 1959–1960, pp. 171-186.

Rhees, Rush (2006) *Wittgenstein and the Possibility of Discourse*, (ed. D.Z. Phillips). Oxford: Blackwell.

Tomasello, Michael (2006) Acquiring linguistic constructions, in: D. Kuhn & R. Siegler (eds), *Handbook of Child Psychology.* New York: Wiley.

Trimble, Michael (2012) *Why Humans Like to Cry: Tragedy, Evolution, and the Brain.* Oxford: Oxford University Press.

Wittgenstein, Ludwig (1953) *Philosophical Investigations*, (trans. G.E.M. Anscombe) Oxford: Blackwell.

제10장

Arsić, Branka (2010) *On Leaving*, Cambridge, Mass.: Harvard University Press.

Cavell, Stanley (2004) *Cities of Words: Pedagogical Letters on the Moral Life*, Cambridge, Mass.: The Belknap Press of Harvard University Press.

Chen, Wey-Yan (2008) Policy Transfer Research: Retrospects and Prospects, *Journal of Educational Research and Development*, 5(3), pp. 73–94 [published in Chinese].

Emerson, Ralph Waldo (1961) *The Early Lectures of Ralph Waldo Emerson*, edited by S.E. Whicher, R.E. Spiller, and W.E. Williams, Volume II, Cambridge, Mass.: Harvard University Press.

Liu, Wei-Zhi (2008) A Historical Review on Dissemination of German Pedagogy in China and Taiwan (1928-1983), *Bulletin of Educational Research*, 54.4, pp. 19-51 [published in Chinese].

Nishida, Kitaro (1965) Poieshisu to Parakushisu, originally published in Shiso, 223, December 1940, in: *Nishida Kitaro Zenshu*, vol. 10 (Tokyo, Iwanami Shoten), pp. 124-176 [published in Japanese].

Rawls, John (2001) *Justice as Fairness: A Restatement*, Cambridge, MA: The Belknap Press of Harvard University Press.

Rawls, John (1999) *The Law of Peoples*, Cambridge, MA: Harvard University Press.

Rawls, John (1993) *Political Liberalism*, New York: Columbia University Press.

Rawls, John (1971) *A Theory of Justice*, Cambridge, MA: Harvard University Press.

Sakai, Naoki (1997) *Translation and Subjectivity: On "Japan" and Cultural Nationalism.* Minneapolis: University of Minnesota Press.

Saito, N. (2005) *The Gleam of Light: Moral Perfection and Education in Dewey and Emerson*, New York, Mass.: Fordham University Press.

Sandel, Michael (2010) *これからの「正義」の話をしよう―いまを生き延びるための哲学* [published in Japanese], 早川書房; translation of *Justice: Whats the Right Thing to Do?* (Farrar, Straus and Giroux, 2009).

Sandel, Michael (1981) *Liberalism and the Limits of Justice*, Cambridge: Cambridge University Press.

Standish, Paul (2011) One Language, One World: the Common Measure of Education, *Philosophy of Education Yearbook, 2010*.

Yang, Shen-Keng (2000) Education Reform Facing the New Millenium—Methodological Reflection and International Comparison, *Bulletin of Educational Research*, 44, pp. 1-34 [published in Chinese].

제11장

Blake, N., Smeyers, P., Smith, R. and Standish, P. (eds)(2003) *The Blackwell Guide to Philosophy of Education.* Oxford: Blackwell.

Boyson, R. (1975) *The Crisis in Education.* London: The Woburn Press.

Cox, C.B. (1992) *The Great Betrayal.* London, Chapmans Publishing Ltd..

Cox, C.B. and Boyson, R. (eds) (1975) *The Fight for Education: Black Paper*

1975, London: Dent.

Cox, C.B. and Boyson, R. (eds) (1977) *Black Paper 1977.* London: Maurice Temple Smith.

Cox, C.B. and Dyson, C.B. (1969) *The Crisis in Education.* London: Critical Quarterly Society.

Darling, J. and Nordenbo, S.E. (2003) "Progressivism", in N. Blake *et al., The Blackwell Guide to Philosophy of Education.* Oxford: Blackwell, pp. 288-308.

Dearden, R.F. (1972) "Autonomy and Education", in: Dearden, R.F., Hirst, P.H. and Peters, R.S. (eds)(1972) *A Critique of Current Educational Aims.* London: RKP.

Dewey, J. (1925) *Democracy and Education.* New York: MacMillan.

Hirst, P.H. (1965) "Liberal Education and the Nature of Knowledge", in Archambault, R.D. (ed.)(1965) *Philosophical Analysis and Education* (London, RKP); also in Hirst, P.H. (1974), *Knowledge and the Curriculum* (London, RKP); also in Dearden, R.F., Hirst, P.H., and Peters, R.S. (eds) (1972) *Education and Reason.* London: RKP.

Oakeshott, M. (1962) *Rationalism in Politics and Other Essays*, ed. T. Fuller. London: Methuen.

Mill, J.S. (1978) *On Liberty.* Indianapolis, IN: Hackett Publishing Company.

Rousseau, J-J. (1911) *Emile.* London: J.M. Dent.

SED (1965) *The Primary Memorandum.* Edinburgh: Scottish Education Department.

Taylor, C. (1991) *The Ethics of Authenticity.* London: Harvard Uiversity Press.

제12장

Arnold, M. (1983) Literature and science. Online at: http://homes.chass.utoronto.ca/~ian/arnold.htm (Accessed on 7 Oct 2012).

Furedi, F., Kimball, R., Tallis, R., and Whelan, R. (2009) From Two Cultures to No Culture: C.P. Snow's "Two Cultures" Lecture Fifty years On. London: Civitas.

Whelan, R. (2009) Introduction: Any culture at all would be nice, In: F. Furedi et al. From two cultures to no culture: C.P. Snow's "Two Cultures" Lecture Fifty years On, pp. 1-30.

제13장

Cavell, S. (1979) *The Claim of Reason: Wittgenstein, Skepticism, Morality, and Tragedy.* Oxford: Oxford University Press.

Cavell, S. (1987) *Disowning Knowledge in Six Plays of Shakespeare.* Cambridge: Cambridge University Press.

Cavell, S. (1996) *Contesting Tears: the Hollywood Melodrama of the Unknown Woman.* Chicago and London: University of Chicago Press.

Cavell, S. (2005) Thoreau Thinks of Ponds, Heidegger of Rivers, in: *Philosophy the Day after* Tomorrow (Cambridge, Mass, The Belknap Press of Harvard University Press).

Heidegger, M. (1962/1927) *Being and Time*, (trans. J. Macquarrie and E. Robinson). Oxford: Blackwell.

Heidegger, M. (1969/1959) *Discourse on Thinking, (trans.* J.M. Anderson and E.H. Freund). New York: Harper and Row.

Heidegger, M. (1975/1952) Building Dwelling Thinking, in: *Poetry, Language, Thought.* New York: Harper and Row.

Standish, P. (2001) Data Return: the sense of the given in educational research, *Journal of Philosophy of Education*, 35(3), pp. 497-518.

Standish, P. (2004) In Her Own Voice: Convention, Conversion, Criteria, *Educational Philosophy and Theory*, 36(1).

Wittgenstein, L. (1977) *On Certainty*, (edited by G.E.M. Anscombe and G.H. von Wright, trans. D. Paul and G.E.M. Anscombe). Oxford: Blackwell.

제14장

Blake, N., Smeyers, P., Smith, R. & Standish, P. (2000) *Education in an Age of Nihilism* (London, RoutledgeFalmer).

Heidegger, M. (1996) *Poetry, Language, Thought*, (trans. J.M. Anderson & E.H. Freund). New York: Harper & Row.

Heidegger, M. (1971) *Poetry, Language, Thought*, (trans. A. Hofstadter). New York and London: Harper & Row.

Levinas, E. (1969, 1961) *Totality and Infinity: an essay on exteriority*, (trans. A. Lingis). Pittsburgh, PA: Duquesne University Press.

Levinas, E. (1981, 1978) *Otherwise than Being or Beyond Essence*, (trans. A.

Lingis). Pittsburgh, PA: Duquesne University Press.

Llewelyn, J. (1991) *The Middle Voice of Ecological Conscience: a chiasmic reading of responsibility in the neighbourhood of Levinas, Heidegger and Others.* London: Macmillan.

Llewelyn, J. (2000) *The HypoCritical Imagination: between Kant and Levinas.* London and New York: Routledge.

Lyotard, J.-F. (1997, 1993) *Postmodern Fables*, (trans. G. VaN DeN Abbeele). Minneapolis and London: University of Minnesota Press.

Smith, R. & Standish, P. (Eds) (1997) *Teaching Right and Wrong: moral education in the balance.* Stoke-on-Trent: Trentham Books.

Wittgenstein, L. (1979) *Remarks on Frazer's* Golden Bough, RUSH RHEES (Ed.), (trans. A.C. Miles, revised by Rush Rhees). Doncaster, S. Yorks: The Brynmill Press.

저자 소개

폴 스탠디시

폴 스탠디시(Paul Standish)는 현재 영국 UCL IOE 교수로 재직 중이며 교육철학센터(Centre for Philosophy of Education) 센터장을 맡고 있다. 던디 대학(Dundee University)과 셰필드 대학(Sheffield University)에서 교수직을 역임하고, 일본 교토 대학(Kyoto University)에서 수년간 객원 연구 교수를 지낸 바 있다. 2001년부터 2011년까지 교육철학저널(Journal of Philosophy of Education)의 편집장을 역임했으며, 현재는 특별호를 담당하는 공동 편집장을 맡고 있다. 2022년부터는 영국교육철학학회(Philosophy of Education Society of Great Britain)의 종신 회장으로 활동하고 있다.

폴 스탠디시는 학교 및 대학에서 가르친 풍부한 실천적 경험을 바탕으로 교육 연구를 해 오고 있다. 그는 지난 30여 년 동안, 새로운 이론을 설계하고 다른 사람들이 그것을 따르도록 기대하는 방식보다는, 독자들이 스스로 생각하도록 북돋우는 방식의 글쓰기를 지향함으로써 교육철학의 새로운 지평을 열고자 노력해 왔다. 그의 저작들은 교육의 실천적 질문을 다루는 내용을 풍부하게 담고 있다. 이를 통해 그는 학생들이 주목할 가치가 있는 교육 내용과의 비판적 만남을 통해 학생들의 응답성(responsiveness)을 자극하는 자유교육(liberal education)의 개념을 제시하는 일에 일관되게 전념해 오고 있다. 자신의 경력 전반에 걸쳐 문화적 차이에 창의적으로 대응하고 타자들로부터 배우는 데 관심을 가져왔으며, 번역의 어려움에 대한 사려 깊은 인식을 보여주었다. 그는 지금까지 약 20권의 책을 저술하거나 편집하였다. 그의 첫 저작의 제목 『자아를 넘어: 비트겐슈타인, 하이데거, 그리고 언어의 한계』(*Beyond the Self: Wittgenstein, Heidegger, and the Limits of Language*)(1992)는 오늘날까지 그의 연구에서 이어져 오는 관심 주제를 잘 보여준다. 그의 관점에 따르면, 교육에 관해 실천적으로 생각한다는 것은 필연적으로 언어와 윤리, 그리고 인간의 본성에 관한 질문을 포함하지 않을 수 없다. 그는 영화, 예술 및 기술과 관련된 연구를 통해 이에 관해 설명해 왔으며, 특히 관련 연구를 수행함에 있어 스탠리 카벨(Stanley Cavell)의 저작에 대한 관심은 매우 중요한 역할을 했다.

역자 소개

이 상 은

국립안동대학교 교수로 재직 중이다. 서울대 대학원에서 교육과정을 전공했으며, 한국교육개발원에서 연구하는 동안 국가교육과정 개발 및 실행, 자유학기제 및 고교학점제 등 주요 교육정책과 관련된 연구와 업무를 수행했다. 교육정책과 실천에 관한 일을 하면서 교육, 학생, 교과, 교사, 인간, 세계, 윤리 등에 관한 근본적인 질문에 대해 공부하고 싶어 영국 UCL IOE(University College London, Institute of Education) 박사과정에 다시 입학하였고, 현재 폴 스탠디시 교수님으로부터 배우고 있다. 우리의 일상적 삶에서 이루어지는 교육 현상에 주목하고 그 이면에 당연시되는 고정관념에 철학적 질문을 던지며 새로운 교육적 사유방식을 찾는 일에 관심을 가지고 연구하고 있다.

이 소 진

UCL IOE에서 폴 스탠디시 교수님의 지도하에 학사와 석사를 졸업하였고, 현재 영국 워릭대학교(University of Warwick)에서 박사과정 중에 있다. 세계 시민 교육에 대한 비판적 고찰을 주제로 박사 학위 논문을 쓰고 있으며, 구체적으로 글로벌 역량에 관한 교육정책 및 실천을 분석하고 대안적 사유를 탐색하는 연구를 하고 있다. 자크 데리다의 철학을 중심으로 언어의 본질과 표현의 문제를 바라보고 역사에 대한 데리다의 사유를 추적함으로써 세계시민의 의미를 확대할 수 있는 가능성에 관해 연구하고 있다. 특히 영화와 문학에서 철학적 사유의 가능성을 발견하고 교육적 함의를 이끌어내는 일에 관심을 가지고 있다.

폴 스탠디시의 교육철학 읽기

2024년 8월 25일 1판 1쇄 인쇄
2024년 8월 30일 1판 1쇄 발행

저 자 : 폴 스탠디시
역 자 : 이상은 · 이소진
발행인 : 한 정 주
발행처 : 교육과학사

역자와의 협의하에 인지생략

경기도 파주시 광인사길 71
전화 (031)955-6956~8 / 팩스 (031)955-6037
Home-page : www.kyoyookbook.co.kr
E-mail : kyoyookbook@daum.net,
kyoyook@chol.com

등록 : 1970년 5월 18일 제2-73호

정가 24,000원
ISBN 978-89-254-1970-1